바로 쓰는

일러스트 레이터 CC

제가 일러스트레이터를 처음 접했을 때, 그때가 무려 22년 전이었는데도 기능이 너무 많아 배움에 앞서 막막한 마음이 들었습니다. 당시에는 지금보다 기능이 훨씬 적었는데도 말이죠. 학생이었던 저는 무작정 따라가야 한다는 생각에 너무도 조급하게 배웠던 기억이 있습니다.

지난 16년간 다양한 실무 작업을 하면서 일러스트레이터의 모든 기능을 알지 못하더라도 결과물을 만들어내는 데 크게 무리가 없다는 것을 깨달았습니다. 그리고 강의를 위해 일러스트레이터를 깊이 공부하며 느낀 점은 그래픽의 기초적인 원리만 잘 이해한다면 복잡한 기능들도 쉽게 배울 수 있다는 것이었습니다. 그래서 기초를 제대로 배우는 것이 정말 중요하다고 생각합니다.

이 책은 제가 디자이너로서, 그리고 학생들을 가르쳐온 강사로서, 일러스트레이터의 핵심 기능들을 최대한 효율적으로 학습할 수 있도록 여러 방면으로 고심하여 만든 예제들로 구성되어 있습니다. 그 예제들을 통해 여러분이 기초적인 부분을 제대로 이해하고 응용할 수 있도록 심혈을 기울였습니다. 모든 기능을 외울 필요는 없습니다. 다만, 한 번 따라 해 본 예제라도 설명 없이 할 수 있을 만큼 스스로 연습해 보기를 바랍니다.

일러스트레이터를 처음 접하는 분들도 쉽게 따라 할 수 있도록 일러스트레이터 입문부터 실무 활용까지 세 단계로 구성했습니다. 〈일러스트레이터 입문하기〉에서 일러스트레이터의 기본기를 다지고, 〈중급으로 업그레이드하기〉로 넘어가며 심화 수준의 명령을 학습하며 실력을 향상시킬 수 있습니다. 그리고 〈실무에서 활용하기〉에 수록된 실무 예제를 따라 해 보며 인쇄물 및 웹 작업을 직접 구현해 볼 수도 있습니다.

여러분이 이 책을 보는 것만으로도 일러스트레이터를 충분히 이해하고 사용할 수 있도록 쉽고 자세하게 설명했습니다. 그럼에도 이해하기 어려운 부분이 있다면 필자가 운영하는 유튜브 채널에서 누구보다 친절한 강의를 들어 보세요.

일러스트레이터는 어도비 프로그램 중 가장 창의성을 발현하기 좋은 프로그램입니다. 기본기를 탄탄히 다져둔다면 머릿속에 그려진 자신만의 아이디어를 표현하는 데 큰 도움이 될 것입니다. 디자인을 공부하는 학생분들과 예비 디자이너분들, 그리고 일러스트레이터를 공부하고 싶은 분들에게 이 책이 도움이 되었으면 합니다.

끝으로, 제 원고가 책으로 나올 수 있게 도와주신 이수경 편집자님과 임옥경 디자이너님, 그리고 시대인 출판사의 모든 관계자분들에게 감사의 인사를 전합니다. 이 책을 선택하신 독자님들에게도 진심으로 감사드립니다.

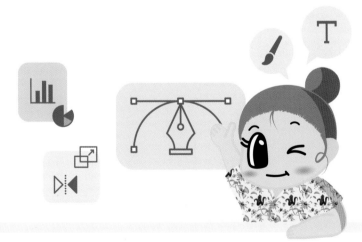

김 미 정 Youtube. 디자이너 깜짝의 친절한그래픽

이 책은 CC 2022 버전을 기반으로 하는 일러스트레이터 입문서로, 일러스트레이터에서 '진짜 사용하는 기능'을 중심으로 구성했습니다. 필수 기능에 최적화된 예제를 따라 하다 보면 일러스트레이터를 처음 접하더라도 간단한 실무 작업까지 진행할 수 있습니다.

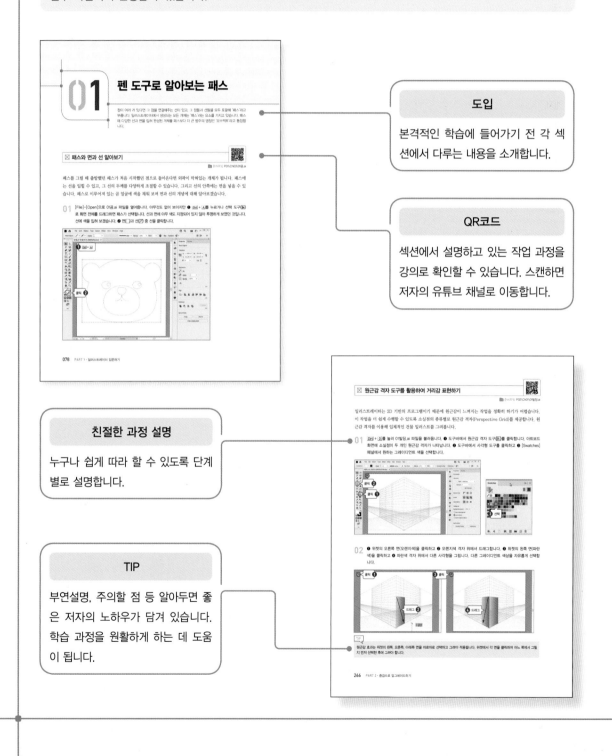

도입

본격적인 학습에 들어가기 전 각 섹션에서 다루는 내용을 소개합니다.

QR코드

섹션에서 설명하고 있는 작업 과정을 강의로 확인할 수 있습니다. 스캔하면 저자의 유튜브 채널로 이동합니다.

친절한 과정 설명

누구나 쉽게 따라 할 수 있도록 단계별로 설명합니다.

TIP

부연설명, 주의할 점 등 알아두면 좋은 저자의 노하우가 담겨 있습니다. 학습 과정을 원활하게 하는 데 도움이 됩니다.

- 스마트폰 화면이 작아 강의를 보는 것이 불편하다면 홈페이지에서 URL 목록을 다운받아 컴퓨터로 시청해 보세요.
- 지면 관계상 싣지 못한 벚꽃 일러스트(p.20) 그리기 과정을 PDF 파일로 제공합니다. 과정을 따라 해 보며 이 책에서 다룬 기능들을 정리해 보세요.

예제 파일

예제 파일을 실행하고 직접 따라 하며 기능을 익혀 보세요. 완성 파일을 함께 제공하므로, 작업을 마친 후 결과물을 비교해 볼 수 있습니다.

일러스트 마스터

해당 예제뿐만 아니라 다른 작업을 할 때에도 꼭 알아야 하는 팁 중의 팁을 담았습니다.

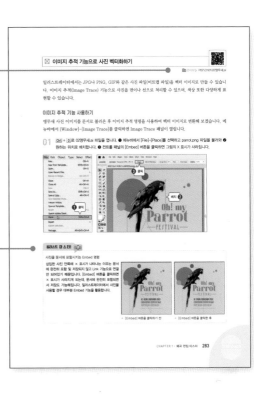

스페셜 코너

당장은 몰라도 되지만, 한 단계 실력 업그레이드를 위해 알아 두면 좋은 내용들을 소개합니다. 일러스트레이터 작업에 도움이 될 것입니다.

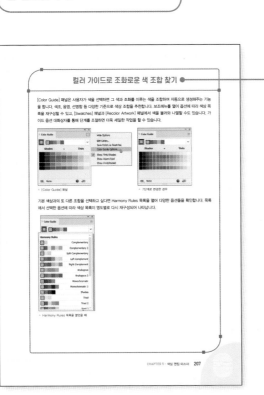

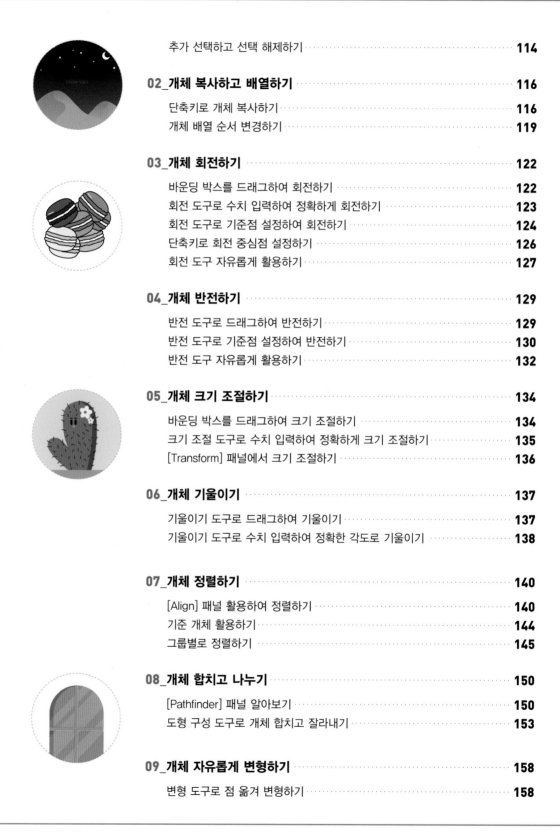

PART **02**   **중급으로 업그레이드하기**

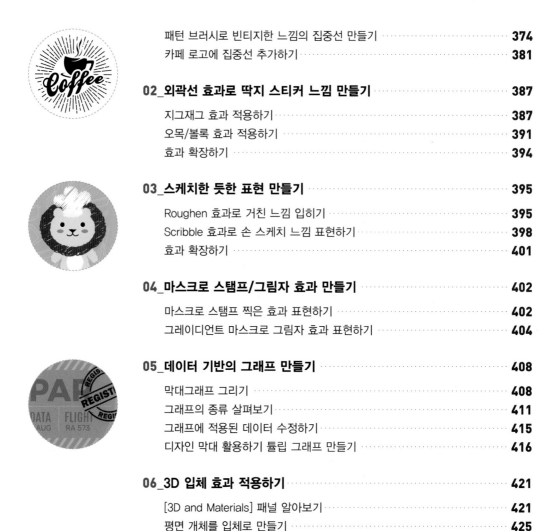

🔍 예제 파일 다운받기

시대인 홈페이지(https://www.edusd.co.kr/book/)에 접속한 후 [프로그램]을 클릭하고 '바로 쓰는 일러스트레이터 CC'를 검색합니다. 링크를 통해 예제파일과 강의 동영상 URL 목록을 다운받습니다.

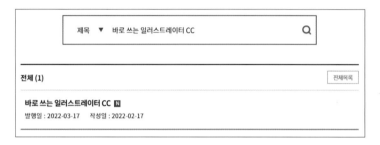

🔍 글꼴 다운받기

예제를 따라 하면서 필요한 글꼴을 다운받을 수 있는 사이트를 소개합니다. 글꼴을 다운받은 후 글꼴 파일 위에서 마우스 오른쪽 버튼을 클릭하고 [설치]를 클릭하면 자동으로 컴퓨터에 글꼴이 설치됩니다.

| 에스코어드림 |

https://s-core.co.kr/company/font/

| 경기도서체 |

https://www.gg.go.kr/contents/contents.do?cildx=679&menuId=2457

| 여기어때 잘난체 |

https://www.goodchoice.kr/font

| 네이버 나눔글꼴, 마루부리 |

https://hangeul.naver.com/font

| 구글 본고딕 (Noto Sans KR) |

https://fonts.google.com/noto#/family/noto-sans-kore

| 서울서체 (서울남산체, 서울한강체) |

https://www.seoul.go.kr/seoul/font.do

| 카페24 아네모네 서체 |

https://fonts.cafe24.com/

| Universal Serif 서체 |

https://www.dafont.com/universal-serif.font

Part

1

일러스트레이터 입문하기

01

시작하기 전에 잠깐

일러스트레이터는 어도비사에서 개발한 벡터 체계의 그래픽 프로그램으로, 포토샵이 주로 이미지를 편집하는 역할을 한다면 일러스트레이터는 이미지를 생성하는 역할을 한다고 말할 수 있습니다. 일러스트레이터는 인쇄물에서 많이 사용되며, 그 외 다양한 분야에서도 사용 가치가 높습니다.

이번 장에서는 일러스트레이터를 본격적으로 학습하기 이전에 일러스트레이터가 어떤 프로그램인지에 대해 알아보고, 2022년 최신 버전을 설치해 보겠습니다. 또한, 이전 버전과 비교하여 새로운 버전에 등장한 신기능에 대해 알아보겠습니다.

기초지식   CC 2022 설치   신기능

01 작업 전 알아두기

일러스트레이터는 어도비사의 그래픽 툴 중에서도 가장 창의적인 툴 중 하나입니다. 사진 등의 재료를 베이스로 놓고 작업하는 비트맵 방식과는 달리 일러스트레이터를 활용하는 작업은 백지에서 오브제를 생성해내는 경우가 많기 때문입니다. 그래픽 툴을 배우는 목적은 결국 자신만의 창작물을 만들어내기 위함이므로, 일러스트레이터의 다양한 스킬을 배우다 보면 본인이 갖고 있는 생각을 구현해내는 데 분명 큰 도움이 될 것입니다.

⊠ 일러스트레이터는 어떤 프로그램일까?

일러스트레이터란?

일러스트레이터(Illustrator)는 미국의 어도비사에서 개발한 '벡터 기반의 이미지'를 구현하는 그래픽 프로그램입니다. 픽셀로 구현되는 비트맵 방식의 사진 편집 작업에 최적화된 포토샵과는 달리, 좌표와 패스로 이루어진 벡터 방식은 해상도의 영향을 받지 않습니다. 확대나 축소에도 깨지지 않는 매끄러운 그래픽을 유지할 수 있어 로고나 캐릭터, 인쇄물 등의 작업에 주로 사용됩니다.

일러스트레이터를 활용한 디자인

로고 및 캐릭터 디자인

기업이나 단체, 브랜드의 정체성을 간략히 표현해야 하는 CI, BI 등의 로고 작업과 캐릭터 등은 대부분 일러스트레이터로 제작됩니다. 해상도의 영향 없이 자유로운 크기로 편집하여 다양한 곳에 사용해야 하기 때문에 벡터 방식의 프로그램이 가장 적합합니다.

▲ 로고 디자인   ▲ 캐릭터 디자인

인쇄물 및 패키지 디자인

낱장의 포스터나 리플렛 등 종이 인쇄물과 관련된 작업에 있어서도 벡터 방식을 사용하는 것이 적합합니다. 따라서 일러스트레이터는 간단한 인쇄물과 같은 편집 디자인 작업에 유용하게 사용될 수 있습니다(다만 페이지가 많은 소설책이나 잡지 등과 같은 편집 디자인을 할 때는 인디자인이 더 적합합니다). 또한, 패키지 디자인도 도면을 펼쳐놓으면 단면으로 디자인되기 때문에 일러스트레이터로 작업하는 것이 용이합니다. 사진 편집이 필요한 경우 포토샵과 병행하여 사용하기도 합니다.

▲ 리플렛 디자인   ▲ 패키지 디자인

굿즈 제작 디자인

종이 인쇄뿐 아니라 플라스틱 및 금속 위에 인쇄하거나 금형(플라스틱이나 금속 등의 외형 모양을 잡는 것)을 제작하는 데에도 벡터 방식이 용이합니다. 대부분의 업체에서 벡터 파일을 선호하기 때문에 굿즈 역시 일러스트레이터로 작업합니다.

▲ 금형 제작 　　　　　　　　　　　　▲ 굿즈 디자인

기타 그래픽 작업

해상도에 영향을 받지 않는다는 장점 때문에 많은 작가들이 벡터 방식으로 자신만의 그래픽 디자인을 구현합니다. 포토샵과 병행하기도 하지만 벡터 방식만의 매력이 있다는 것은 부정할 수 없습니다. 레이아웃을 잡기에도 편리하고 텍스트를 오브젝트화하여 작업하는 것이 가능하기 때문에 타이포그래피 작업에도 많이 사용되며, 간결한 그래픽 표현이 필요한 인포그래픽 작업에도 매우 유용합니다.

⊠ 디지털 색체계란?

디지털에서 색을 구현하는 것은 물감을 섞는 것과는 완전히 다릅니다. 우리는 모니터에서 색을 봐야 하기 때문에 색 정보를 bit(비트) 조각으로 부호화해야 합니다. 그 색의 수를 8비트(256색), 16비트(65,536색), 32비트(4,294,967,296색)로 분류합니다.

RGB 색체계

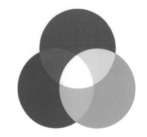

현재 가장 널리 사용되는 색체계로, 빛을 발현하는 모든 기기의 화면에 사용된다고 봐도 무방합니다. Red, Green, Blue의 3원색으로 대부분의 색을 표현할 수 있고, 모든 빛이 모이면 White가 되는, 즉, 빛의 양이 많을수록 밝아지는 특징을 가집니다. 모니터에서 가장 유연하고 부드러운 색상 분포를 보입니다.

Lab 색체계

국제조명위원회(CIE)에서 내놓은 색체계로, L(명도)를 기준으로 a(Red-Green)와 b(Yellow-Blue)의 색상 및 채도 관계를 나타냅니다. 명도를 기준으로 두는 이유는 인간이 인지하는 것과 최대한 비슷한 색상체계에 초점을 두어 모델링하기 위함입니다. Lab는 sRGB로 변환이 가능하지만, 표현하는 색의 한계가 다르기 때문에 근사치로 표현됩니다.

CMYK 색체계

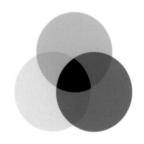

디지털(모니터 화면)을 아날로그(실물)로 구현하기 위해서, 즉 인쇄를 위해서 반드시 거쳐야 하는 색체계입니다. 색의 삼원색인 Cyan, Magenta, Yellow의 혼합으로 만들어지며, RGB와는 반대로 색이 혼합될수록 어두운색이 만들어집니다. 이론상으로는 3색이 합쳐지면 검은색이 나와야 하지만 실제로는 진한 회색으로 구현되기 때문에 Black을 따로 만들어야 합니다(Blue와 이니셜이 겹쳐 K로 사용합니다). 일반적인 원색인쇄는 이 4가지 색을 사용하기 때문에 4도 인쇄라고도 합니다. 육안으로 확인할 수 있는 대부분의 색을 구현할 수 있습니다(금색이나 은색, 형광색은 제외합니다).

별색

인쇄 시 CMYK로 분판하지 않고 별도로 색을 만들어 쓰는 방식을 말합니다. 메탈 느낌의 금속색이나 형광색, 또는 기업 로고의 색과 같이 일관된 색이 필요할 때와 같이 원색과 구분해 색을 만드는 용도로 주로 사용합니다. ANPA, DIC, PANTONE 등 별색 체계를 만드는 회사들은 다양하지만 우리나라에서는 대부분 PANTONE사의 별색을 사용합니다.

▲ PANTONE사의 별색 가이드

▲ DIC사의 별색 가이드

⊠ 비트맵 방식과 벡터 방식의 차이점은 무엇일까?

비트맵 방식의 그래픽

대부분의 사진은 픽셀이라는 작은 사각형이 모여 만들어진 비트맵 방식의 이미지 파일입니다. 사진을 확대해보면 사각형 모양의 픽셀 조각들을 볼 수 있습니다. 픽셀의 개수에 따라서 해상도가 결정되며, 영상이나 모바일 등에서 구현하는 72ppi 해상도는 가로×세로에 1인치당 모여있는 픽셀의 개수가 72개임을 의미합니다(PPI=Pixel Per Inch). 모니터 등의 영상매체는 빛을 발현해서 주변으로 빛이 번지기 때문에 72ppi의 해상도만으로도 자연스러운 표현이 가능하지만, 인쇄물은 스스로 빛을 낼 수 없기 때문에 고해상도로 자연스러운 색을 표현하기 위해서는 비교적 더 많은 픽셀을 필요로 합니다. 일반적으로 인쇄는 300ppi의 해상도로 작업합니다.

• 대표적인 프로그램: 포토샵, 라이트룸, 페인터 등
• 대표적인 파일 형식: JPG, PNG, BMP, PSD, PDF 등

◀ 비트맵 이미지를 확대한 경우

벡터 방식의 그래픽

작업에 앞서 일러스트레이터가 어떤 프로그램인지 알 필요가 있습니다. 일러스트레이터는 벡터 방식의 그래픽을 다루는 프로그램으로, 좌표와 패스를 사용하여 점과 선을 이어서 그래픽을 표현합니다. 앞서 설명한 비트맵 방식은 작은 픽셀 조각이 모여야 하기 때문에 픽셀의 수에 따라서 해상도가 결정되지만, 벡터 방식은 이러한 제한이 없어 해상도의 개념이 적용되지 않고 확대해도 깨지지 않는 깔끔한 경계면을 표현할 수 있습니다.

- 대표적인 프로그램: 일러스트레이터, 코렐드로우, AutoCAD 등
- 대표적인 파일 형식: Ai, EPS, SVG, SWF, CDR 등

◀ 벡터 이미지를 확대한 경우

일러스트레이터 설치하기

일러스트레이터는 매년 정기 업데이트를 진행하며, 현재를 기점으로 CC 2022 버전까지 출시되었습니다. 어도비 홈페이지에서 일러스트레이터 CC 2022를 구독할 수 있고, 매달 일정 금액이 청구됩니다.

⊠ 일러스트레이터 무료 체험판 등록하기

일러스트레이터 프로그램은 어도비 홈페이지에 접속해서 다운로드할 수 있습니다. 정품이 없다면 무료 체험판 다운로드가 가능하며, 설치 후 7일 이내에 구독을 취소하지 않으면 자동으로 결제가 진행됩니다.

01 ❶ 인터넷 주소창에 어도비 홈페이지 주소를 입력하여 접속합니다. ❷ 도움말 및 지원 항목에서 [다운로드 및 설치] 버튼을 클릭합니다.

• adobe.com/kr

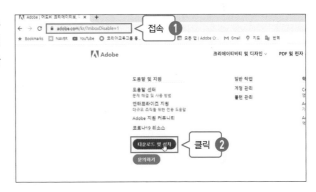

02 [Creative Cloud 모든 앱]에서 [무료 체험판] 버튼을 클릭합니다.

03 [무료로 체험하기] 버튼을 클릭합니다.

04 ❶ 메일 주소를 입력한 후 ❷ 약관을 확인하고 ❸ [계속] 버튼을 클릭합니다. 안내에 따라 신규 가입을 하거나 기존 계정으로 접속하여 무료 체험을 시작합니다.

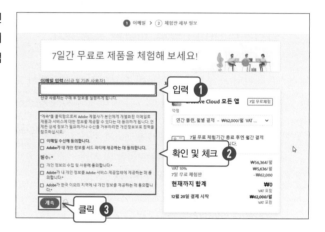

05 ❶ 추가 결제에 관련된 정보를 입력한 후 ❷ [무료 체험기간 시작] 버튼을 클릭합니다. 무료로 사용할 수 있는 기간은 7일이며, 기간이 지나면 유료결제가 자동으로 청구되기 때문에 원하지 않는다면 기간 내에 취소해야 합니다. 한 개의 카드 정보로는 한 번의 무료 체험만 가능합니다.

⊠ 크리에이티브 클라우드 데스크톱 앱 설치하기

앞서 무료 체험판 등록을 마쳤다면 데스크톱에 일러스트레이터 프로그램을 설치해야 합니다. 일러스트레이터 CC 2022를 설치한 후 언어 설정까지 따라 해 봅니다.

01 크리에이티브 클라우드 앱스 홈페이지에 접속합니다. 계정이 없다면 신규 가입을 합니다.

- creativecloud.adobe.com/apps#

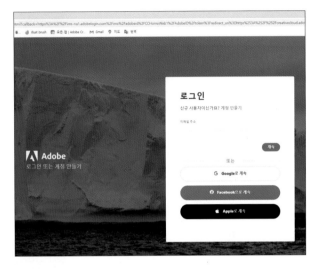

02 [모든 앱]의 [내 플랜에서 사용 가능]에서 Creative Cloud의 [다운로드] 버튼을 클릭합니다. 다운로드가 완료되면 설치파일을 실행합니다. 이미 설치되어 있는 경우 [업데이트] 또는 [실행]을 클릭합니다. 다운로드가 완료되면 설치파일을 더블클릭하여 설치를 시작합니다.

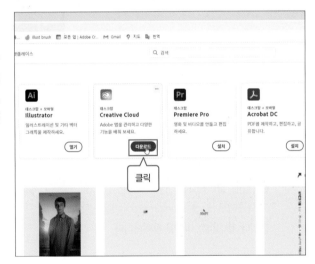

03 설치 프로그램이 실행되면 무료 체험판 구독 계정 혹은 유료 구독 계정의 이메일 주소를 입력합니다. [계속] 버튼을 클릭해 로그인합니다.

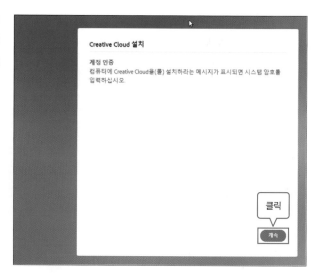

04 데스크톱 앱의 설치가 완료되면 자동으로 실행됩니다. 영문판 설치를 해 보겠습니다. ❶ 프로필 아이콘을 클릭하고 ❷ 목록에서 [환경설정]을 클릭합니다.

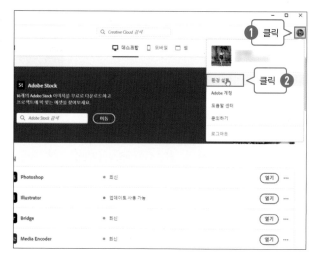

05 ❶ [앱]을 클릭하고 ❷ 설치의 기본 설치 언어 목록에서 [English (International)]을 선택합니다. ❸ [완료] 버튼을 클릭합니다.

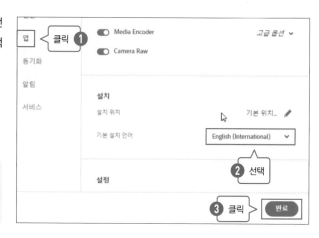

> **TIP**
>
> 한글 버전으로도 설치가 가능하지만, 이 책에서는 영문을 기본으로 설명하므로 프로그램과 책의 호환을 위해 영문 버전 설치를 권장합니다.

06 크리에이티브 클라우드 데스크톱 앱을 다시 실행한 후 Illustrator의 [시험 사용] 버튼을 클릭해 설치를 진행합니다.

TIP

한글판 설치를 원한다면 기존에 설치한 앱은 제거하고 05 단계에서 언어를 한국어로 바꾼 후 다시 설치해야 합니다. 앱에서 ⋯을 클릭한 후 [제거]를 선택하면 기존의 앱을 삭제할 수 있습니다.

일러스트레이터 CC 2022 신기능

어도비는 매년 프로그램 업데이트를 진행하며, 새로운 버전을 발표할 때마다 새로운 기능이 추가됩니다. 일러스트레이터 역시 2022 업데이트로 새로운 기능이 추가되었으며, 어떤 것들이 있는지 크게 7가지로 나누어 알아보겠습니다.

⊠ 새로운 패널로 더욱 강력해진 3D 기능

재구성된 환경에서 3D 효과 적용

기존의 3D 기능에서는 돌출 효과, 회전 효과, 평면 효과 등이 따로 적용되었으나 이번 업데이트를 통해 회전, 돌출, 조명, 그림자를 한 번에 손쉽게 적용하여 수정할 수 있게 되었습니다. 사용자의 편의를 위해 패널이 새로 추가되었으며, 기존 기능과의 완전한 호환은 이루어지지 않아 구 버전은 'Classic'이라는 이름으로 남아 있습니다.

Adobe Substance를 통한 재질 추가

Substance 기능으로 아트워크에 재질을 추가하여 3D 그래픽을 한 층 더 실감나게 구현할 수 있습니다. 재질을 선택할 때에는 커뮤니티 및 어도비에서 제공하는 재질 중에서 선택할 수도 있고 나만의 재질을 만들 수도 있습니다. 구독 플랜을 통해 수천 개의 3D 재질을 추가할 수도 있습니다.

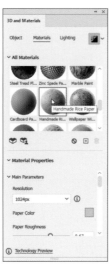

⊠ 공동 작업자와 함께 공유하는 [Comments] 패널

공동 작업자나 팀 구성원 등 어느 누구와도 아트워크에 대한 링크를 공유할 수 있습니다. 링크가 있는 모든 검토자는 사용자의 아트워크에 대해 피드백을 공유할 수 있고, 일러스트레이터 내에서 공유 문서의 검토 주석을 확인할 수 있습니다.

01 ❶ 작업을 마치면 [Share] 버튼을 클릭하고 ❷ [Continue] 버튼을 클릭합니다.

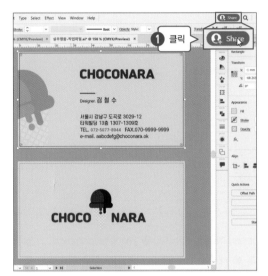
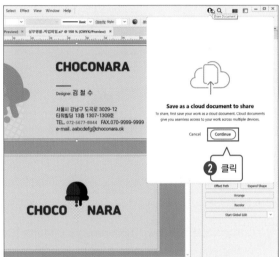

02 Save to Creative Cloud 창에서 [Save] 버튼을 클릭하고 저장이 끝날 때까지 기다립니다.

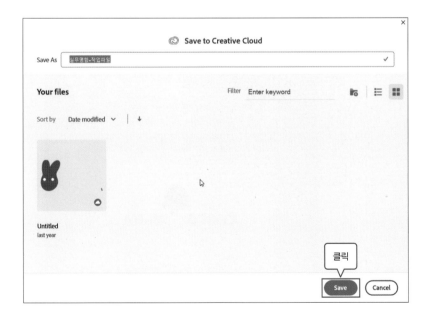

03 공유 아이콘을 클릭하면 내 계정에 로그인할 수 있는 아이디 목록이 표시됩니다.

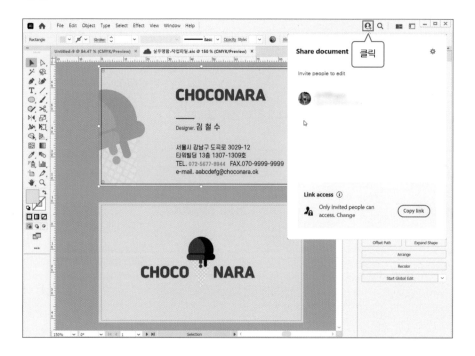

04 메뉴바에서 [Window]-[Comments]를 선택하여 [Comments] 패널을 엽니다. ❶ [Write a comment...] 입력란에 원하는 내용을 입력한 후 ❷ [Submit]을 클릭합니다. ❸ 새로운 Comments가 있는 경우 아이콘에 파란색 점(📢)이 나타납니다. ❹ 네임 탭을 통해서 .aic 파일로 저장된 것을 확인할 수 있습니다.

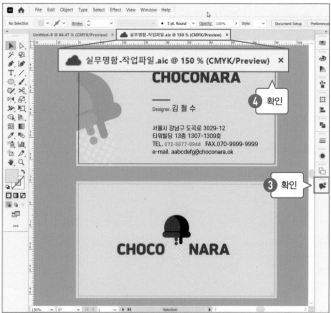

⊠ [Discover] 패널로 더욱 빠르게 학습하기

사용자는 [Discover] 패널을 통해 문맥상 관련 있는 도움말 및 학습 리소스를 제공받아 기사를 빠르게 찾고 일러스트레이터의 도구를 효율적으로 작업할 수 있습니다. 이 패널에서는 일러스트레이터 도구로 속도와 효율성을 개선하는 권장 사항을 제공합니다. 권장 사항에는 여러 단계의 작업 과정을 더 빠르게 완료하는 방법에 대한 팁과 가이드가 포함되어 있습니다. 단, 영문 콘텐츠이므로 한국어로 번역했을 때 어색하다는 단점이 있습니다.

[Discover] 패널은 단축키 F1 을 누르거나 화면 오른쪽 상단의 돋보기 아이콘을 클릭해 실행할 수 있습니다. 또는, 메뉴바에서 [Help]−[Illustrator Help]를 선택하여 실행할 수도 있습니다.

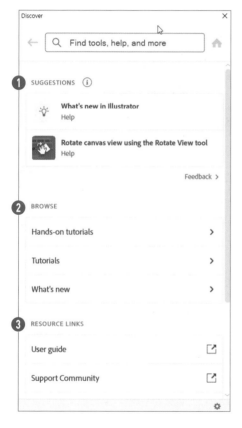

1 SUGGESTIONS | 인터페이스 상단에 제안된 콘텐츠가 있으면 학습 과정이 시작됩니다. 제안 사항은 검색 내역 및 선택하는 콘텐츠에 따라 개인화됩니다.

2 BROWSE | 이 섹션을 사용하면 검색을 건너뛰고 앱 내 가이드 및 최신 일러스트레이터 기능에 대한 정보를 쉽게 찾을 수 있습니다.

3 RESOURCE LINKS | 플러그인을 사용하여 유용한 어도비 리소스에 대한 빠른 외부 링크에 접속해 일러스트레이터 기능을 계속 학습하거나 확장할 수 있습니다.

⊠ 누락된 글꼴의 활성화

컴퓨터에 설치되지 않은 글꼴이 파일에 사용된 경우에도 Adobe Fonts를 통해 자동으로 글꼴을 활성화할 수 있습니다. 글꼴이 누락되었다는 내용의 대화상자를 표시하지 않고 백그라운드에서 실행됩니다. 이 기능은 영문 어도비 글꼴만 적용되며, 한글에는 적용되지 않습니다.

⊠ 동일한 텍스트 선택 기능을 통한 생산성 향상

메뉴바에서 [Select]-[Same]을 선택하면 해당 문자 개체의 글꼴 및 크기 등 속성이 동일한 폰트를 찾아주는 기능이 추가되었습니다. 이제 문서의 모든 텍스트 상자를 선택하고 텍스트 속성을 한 번에 변경할 수 있습니다. 동일한 항목 선택의 확장 기능으로 글꼴 크기, 채우기 색상, 글꼴 스타일 및 글꼴을 기준으로 텍스트를 한 번에 선택할 수 있습니다.

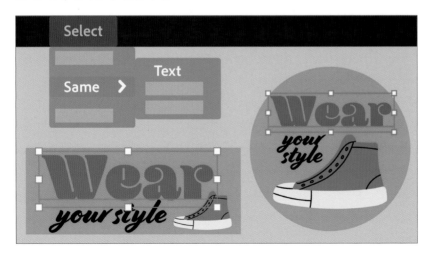

⊠ 아트워크 파일 가져오기

이전 버전에서도 다른 응용프로그램에서 만든 벡터 드로잉과 비트맵 이미지를 모두 불러올 수 있었지만, CC 2022 버전부터는 일러스트레이터 문서에서 연결된 PSD 클라우드 문서를 배치하거나 임베드(포함)할 수 있게 되었습니다. 다른 형식의 파일은 일러스트레이터 문서에서 [File]-[Place] 명령을 통해 불러옵니다.

⊠ 회전 보기 도구로 아트보드 돌리기

도구바에 추가된 회전 보기 도구(Rotate View Tool)를 사용하여 캔버스 방향을 원하는 각도로 변경할 수 있습니다. 모든 대지와 보이는 개체도 문서와 함께 회전합니다. [Shift] 키를 누른 상태에서 드래그하면 15°마다 스냅이 잡힙니다. 원래 위치로 되돌리려면 메뉴바에서 [View]-[Reset Rotate View]를 선택합니다.

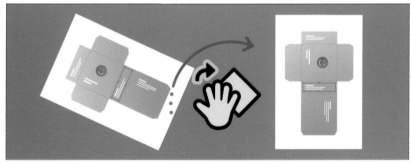

TIP
회전 보기 도구(🖑)는 손바닥 도구(🖐)를 길게 클릭하면 나타납니다.

02

일러스트레이터 시작하기

일러스트레이터에서 오브젝트를 만들기 위한 첫 단추는 프로그램을 다루는 방법을 아는 것입니다. 오브젝트 만드는 과정을 따라하기 전에 일러스트레이터는 어떻게 구성되어 있는지 먼저 알아야 합니다.

이번 장에서는 일러스트레이터를 열었을 때 보이는 화면 구성에 대해 알아보고, 사용자의 편의에 맞게 작업화면을 설정해 보겠습니다. 일러스트레이터 도구바 속 도구들이 어떤 기능을 하는지, 파일은 어떻게 열고 저장하는지까지 학습합니다.

◆ 작업화면　◆ 도구바　◆ 패널　◆ 파일 열고 저장하기

01 일러스트레이터 작업화면 살펴보기

일러스트레이터는 그래픽 작업에 효과적으로 사용할 수 있게끔 화면이 구성되어 있습니다. 화면을 구성하고 있는 요소와 명칭, 기본적인 사용방법을 살펴 보겠습니다.

⊠ 일러스트레이터 CC 2022 시작하기

일러스트레이터 CC 2022를 설치하고 처음 열었을 때 새롭게 추가된 기능에 대한 안내가 나온다면 상단의 × 버튼을 클릭하여 창을 닫습니다.

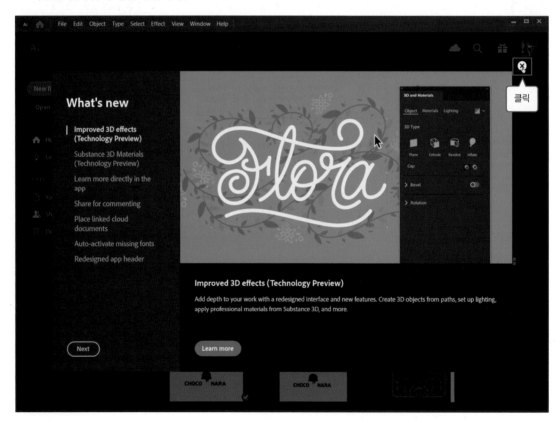

일러스트레이터의 시작화면을 살펴 보겠습니다.

1 Ai | 클릭하면 시작화면은 사라지고 작업화면이 나타납니다. 작업 도중 Home 아이콘(🏠)을 클릭하면 언제든지 다시 시작화면으로 돌아올 수 있습니다.

2 New file | 새로운 문서를 여는 창이 나타납니다.

3 Open | 기존의 문서를 불러올 수 있는 창이 나타납니다.

4 Home | 시작화면이 나타납니다.

5 Learn | 일러스트레이터의 기능을 배울 수 있습니다.

6 Your Files | 사용자가 어도비 클라우드에 저장한 파일들이 나타납니다.

7 Shared with you | 클라우드에 저장되어 다른 사용자들과 공유되는 파일이 보입니다.

8 Deleted | 클라우드에서 삭제한 파일들을 볼 수 있습니다.

9 Presets | 사용자들이 많이 사용하는 크기의 아트보드 설정들이 나타납니다. 클릭하면 해당 크기에 맞게 새 파일을 만들 수 있습니다.

10 ☁ | 어도비 클라우드에 저장된 총 용량을 확인할 수 있습니다.

11 🔍 | 어도비 프로그램과 관련된 사항을 검색할 수 있습니다.

12 My Account | 나의 계정 정보를 확인 및 수정할 수 있습니다.

⊠ 일러스트레이터 CC 2022 작업화면 살펴보기

메뉴바의 [File]-[New]를 선택하거나 시작화면에서 [Create New] 버튼을 클릭하면 새 문서를 생성하는 [New Document] 창이 나타납니다. [New Document] 창에서의 각각의 요소와 명칭을 살펴 보겠습니다.

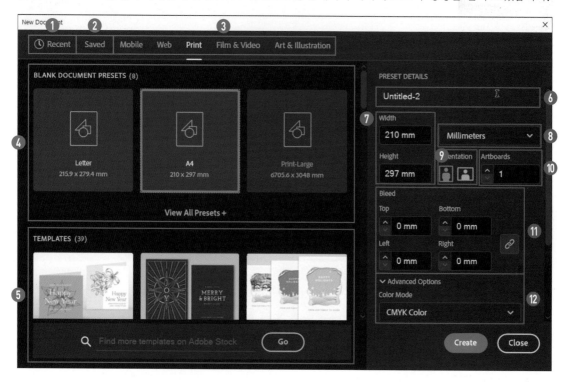

1 Resent | 최근에 열었던 문서의 크기를 찾아줍니다.

2 Saved | 최근에 저장한 문서의 크기를 찾아줍니다.

3 Mobile / Web / Print / Film & Video / Art & Illustration | 각각 모바일/웹/인쇄/영상/아트 등 목적에 맞는 단위와 해상도를 설정해줍니다.

4 BLANK DOCUMENT PRESETS | 많이 사용되는 문서를 미리 설정하여 바로 열 수 있습니다.

5 TEMPLATES | 어도비에서 제공하는 템플릿을 열어줍니다.

6 문서의 이름을 입력할 수 있습니다.

7 Width / Height | 문서의 가로/세로 크기를 설정합니다.

8 Units | 문서의 단위를 설정합니다.

9 Orientation | 문서를 세로/가로가 긴 방향으로 놓습니다.

10 Artboards | 몇 개의 문서를 열 것인지 결정합니다.

11 Bleed | 입력한 수치만큼 문서의 사방으로 여백을 만들어줍니다.

12 Advanced Options | 문서의 컬러 모드와 해상도, 미리보기 모드를 설정합니다.

새 문서를 처음 열었을 때 보이는 화면에서의 각각의 요소와 명칭을 살펴 보겠습니다.

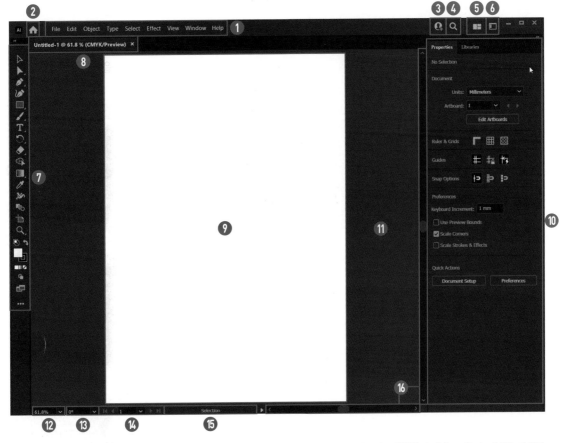

1 Menu Bar | 기본적으로 많이 사용되는 명령들을 정리하여 모아둔 메뉴바입니다. 실행할 수 없는 메뉴는 연한 회색으로 바뀌며 비활성화됩니다.

- File | 파일의 생성, 저장, 닫기, 인쇄하기, 내보내기 등의 작업을 합니다.
- Edit | 복사와 붙여넣기, 자르기 등의 편집 기능과 환경설정 기능이 있습니다.
- Object | 개체 변형이나 정렬, 배열, 그룹을 짓거나 잠그는 등의 기본 편집 외에도 개체에 효과를 적용하거나 깨는 등 다양한 기능을 제공합니다.
- Type | 글꼴을 설정하거나 변형하는 등 글자에 관련된 기능을 제공합니다.
- Select | 선택과 관련한 다양한 기능을 제공합니다. 동일한 속성의 개체를 선택할 때 유용합니다.
- Effect | 오브젝트에 효과를 주는 기능을 제공합니다. 이 메뉴에서 주는 효과들은 중첩으로도 적용이 가능하다는 장점이 있습니다.
- View | 화면을 보는 것과 관련한 기능들을 담당합니다. 이를테면 가이드나 격자, 줄자 등의 기능은 모두 이 메뉴를 통해 활성화할 수 있습니다.
- Window | 일러스트레이터의 모든 패널이 모여 있으며, 패널을 열고 닫을 수 있습니다.
- Help | 도움말을 찾아볼 수 있습니다.

2 ⌂ | 시작화면이 나타납니다.

3 ☁ | 클라우드를 통해 다른 사용자들과 문서를 공유할 수 있도록 저장합니다.

4 🔍 | 어도비 프로그램과 관련된 사항을 검색할 수 있습니다.

5 ▦ | 작업 창이 여러 개일 때 배열방식을 정할 수 있습니다.

 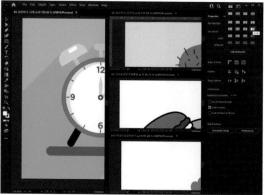

6 ▣ | 인쇄나 웹, 타이포그래피 등과 같이 작업의 목적에 따라서 적합한 패널이 세팅된 작업화면을 선택할 수 있습니다.

7 Tool Bar | 도구상자라고도 하며, 일러스트레이터에서 작업을 위해 가장 많이 사용되는 도구들을 표시합니다.

8 Name Tap | 네임 탭에는 파일의 이름과 현재 보이는 화면의 비율, 문서의 컬러 모드가 표시됩니다.

9 Artboard | 실제로 작업이 이루어지는 영역을 아트보드라고 합니다. 하얀 종이가 깔려있다고 생각하면 됩니다.

10 Pannel | 작업을 위해 필요한 패널입니다. 패널은 한 가지만 있는 것이 아니라 기능에 따라 존재하며, 모두 꺼내놓고 사용할 수 없기 때문에 사용하는 패널만 빼서 사용하는 것이 좋습니다. 필요한 패널이 보이지 않을 때에는 메뉴바의 [Window]에서 체크하여 밖으로 빼낼 수 있습니다.

11 Canvas | 아트보드 바깥의 영역을 캔버스라고 합니다. 색상은 환경설정에서 설정할 수 있습니다.

12 현재의 화면 비율이 표시되며, 화면 비율을 직접 설정할 수 있습니다.

13 현재 선택한 아트보드의 각도가 표시되며, 각도를 직접 설정할 수 있습니다.

14 여러 개의 아트보드로 작업할 경우 순서에 따라서 이동할 수 있습니다.

15 현재 선택한 도구의 이름을 표시합니다.

16 스크롤을 드래그하여 화면을 이동시킵니다.

☒ 작업화면 밝기 변경하기

처음 일러스트레이터를 실행하면 어두운 화면이 나타납니다. 작업화면의 밝기는 환경설정을 통해 사용자가 변경할 수 있습니다. 직접 설정해 보겠습니다.

메뉴바에서 [Edit]-[Preferences]-[User Interface]를 선택합니다. ❶ 대화상자가 나타나면 Brightness를 가장 밝은 'Light'로 설정하고 ❷ [OK] 버튼을 클릭합니다. MacOS는 [Edit]가 아닌 [Illustrator CC]에서 [Preferences]를 선택하면 됩니다.

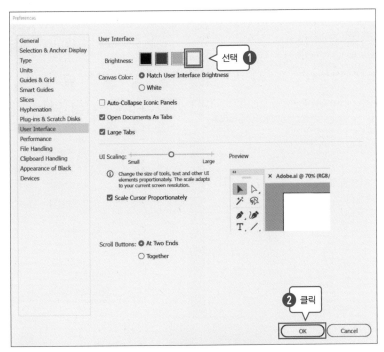

▲ 기본 작업화면

▲ Ligth 옵션을 적용한 작업화면

TIP
이 책에서는 인쇄와 가독성을 위해 작업화면의 색상을 Light로 설정하였으나, 어두운 화면으로 작업해도 무방합니다.

⊠ 패널 조작하기

패널(Pannel)의 본래 뜻은 사각형의 판이며, 일러스트레이터에서는 다양한 기능들을 정리해두는 공간을 의미합니다. [Align] 패널을 통해 다양한 패널 조작방법에 대해 알아보겠습니다.

새로운 패널 불러오기

메뉴바에서 [Window]-[Align]을 선택하여 [Align] 패널을 불러옵니다. 모든 패널은 메뉴바의 [Window]에서 찾아볼 수 있으며, 이름 앞의 체크 표시는 현재 화면에 열려서 보이는 패널이라는 의미입니다.

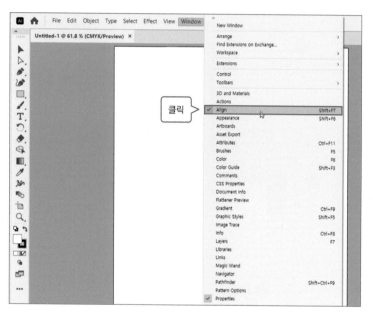
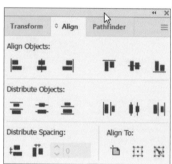

패널 밖으로 빼내고 다시 옆으로 합치기

❶ 패널의 이름 부분을 패널 밖으로 드래그하여 분리시킬 수 있습니다. ❷ 반대로 이름 부분을 드래그하여 다시 패널 안으로 드래그하면 옆으로 다시 합칠 수 있습니다.

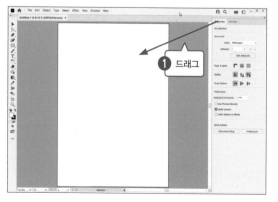
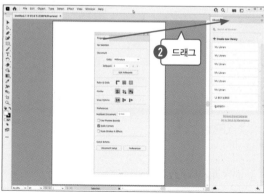

패널 위아래로 합치기

❶ [Align] 패널의 이름 부분을 아래쪽으로 드래그하고 ❷ 파란색 줄이 생기면 마우스를 놓습니다. [Align] 패널이 아래쪽으로 붙게 됩니다.

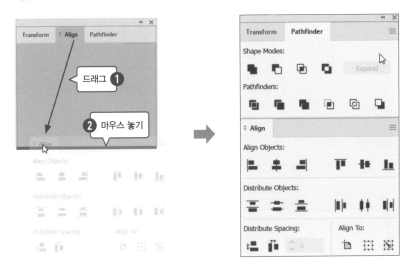

패널 최소화/최대화하기

❶ [Align] 패널의 이름 앞쪽에 있는 펼침 아이콘(▣)을 클릭하면 [Align] 패널이 한 단계 간소화되어 두 줄로 짧아집니다. ❷ 한 번 더 클릭하면 최소화되어 이름만 보이게 됩니다. ❸ 다시 클릭하면 최대화되어 세 줄의 상태로 돌아옵니다.

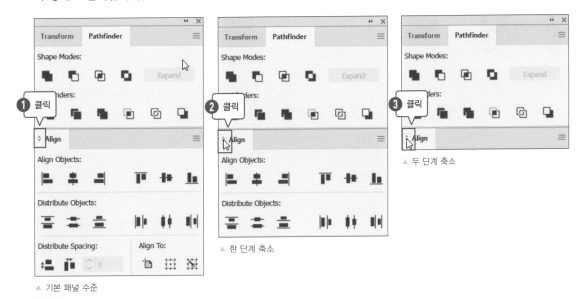

▲ 기본 패널 수준

TIP

간소화가 가능한 패널과 불가능한 패널이 있으며, 간소화 단계도 패널마다 다릅니다.

합쳐진 패널 한 번에 옮기기

합쳐진 패널의 경우 상단의 얇은 줄을 드래그하면 한 번에 여러 개의 패널을 옮길 수 있습니다. 옮기고자 하는 위치에 파란색 가이드 줄이 뜰 때 마우스 클릭을 놓으면 됩니다.

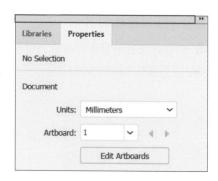

도구바와 패널 최대화/최소화하기

도구바 상단의 펼침 버튼(▶▶)을 클릭하면 도구바가 두 줄로 바뀝니다.

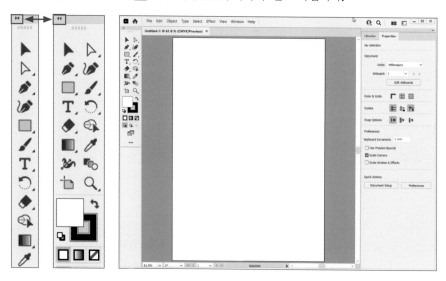

현재 패널은 최대로 펼쳐져 있는 상태입니다. 상단의 숨김 버튼(◀◀)을 클릭하면 패널이 최소화됩니다. 반대로 최소화되어 있는 상태에서 다시 펼침 버튼(▶▶)을 클릭하면 패널이 최대화됩니다.

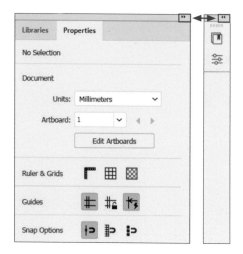

도구바를 벽에서 떼고 붙이기

도구바를 고정된 틀에서 떼어내기 위해서는 도구바 상단의 줄무늬 부분(▭▭▭▭▭)을 드래그해서 옮깁니다. 다시 붙이고자 한다면 줄무늬 부분을 외곽 방향으로 붙여 파란색 줄이 나올 때 마우스 클릭을 놓으면 됩니다.

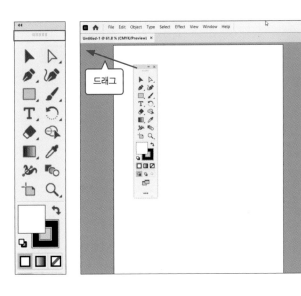

패널 활성화하기

여러 개의 패널이 겹쳐져 있을 때 뒤에 있는 패널을 앞으로 올려 보겠습니다. [Color Guide] 패널의 이름 부분을 클릭하면 뒤쪽에 있던 패널이 앞으로 올라와 활성화됩니다.

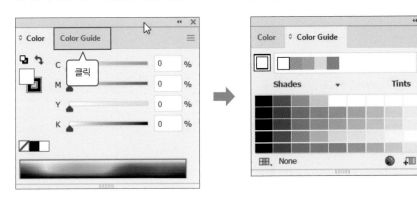

패널 숨기기

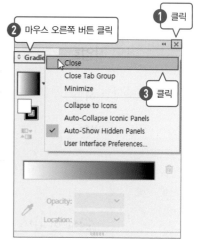

불필요한 패널을 숨겨 보겠습니다. ❶ 패널 오른쪽 상단에 있는 × 버튼을 클릭하면 해당 패널이 닫힙니다. ❷ 또는 해당 패널의 이름 위에서 마우스 오른쪽 버튼을 클릭하면 ❸ 표시되는 목록에서 [Close]를 선택해도 해당 패널을 숨길 수 있습니다.

TIP

패널을 다시 불러오려면 메뉴바의 [Window]에서 원하는 패널을 선택합니다.

⊠ 미리 설정된 작업화면 사용하기

일러스트레이터는 문서의 목적에 따라서 미리 만들어놓은 패널 구성을 제공합니다. 작업화면 전환 아이콘()을 클릭하면 사전설정된 목록들 중 하나를 선택할 수 있습니다. 기본설정은 'Essentials'로 지정되어 있으며, 다른 옵션을 선택하면 그 목적에 맞게 패널 구성이 변경됩니다.

1 Automation | 자동화 작업에 특화된 작업화면입니다.

2 Essentials | 필수 요소로만 구성된 기본 작업화면입니다.

3 Essentials Classic | CC 2017 이하 버전의 기본 작업화면으로, 패널의 구성이 많습니다.

4 Layout | 기본 구성요소가 많으며, 텍스트와 컬러에 관련된 패널을 중심으로 구성되어 있습니다.

5 Painting | 드로잉 작업에 맞추어 주로 브러시와 컬러에 관련된 패널을 중심으로 구성되어 있습니다.

6 Printing and Proofing | 인쇄 목적에 맞춘 작업화면으로, 기본 패널을 중심으로 구성되어 있습니다.

7 Tracing | 사진을 따내기 편한 작업에 맞춘 패널을 중심으로 구성되어 있습니다.

8 Typography | 문자를 편집하기 편리하도록 텍스트와 관련된 패널을 중심으로 구성되어 있습니다.

9 Web | 웹디자인 작업에 편한 패널들로 구성되어 있습니다.

10 Reset | 선택된 작업화면을 처음 설정으로 되돌립니다. 현재 선택된 패널 옵션의 이름이 'Reset' 뒤에 표시됩니다.

11 New Workspace | 사용자가 직접 새 작업화면을 구성해서 등록할 수 있습니다.

12 Manage Workspaces | 사용자가 등록한 작업화면을 수정하거나 삭제할 수 있습니다.

⊠ 나만의 작업화면 등록하기

원하는 패널 구성이 없다면 직접 패널들을 화면에 배치한 후 등록해서 사용할 수 있습니다.

01 메뉴바의 [Window]에서 패널들을 불러와 원하는 대로 화면을 구성합니다.

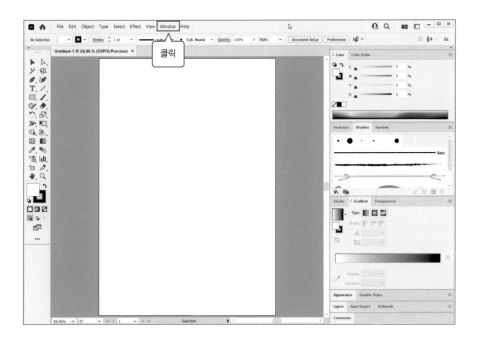

02 ❶ 작업화면 전환 아이콘(▣)을 클릭하고 ❷ 'New Workspace'를 선택합니다. ❸ Name 입력란에 원하는 이름을 입력하고 ❹ [OK] 버튼을 클릭합니다.

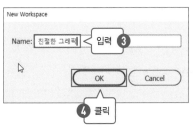

03 ❶ 다시 작업화면 전환 아이콘(▣)을 클릭하면 ❷ 등록된 옵션을 확인할 수 있습니다. 이제부터는 새로 추가한 이름을 클릭하면 원하는 대로 구성해둔 현재 작업화면을 불러와서 사용할 수 있습니다.

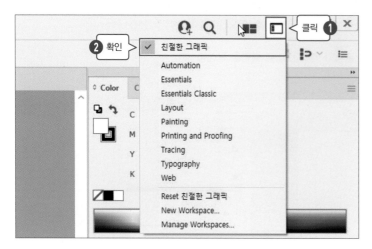

04 ❶ 이번에는 작업화면 전환 아이콘(▣)을 클릭하고 ❷ 'Manage Workspaces'를 선택합니다. ❸ 대화상자에서 '친절한 그래픽'을 클릭합니다. ❹ 입력란에 새로운 이름을 입력하고 ❺ [OK] 버튼을 클릭합니다. 추가 아이콘(⊞)을 누르면 기존 작업을 그대로 두고 추가할 수 있고, 휴지통 아이콘(🗑)을 누르면 선택한 작업화면을 삭제할 수 있습니다.

02 도구바 마스터하기

일러스트레이터에서 새 문서를 열면 화면 왼쪽에 도구바가 붙어 있습니다. 일러스트레이터에서 사용하는 대부분의 도구들이 모여 있으며, 쓰임에 따라 비슷한 곳에 위치합니다. 도구바의 기본적인 사용법과 도구의 종류를 살펴보겠습니다.

⊠ 도구바 다루기

일러스트레이터에서 새 문서를 열면 마우스 커서가 화살표 모양(▶)으로 나타납니다. 이는 새 문서 실행 시 도구바의 '선택 도구'가 기본으로 선택되어 있기 때문입니다.

도구 명칭과 단축키 알아보기 / 숨은 도구 열기

❶ 임의의 도구 위에 마우스 커서를 올리고 기다리면 해당 도구의 이름과 단축키, 도구에 대한 간략한 설명이 표시됩니다. ❷ 도구 아이콘 오른쪽 하단에 삼각형 표시가 있다면 숨겨진 다른 도구가 있다는 의미로, 해당 도구를 길게 클릭하거나 마우스 오른쪽 버튼을 클릭하면 숨겨진 도구가 나타납니다. ❸ 숨겨진 도구 창이 나타났을 때 오른쪽의 화살표를 클릭하면 숨은 메뉴를 분리해 사용하는 것도 가능합니다. ❹ 분리된 숨은 도구 패널은 숨김 버튼을 눌러 세로로 만들어 사용하거나 ❺ × 버튼을 클릭하여 닫을 수 있습니다.

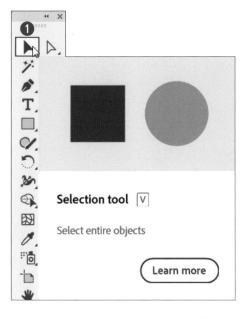

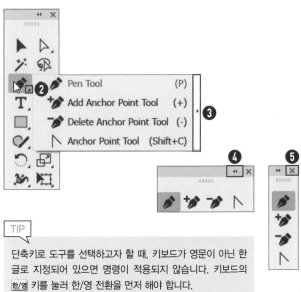

TIP

단축키로 도구를 선택하고자 할 때, 키보드가 영문이 아닌 한글로 지정되어 있으면 명령이 적용되지 않습니다. 키보드의 한/영 키를 눌러 한/영 전환을 먼저 해야 합니다.

오른쪽 하단에 삼각형이 표시된 도구는 Alt 키를 누른 상태에서 클릭하면 숨은 도구가 순서대로 바뀌면서 나타납니다.

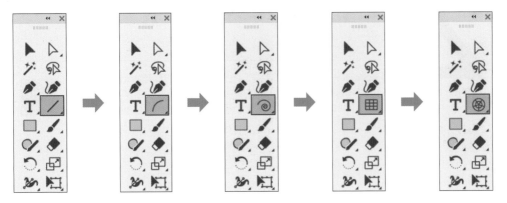

도구바 내 마음대로 편집하기

일러스트레이터에는 많은 도구들이 있지만, 처음 실행할 때 모든 도구들이 도구바에 나타나는 것은 아닙니다. 작업에 필요한 최소한의 도구만 나타나게 되는데, 이것이 기본(Basic) 도구바입니다.

❶ 도구바 하단에서 [Edit Toolbar(⋯)]를 클릭하면 [All Tools] 패널을 볼 수 있습니다. ❷ 도구의 이름을 보고 싶다면 목록형 버튼을 누릅니다. ❸ 도구 메뉴 중 활성화되어 있는 도구를 하나 클릭해 도구바 안쪽으로 드래그하면 도구바에 해당 도구가 추가되는 것을 확인할 수 있습니다. ❹ 반대로 도구바 안에 있는 도구들 중 하나를 선택해 [All Tools] 패널로 드래그하면 도구바에서는 삭제되고, [All Tools] 패널 내에만 나타나게 됩니다.

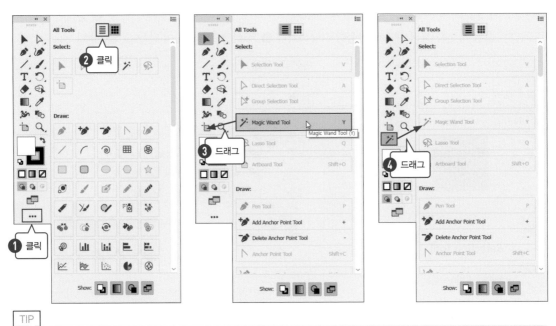

TIP

도구바 하단의 [Show]는 모두 필요한 작업이므로 전체가 활성화된 기본 상태 그대로 사용하는 것이 좋습니다.

전체 도구 꺼내기 / 도구바 초기화하기

모든 도구를 도구바로 꺼낼 수 있습니다. ❶ 도구바 하단에 있는 ⎡⋯⎤을 클릭하고 ❷ 보조메뉴 아이콘(⊟)을 클릭한 후 ❸ 'Advanced'를 선택합니. 다. 'Reset'을 선택하면 도구바가 초기화됩니다.

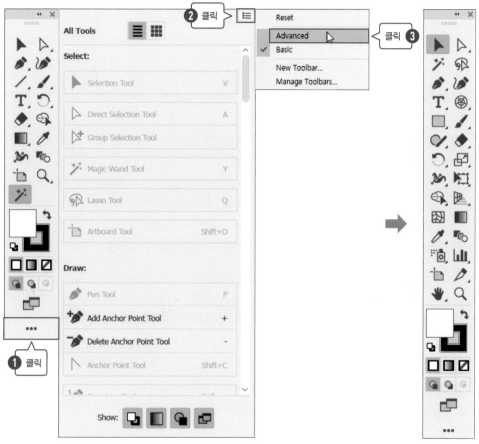

⊠ 도구의 이름과 기능 살펴보기

일러스트레이터는 기능이 굉장히 많은 그래픽 프로그램입니다. 이에 따라 도구도 많을 수밖에 없는데, 처음부터 모든 도구의 기능들을 외우려고 하기보다는, 예제를 따라 하며 차근히 익혀가다 필요할 때 다시 찾아보는 방식으로 공부하는 것을 권장합니다.

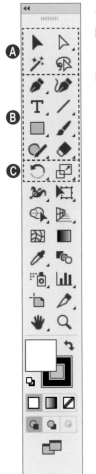

A_ [선택 관련 도구] 오브젝트 혹은 그 안의 점과 패스 등을 선택하는 도구들입니다.

1 ▶ 선택 도구 Selection Tool, ▣ | 클릭하면 그 오브젝트를 포함하는 가장 큰 그룹이 선택되며, 해당 오브젝트를 이동시킬 수 있습니다.

2 ▷ 직접 선택 도구 Direct Selection Tool, ▣ | 점이나 패스 위를 클릭하면 해당 점이나 패스의 일부분이 선택 및 이동되며, 점의 핸들을 조절하여 곡선 모양을 바꿀 수 있습니다.

▷ 그룹 선택 도구 Group Selection Tool | 그룹이 지어진 개체 또는 그룹 내의 소그룹을 선택할 때 사용합니다. 제자리에서 추가로 클릭하면 연계된 그룹이 연속으로 선택됩니다. 패스를 선택하면 일부만 선택되지 않고 개체 전체가 선택되어 편리합니다.

3 ✦ 마술봉 도구 Magic Wand Tool, ▣ | 클릭한 개체와 비슷한 속성의 오브젝트를 한꺼번에 선택합니다.

4 ⬠ 올가미 도구 Lasso Tool, ▣ | 드래그한 영역 안의 모든 점과 패스를 선택합니다.

B_ [개체 생성/삭제 관련 도구] 새로운 개체를 생성하거나 다듬는 작업, 또는 삭제와 관련된 도구들입니다.

5 ✐ 펜 도구 Pen Tool, ▣ | 패스를 그리고 수정합니다. 가장 많이 사용하는 도구 중 하나입니다.

✐ 고정점 추가 도구 Add Anchor Point Tool, ⊞ | 패스에 점을 추가합니다.

✐ 고정점 삭제 도구 Delete Anchor Point Tool, ⊟ | 패스에서 점을 빼줍니다.

⎫ 고정점 도구 Anchor Point Tool, Shift + ⓒ | 고정점에 대고 드래그하면 양쪽으로 핸들을 펼쳐 곡선을 만들고, 고정점에 대고 클릭을 하면 핸들을 모아 뾰족하게 만들어줍니다.

6 ✎ 곡률 도구 Curvature Tool, Shift + ∼ | 곡선을 자연스럽고 편하게 그릴 수 있습니다.

7 T 문자 도구 Type Tool, ⊤ | 글자를 입력합니다.

▥ 영역 문자 도구 Area Type Tool | 막힌 패스 영역 안쪽에 글자를 입력합니다.

◇ 패스 문자 도구 Type on a Path Tool | 패스 라인을 따라서 글자가 흐르듯이 입력됩니다.

IT 세로 문자 도구 Vertical Type Tool | 글자를 세로쓰기로 입력합니다.

▥ 세로 영역 문자 도구 Vertical Area Type Tool | 막힌 패스 영역 안쪽에 글자를 세로 방향으로 입력합니다.

◇ 세로 패스 문자 도구 Vertical Type on a Path Tool | 패스 라인을 따라서 글자가 세로 방향으로 흐르듯이 입력됩니다.

▦ 문자 손질 도구 Touch Type Tool, Shift + ⊤ | 입력되어 있는 문자를 한 글자씩 선택하여 크기나 각도, 폰트 종류 등의 속성을 개별적으로 설정할 수 있습니다. CC 이후 버전부터 사용 가능합니다.

8 ⬈ 선 도구 ^{Line Tool} 를 **W** | 드래그하면 직선이 그려집니다. 하위의 모든 드로잉 도구는 빈 화면에 한 번만 클릭하면 길이와 각도 등 각각의 옵션을 입력하여 그릴 수 있습니다.

⬈ 호 도구 ^{Arc Tool} | 호를 그립니다(호는 한 방향의 곡선을 의미합니다).

⬈ 나선 도구 ^{Spiral Tool} | 나선을 그립니다.

⬈ 사각형 격자 도구 ^{Rectangular Grid Tool} | 외곽에 사각형 선과 그 안에 가로선과 세로선이 그려지면서 표처럼 보이는 격자 모양을 만듭니다.

⬈ 폴라 격자 도구 ^{Polar Grid Tool} | 원형 선들이 크기별로 그려지며, 그 안에 방사형으로 직선이 만들어지면서 그래프처럼 보이는 격자 모양을 만듭니다.

9 ⬜ 사각형 도구 ^{Rectangle Tool} 를 **M** | 드래그하면 사각형이 그려집니다. 하위의 모든 도형 도구는 빈 화면에 한 번만 클릭하면 가로, 세로 값이나 반지름 값을 입력하여 그릴 수 있습니다.

⬜ 둥근 사각형 도구 ^{Rounded Rectangle Tool} | 모서리가 둥근 사각형을 그립니다.

◯ 원 도구 ^{Ellipse Tool} 를 **L** | 원을 그립니다.

⬡ 다각형 도구 ^{Polygon Tool} | 변이 여러 개인 다각형을 그립니다.

☆ 별 도구 ^{Star Tool} | 별 모양을 그립니다.

⬡ 광선 도구 ^{Flare Tool} | 빛나는 광선을 그립니다.

10 ✎ 브러시 도구 ^{Brush Tool} 를 **B** | 선으로 적용되며, 붓으로 그린 것 같은 느낌을 낼 수 있습니다. 기본으로 제공되는 브러시 모양으로 다양한 느낌을 낼 수 있습니다.

✎ 물방울 브러시 도구 ^{Blub Brush Tool} 를 **Shift** + **B** | 드래그하면 선이 아닌 면으로 그려집니다.

11 ⬤ 모양 도구 ^{Shaper Tool} 를 **Shift** + **N** | 드래그하는 대로 직선이나 삼각형, 사각형, 원 등 단순한 형태의 모양을 그릴 수 있습니다. 복잡한 모양은 작업되지 않는 한계가 있습니다.

✎ 연필 도구 ^{Pencil Tool} 를 **N** | 드래그하는 대로 굵기가 일정한 선이 그려집니다. 처음의 점으로 돌아오면 자동으로 막힌 패스가 됩니다.

✎ 스무스 도구 ^{Smooth Tool} | 개체를 선택한 후 뾰족한 부분에 대고 드래그하면 완만하게 둥근 모양으로 다듬어집니다.

✎ 패스 지우개 도구 ^{Path Eraser Tool} | 패스 위를 드래그하면 드래그한 만큼 패스가 끊어지면서 지워집니다.

✎ 연결 도구 ^{Join Tool} | 끊어져 있는 두 개의 점을 드래그하면 선으로 이어집니다. 단, 두 점 모두 선택되어 있어야 합니다.

12 ◆ 지우개 도구 ^{Eraser Tool} 를 **Shift** + **E** | 개체를 드래그하면 패스가 지워집니다.

✂ 가위 도구 ^{Scissors Tool} 를 **C** | 패스 위에 대고 클릭하면 패스가 끊어지면서 분리됩니다.

✎ 칼 도구 ^{Knife Tool} | 드래그하면 패스가 갈라지면서 분리됩니다.

C_ [개체 편집 관련 도구] 각도 및 기울기, 크기 조절 등 기본 편집과 관련된 도구들입니다.

13 ⟳ 회전 도구 ^{Rotate Tool} 를 **R** | 오브젝트를 회전시킵니다.

⬧ 반전 도구 ^{Reflect Tool} 를 **O** | 오브젝트를 반전시킵니다.

14 ⬚ 크기 조절 도구 ^{Scale Tool} 를 **S** | 오브젝트의 크기를 조절합니다.

⬚ 기울이기 도구 ^{Shear Tool} | 오브젝트의 기울기를 조절합니다.

⬚ 변형 도구 ^{Reshape Tool} | 선택된 패스의 점이나 굴곡을 조절합니다. 드래그하면 해당 방향으로 점들이 이동하면서 굴곡이 생깁니다.

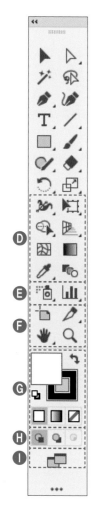

D_ [개체 왜곡 관련 도구] 개체의 모양이나 색상 등을 왜곡하는 도구들입니다.

⑮ 폭 도구 Width Tool, [Shift] + [W] | 선의 두께를 자유롭게 변화시킵니다.

왜곡 도구 Warp Tool, [Shift] + [R] | 드래그하면 해당 방향으로 손가락으로 민 것처럼 늘어지듯이 왜곡됩니다.

휘감기 도구 Twirl Tool | 오브젝트를 선택하고 클릭하면 클릭한 만큼 휘감아집니다.

오목 도구 Pucker Tool | 오브젝트를 선택하고 클릭하면 해당 오브젝트를 중심으로 오므라듭니다.

볼록 도구 Bloat Tool | 오브젝트를 선택하고 클릭하면 해당 오브젝트를 중심으로 부풀어집니다.

스캘럽 도구 Scallop Tool | 오브젝트를 선택하고 클릭하면 해당 오브젝트를 중심으로 모여드는 방향으로 날카롭고 뾰족한 모양으로 점과 점 사이가 오므라듭니다.

결정화 도구 Crystallize Tool | 오브젝트를 선택하고 클릭하면 해당 오브젝트를 중심으로 펼쳐지는 방향으로 날카롭고 뾰족한 모양으로 점과 점 사이가 오므라듭니다.

주름 도구 Wrinkle Tool | 오브젝트를 선택하고 클릭하면 해당 오브젝트를 중심으로 위쪽과 아래쪽이 커튼처럼 우글우글하게 주름지는 것과 같이 왜곡됩니다.

⑯ 자유 변형 도구 Free Transform Tool, [E] | 오브젝트를 자유롭게 변형할 수 있습니다. 오브젝트를 선택하고 자유 변형 도구를 선택하면 ⬚, ⬚, ⬚, ⬚의 옵션을 포함하는 별도의 패널이 나타납니다.

비례 제약/해지 Constrain | 가로와 세로의 비율을 유지하면서 변형합니다.

자유 변형 Free Transform | 크기 및 각도를 자유롭게 변형합니다.

원근감 변형 Perspective Distort | 일부 점만 드래그하여 시점이 들어간 것처럼 조절할 수 있습니다.

자유 조작 Free Distort | 모서리의 한 부분씩 선택하여 자유롭게 왜곡할 수 있습니다.

퍼펫 뒤틀기 도구 Puppet Warp Tool | 개체의 임의의 지점을 클릭하면 핀 모양이 나타나며, 고정점을 만들 수 있습니다. 여러 개의 핀을 개체에 만들어주고 그 중 한 개의 핀을 드래그하면 해당 부분만 왜곡되고 나머지는 고정되어 있는 상태로 유지됩니다.

⑰ 도형 구성 도구 Shape Builder Tool, [Shift] + [M] | 겹쳐진 오브젝트들을 패스를 기준으로 합치거나 나눕니다.

라이브페인트 버킷 도구 Live Paint Bucket Tool, [K] | 겹쳐진 선과 면에 각각 원하는 색을 색칠공부하듯이 채울 수 있습니다.

라이브페인트 선택 도구 Live Paint Selection Tool, [Shift] + [L] | 라이브페인트 버킷 도구로 색을 채운 오브젝트들을 선택할 수 있습니다.

⑱ 원근감 격자 도구 Perspective Grid Tool, [Shift] + [P] | 원근감 격자를 생성하여 시점이 적용된 개체를 만듭니다.

원근감 선택 도구 Perspective Selection Tool, [Shift] + [V] | 원근감 격자로 만든 개체들을 선택합니다.

⑲ 그레이디언트 메시 도구 Mesh Tool, [U] | 그물망과 같은 패스를 개체에 적용시켜 각각의 점마다 다른 색을 넣을 수 있으며, 그 색의 변화는 정교한 그레이디언트가 가능합니다.

⑳ 그레이디언트 도구 Gradient Tool, [G] | 오브젝트에 두 가지 이상의 색이 변화하는 그레이디언트 색상을 적용합니다.

㉑ 🖊 **스포이트 도구** Eyedropper Tool, I | 오브젝트를 선택하고 스포이트 도구를 클릭한 후 다른 오브젝트를 클릭하면 나중에 클릭하는 개체의 속성이 먼저 선택했던 개체로 옮겨집니다.

🖊 **측정 도구** Measure Tool | 드래그하면 해당 영역의 길이와 좌표를 확인할 수 있습니다.

㉒ 🖿 **블렌드 도구** Blend Tool, W | 두 개 이상의 오브젝트의 속성을 자연스럽게 연결시키고, 연결 단계를 다양하게 표현할 수 있습니다.

E_ [등록 관련 도구들] 외부 프로그램으로 내보내거나 가져오기가 가능한 도구들입니다.

㉓ 🖿 **심볼 스프레이 도구** Symbol Sprayer Tool, Shift + S | 심볼을 스프레이처럼 분사해서 적용합니다. 심볼은 그래프 디자인으로 등록하여 막대그래프 안에도 적용할 수 있습니다. 무비클립으로 플래시로 내보내기도 가능하지만, 현재 플래시는 쓰이지 않습니다.

🖿 **심볼 이동 도구** Symbol Shifter Tool | 심볼을 옮깁니다.

🖿 **심볼 모으기 도구** Symbol Scruncher Tool | 심볼을 모아줍니다. Alt 키를 누른 상태로 클릭하면 심볼 사이가 벌어집니다.

🖿 **심볼 크기 조절 도구** Symbol Sizer Tool | 심볼의 크기를 조절합니다. Alt 키를 누른 상태로 클릭하면 크기가 작아집니다.

🖿 **심볼 회전 도구** Symbol Spinner Tool | 심볼을 회전시킵니다.

🖿 **심볼 색상 변경 도구** Symbol Stainer Tool | 심볼의 색상을 물들이듯이 변경합니다. Alt 키를 누른 상태로 클릭하면 색상이 빠집니다.

🖿 **심볼 투명도 조절 도구** Symbol Screener Tool | 심볼의 투명도를 조절합니다. Alt 키를 누른 상태로 클릭하면 적용하기 이전의 투명도로 돌아옵니다.

🖿 **심볼 스타일 도구** Symbol Styler Tool | 심볼에 그래픽 스타일을 적용합니다. Alt 키를 누른 상태로 클릭하면 원본으로 돌아옵니다.

㉔ 🖿 **세로 막대그래프 도구** Column Graph Tool, J | 드래그하거나 빈 화면을 클릭해 수치 입력으로 원하는 크기의 세로형 막대그래프를 만듭니다. 모든 그래프는 한 번 적용되면 크기를 바꿀 수 없으니 처음 크기를 지정할 때 정확한 크기로 작업해야 합니다. 엑셀에서 데이터를 가져와 적용하는 것도 가능하지만, 복잡한 표는 적용이 어렵습니다.

🖿 **세로 누적 막대그래프 도구** Stacked Column Graph Tool | 누적된 데이터가 세로로 쌓인 형태의 막대그래프를 만듭니다.

🖿 **가로 막대그래프 도구** Bar Graph Tool | 가로형 막대그래프를 만듭니다.

🖿 **가로 누적 막대그래프 도구** Stacked Bar Graph Tool | 누적된 데이터가 가로로 쌓인 형태의 막대그래프를 그립니다.

🖿 **선 그래프 도구** Line Graph Tool | 꺾인 선 그래프를 만듭니다.

🖿 **영역 그래프 도구** Area Graph Tool | 막힌 영역을 면으로 처리한 그래프를 만듭니다.

🖿 **분사 그래프 도구** Scatter Graph Tool | 분사형 그래프를 만듭니다.

🖿 **파이 그래프 도구** Pie Graph Tool | 조각으로 나눠진 원 그래프를 만듭니다.

🖿 **방사형 그래프 도구** Radar Graph Tool | 방사형 그래프를 만듭니다.

F_ [화면 관련 도구들] **아트보드나 화면보기에 관련된 도구들입니다.**

25 **아트보드 도구** Artboard Tool, Shift + O | 현재 아트보드가 점선으로 표현됩니다. 아트보드를 수정하거나 추가 및 삭제, 복제, 위치 이동 등을 할 수 있습니다.

26 **슬라이스 도구** Slice Tool, Shift + K | 이미지를 조각내서 웹용 HTML 문서를 만들 수 있습니다. 조각낸 만큼 각각의 이미지로 저장됩니다.

슬라이스 선택 도구 Slice Selection Tool | 조각난 이미지를 각각 선택합니다.

27 **손바닥 도구** Hand Tool, H | 원하는 곳으로 드래그하여 이동합니다. 다른 도구를 선택하고 있더라도 키보드의 Space Bar를 누르는 동안은 손바닥 도구가 활성화됩니다.

회전 보기 도구 Rotate View Tool, Shift + H | 아트보드를 회전시킬 수 있습니다. CC 2022 버전에 새롭게 추가된 기능입니다.

인쇄 영역 도구 Printing Tilting Tool | 인쇄 영역을 점선으로 보여줍니다. 인쇄할 영역을 이동시키면서 인쇄할 위치를 수정할 수 있습니다.

28 **돋보기 도구** Zoom Tool, Z | 화면을 확대하거나 축소할 수 있습니다. 클릭하면 확대되고 Alt 키를 누른 채로 클릭하면 축소됩니다. 더블클릭하면 100% 비율로 화면이 변환됩니다.

G_ [면색과 선색] **개체의 면과 선에 속성을 따로 적용할 수 있습니다.**

29 **면색과 선색 초기화** Default Color, D | 선택한 오브젝트의 면색을 흰색으로, 선색을 검은색으로, 선의 굵기는 1pt로 기본설정으로 초기화됩니다.

30 **면색과 선색 바꾸기** Exchange Color, Shift + X | 선택한 오브젝트의 면색과 선색을 서로 맞바꿉니다.

31 **면색과 선색** Fill & Stroke, X | 면을 클릭하면 면이 위로 올라오고, 선을 클릭하면 선이 위로 올라와서 면과 선의 각각의 속성을 편집할 수 있습니다.

32 **색 설정** | 선택한 오브젝트의 면과 선의 색을 설정합니다.

단색 Color, < | 오브젝트의 면 또는 선의 색을 단색으로 설정합니다.

그레이디언트 Gradient, > | 오브젝트의 면 또는 선에 그레이디언트를 적용합니다.

색 없음 None, / | 오브젝트의 면 또는 선을 투명 속성으로 만듭니다.

H_ [그리기 모드] **일러스트레이터에서는 개체를 그릴 때 앞쪽으로도, 뒤쪽으로도 그릴 수 있습니다. 개체를 그리는 방식과 관련된 도구들입니다.**

33 **그리기 모드**, Shift + D | 그리기 모드를 선택합니다.

표준 그리기 Draw Normal | 일반적인 그리기 모드로, 나중에 생성된 개체가 위로 그려집니다.

배경 그리기 Draw Behind | 뒤로 그려지는 모드로, 나중에 생성된 개체가 뒤로 그려집니다.

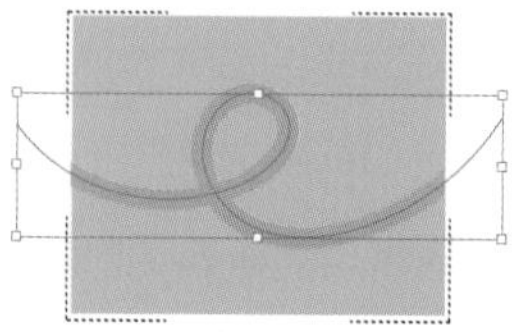

내부 그리기 Draw Inside | 선택한 오브젝트 안쪽으로만 새 개체가 그려지며, 클리핑 마스크 처리됩니다.

l_ [화면 모드] 일러스트레이터는 기능이 많은 만큼 패널이 많아 작업화면이 복잡해지기 쉽습니다. 이에 한 번에 모든 패널들을 없애거나 나타낼 수 있는 기능을 제공합니다.

34 🖼 **화면 모드** Screen Mode, F | 화면 구성을 바꿉니다. 단축키 F를 반복해서 누르면 화면 구성이 전환됩니다.

🖼 **기본 화면 모드** Normal Screen Mode | 작업 창이 별도로 분리되어 있으며, 일러스트레이터 창의 크기를 조절할 수 있는 기본 모드입니다.

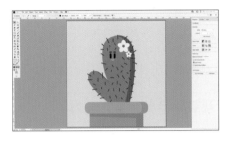

🖼 **채운 화면 메뉴 모드** Full Screen with Menu Bar Mode | 화면을 모니터에 맞도록 꽉 채운 모드이며, 윈도우 시작 표시줄까지 덮습니다.

전체 화면 모드 Full Screen Mode | 모든 패널을 숨깁니다. F 키를 누르거나 Esc 키를 누르면 기본화면으로 돌아갑니다.

발표 모드 Presentation Mode, Shift + F | 모든 패널을 숨기고 아트보드 외에는 전부 검은색으로 채워진 화면으로 변경됩니다.

새 문서와 아트보드

일러스트레이터를 실행하여 새로운 문서를 열고 닫고 다양한 파일 형식으로 저장하는 방법에 대해 알아보겠습니다. 문서 내의 아트보드 하나하나를 자유 자재로 다루는 방법까지 학습합니다.

⊠ 새로운 문서 만들고 닫기

일러스트레이터에서 오브젝트를 그리는 공간인 아트보드를 새로 만들고 닫아봅니다. 아트보드를 만들면서 파일의 이름과 크기, 컬러 모드를 미리 설정할 수 있습니다.

새 문서 만들기

01 일러스트레이터에서 새 아트보드(새 문서)를 만드는 방법은 두 가지입니다. ❶ 메뉴바의 [File]-[New]를 선택하거나 ❷ 시작화면에서 [Create New] 버튼을 눌러 작업하는 방법입니다. 두 가지 방법 중 하나를 선택합니다.

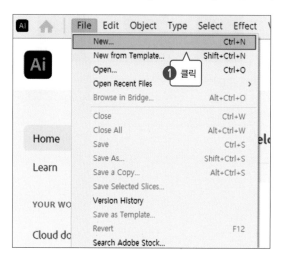

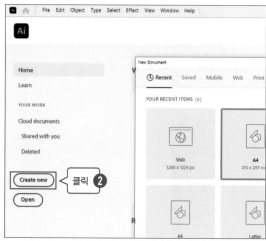

02 가장 일반적으로 사용하는 A4 크기의 아트보드를 열겠습니다. ❶ [Print]를 클릭하고 ❷ 기본 설정으로 지정되어 있는 'A4'를 선택한 후 ❸ [Create] 버튼을 클릭합니다.

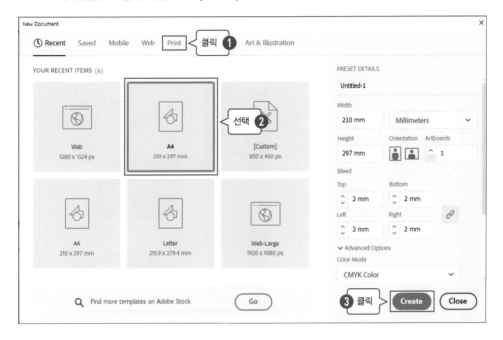

03 A4 사이즈의 새 아트보드가 열립니다. 네임 탭을 확인해보면 '문서 이름 – 화면 비율 – 컬러 모드'가 순서대로 표시되는 것을 확인할 수 있습니다.

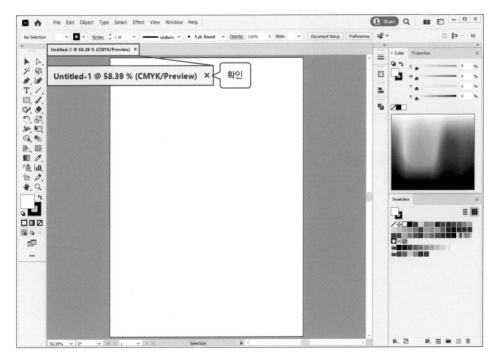

문서 닫기

01 이번엔 문서를 닫아보겠습니다. 네임 탭에 있는 × 버튼을 클릭하거나 메뉴바의 [File]–[Close]를 선택합니다.

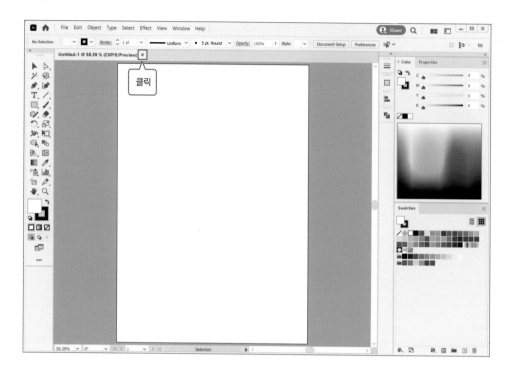

02 만약 기존 파일에서 수정된 부분이 있다면 변경된 내용을 저장할지 묻는 대화상자가 나타납니다. [Yes] 버튼을 클릭하면 변경된 내용으로 저장한 뒤 문서를 닫고, [No] 버튼을 클릭하면 변경된 내용을 저장하지 않고 닫습니다. [Cancel] 버튼을 클릭하면 닫기 명령을 취소하고 작업화면으로 돌아갑니다.

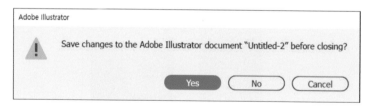

⊠ 파일을 열고 저장하기

📁 준비파일 P01\Ch02\03일러스트레이터.ai

일러스트레이터 작업물을 열고 다른 이름으로 저장해 봅니다.

파일 열기

메뉴바에서 [File]-[Open]을 선택하고, 대화상자가 나타나면 03일러스트레이터.ai 파일을 선택한 후 [Open]을 클릭해 파일을 엽니다.

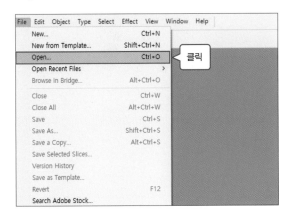 

이름을 바꿔 다른 Ai 파일로 저장하기

메뉴바에서 [File]-[Save As]를 클릭합니다. ❶ 대화상자가 나타나면 원하는 저장 위치를 지정하고 파일 이름을 변경합니다. ❷ 파일 형식은 'Adobe Illustrator (*.AI)'를 선택하고 ❸ [저장] 버튼을 클릭합니다. ❹ 옵션 대화상자가 나오면 버전을 확인하고 ❺ [OK] 버튼을 클릭합니다.

> **TIP**
>
> [File]–[Save As]를 선택하면 클라우드에 저장할 것인지, 본인의 컴퓨터에 저장할 것인지 묻는 창이 나타납니다. 다시 이 옵션을 보고 싶지 않다면 [Save on your computer] 버튼을 클릭하고 'Don't show again' 옵션에 체크합니다.

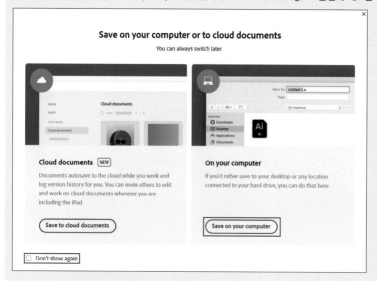

⊠ 다른 형식으로 저장하기

[File]–[Save As]를 통해 저장하면 Ai, PDF, EPS 외에도 여러 가지 형식으로 파일을 저장할 수 있는데, 이때 저장할 수 있는 파일 형식들은 일러스트레이터의 패스가 유지되는 형식이어야 합니다.

| Adobe Illustrator (*.AI) |
| Adobe PDF (*.PDF) |
| Illustrator EPS (*.EPS) |
| Illustrator Template (*.AIT) |
| SVG (*.SVG) |
| SVG Compressed (*.SVGZ) |

1 Adobe Illustrator (*.AI) | 일러스트레이터 전용 파일로, 확대해도 깨지지 않는 벡터 방식을 기반으로 합니다.

2 Adobe PDF (*.PDF) | 대중적인 문서 형식으로, 대부분의 프로그램에서 안전하게 열립니다. 일러스트레이터에서 열면 벡터 형식을 유지할 수 있고, 포토샵이나 다른 프로그램에서도 일정 부분 편집이 가능하도록 열립니다.

3 Illustrator EPS (*.EPS) | Ai와 같은 형식의 파일로, 벡터 기반의 파일입니다. 인쇄용 파일(Post Script File)을 인쇄 기계 없이 만들어야 할 때 사용할 수 있어 인쇄물 작업에 특히 많이 쓰입니다.

4 Illustrator Template (*.AIT) | 일러스트레이터에서 사용할 수 있는 템플릿 형식으로 저장 가능한 파일입니다.

5 SVG (*.SVG) | 벡터 방식을 구현하게 하는 XML 기반의 형식입니다. 웹사이트에 업로드가 가능하며, 미국에서 많이 쓰이는 가정용 커팅 기계(예 크라이컷)에 적용할 수 있습니다.

6 SVG Compressed (*.SVGZ) | SVG 파일을 압축하여 저장하는 파일 형식입니다.

EPS 파일로 저장하기

메뉴바에서 [File]-[Save As]를 선택하여 대화상자가 나타나면 원하는 저장 위치를 선택합니다. ❶ 파일 이름을 입력하고 ❷ 파일 형식은 'Illustrator EPS (*.EPS)'를 선택한 다음 ❸ [저장] 버튼을 클릭합니다. ❹ 옵션 대화상자에서 원하는 버전을 선택하고 ❺ 인쇄용이라면 Preview Format에서 'Opaque' 옵션을 선택합니다. ❻ [OK] 버튼을 클릭합니다.

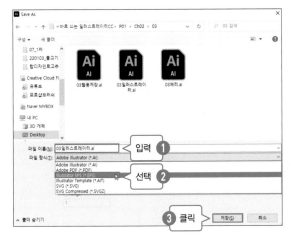
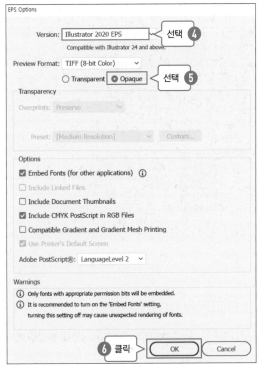

TIP

EPS 저장 시 어떤 버전으로 해야 하나요?

인쇄 파일이라면 인쇄소에서 요구하는 버전이 따로 있습니다. 최신 버전의 경우 해당 버전의 프로그램에서만 안전하게 열리며, 낮은 버전의 프로그램에서 높은 버전의 파일을 열면 오류가 날 수 있습니다. 파일을 열고자 하는 다른 PC의 환경에 따라 버전을 낮추어 저장하는 것을 권장합니다.

PDF 파일로 저장하기

[File]-[Save As]를 선택하여 대화상자가 나타나면 원하는 저장 위치를 선택합니다. ❶ 파일 이름을 입력하고 ❷ 파일 형식은 'Adobe PDF(*.PDF)'를 선택한 다음 ❸ [저장] 버튼을 클릭합니다. ❹ [Save Adobe PDF] 대화상자에서 Adobe PDF Preset 목록을 엽니다. ❺ 인쇄용이나 작업을 위한 파일이라면 'High Quality Print'를 선택하고, 시안용이나 용량이 작은 파일을 생성하고자 한다면 'Smallest File Size'를 선택합니다. ❻ [Save PDF] 버튼을 클릭하여 저장합니다.

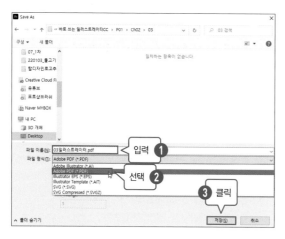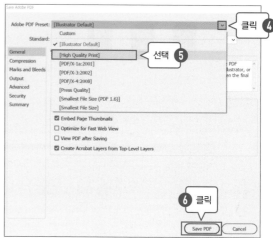

그 외 다른 형식으로 저장하기

메뉴바에서 [File]-[Export]-[Export As]를 선택하면 다른 프로그램에서 열 수 있도록 다양한 형식의 파일로 저장할 수 있습니다. 일러스트레이터에서 작업했던 벡터가 유지되는 파일도 있고 유지가 되지 않는 파일도 있습니다.

```
Autodesk RealDWG (*.DXF)
Autodesk RealDWG (*.DWG)
BMP (*.BMP)
CSS (*.CSS)
Enhanced Metafile (*.EMF)
Flash (*.SWF)
JPEG (*.JPG)
Macintosh PICT (*.PCT)
PNG (*.PNG)
Photoshop (*.PSD)
SVG (*.SVG)
TIFF (*.TIF)
Targa (*.TGA)
Text Format (*.TXT)
Windows Metafile (*.WMF)
```

1 Autodesk RealDWG (*.DXF) | 오토캐드 전용 파일로, 오토캐드에서 3D 프로그램으로 전환할 때 사용합니다.

2 Autodesk RealDWG (*.DWG) | 오토캐드 전용 파일로, 주로 건축 및 인테리어, 기계설비 도면 작업 등에 사용합니다.

3 BMP (*.BMP) | 윈도우 운영체제에서 주로 쓰이는 이미지 파일 형식입니다. 벡터 방식이 아닌 비트맵 방식이기 때문에 픽셀 이미지로 바뀌게 됩니다.

4 CSS (*.CSS) | HTML 언어(웹페이지를 위한 마크업 언어)에 스타일을 추가하여 웹사이트를 꾸밀 수 있습니다. HTML을 큰 구조라고 한다면, CSS는 액세서리처럼 꾸미는 역할을 담당한다고 할 수 있습니다.

5 Enhanced Metafile (*.EMF) | 마이크로소프트 윈도우 운영체제의 그래픽 파일 포맷입니다. 벡터와 비트맵 방식 모든 구성요소를 포함하여 저장할 수 있습니다(기존에는 WMF였으나 윈도우 XP 출시 이후 EMF로 바뀌었습니다).

6 Flash (*.SWF) | 플래시 프로그램 전용의 벡터 기반 파일 형식입니다.

7 JPEG (*.JPG) | 가장 대중적인 비트맵 파일 형식입니다. 웹 브라우저에 자유롭게 올릴 수 있고, 퀄리티 대비 압축률이 높아 전 세계적으로 이미지 파일에 가장 많이 쓰입니다.

8 Macintosh PICT (*.PCT) | Classic MacOS의 표준 그래픽 파일 형식입니다. 다만 MacOS X로 변경된 이후로는 표준 메타파일 형식인 PDF로 대체되었습니다.

9 PNG (*.PNG) | JPG와 마찬가지로 전 세계적으로 이미지 파일에 가장 많이 쓰이는 형식 중 하나입니다. JPG는 비어 있는 곳을 자동으로 흰색으로 채워 이미지를 만들지만, PNG는 비어 있는 곳을 투명하게 유지하는 이미지로 저장할 수 있습니다.

10 Photoshop (*.PSD) | 포토샵 전용 파일로 레이어가 있는 비트맵 파일 형식입니다. 일러스트레이터에서 레이어를 나눠서 PSD로 저장한 뒤 포토샵에서 열어보면 나눠진 레이어를 확인할 수 있습니다. 다만 기존의 벡터값은 잃어버리고, 비트맵 방식으로 변환됩니다.

11 SVG (*.SVG) | 벡터 방식을 구현하게 하는 XML 기반의 형식입니다. 웹사이트에 올리는 것이 가능하며, 미국에서 많이 쓰이는 가정용 커팅 기계(예 크라이컷)에 적용할 수 있습니다.

12 TIFF (*.TIF) | 비트맵 이미지를 저장하는 파일 형식으로, 스캔, 팩스, 워드프로세싱이나 광학문자 인식, 탁상출판 등에 JPG 이전에 사용되었습니다. 해상도가 매우 높아 사진작가 등 전문가들이 사용합니다.

13 Targa (*.TGA) | 비트맵 이미지를 저장하는 파일 형식으로, 정식명칭은 트루비전입니다. 특허로부터 방해가 거의 없으면서도 도입하기 쉽고 단순하여 아이콘, 선 그리기 및 간단한 이미지 작업에 유리합니다. 스크린 샷 저장 기능 등에 많이 쓰이며 포토샵에서도 열 수 있습니다.

14 Text Format (*.TXT) | 문자열로만 이루어진 텍스트 파일 형식입니다.

15 Windows Metafile (*.WMF) | 마이크로소프트 윈도우 운영체제의 그래픽 파일 포맷입니다. 벡터 방식과 비트맵 방식의 모든 구성요소를 포함하여 저장이 가능합니다(윈도우 XP 출시 이후 EMF로 바뀌었습니다).

⊠ 웹 브라우저에서 볼 수 있는 파일로 저장하기

우리가 사용하는 인터넷 익스플로러나 구글 크롬, 네이버 웨일 등과 같은 인터넷 브라우저에서 볼 수 있는 이미지의 확장자에는 JPG, GIF, PNG, BMP, SVG 등이 있습니다. 가장 대중적인 JPG, GIF, PNG 파일의 크기를 조절하거나 퀄리티 등의 속성을 조절하여 다양하게 저장할 수 있도록 편의 기능을 제공하는 명령이 바로 [Save for Web]입니다.

메뉴바에서 [File]-[Export]-[Save for Web]을 선택합니다.

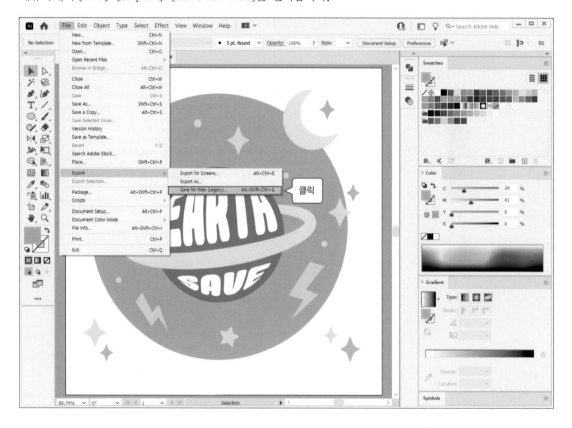

JPG 파일로 크기 변경해 저장하기

JPG 파일은 가장 대중적으로 사용되는 웹용 이미지 파일입니다. 파일 형식에서 'JPEG'를 선택했을 때 나타나는 [Save for Web] 대화상자의 옵션에 대해 살펴 보겠습니다.

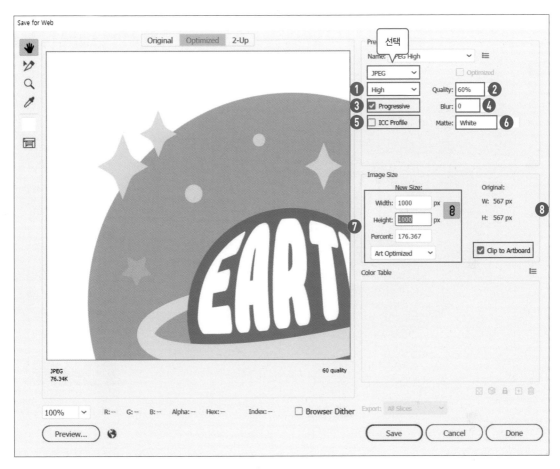

1 퀄리티를 설정할 수 있습니다. 화면용이나 시안용이라면 'High'로도 충분하지만, 인쇄용이라면 'Maximum'을 선택하는 것이 좋습니다.

2 Quality | 선택한 퀄리티에 따라 자동으로 조절되는 입력란입니다.

3 Progressive | 무손실 데이터 압축 옵션으로, 체크하는 것이 일반적입니다.

4 Blur | 이미지를 흐림 처리하는 옵션입니다.

5 ICC Profile | 국제 컬러 협회 표준 형식을 포함하는지에 대한 여부를 체크합니다. 자유롭게 설정합니다.

6 Matte | 아무런 이미지가 없는 백그라운드 부분에 색을 설정할 수 있습니다. 이 이미지의 경우 백그라운드의 흰색을 다른 색으로 바꿀 수 있습니다.

7 Width / Height | 이미지의 가로 및 세로의 값을 바꿀 수 있습니다. 링크 아이콘이 활성화되어 있으면 둘 중 하나에만 값을 입력해도 나머지 속성이 자동으로 입력됩니다. 'Art Optimized' 옵션은 이미지의 퀄리티를 유지하는 역할을 합니다.

8 Clip to Artboard | 항목에 체크하면 이미지를 아트보드 크기로 잘라내어 저장할 수 있습니다. 체크하지 않으면 아트보드 바깥쪽의 다른 개체까지 포함하여 저장하기 때문에 체크하는 것이 일반적입니다.

배경이 투명한 PNG 파일로 저장하기

PNG와 GIF의 파일 형식을 사용하면 이미지의 배경을 투명하게 저장할 수 있습니다. GIF보다 PNG의 퀄리티가 더 좋기 때문에 보통 PNG 형식으로 저장합니다. 파일 형식에서 가장 높은 퀄리티인 'PNG-24'를 선택하면 나타나는 [Save for Web] 대화상자의 옵션에 대해 살펴 보겠습니다.

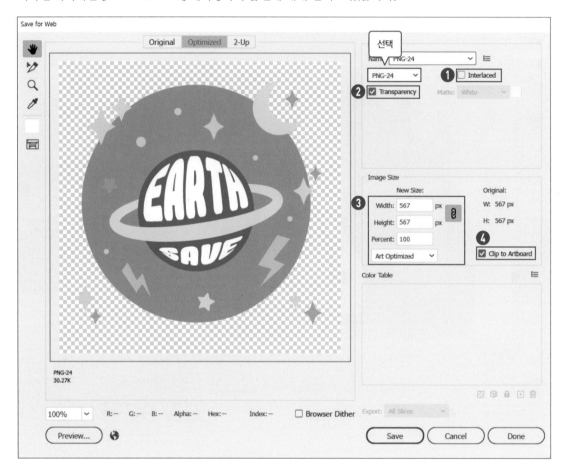

1 Interlaced | 짝수, 홀수, 주사선을 번갈아가며 출력하는 비월 주사 방식을 적용하는 옵션입니다. 텔레비전과 같은 영상 장치에 표시될 품질을 개선하기 위한 방식으로, 보통은 체크하지 않습니다.

2 Transparency | 아무런 이미지가 없는 백그라운드 부분을 투명하게 유지할지에 대한 여부를 체크하는 옵션입니다. 배경을 투명하게 저장하기 위해 체크합니다.

3 Width / Height | 이미지의 가로 및 세로 값을 설정할 수 있습니다. 연결 아이콘이 활성화되어 있으면 둘 중 하나의 항목만 수정해도 동일한 비율을 유지하며 자동으로 다른 항목도 수정됩니다. 'Art Optimized' 옵션에 체크하면 이미지의 퀄리티를 유지할 수 있습니다.

4 Clip to Artboard | 이미지를 아트보드 크기로 잘라내어 저장합니다. 체크하지 않으면 아트보드 바깥쪽의 다른 개체까지 포함하면서 저장되기 때문에 체크하는 것이 일반적입니다.

GIF도 PNG처럼 비어 있는 부분을 투명하게 저장하는 것이 가능하지만, GIF는 256색까지만 사용할 수 있어 PNG에 비해 퀄리티가 떨어집니다. 대신 애니메이션 작업이 가능하다는 장점이 있습니다.

⊠ 아트보드 자유롭게 다루기

📁 준비파일 P01\Ch02\03체리.ai

아트보드 확대/축소하기

일러스트레이터는 아트보드를 열어 둔 화면을 자유롭게 조절할 수 있습니다. 메뉴바에서 [File]–[Open]
(Ctrl + O)을 선택합니다. 03체리.ai 파일을 열고 도구바에서 돋보기 도구(🔍)를 클릭합니다.

돋보기 도구로 아트보드를 클릭하면 화면이 확대됩니다. 여러 번 클릭할수록 점점 더 확대됩니다. Alt 키를 누
른 상태로 클릭하면 반대로 화면이 축소됩니다. 네임 탭에 화면의 비율이 표시됩니다. 돋보기 도구를 사용하지
않아도 Ctrl + + 로 확대가 가능하며, Ctrl + − 로 축소가 가능합니다. Alt 키를 누른 상태에서 마우스 휠을 돌
려서도 화면을 확대하거나 축소할 수 있습니다.

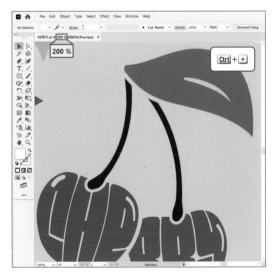

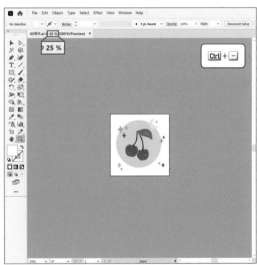

화면에서 원하는 부분만 확대해 보겠습니다. 돋보기 도구가 선택된 상태에서 원하는 부분을 드래그하면 해당 부분만 확대되어 보여집니다.

TIP

화면보기에 많이 쓰이는 단축키

① Ctrl + +   화면 확대
② Ctrl + -   화면 축소
③ Ctrl + 0   작업화면에 문서 맞추기
④ Ctrl + 1   원본 100% 크기로 보기
⑤ Alt + 마우스 휠   화면 확대 및 축소

아트보드 움직이기

도구바에서 손바닥 도구(✋)를 클릭하면 마우스 커서가 손바닥 모양으로 바뀝니다. 화면을 드래그해서 여기저기로 움직일 수 있습니다. 다른 도구가 선택된 상태여도 단축키로 작업이 가능합니다. Space Bar 를 누른 채로 화면을 드래그해 봅니다.

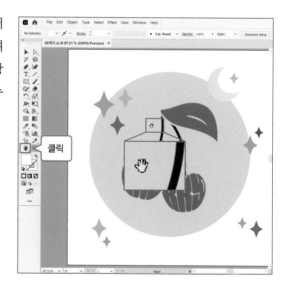

아트보드 원본 크기로 되돌리기

도구바의 돋보기 도구를 더블클릭하고 네임 탭을 확인해보면 화면비율이 100%로 바뀐 것을 확인할 수 있습니다. 이 작업은 단축키 Ctrl + 1 을 눌러서도 가능합니다. Ctrl + 0 을 누르면 열려 있는 작업화면의 세로 비율이 딱 맞도록 아트보드가 조정됩니다.

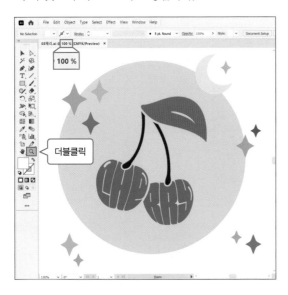 

⊠ 아트보드 편집하기

A4 용지 크기의 아트보드 4개를 열어 보겠습니다. ❶ 메뉴바에서 [File]-[New](Ctrl + N)를 눌러 새 문서를 불러옵니다. ❷ [Print]를 클릭하고 ❸ 'A4'를 선택합니다. ❹ 아트보드 개수 입력란에 '4'를 입력한 후 ❺ [Create] 버튼을 클릭합니다.

 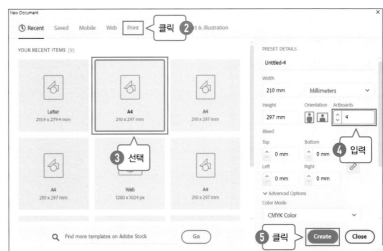

아트보드 이동하기

화면과 같이 네 개의 A4용지가 열립니다. ❶ 도구바에서 아트보드 도구(🔲)를 클릭하고 임의의 아트보드를 클릭하면 점선으로 활성화됩니다. ❷ 드래그로 아트보드를 이동시킬 수 있습니다.

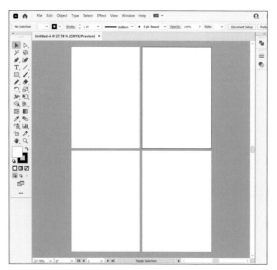
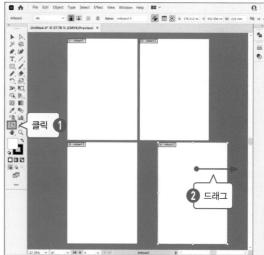

아트보드 크기 조절하기

❶ 모서리에 마우스를 대고 드래그하면 아트보드의 크기를 자유롭게 조절할 수 있습니다. ❷ 만약 정확한 수치로 조절하고 싶다면 W와 H의 입력란에 수치를 직접 입력하면 됩니다.

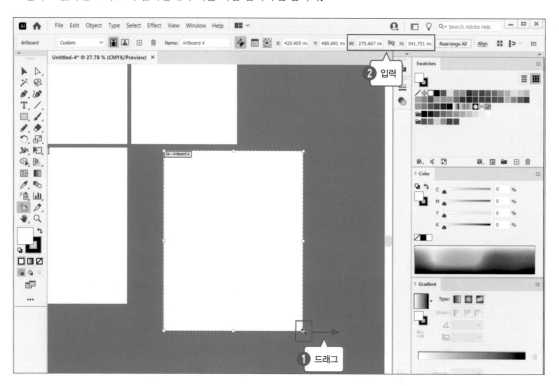

일러스트레이터에서 제공하는 규격화된 크기를 아트보드를 사용하고 싶다면 Preset 목록에서 원하는 아트보드 크기를 찾아서 선택합니다.

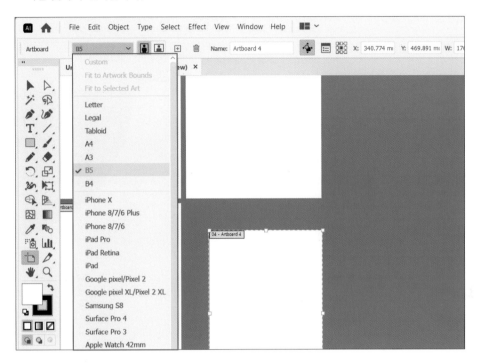

아트보드 방향 바꾸기 / 복제하기

방향을 바꿔 가로와 세로를 반대로 만들고 싶다면 ❶ 해당 아트보드를 클릭한 후 ❷ 컨트롤 패널의 가로 방향 버튼(🖼)을 선택합니다. 선택한 아트보드의 가로와 세로의 값이 뒤바뀝니다. 똑같은 아트보드를 복제하고 싶다면 ❸ 아트보드를 선택한 후 ❹ 컨트롤 패널의 추가 버튼(🔲)을 클릭합니다. 선택한 아트보드와 같은 크기의 아트보드가 바로 옆에 만들어집니다.

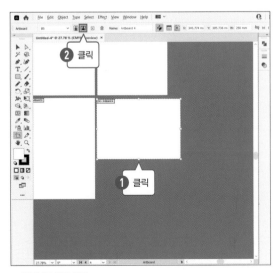

▲ 아트보드 방향 변경

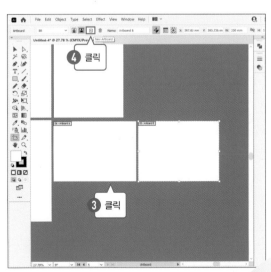

▲ 아트보드 복제

03

기초 드로잉 마스터

드로잉은 패스를 그리는 작업으로, 일러스트레이터에서 개체를 형성하는 가장 기초적인 작업입니다. 패스를 통해 개체가 형성되고 그 개체에 필요한 모든 편집이 완료되면 오브젝트라는 결과물을 만들어낼 수 있게 됩니다. 따라서 일러스트 오브젝트를 완성하는 데 있어서 가장 중요한 작업이라고 할 수 있습니다.

드로잉은 펜 도구를 사용하는 것이 일반적이지만, 특정 형태의 패스나 도형을 그리고자 하는 경우에는 다른 드로잉 도구를 사용하여 더 깔끔한 패스를 만드는 것을 권장합니다.

✓ 펜 도구 ✓ 드로잉 도구 ✓ 도형 도구

펜 도구로 알아보는 패스

점이 여러 개 있다면 그 점을 연결해주는 선이 있고, 그 점들과 선들을 모두 포괄해 '패스'라고 부릅니다. 일러스트레이터에서 생성되는 모든 개체는 '패스'라는 요소를 가지고 있습니다. 패스에 다양한 선과 면을 입혀 완성된 개체를 패스보다 더 큰 범주의 명칭인 '오브젝트'라고 통칭합니다.

⊠ 패스와 면과 선 알아보기

📁 준비파일 P01\Ch03\01곰.ai

패스를 그릴 때 출발했던 패스가 처음 시작했던 점으로 돌아온다면 외곽이 막혀있는 개체가 됩니다. 패스에는 선을 입힐 수 있고, 그 선의 두께를 다양하게 조절할 수 있습니다. 그리고 선의 안쪽에는 면을 넣을 수 있습니다. 패스로 이루어져 있는 곰 얼굴에 색을 채워 보며 면과 선의 개념에 대해 알아보겠습니다.

01 [File]–[Open]으로 01곰.ai 파일을 열어줍니다. 아무것도 없어 보이지만 ❶ Ctrl + A 를 누르거나 선택 도구(▶)로 화면 전체를 드래그하면 패스가 선택됩니다. 선과 면에 아무 색도 지정되어 있지 않아 투명하게 보였던 것입니다. 선에 색을 입혀 보겠습니다. ❷ 면(☐)과 선(☑) 중 선을 클릭합니다.

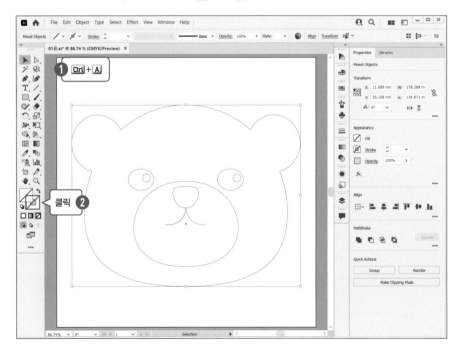

02 ❶ 메뉴바의 [Window]–[Swatches] 명령으로 [Swatches] 패널을 열어 원하는 색을 선택하고 ❷ 컨트롤 패널에서 Stroke 두께를 '5pt'로 입력합니다. 선택 도구(▶)로 빈 화면을 클릭해 선택을 해제합니다.

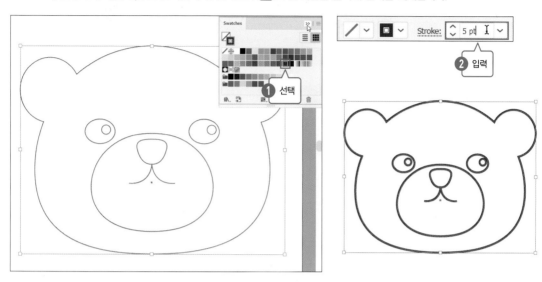

03 면색을 입력해 보겠습니다. ❶ 다시 가장 큰 면적의 얼굴 패스를 클릭합니다. 이때, 비어 있는 면이 아닌 패스의 외곽을 클릭해야 합니다. ❷ 선보다 면이 더 위로 올라오도록 면을 클릭한 후 ❸ 원하는 면색을 선택합니다.

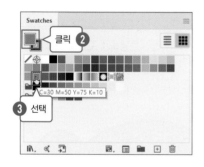

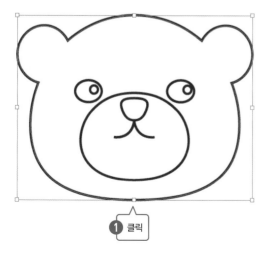

04 주둥이 부분에 면색을 입혀 보겠습니다. 개체 안쪽은 비어있기 때문에 ❶ 선이 있는 패스를 잘 클릭해줘야 합니다. ❷ 개체를 선택한 후 면색이 위에 있는지 확인하고 ❸ 원하는 색을 입력하고 ❹ 빈 화면을 클릭합니다.

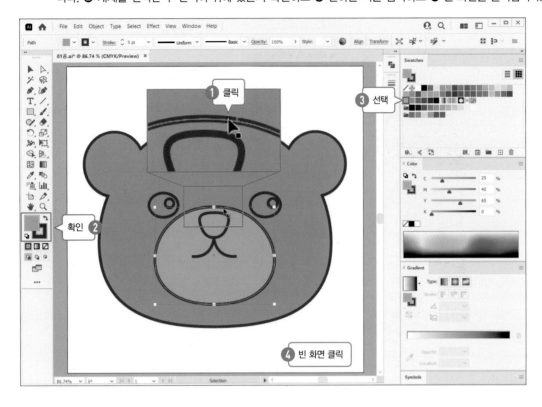

05 코와 눈의 면색을 선색과 똑같은 색으로 채워 작업을 마무리합니다.

TIP

개체를 선택했을 때 나오는 패스는 일러스트레이터에서만 보이며, JPG나 PNG, PSD 등의 다른 형식의 파일로 저장하는 경우에는 보이지 않습니다.

⊠ [Stroke] 패널 알아보기

[Stroke] 패널은 선(획)의 두께나 끝 모양 등의 옵션을 설정하는 패널입니다. [Properties] 패널 안에 있는 [Stroke] 이름을 클릭하거나 메뉴바에서 [Window]–[Stroke]를 선택하면 나타납니다. 단축키 `Ctrl` + `F10` 을 눌러도 됩니다.

1 Weight | 선의 두께 값을 입력합니다. 기본 단위는 pt로 설정되어 있지만, 환경설정에서 Units(단위)를 선택한 후 Stroke 목록에서 다른 단위(px, mm 등)로 바꿀 수 있습니다.

2 Cap | 선의 끝 모양을 바꿀 수 있습니다.

▲ Butt Cap   ▲ Round Cap   ▲ Projecting Cap

3 Corner | 꺾이는 부분의 모서리 모양을 바꿀 수 있습니다.

▲ Miter Join   ▲ Round Join   ▲ Bevel Join

4 Align Stroke | 패스의 가운데, 안쪽, 바깥쪽으로 선을 배치할 수 있습니다.

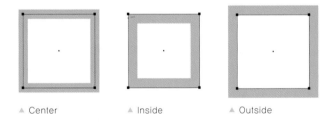

▲ Center   ▲ Inside   ▲ Outside

5 Dashed Line | 점선을 만들 수 있는 기능으로, 선이 그려지는 'dash'와 빈 공간인 'gap'을 3회까지 입력할 수 있습니다.

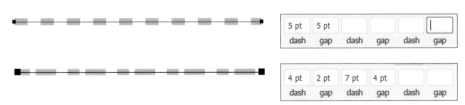

6 Align Dashes | [icon] 버튼은 시작점을 기준으로 순차적으로 점선 간격이 나타나며, [icon] 버튼은 모서리의 꺾임의 양쪽 간격을 동일하게 맞추는 것을 기준으로 점선 간격이 나타납니다.

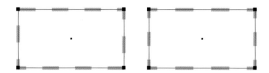

7 Arrowheads | 선의 시작점과 끝점에 화살표 등 다양한 장식을 넣을 수 있습니다. [icon] 버튼을 누르면 양쪽의 장식을 반대로 전환합니다.

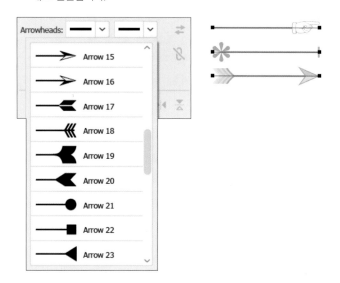

8 Scale | 화살표 등 장식의 크기를 조절할 수 있습니다. 대개 100%보다는 50% 정도의 Scale을 많이 사용합니다.

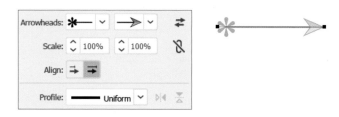

9 Align | 화살표 등 장식이 패스의 점을 벗어나 표시될지, 점의 안쪽으로 표시될지 선택할 수 있습니다.

⑩ Profile | 선의 폭(Width) 모양을 선택할 수 있습니다. ▷◁ 버튼은 선의 좌우 폭을 반전할 때, ⟰ 버튼은 선의 상하 폭을 반전할 때 사용됩니다.

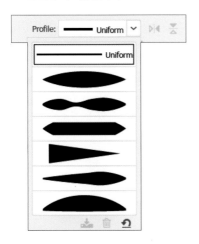

일러스트 마스터! 🔔

일러스트레이터에서 반복되는 땡땡이 선을 만들고 싶다면 캡 모양을 둥글게 설정하고 Dashed Line 옵션을 체크한 다음 처음 dash 값을 무조건 '0'으로 입력해야 합니다. gap 값을 선의 두께보다 더 높게 주면 그만큼 간격이 벌어지면서 땡땡이 무늬가 됩니다. 옵션값에 따라 다양한 간격으로 표현할 수 있습니다.

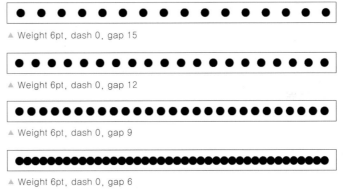

▲ Weight 6pt, dash 0, gap 15

▲ Weight 6pt, dash 0, gap 12

▲ Weight 6pt, dash 0, gap 9

▲ Weight 6pt, dash 0, gap 6

⊠ 직선 그리기

펜 도구(Pen Tool)를 이용하여 자유롭게 직선을 그려 보겠습니다. Shift 키를 동시에 눌러 수직 및 45° 각도로만 진행하는 직선을 그리는 방법까지 따라 해 봅니다.

01 ❶ 도구바에서 펜 도구(✐)를 클릭합니다. ❷ 면색과 선색 초기화 아이콘(▣)을 클릭한 후 ❸ 면을 선택하고 ❹ 색 없음 아이콘(◳)을 클릭합니다. ❺ 박스 안의 빈 곳을 클릭하여 점을 만들고 ❻ 다른 곳을 클릭하여 이어지는 선을 만듭니다. 계속 연달아 화면의 여기저기를 클릭하여 직선을 연결해 그립니다.

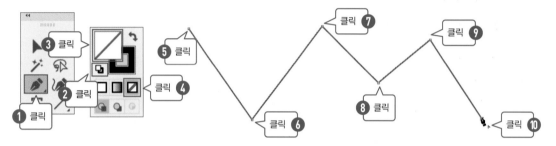

02 작업을 멈추고 선택을 해제해 보겠습니다. ❶ 도구바에서 선택 도구(▶)를 클릭하고(펜 도구의 라인이 따라다니면 무시합니다) ❷ 아트보드의 빈 공간을 클릭합니다. 직선의 선택이 해제됩니다. 패스 선이 보이지 않으면 해제된 상태입니다. 작업 중 Ctrl 키를 누른 상태로 빈 화면을 클릭해도 선택을 해제할 수 있습니다.

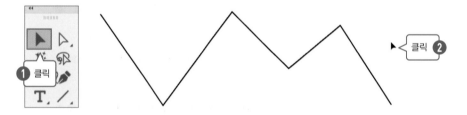

03 이번에는 단축키를 활용해 수평/수직/45°의 선을 그려 보겠습니다. ❶ 도구바에서 펜 도구(✐)를 클릭하고 ❷ 아트보드의 빈 곳을 클릭합니다. ❸ Shift 키를 누른 상태로 오른쪽을 클릭하면 수평으로 직선이 만들어집니다. ❹ 계속해서 Shift 키를 누른 상태로 아래쪽 점을 클릭하여 수직으로 직선을 연결합니다. ❺ Shift 키를 누른 상태로 대각선 지점을 클릭하면 정확히 45° 지점에만 점이 찍힙니다. 선택 도구를 클릭하고 아트보드의 빈 곳을 클릭하여 선택을 해제합니다(Ctrl 키를 누른 채로 빈 화면을 클릭해도 됩니다).

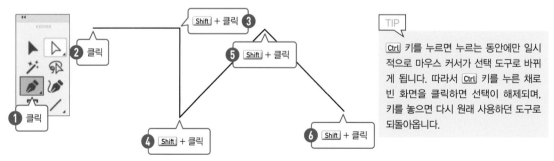

TIP

Ctrl 키를 누르면 누르는 동안에만 일시적으로 마우스 커서가 선택 도구로 바뀌게 됩니다. 따라서 Ctrl 키를 누른 채로 빈 화면을 클릭하면 선택이 해제되며, 키를 놓으면 다시 원래 사용하던 도구로 되돌아옵니다.

⊠ 곡선 그리기

도구바에서 펜 도구를 클릭한 후 곡률이 변하는 지점에서 클릭하고 진행하길 원하는 방향으로 드래그하면 부드러운 곡선의 개체를 그릴 수 있습니다. 곡선을 그리는 또 다른 방법으로는 곡률 도구가 있는데, 곡률 도구를 사용하면 드래그를 유지하지 않아도 다음 클릭한 지점으로 자연스럽게 곡선이 연결되게 그릴 수 있습니다. 각 도구를 나뭇잎과 물결 모양의 개체를 그리는 데 활용해 보겠습니다.

펜 도구로 나뭇잎 그리기

펜 도구를 사용해서 나뭇잎 개체를 그려 보겠습니다. 곡선을 멈추고 끝을 뾰족하게 하고 싶으면 클릭한 상태에서 한 번 더 클릭하여 핸들을 사라지게 하고 다시 이어서 작업하면 됩니다.

01 곡선을 그려서 나뭇잎 모양을 만들어 보겠습니다. ❶ 도구바에서 펜 도구(✐)를 클릭하고 ❷ 아트보드의 빈 곳을 클릭합니다. ❸ 오른쪽에서 약간 위쪽으로 떨어진 지점을 클릭한 상태로 오른쪽 위로 드래그합니다. 핸들이 펼쳐지면서 직선이 아닌 곡선으로 그려지게 됩니다. ❹ 다시 오른쪽 대각선 위쪽에 점을 찍음과 동시에 드래그하여 핸들을 펼쳐 곡선이 이어지도록 만듭니다.

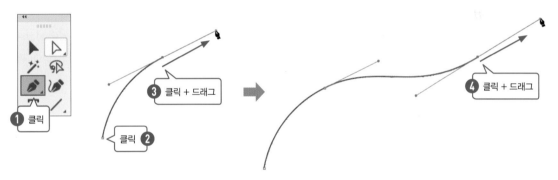

02 이번에는 핸들의 한쪽을 삭제해 보겠습니다. ❶ 마지막에 찍었던 점을 펜 도구로 클릭해주면 한쪽 핸들이 삭제되면서 곡선이 아닌 뾰족한 모양으로 변하게 됩니다. ❷ 이어서 왼쪽 아래로 내려와 클릭한 후 왼쪽 대각선 아래쪽 방향으로 드래그합니다.

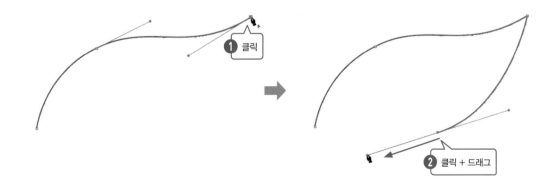

03 ① 시작점을 클릭하면 패스가 닫히면서 막힌 패스가 됩니다. ② Ctrl 키를 누른 상태로 빈 화면을 클릭하여 선택을 해제합니다.

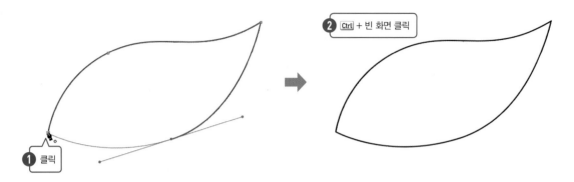

곡률 도구로 물결 모양 그리기

물결 모양을 그리는 데에는 곡률 도구를 활용해 보겠습니다. 곡률 도구는 자동으로 곡률을 형성하기 때문에 곡선을 그리는 작업에 있어 효율적입니다.

01 ① 도구바에서 곡률 도구(✐)를 클릭한 후 ② 화면의 빈 공간을 클릭합니다. ③ 임의의 위치에 다음 점을 클릭한 후 ④ 마우스 커서를 다른 방향으로 이동합니다. 자연스럽게 곡선이 만들어지며 미리보기 패스가 나타납니다. ⑤ 해당 위치를 클릭합니다.

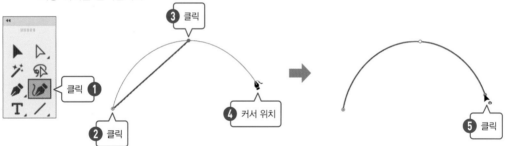

02 ① 다른 곳으로 마우스 커서를 이동하면 기존의 점과 자연스럽게 연결되는 곡선이 만들어집니다. ② 해당 점을 클릭하여 연결되는 곡선을 만듭니다. ③ Ctrl 키를 누른 채로 빈 화면을 클릭하여 선택을 해제합니다.

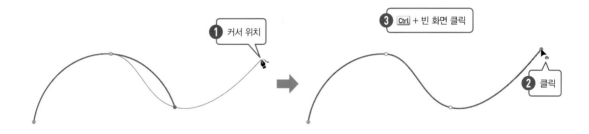

⊠ 면 그리기

처음 찍는 점과 마지막에 찍는 점이 동일하면 개체가 닫히면서 하나의 면을 형성합니다. 열린 패스와 닫힌 패스의 차이점을 알아보기 위해 원을 그려 보겠습니다.

01 닫힌 패스를 형성하기 위해 원을 그려 보겠습니다(완벽한 원을 만들 필요는 없습니다). ❶ 도구바에서 펜 도구(✒)를 클릭합니다. 곡선을 그려야 하기 때문에 처음 시작점부터 핸들이 필요합니다. ❷ 임의의 지점에서 Shift 키를 누른 상태로 오른쪽 방향으로 드래그하여 핸들을 뻗어줍니다.

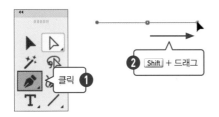

02 ❶ 오른쪽 대각선 아래 지점에서 아래쪽 수직 방향으로 Shift 키를 누른 상태로 드래그합니다. ❷ 이번에는 왼쪽 아래 위치로 내려가 왼쪽 수평 방향으로 Shift 키를 누른 상태에서 드래그합니다. ❸ 다시 왼쪽 대각선 위로 올라가 위쪽 수직 방향으로 Shift 키를 누르고 드래그합니다.

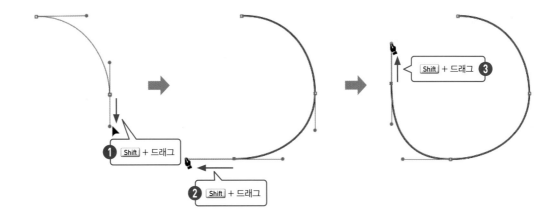

03 ❶ 처음의 점으로 돌아갈 때도 `Shift` 키를 누른 상태로 오른쪽 수평 방향으로 드래그하여 핸들을 맞춰줍니다. 막힌 도형이 완성되면 ❷ `Ctrl` 키를 누른 상태로 빈 화면을 클릭하여 선택을 해제합니다. 면의 색도 채워 봅니다.

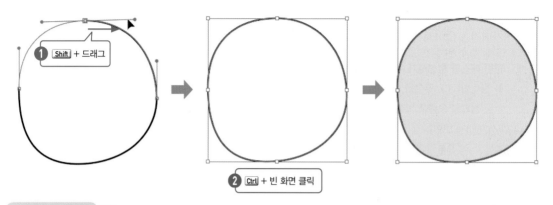

❶ `Shift` + 드래그

❷ `Ctrl` + 빈 화면 클릭

일러스트 마스터! 🔔

열린 패스와 닫힌 패스의 차이점

열린 패스는 시작점과 끝점이 만나지 않고 떨어져 있는 패스입니다. 패스가 열려 있어도 선색과 면색을 넣을 수는 있지만, 막혀 있지 않기 때문에 면으로 작업을 하고자 한다면 추후에 문제가 생길 수 있습니다. 선으로만 작업한다면 상관없겠지만, 면으로도 작업하고자 한다면 닫힌 패스로 만드는 것이 좋습니다.

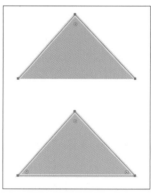

▲ 열린 패스(위), 닫힌 패스(아래)

⊠ 점 편집하기

📁 준비파일 P01\Ch03\01점편집1.ai, 01점편집2.ai

펜 도구의 다양한 옵션으로 점을 추가하거나 뺄 수 있으며, 점을 추가하거나 빼면 닫힌 패스는 유지되지만 모양이 점에 맞게 변형됩니다. 또는, 점을 아예 삭제하여 닫힌 패스를 열린 패스로 만들 수도 있습니다.

점 추가하고 빼기 / 삭제하기

01 01점편집1.ai 파일을 열어줍니다. 사각형 패스 가운데에 점을 추가해 보겠습니다. 먼저 개체를 선택합니다. ❶ 도구바의 펜 도구(✒)를 길게 클릭하면 다른 옵션들이 나타납니다. ❷ 고정점 추가 도구(✒)를 선택합니다. ❸ 마우스를 사각형 패스 위에 올린 후 클릭하면 점이 추가됩니다.

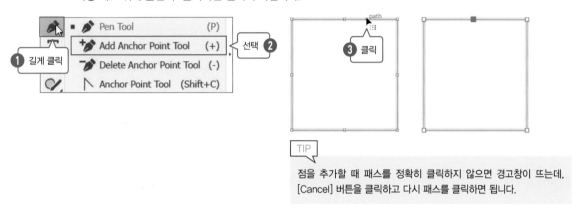

TIP
점을 추가할 때 패스를 정확히 클릭하지 않으면 경고창이 뜨는데, [Cancel] 버튼을 클릭하고 다시 패스를 클릭하면 됩니다.

02 점을 빼 보겠습니다. ❶ 펜 도구를 길게 클릭하고 ❷ 보조메뉴에서 고정점 삭제 도구(✒)를 선택합니다. ❸ 사각형의 점 위에 마우스 커서를 위치시키면 마우스 커서가 빼기 모양으로 변합니다. 해당 지점에서 클릭하면 점이 빠지면서 사각형의 형태가 바뀝니다. 여전히 막힌 패스로 유지됩니다.

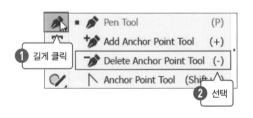

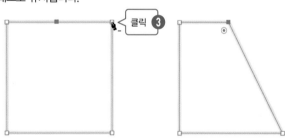

03 ❶ 도구바에서 직접 선택 도구를 클릭합니다. ❷ 도형의 점 하나를 클릭해서 선택하고 Delete 키를 눌러 삭제합니다. 이처럼 점을 아예 삭제하면 막힌 패스가 유지되지 않고 열린 패스로 변합니다.

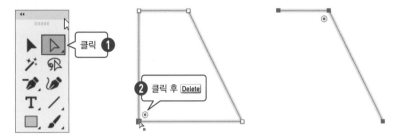

점 연결하고 끊기

01 점을 연결해 보겠습니다. 01점편집2.ai 파일을 열어줍니다. ❶ 도구바에서 펜 도구를 클릭합니다. ❷ 첫 번째 도형에서 끊겨 있는 점 위에 커서를 위치시키면 커서가 점 연결 모양(🖊)으로 변합니다. 이때 점을 클릭합니다. ❸ 이어서 커서를 아래쪽 점 위에 위치시키면 막힌 도형으로 변하는 커서 모양(🖊)이 나타나며, 클릭하면 점이 연결되면서 막힌 패스로 변경됩니다.

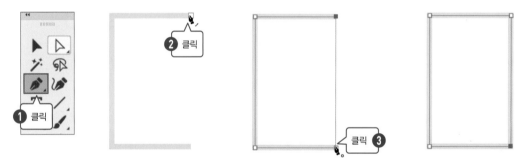

02 다른 방식으로 점을 연결해 보겠습니다. ❶ 도구바에서 직접 선택 도구를 클릭합니다. ❷ 두 번째 도형의 연결되지 못한 두 점을 드래그하여 선택합니다. ❸ 그 상태에서 바로 마우스 오른쪽 버튼을 클릭하고 ❹ 'Join'을 클릭하면 점과 점 사이의 빈 곳이 직선으로 연결됩니다.

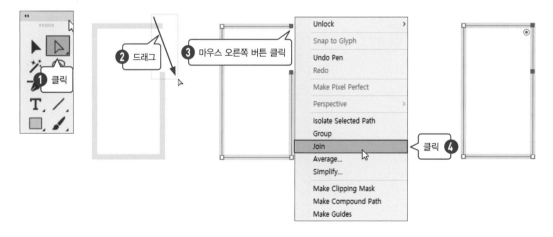

03 이번에는 점을 끊어 보겠습니다. 도구바에서 선택 도구를 클릭하고 삼각형을 선택합니다. ❶ 도구바에서 지우개 도구(◆)를 길게 클릭하고 ❷ 가위 도구(✂)를 선택합니다. ❸ 삼각형 패스 위의 임의의 지점을 클릭합니다. 점이 추가된 것 같지만 끊어져서 2개의 점이 겹쳐지게 됩니다. ❹ 도구바에서 직접 선택 도구(▷)를 클릭하고 끊어진 부분의 점을 드래그하여 끊어진 점 중 하나를 이동시킵니다.

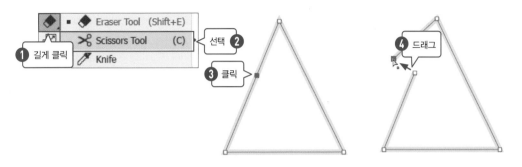

⊠ 사각형을 편집하여 리본 꼬리 그리기

📁 준비파일 P01\Ch03\01리본꼬리.ai

[File]-[Open]을 눌러 01리본꼬리.ai 파일을 열고 펜 도구 활용과 점 편집을 통해 사각형 개체를 리본 꼬리 형태로 바꿔 봅니다.

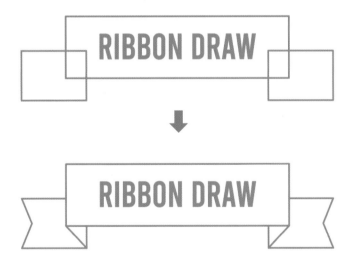

02 펜 도구 외의 방법으로 오브젝트 그리기

앞서 펜 도구를 이용한 직선 및 곡선 그리기에 대해 알아보았습니다. 이번에는 펜 도구가 아닌 다른 도구를 활용해서 선을 그려 보겠습니다. 도구바에서 선 도구를 길게 클릭하여 호 도구, 나선 도구, 사각형 격자 도구, 폴라 격자 도구를 선택할 수 있습니다.

⊠ 선 도구로 직선 그리기

선 도구(Line Segment Tool)를 활용하면 직선을 그릴 수 있습니다. 옵션 대화상자에서 선의 양 끝을 화살표 모양으로도 변경할 수 있고 점선의 형태로도 구현해낼 수 있습니다. 다양한 각도로의 회전도 가능합니다.

01 ❶ 도구바에서 선 도구(☑)를 클릭합니다. ❷ 작업하기 편하도록 면 색상은 '없음'으로, 선 색상은 자유롭게 설정하고 ❸ 컨트롤 패널에서 선 두께를 '1pt'로 설정합니다. ❹ 마우스를 드래그하여 라인을 그릴 수 있습니다. ❺ 자유롭게 드래그하여 그리거나 Shift 키를 누른 채로 그려봅니다.

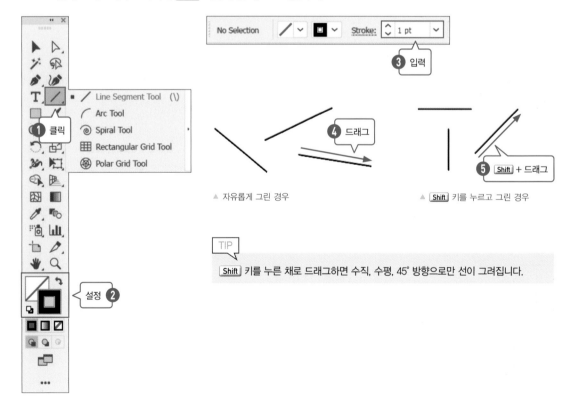

▲ 자유롭게 그린 경우   ▲ Shift 키를 누르고 그린 경우

> **TIP**
> Shift 키를 누른 채로 드래그하면 수직, 수평, 45° 방향으로만 선이 그려집니다.

02 수치를 직접 입력해서 점선 화살표를 그려 보겠습니다. ❶ 도구바에서 선 도구를 클릭하고 빈 화면을 클릭하면 옵션 대화상자가 나타납니다. ❷ Length에는 '30mm', Angle에는 '0"를 입력하여 가로 선을 만들고 ❸ [OK] 버튼을 클릭합니다. ❹ [Stroke] 패널에서 Dashed Line 옵션에 체크한 후 ❺ 왼쪽의 정확한 dash 값을 적용하는 옵션을 선택합니다. ❻ dash 값에 '7pt', gap 값에 '3pt'를 입력합니다. ❼ 이어서 오른쪽 화살표를 선택하고 ❽ 크기를 '50%'로 입력합니다.

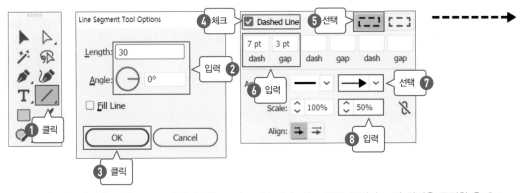

03 옵션을 바꿔서 길이 20mm의 대각선을 그려 보겠습니다. 선 도구를 클릭하고 빈 화면을 클릭한 후 ❶ Length에는 '20mm', Angle에는 '45"를 입력하고 ❷ [OK] 버튼을 클릭합니다. ❸ [Stroke] 패널에서 Weight에 '8pt'를 입력하고 ❹ Cap은 'Round' 옵션을 선택합니다. ❺ 색은 빨간색으로 설정합니다.

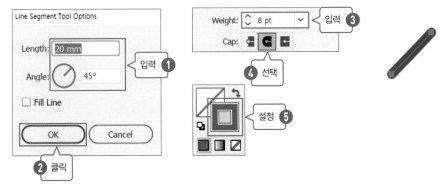

04 이번엔 점선을 그려 보겠습니다. ❶ 너무 얇으면 원이 잘 보이지 않으므로 Weight를 '4pt'로 설정한 후 작업합니다. ❷ Cap은 'Round' 옵션을 선택합니다. ❸ dash 값을 '0'으로 설정하면 라인 없이 둥근 반원만 양쪽으로 남겨집니다. ❹ 그리고 그 간격이 2배로 벌어질 수 있도록 gap에 '8pt'를 입력합니다. ❺ 화면을 클릭한 후 오른쪽으로 드래그합니다.

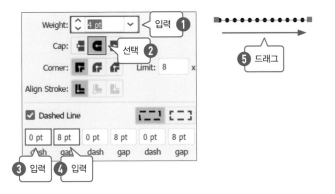

☒ 호 도구로 곡선 그리기

일러스트레이터에서는 부드러운 곡선 형태를 그리기 위해 호 도구(Arc Tool)를 사용합니다. 곡률값을 조절할 수 있어 정확한 곡률을 가진 곡선을 그리기에 유용합니다. 단축키를 활용하면 보다 편리하게 작업할 수 있습니다.

01 호 도구(◠)를 선택하고 드래그하면 곡선을 그릴 수 있습니다. ❶ 자유롭게 드래그하여 그리거나 ❷ Shift 키를 누른 상태로 드래그하여 일정 비율로 곡선을 그릴 수 있습니다.

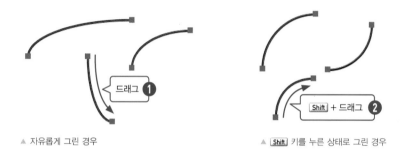

▲ 자유롭게 그린 경우   ▲ Shift 키를 누른 상태로 그린 경우

02 드래그하는 중에 ↑/↓ 키를 눌러 곡률값을 조절할 수 있으며, F 키를 누르면 반대 방향으로 뒤집힙니다. 이때 마우스 클릭을 놓지 않은 상태에서 키패드를 눌러야 명령이 적용됩니다.

03 호 도구를 이용하면 열린 패스뿐 아니라 닫힌 모양의 부채꼴도 만들 수 있습니다. 호 도구를 클릭하고 빈 화면을 클릭하면 옵션 대화상자가 나타납니다. ❶ X, Y축 길이에 '20mm'를 입력하고 ❷ 닫힌 패스 타입(Closed)을 선택합니다. ❸ Base Along을 Y축으로 선택하고 ❹ Slope 값으로 '50'을 입력합니다. '–50'으로도 입력해서 달라진 형태를 확인해 봅니다.

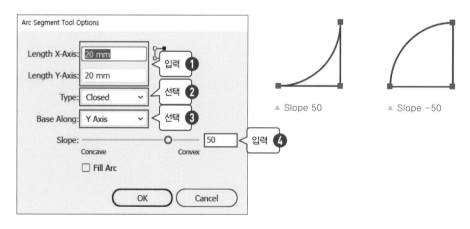

▲ Slope 50   ▲ Slope –50

04 호 도구를 사용한 후 약간의 변형을 적용해 보겠습니다. 호 도구를 클릭한 후 빈 화면을 클릭해 옵션 대화상자를 열고 ❶ X, Y축 길이로 '20mm'를 입력합니다. ❷ 이번에는 열린 패스 타입(Open)을 선택합니다. ❸ Base Along 을 X축으로 설정하고 ❹ Slope 값은 '30'을 입력합니다. 참조점(▦)에서 어느 방향을 선택하고 있느냐에 따라 시작점이 달라집니다. ❺ [OK] 버튼을 클릭합니다. ❻ [Stroke] 패널의 화살표 모양 옵션을 사용해서 양쪽 끝을 속이 채워진 원으로 마무리합니다.

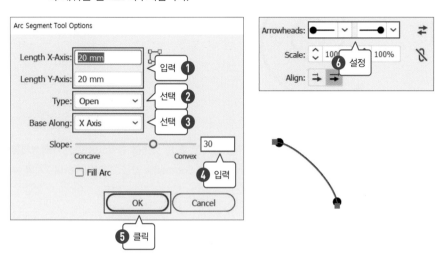

⊠ 나선 도구로 나선 그리기

나선 도구(Spiral Tool)를 사용하면 달팽이처럼 돌아가는 선을 그릴 수 있습니다. 단축키를 활용하여 분절점을 늘리거나 줄일 수 있고 모양의 변형도 가능합니다. 다양한 비율의 나선을 그려보고 구름 모양의 일러스트를 그려 보겠습니다.

01 나선 도구(◉)를 선택하고 드래그하면 기본설정된 비율의 나선이 그려집니다. Shift 키를 누른 상태로 클릭하면 시작점이 가로/세로/45° 각도에서 시작됩니다.

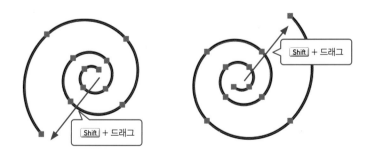

02 드래그하여 나선을 그리는 도중 ⬆/⬇ 키를 눌러 분절된 선의 개수를 늘리거나 줄일 수 있고, Ctrl 키를 누른 상태로 드래그하면 곡률이 변합니다. 또한, 드래그하여 그리는 도중 R 키를 누르면 나선을 반대 방향으로 뒤집을 수 있습니다 (이때 중간에 마우스 클릭을 놓지 않아야 합니다).

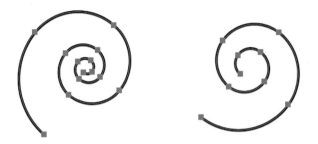

03 이번에는 수치를 입력하여 나선을 그려 보겠습니다. 나선 도구를 클릭한 후 빈 화면을 클릭하여 옵션 대화상자를 엽니다. ❶ Radius 값을 '12mm', ❷ Decay 값을 '70%'로 입력하고 ❸ Segments 값을 '7'로 입력하여 7개의 부분으로 분절합니다. ❹ [OK] 버튼을 클릭하여 설정을 마칩니다.

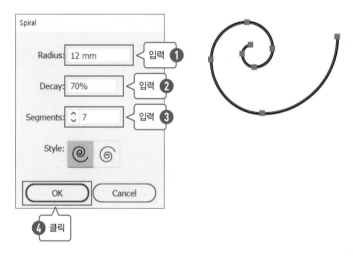

04 여러 개의 나선을 그린 후 각각의 나선을 펜 도구로 연결하면 구름 형태를 만들 수 있습니다.

⊠ 사각형 격자 도구로 격자 그리기

사각형 격자 도구(Rectangular Grid Tool)를 활용하면 표처럼 생긴 사각형의 격자를 표현할 수 있습니다. 사각형 안에 들어가는 선의 개수에 따라 각각의 칸이 가지는 크기가 결정됩니다. 사각형 격자 도구를 활용하여 다양한 크기의 사각 격자를 그려 보겠습니다.

01 ❶ 사각형 격자 도구(▦)를 선택한 후 드래그하면 자유롭게 사각 격자 개체를 그릴 수 있으며, ❷ 이때 Shift 키를 누른 상태로 그리면 1:1의 정사각형 비율로 그릴 수 있습니다.

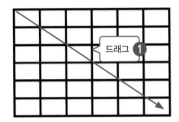 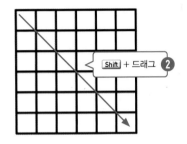

02 드래그하여 사각 격자를 그리는 도중 ⬆/⬇ 키를 누르면 사각형 안쪽의 가로 선의 개수가 늘어나거나 줄어듭니다. ⬅/➡ 키를 누르면 사각형 안쪽의 세로 선의 개수가 늘어나거나 줄어듭니다.

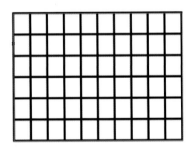

03 정확한 수치를 입력해서 격자를 그려 보겠습니다. 사각형 격자 도구를 클릭하고 빈 화면을 클릭합니다. ❶ 옵션 대화상자에서 Default Size의 Width에 '40mm', Height에 '20mm'를 입력하여 전체 외곽 크기를 설정합니다. ❷ 다음으로 Horizontal Dividers Number에 '10', ❸ Vertical Dividers Number에 '15'를 입력하여 가로 선과 세로 선의 개수를 설정합니다. ❹ [OK] 버튼을 클릭합니다.

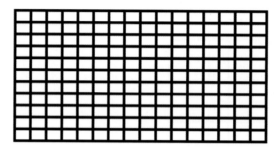

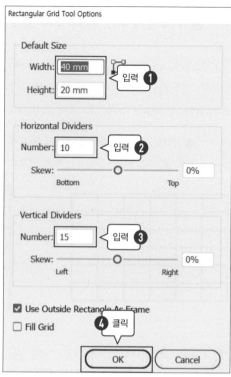

04 만약 하나하나의 사각형을 1:1 비율로 그리고 싶다면 외곽의 가로/세로 비율과 라인의 개수 비율을 똑같이 입력하면 됩니다.

❶ Width가 '60mm', Height가 '20mm'이면서 각각의 개체를 정사각형으로 그리기 위해서는 ❷ Horizontal Dividers Number에 '10', ❸ Vertical Dividers Number에 '30'을 입력하고 ❹ [OK] 버튼을 클릭합니다.

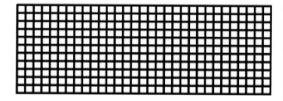

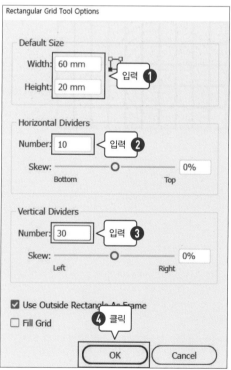

⊠ 폴라 격자 도구로 원형 격자 그리기

폴라 격자 도구(Polar Grid Tool)도 사각형 격자 도구와 마찬가지로 안쪽 선의 개수에 따라 조각나는 칸의 크기가 결정됩니다. 구 형태를 만들고 싶다면 원 내부의 선끼리의 간격을 조절하여 입체감을 형성하면 됩니다. 단축키를 활용하면 선의 개수와 거리 비율 등을 쉽게 조정할 수 있습니다.

01 폴라 격자 도구(◉)를 선택하고 드래그하면 자유로운 크기로 원형 격자를 만들 수 있습니다. 이때 Shift 키를 누른 채로 드래그하면 지름이 일정한 원형을 만들 수 있습니다.

02 원형 격자를 그리는 도중 ↑/↓ 키를 누르면 원 안쪽의 직선 개수를 조절할 수 있고, →/← 키를 누르면 원 안쪽의 원형 개수를 조절할 수 있습니다. 또한 X 와 C 는 원형 라인의 거리 비율을 조절하며, V 와 B 는 직선 라인의 거리 비율을 조절할 때 사용합니다(이때 마우스 클릭을 놓지 않은 상태에서 단축키를 눌러야 합니다).

03 정확한 수치를 입력해서 원형 격자를 그려 보겠습니다. 폴라 격자 도구를 클릭한 후 빈 화면을 클릭하여 옵션 대화상자를 불러옵니다. ❶ Width, Height에 각각 '30mm'를 입력하여 외곽 크기를 설정합니다. ❷ 이어서 Concentric Dividers Number 값은 '4', ❸ Radial Dividers 값은 '5'를 입력하여 내부의 직선은 5개, 원형선은 4개로 설정합니다. ❹ [OK] 버튼을 클릭합니다.

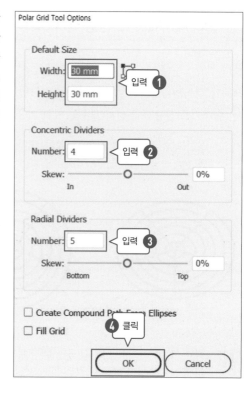

04 이번에는 비율을 다르게 입력해 보겠습니다. ❶ Width, Height에 각각 '30mm'를 입력한 후 ❷ Concentric Dividers Number 값은 '10', Skew 값은 '20%'로 입력합니다. 바깥 부분의 비율이 낮도록 불균형 정도를 적용했기 때문에 안쪽으로 들어갈수록 넓어지게 표현됩니다. ❸ Radial Dividers Number 값에 '5'를 입력합니다. ❹ [OK] 버튼을 클릭합니다.

▲ Skew 20% 적용

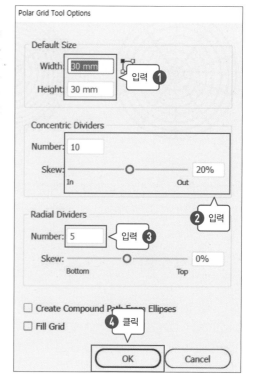

⊠ 폭 도구와 Width Profile 옵션으로 폭 조절하기

📁 준비파일 P01\Ch03\02폭도구.ai

폭 도구(Width Tool)를 활용하면 패스의 폭을 원하는 모양과 두께로 조절할 수 있습니다. 패스 안에 형성된 점을 드래그하거나 [Stroke] 패널에서 제공하는 형태 중 하나를 선택하여 패스의 폭을 설정해 보겠습니다.

01 [File]-[Open]을 클릭하여 02폭도구.ai 파일을 열어줍니다. 작업하기 편하도록 면 색상은 '없음'으로, 선 색상은 자유롭게 설정합니다.

02 ❶ 가장 위에 있는 선을 선택하고 폭 도구(🐛)를 선택합니다. ❷ 마우스를 패스 위의 임의의 지점에서 드래그하면 그만큼 폭이 넓어집니다. ❸ 패스 위의 다른 곳에서 드래그를 하면 그 부분의 폭이 조절됩니다.

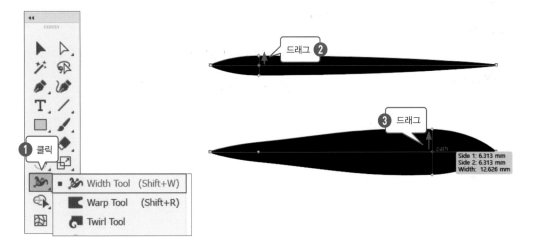

03 폭을 조절했던 점을 드래그해 봅니다. 점이 패스 위에서 이동하면서도 폭 너비를 유지하는 것을 확인할 수 있습니다.

04 벌려진 폭의 점 한쪽에 대고 Alt 키를 누른 상태에서 드래그하면 한쪽의 폭 너비를 따로 조절할 수 있습니다.

Alt + 드래그

05 [Stroke] 패널에서 Profile 목록을 열면 일러스트레이터에서 미리 만들어놓은 다양한 폭 옵션을 확인할 수 있습니다. 아트보드에 그려진 각각의 선에 옵션을 하나씩 적용해 봅니다(▷◁ 버튼은 폭의 좌우를, ⋈ 버튼은 폭의 상하를 반전시킵니다).

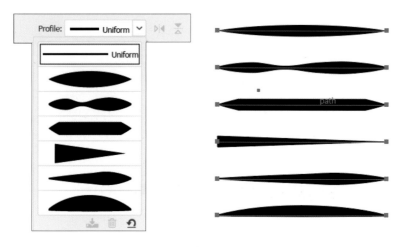

⊠ 폭 도구 활용하여 해마 그리기

[File]-[Open] 명령으로 02해마.ai 파일을 열고 폭 도구를 활용하여 해마의 모양을 만들어 봅니다.

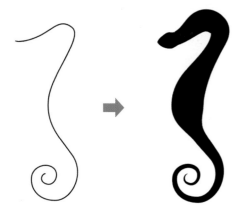

도형 그리기

일러스트레이터에서는 사각형과 원, 별 모양 등 자주 사용하는 도형을 손쉽게 그릴 수 있는 도형 도구를 제공합니다. 각 도형을 그리는 방법은 한 가지만 있는 게 아니며 모든 방법이 유용하게 사용될 수 있으므로 많이 그려 볼수록 좋습니다. 도형을 그리는 다양한 방법에 대해 알아봅니다.

⊠ 도형 도구 알아보기

사각형 도구(Rectangle Tool)를 길게 클릭하고 있으면 다양한 도형 도구들이 나타납니다. 그 중 원하는 도형 도구를 선택합니다. 맨 아래의 광선 도구(Flare Tool)는 도형을 그리는 것이 아닌 반짝이는 효과를 위한 도구이며, 기초에서의 활용도는 낮은 편입니다.

도구바에서 사각형 등의 도형을 선택한 후 아트보드의 빈 공간을 클릭하면 각 도형의 옵션 대화상자가 나타납니다. 수치를 입력하고 [OK] 버튼을 클릭하면 정확한 수치로 도형을 만들 수 있습니다.

1 사각형 도구(■)

사각형 도구(Rectangle Tool)를 선택하고 드래그하면 커서를 따라 사각형이 그려집니다. [Shift] 키를 누른 채로 드래그하면 정사각형으로 그려지며, [Alt] 키를 누른 상태에서 드래그하면 중심을 시작으로 도형을 그릴 수 있습니다. [Alt] 키와 [Shift] 키를 동시에 누르고 드래그하면 중심을 시작으로 하는 정사각형을 그릴 수 있습니다.

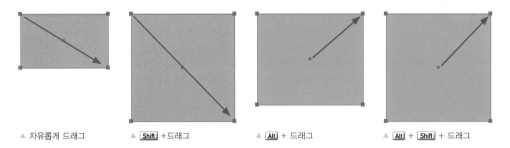

▲ 자유롭게 드래그   ▲ [Shift]+드래그   ▲ [Alt] + 드래그   ▲ [Alt] + [Shift] + 드래그

사각형 도구를 클릭하고 빈 화면을 클릭하면 사각형 도구 대화상자가 나타납니다. 가로 및 세로의 길이를 정확한 수치로 입력하여 사각형을 만들 수 있습니다.

- Width / Height | 사각형의 가로/세로 값을 의미합니다.
- 🔗 | 가로 및 세로의 비율을 연결하거나 해제할 수 있습니다.

2 둥근 사각형 도구(▢)

둥근 사각형 도구(Rounded Rectangle Tool)를 선택한 후 드래그하면 커서를 따라 모서리가 둥근 사각형이 그려집니다. 단축키에 따른 그리는 방향 설정은 사각형과 동일합니다. 드래그할 때 ↑/↓ 키를 눌러 모서리의 곡률을 조절할 수 있습니다.

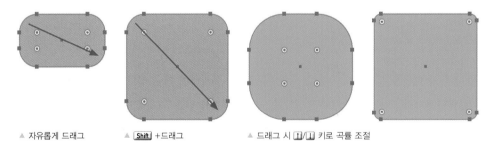

▲ 자유롭게 드래그   ▲ [Shift]+드래그   ▲ 드래그 시 ↑/↓ 키로 곡률 조절

사각형 도구와 마찬가지로 가로 및 세로 길이를 정확한 수치로 설정할 수 있으며, 모서리의 곡률 역시 수치를 입력하여 조정할 수 있습니다.

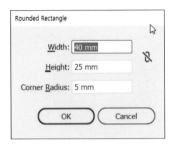

- Width / Height | 사각형의 가로/세로 값을 의미합니다.
- Corner Radius | 모서리의 곡률을 의미합니다.
- 🔗 | 가로 및 세로의 비율을 연결하거나 해제할 수 있습니다.

③ 원 도구(◯)

원 도구(Ellipse Tool)를 선택한 후 드래그하면 커서를 따라 원이 그려집니다. 단축키에 따른 그리는 방향 설정은 사각형과 동일합니다. 그려놓은 원을 선택하면 외곽에 라이브 코너 위젯(◉)이 나타나며, 위젯을 드래그하여 부채꼴로 만들 수도 있습니다(CC 2018부터 사용 가능합니다).

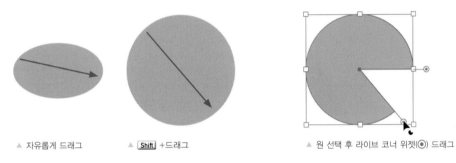

▲ 자유롭게 드래그　　　　　▲ Shift +드래그　　　　　▲ 원 선택 후 라이브 코너 위젯(◉) 드래그

원 도구 대화상자에서는 원의 가로 및 세로의 지름을 설정할 수 있습니다. 가로와 세로의 값이 같다면 원이 만들어지고, 차이가 클수록 납작한 형태의 타원이 그려집니다.

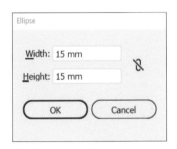

- Width / Height | 원의 가로/세로 지름 값을 의미합니다.
- 🔗 | 가로 및 세로의 비율을 연결하거나 해제할 수 있습니다.

4 다각형 도구(⬡)

다각형 도구(Polygon Tool)를 선택한 후 드래그하면 커서를 따라 변이 여러 개인 다각형이 그려집니다. 드래그와 동시에 ⬆ 키를 누르면 변의 개수가 많아지고, ⬇ 키를 누르면 변의 개수가 적어집니다.

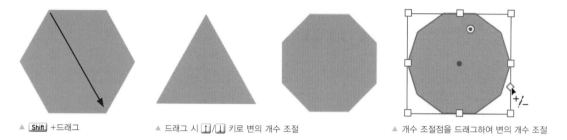

▲ Shift +드래그   ▲ 드래그 시 ⬆/⬇ 키로 변의 개수 조절   ▲ 개수 조절점을 드래그하여 변의 개수 조절

다각형의 경우 도형의 중심에서 꼭짓점까지의 거리와 변(모서리)의 개수를 설정할 수 있습니다. 꼭짓점의 개수에 따라 삼각형, 사각형, 오각형 등 다양한 형태의 도형이 만들어집니다.

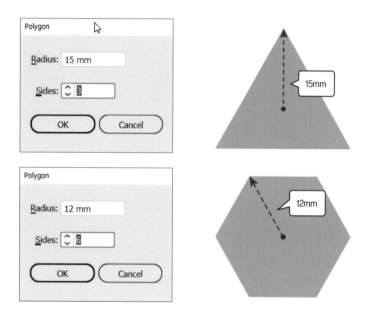

- Radius | 중심에서 꼭짓점까지의 거리를 의미합니다.
- Sides | 변의 개수를 의미합니다. '3'을 입력하면 삼각형, '6'을 입력하면 육각형을 만들 수 있습니다.

5 별 도구(☆)

별 도구(Star Tool)를 선택하고 드래그하면 마우스 커서를 따라 별이 그려집니다. 기본은 꼭짓점이 5개인 별이 나오며, 드래그할 때 키보드 화살표로 꼭짓점의 개수를 조절할 수 있습니다.

▲ Shift +드래그　　　　　▲ 드래그 시 ↑/↓ 키로 꼭짓점 개수 조절

도형의 중심에서 꼭짓점까지의 거리를 두 개의 옵션으로 설정하고, 각각의 지점이 몇 개씩 반복되는지 입력하여 다양한 형태의 별 모양을 형성할 수 있습니다.

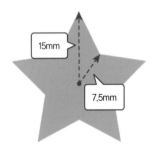

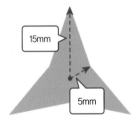

- Radius 1 | 중심에서 첫 번째 시작되는 점까지의 거리를 의미합니다.

- Radius 2 | 중심에서 두 번째 시작되는 점까지의 거리를 의미합니다.

- Points | Raidus 1과 2가 반복되는 횟수를 꼭짓점으로 계산합니다. '5'를 입력하면 흔히 그리는 형태의 별을 그릴 수 있습니다.

⊠ [Transform] 패널로 도형 수정하기

[Window]-[Transform] 패널은 선택된 오브젝트의 정보를 보여줍니다. 이 패널에서는 도형의 크기 및 위치, 각도와 기울기 등 다양한 정보를 수정할 수 있습니다.

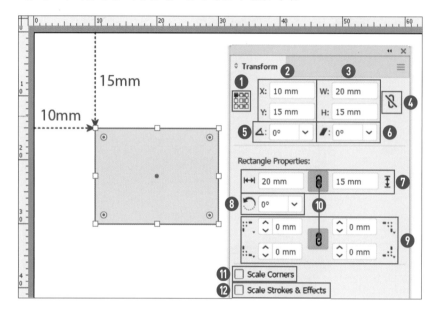

1 ▦ | 선택된 개체에 대해 9개의 위치를 기준점으로 잡을 수 있습니다. 예시에서는 노란 사각형의 왼쪽 위의 점을 기준으로 잡고 있습니다.

2 X / Y | 선택된 참조점의 검은색 점의 가로/세로 좌푯값입니다. X와 Y가 시작되는 0,0 값은 기본적으로 문서의 왼쪽 위를 시작으로 합니다.

3 W / H | 선택한 개체의 가로 폭/세로 높이를 지정할 수 있습니다. 가로 및 세로 크기에 대한 수치 입력 기준도 참조점의 검은색 점을 기준으로 합니다.

4 ⅛ | 클릭하면 가로와 세로 크기의 비율이 고정되고 다시 클릭하면 해제됩니다. 예시는 해제된 상태입니다.

5 ◿ | 개체를 회전시킬 수 있습니다. 회전도 참조점의 검은색 점을 기준으로 합니다.

6 ▰ | 기울기 각도를 입력할 수 있습니다. 역시 참조점의 검은색 점을 기준으로 합니다.

7 가로와 세로의 크기를 지정합니다. 3과 같은 기능입니다.

8 ↻ | 각도를 조절할 수 있습니다. 5와 같은 기능입니다.

9 모서리의 둥근 정도를 입력할 수 있습니다.

10 ⬔ | 항목을 활성화하면 모든 모서리의 둥글기 비율을 한꺼번에 조절합니다.

11 Scale Corners | 항목에 체크하고 수치를 조절하면 개체의 크기에 따라 자동으로 모서리의 곡률이 같은 비율로 조절됩니다.

12 Scale Strokes & Effects | 항목에 체크하고 수치를 조절하면 수정한 크기의 비율에 따라 선의 두께나 효과가 자동으로 함께 조절됩니다.

⊠ 모양 도구로 간단한 도형 그리기

도구바에서 모양 도구를 클릭한 상태에서 아트보드 위에 원 모양으로 대충 드래그하면 반듯한 원이 만들어집니다. 단, 사각형, 삼각형과 같은 간단한 도형은 대충 드래그해도 모양이 만들어지지만, 꽃이나 별과 같은 복잡한 모양은 만들어지지 않습니다. 단순 기본 도형을 그릴 때 유용하게 사용할 수 있는 기능입니다.

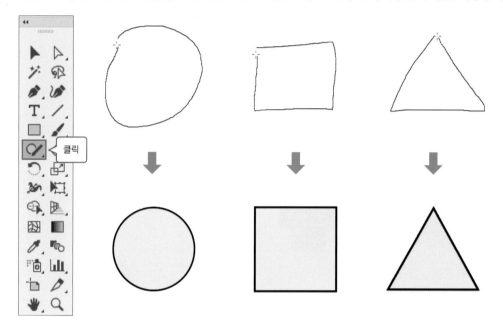

⊠ 도형 도구로 강아지 그리기

📁 준비파일 P01\Ch03\03강아지.ai

[File]–[Open] 명령으로 03강아지.ai 파일을 열고 도형 도구를 활용해 강아지의 귀와 눈썹, 다리를 추가로 그려 강아지를 완성합니다.

04

기초 편집 마스터

일러스트레이터에서의 가장 핵심이 되는 기능은 드로잉이지만, 해당 개체에 대해 편집을 거쳤을 때 보다 깔끔한 결과물을 만들어낼 수 있습니다.

이동, 복사, 회전, 반전 등 기존의 개체를 크게 건드리지 않는 기초적인 편집부터 개체를 합성하거나 모양을 변형하는 등 기존의 형태를 찾아볼 수 없게 만드는 편집까지 폭 넓게 알아보도록 하겠습니다. 다양한 예제를 따라 하며 익혀 봅니다.

 선택/이동 복사/배열 회전 반전 크기 조절 기울이기 정렬 ✔ 변형

01 개체 선택하고 이동하기

일러스트레이터에서 그린 개체를 선택하고 이동하는 것은 어떤 기능보다 기초적인 편집 명령입니다. 선택 도구로 개체를 선택하고, 드래그 및 수치 입력을 통해 개체를 이동시킬 수 있습니다.

⊠ 선택 도구로 이동하기

🗀 준비파일 P01\Ch04\01꽃과풀.ai

일러스트레이터에서 도구바 가장 위쪽에 위치한 선택 도구(Selection Tool)를 선택하고 개체를 클릭하면 개체 주변에 네모난 박스가 생성되는데, 이 박스를 '바운딩 박스'라고 합니다. 바운딩 박스가 활성화된 상태에서 개체를 드래그하면 원하는 위치로 이동시킬 수 있습니다. 선택 도구를 더블클릭하면 정확한 수치를 입력하여 이동하는 것도 가능합니다.

직접 선택 도구(Direct Selection Tool)를 선택하면 개체가 가진 각각의 점을 하나씩 이동시키거나 핸들을 조절하여 개체를 변형할 수 있습니다.

선택 도구로 개체 이동하기

01 [File]–[Open] 명령으로 01꽃과풀.ai 파일을 열어준 후 도구바에서 선택 도구(▶)를 클릭합니다.

---

02 꽃 모양의 개체를 클릭합니다. 그룹 개체가 선택되며 외곽에 파란색의 바운딩 박스가 나타납니다. 드래그 하여 개체를 원하는 곳으로 이동시킬 수 있습니다.

03 이번에는 오른쪽 아래의 오렌지색 개체를 선택하고, Shift 키를 누른 상태로 오른쪽으로 드래그합니다. Shift 키를 누른 상태로 드래그하면 수평/수직/45° 방향으로만 이동할 수 있습니다.

직접 선택 도구로 점 이동하기

01 ❶ 도구바의 직접 선택 도구(▷)를 클릭하고 ❷ 화면을 확대하여 왼쪽의 나뭇잎 윗부분이 크게 보이도록 한 후 ❸ 나뭇잎 개체의 꼭짓점을 클릭합니다. 이렇게 선택하면 개체 각각의 점을 선택할 수 있습니다. 드래그하여 점을 원하는 위치로 이동시킬 수 있습니다.

02 이번에는 왼쪽 아래에 있는 개체의 점을 클릭한 후
Shift 키를 누른 상태로 왼쪽으로 드래그합니다.
이때 직접 선택 도구도 선택 도구와 마찬가지로
Shift 키를 누른 상태로 이동하면 수평/수직/45°
방향으로만 이동이 가능합니다.

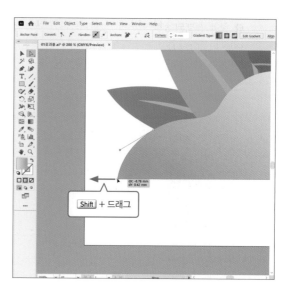

⊠ 추가 선택하고 선택 해제하기

📁 준비파일 P01\Ch04\01달과별.ai

이미 특정 개체를 선택한 상태에서 추가로 다른 개체를 선택하기 위해서는 Shift 키를 누른 상태로 해당 개체를 클릭해야 합니다. Shift 키를 누르지 않고 클릭하면 나중에 선택한 개체만 선택됩니다. 마찬가지로 선택된 개체를 선택 해제하려면 Shift 키를 누른 상태로 개체를 클릭하면 됩니다.

01 [File]-[Open] 명령으로 01달과별.ai 파일을 열어준 후 ❶ 도구바에서 선택 도구를 클릭합니다. ❷ 여러 개의 별과 달을 다중 선택하기 위해 별이 있는 부분을 드래그하여 전체적으로 선택합니다.

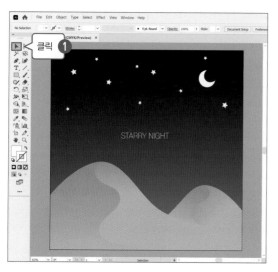

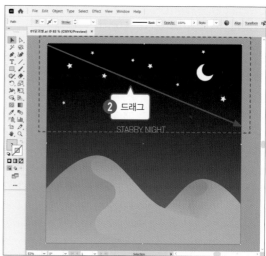

02 ❶ 함께 선택된 하늘 배경을 선택 해제하기 위해 Shift 키를 누른 상태로 배경 개체를 클릭합니다. ❷ 아래쪽에 있는 STARRY NIGHT 문구를 추가로 선택하기 위해 Shift 키를 누른 채로 해당 문구를 클릭합니다. 기존에 선택된 개체들에서 추가로 선택됩니다. ❸ 도구바의 직접 선택 도구를 더블클릭합니다.

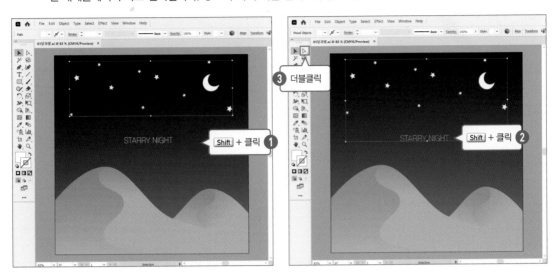

03 이동 옵션 대화상자에서 Horizontal은 가로 위치 이동, Vertical은 세로 위치 이동을 의미합니다. ❶ Vertical 입력란에 '8mm'를 입력하고 ❷ [OK] 버튼을 클릭합니다. 선택된 개체들의 위치가 8mm씩 아래로 이동됩니다.

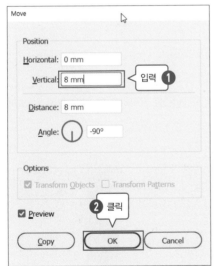

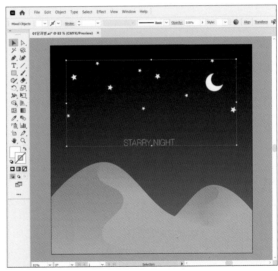

TIP

만약 개체를 위쪽으로 이동시킨다면 Vertical 값에 −8mm를 입력해야 합니다. 가로 방향 이동인 경우 Horizontal 값을 변경합니다. 오른쪽으로 이동하는 경우 +(숫자), 왼쪽으로 이동하는 경우 −(숫자)를 입력합니다.

개체 복사하고 배열하기

일러스트레이터에서 개체 복사는 메뉴와 단축키를 통해 실행할 수 있습니다. 복사 후 붙여넣기는 앞이나 뒤로 다양하게 가능하며, 개체들을 앞뒤로 자유롭게 배열하는 것도 가능합니다.

☒ 단축키로 개체 복사하기

준비파일 P01\Ch04\02마카롱.ai

마우스를 사용하지 않고 단축키를 눌러 간단하게 복사 및 붙여넣기를 할 수 있습니다. 복사 단축키는 `Ctrl` + `C`이며, `Ctrl` + `V`, `Ctrl` + `F`, `Ctrl` + `B`를 눌러 다양한 방법으로 붙여넣기할 수 있습니다. 마카롱 개체를 복사–붙여넣기 하여 더 풍부한 이미지를 만들어 봅니다.

- `Ctrl` + `V` | 화면 정 가운데에 최상위로 붙여넣기 합니다.
- `Ctrl` + `F` | 제자리에서 한 수준 앞으로 붙여넣기 합니다.
- `Ctrl` + `B` | 제자리에서 한 수준 뒤로 붙여넣기 합니다.
- `Ctrl` + `Shift` + `V` | 제자리에서 최상위로 붙여넣기 합니다.

01 [File]–[Open] 명령으로 02마카롱.ai 파일을 열어줍니다. ❶ 선택 도구(▶)를 클릭하고 ❷ 가장 밑에 있는 보라색 마카롱을 선택한 후 `Ctrl` + `C`를 눌러 복사합니다.

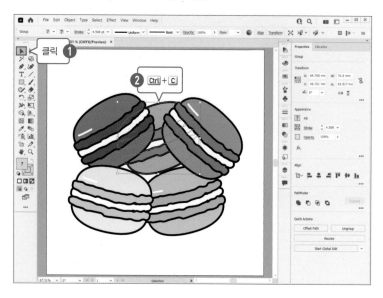

02 ❶ Ctrl + V 를 누르면 작업하고 있는 화면 정 가운데에 가장 상위로 붙여넣기가 됩니다. ❷ 다음으로 분홍색 마카롱을 선택하고 Ctrl + C 를 눌러 복사합니다.

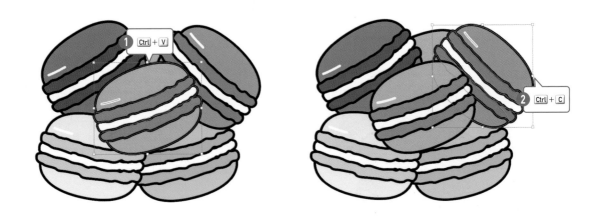

03 ❶ 이번에는 Ctrl + F 를 눌러 붙여넣기합니다. 분홍색 마카롱을 드래그하여 움직여보면 붙여넣기가 된 것을 확인할 수 있습니다. Ctrl + F 명령은 제자리에서 한 단계 앞으로 붙여넣기가 되는 명령입니다. ❷ 이번에는 노란색 마카롱을 선택하고 Ctrl + C 로 복사합니다.

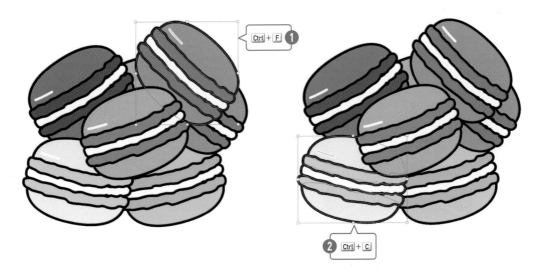

04 Ctrl + B를 눌러 붙여넣기합니다. 클릭할 때 노란색 마카롱의 외곽선을 선택하여 드래그하면 뒤쪽으로 붙여넣기 가 된 것을 확인할 수 있습니다. F7 키를 눌러 [Layers] 패널을 연 다음 ❷ Layer 1의 꺾쇠를 열어 목록을 확인 해보면 노란색 마카롱의 아래쪽 그룹이 선택되어 있는 것을 확인할 수 있습니다.

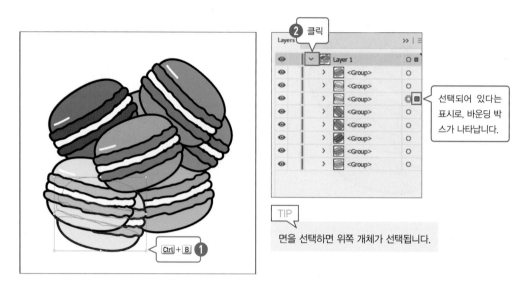

TIP

면을 선택하면 위쪽 개체가 선택됩니다.

일러스트 마스터! 🔔

Alt + 드래그로 복사→붙여넣기

개체를 선택하고 Alt 키를 누르면 마우스 커서의 화살표가 두 개가 겹쳐진 모양으로 바뀝니다. 이때 드래그하면 개체를 이동시키면 서 복사할 수 있습니다. Alt 키를 누른 상태로 드래그하면서 Shift 키를 누르면 수평/수직/45° 방향으로 이동하며 복사 및 붙여넣 기가 됩니다.

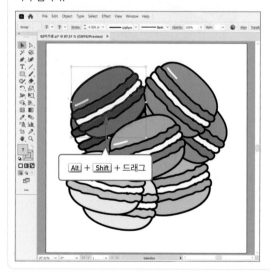

⊠ 개체 배열 순서 변경하기

앞서 복사─붙여넣기 한 마카롱 개체들의 배열 순서를 단축키를 활용하여 변경해 보겠습니다. 앞뒤로 한 칸씩, 또는 최상위, 최하위의 위치로 간단히 배열할 수 있습니다.

- Ctrl + ↑ | 한 단계 앞으로 배치합니다.
- Ctrl + ↓ | 한 단계 뒤로 배치합니다.
- Shift + Ctrl + ↑ | 제일 앞으로 배치합니다.
- Shift + Ctrl + ↓ | 제일 뒤로 배치합니다.

01 ❶ 가장 뒤에 있는 민트색 마카롱을 선택합니다. ❷ 단축키 Ctrl + Shift + ↑ 를 누르면 해당 레이어에서 맨 앞으로 올라오게 됩니다.

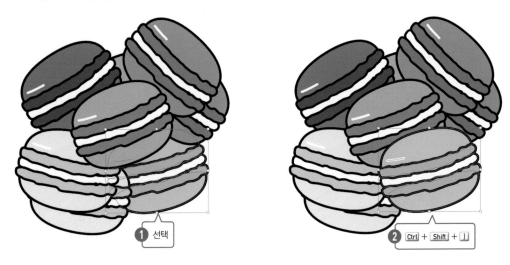

02 ❶ 보라색 마카롱을 선택합니다. ❷ 단축키 Ctrl + ↑ 를 누르면 한 칸 앞으로 올라오게 됩니다. 같은 단축키를 계속 누르면 순차적으로 앞으로 나옵니다.

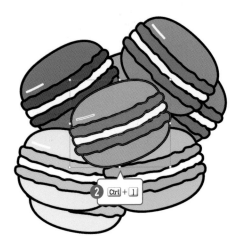

03 ❶ 단축키 Ctrl + [ ] 를 눌러 다시 뒤쪽으로 내려가도록 배열할 수도 있습니다. ❷ 초코색 마카롱을 선택합니다.

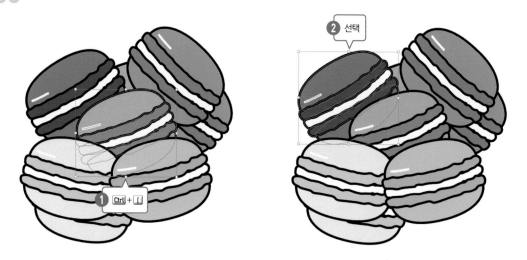

04 ❶ 단축키 Ctrl + Shift + [ ] 를 눌러 개체를 가장 앞으로 올려줍니다. ❷ 다음으로는 민트색 마카롱을 선택합니다.

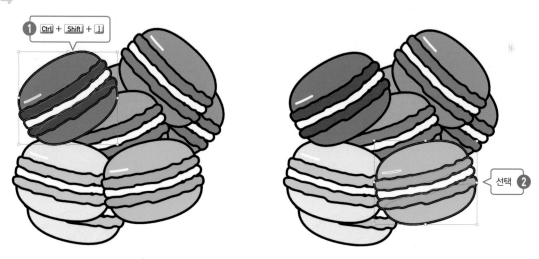

05 민트색 마카롱을 다시 맨 뒤로 배치해 보겠습니다.
단축키 Ctrl + Shift + [를 누릅니다.

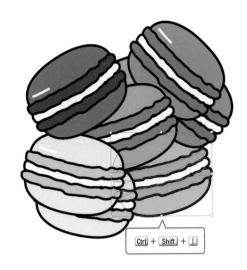

Ctrl + Shift + [

일러스트 마스터! 🔔

단축키 외의 방법으로 배열하기

① Arrange 명령으로 배열하기

개체 위에서 마우스 오른쪽 버튼을 클릭하고 [Arrange]–[Bring to Front]를 선택하여 배열할 수도 있습니다. 이처럼 마우스의 오른쪽 버튼을 사용하여 배열하는 것도 가능하지만 작업속도를 높이기 위해 단축키를 외워서 작업하는 것을 권장합니다.

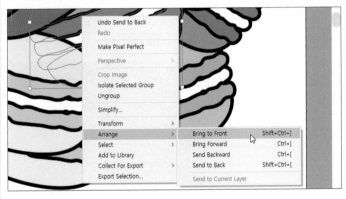

② [Layers] 패널에서 배열 바꾸기

메뉴바의 [Window]–[Layers]를 선택하거나 F7 키를 누르면 [Layers] 패널이 나타납니다. Layer 1 이름 왼쪽의 꺾쇠를 열어보면 각각 그룹 지어져 있는 배열이 나타납니다. 여기서 드래그로 위아래 순서를 바꿔 배열을 변경할 수 있습니다.

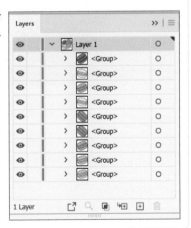

개체 회전하기

일러스트레이터에서 개체를 선택하면 개체 주변에 모양 변형을 가능하게 하는 박스가 나타납니다. 이를 바운딩 박스라고 하는데, 바운딩 박스를 활용하여 크기 조절이나 회전, 반전 등 기초적인 편집이 가능합니다. 개체 회전이나 반전은 바운딩 박스 외에도 도구바의 회전 도구, 반전 도구 등을 사용할 수 있습니다.

⊠ 바운딩 박스를 드래그하여 회전하기

📁 준비파일 P01\Ch04\03선인장.ai

개체를 선택하면 나타나는 바운딩 박스를 드래그하여 자유로운 각도로 개체를 회전시킬 수 있습니다. 선인장의 눈썹과 입 주변에 형성되어 있는 바운딩 박스를 드래그하여 다양한 표정을 만들어 봅니다.

01 03선인장.ai를 열고 선인장의 눈썹을 선택합니다. 바운딩 박스의 모서리 근처에 마우스를 놓으면 회전 아이콘이 나타납니다. 이때 회전 아이콘을 드래그하면 해당 방향으로 개체가 회전됩니다.

02 선인장의 입을 선택하고 Shift 키를 누른 상태로 드래그하면 정확히 45°씩 회전됩니다. 입과 눈썹만 회전시켜도 완전히 다른 느낌으로 다양한 표정을 만들 수 있습니다.

⊠ 회전 도구로 수치 입력하여 정확하게 회전하기

회전 도구(Rotate Tool)를 더블클릭하면 회전 옵션 대화상자가 나타납니다. 대화상자에서 회전시키고자 하는 각도를 입력하면 정확히 그 수치만큼 개체를 회전할 수 있습니다. 선인장 머리에 있는 꽃을 정확한 각도로 회전시켜 보다 생동감 있는 이미지를 만들어 봅니다.

01 수치를 입력하여 개체를 정확한 각도로 회전시켜 보겠습니다. ❶ 선인장 머리의 꽃 중 하나를 선택하고 ❷ 도구바의 회전 도구(⟲)를 더블클릭합니다.

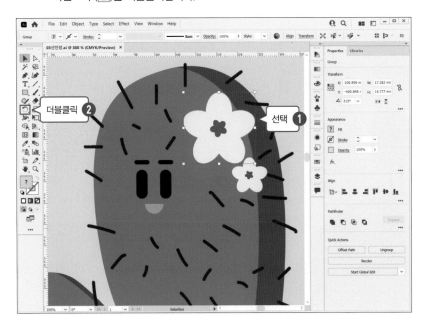

02 ❶ 회전 옵션 대화상자가 나타나면 Angle 값에 '60'을 입력하고 ❷ [OK] 버튼을 클릭합니다.

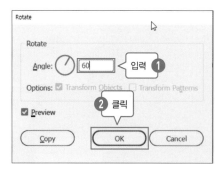

☒ 회전 도구로 기준점 설정하여 회전하기

📁 준비파일 P01\Ch04\03쿠키.ai

회전 도구를 클릭하면 개체 중심에 십자 모양의 아이콘이 나타납니다. 회전의 기준점을 지정하면 해당 점을 축으로 하여 개체를 회전시킬 수 있습니다. 쿠키 캐릭터를 회전시켜 원을 따라 도는 것처럼 만들어 봅니다.

01 03쿠키.ai를 열어줍니다. ❶ 별 개체 중 하나를 클릭하고 ❷ 도구바에서 회전 도구(🔄)를 클릭합니다.

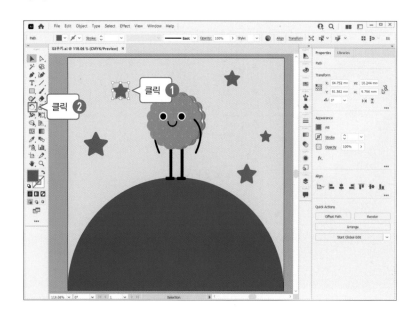

02 바운딩 박스가 사라지고 개체의 중심에 십자 모양이 나타납니다. 이때 임의의 지점에서 드래그하면 십자 모양을 중심으로 개체가 회전됩니다.

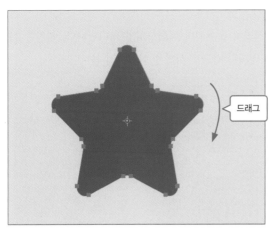 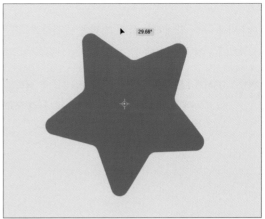

03 이번에는 중심점을 옮겨 회전해 보겠습니다. ❶ 쿠키 캐릭터 개체를 선택한 후 ❷ 도구바에서 회전 도구를 클릭합니다. ❸ 마우스 커서가 십자 모양으로 바뀌면 파란 반원의 중심을 클릭합니다. 이렇게 하면 십자 모양이 클릭한 곳으로 옮겨집니다. ❹ 임의의 지점에서 드래그하면 클릭한 곳을 중심으로 캐릭터가 회전하는 것을 확인할 수 있습니다.

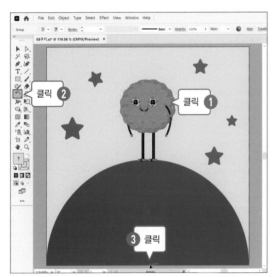 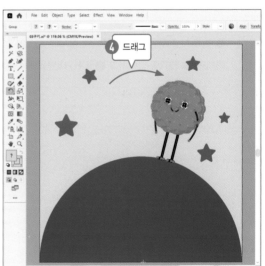

⊠ 단축키로 회전 중심점 설정하기

📁 준비파일 P01\Ch04\03시계.ai

Alt 키를 누른 상태에서 특정 지점을 클릭하면 회전 중심점이 옮겨지며 대화상자가 나타납니다. 시침을 회전시키기 위해 시계의 중심으로 회전 중심점을 설정하고 정확한 각도로 시침을 회전시켜 봅니다.

01 03시계.ai를 열어줍니다. ❶ 시계의 시침을 클릭합니다. 12시에 위치한 시침을 정확히 10시로 옮겨 보겠습니다. ❷ 도구바에서 회전 도구를 클릭합니다.

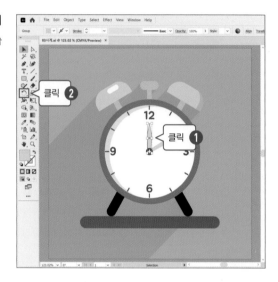

02 ❶ 마우스 커서를 시계 가운데의 십자의 중심에 놓고 Alt 키를 누른 채로 클릭합니다. 회전 옵션 대화상자가 나타나면 ❷ '60°'를 입력하고 ❸ [OK] 버튼을 클릭합니다.

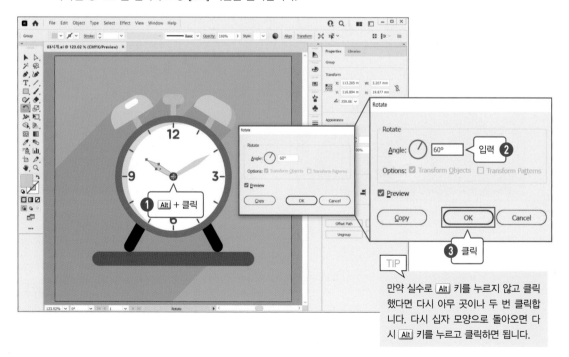

TIP

만약 실수로 Alt 키를 누르지 않고 클릭했다면 다시 아무 곳이나 두 번 클릭합니다. 다시 십자 모양으로 돌아오면 다시 Alt 키를 누르고 클릭하면 됩니다.

⊠ **회전 도구 자유롭게 활용하기**

📁 준비파일 P01\Ch04\03꽃잎.ai

회전 도구를 다양하게 활용하면서 꽃잎을 완성해 보겠습니다.

01 03꽃잎.ai 파일을 열어줍니다. ❶ 오렌지색 꽃잎을 선택한 후 ❷ 회전 도구를 클릭합니다. ❸ 꽃잎의 아래쪽 점을 Alt 키를 누른 상태로 클릭합니다. 옵션 대화상자가 나타나면 ❹ '45°'를 입력한 후 ❺ [Copy] 버튼을 클릭합니다.

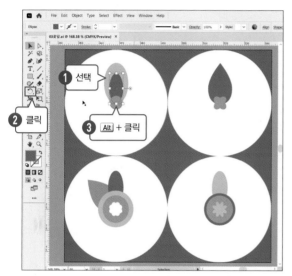

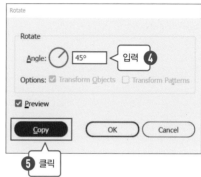

02 복제 단축키 Ctrl + D 를 누르면 이전 작업을 동일하게 반복하여 꽃잎을 완성할 수 있습니다. 뒤쪽의 노란색 꽃잎도 똑같이 작업합니다.

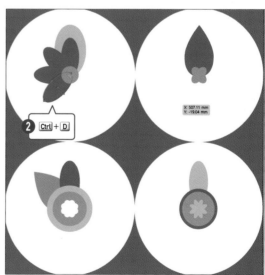

03 ➊ 오른쪽에 있는 오렌지색 꽃잎을 선택한 후 ➋ 회전 도구를 클릭합니다. ➌ 꽃잎의 아래쪽 점 위에서 [Alt] 키를 누른 상태로 클릭합니다.

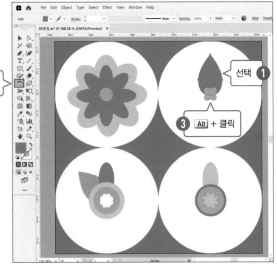

04 ➊ 회전 옵션 대화상자가 나타나면 '360/7'을 입력한 후 ➋ [Copy] 버튼을 클릭합니다. ➌ [Ctrl] + [D]를 반복해서 눌러 7개의 꽃잎이 되도록 완성합니다. 나머지 꽃잎도 자유로운 각도로 회전하여 작업해 봅니다.

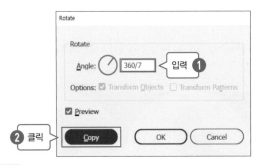

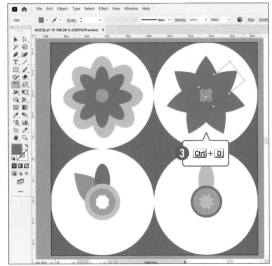

TIP
일러스트레이터의 수치 입력란은 모두 더하기(+), 빼기(−), 곱하기(*), 나누기(/) 등의 사칙연산이 가능합니다.

개체 반전하기

개체가 마치 거울에 비친 것처럼 반전을 시켜 보겠습니다. 서로를 마주 보고 있는 개체를 만들거나, 바닥에 비친 모양을 만들거나, 하트처럼 완벽한 대칭을 이루는 형태를 만드는 경우 유용하게 쓸 수 있습니다.

⊠ 반전 도구로 드래그하여 반전하기

준비파일 P01\Ch04\04강아지.ai

반전 도구(Reflect Tool)는 같은 모양을 대칭으로 만들거나 반대 방향으로 전환하기 위해 사용하는 명령입니다. 반전 도구를 활용해 강아지를 상하좌우로 반전시켜 보겠습니다.

01 04강아지.ai 파일을 열어줍니다. 강아지가 반대쪽을 바라보도록 만들어 보겠습니다. ❶ 도구바의 선택 도구로 강아지를 선택합니다. ❷ 회전 도구를 길게 클릭하고 ❸ 반전 도구(📐)를 선택합니다.

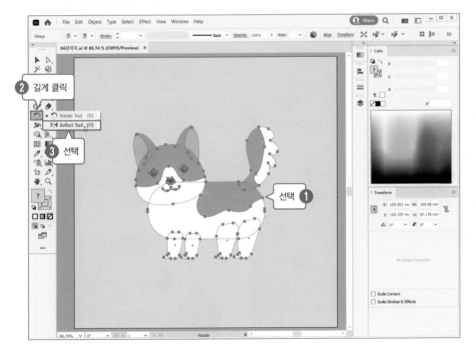

02 ❶ 강아지 개체의 안쪽에 십자 모양의 중심점이 나타나면 중심점을 기준으로 왼쪽에서 오른쪽으로 드래그하여 얼굴을 반대 방향으로 반전시킵니다. ❷ 이번에는 중심점을 기준으로 위쪽에서 아래쪽으로 드래그합니다. 뒤집힌 모양으로 반전됩니다.

 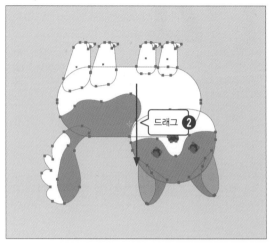

TIP
드래그 시 Shift 키를 누르면 정확히 수평/수직으로 반전시킬 수 있습니다.

☒ 반전 도구로 기준점 설정하여 반전하기

준비파일 P01\Ch04\04올빼미.ai

대칭축이 되는 기준점을 지정하면 해당 점을 기준으로 정확하게 개체를 대칭시킬 수 있습니다. 이때 기존의 개체도 유지한 채로 대칭시키고자 한다면 반전 옵션 대화상자에서 [OK] 버튼 대신 [Copy] 버튼을 눌러줍니다.

01 04올빼미.ai 파일을 열어줍니다. 귀, 눈, 깃털이 반쪽짜리인 올빼미가 나타납니다. ❶ 선택 도구로 ❷ 올빼미의 왼쪽 귀를 클릭하고 ❸ 반전 도구(◀▶)를 클릭합니다.

02 ❶ 올빼미 부리의 중심에 커서를 놓고 Alt 키를 누른 상태로 클릭합니다. 옵션 대화상자가 나타나면 ❷ Vertical 옵션을 선택하고 ❸ [Copy] 버튼을 클릭합니다. 중심을 기준으로 반전되어 반대쪽 귀가 복제됩니다.

03 올빼미의 눈과 깃털 무늬 모양도 같은 방법으로 부리의 가운데를 기준으로 놓고 반전시킵니다.

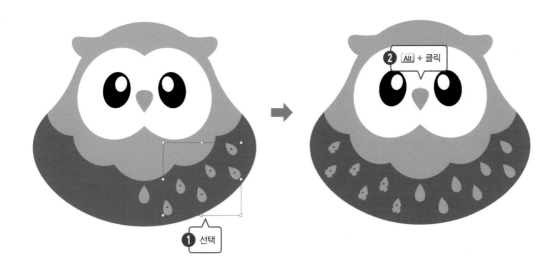

⊠ 반전 도구 자유롭게 활용하기

📁 준비파일 P01\Ch04\04반쪽.ai

반전 도구를 사용하여 나뭇잎과 토끼 얼굴을 대칭 복사하는 작업을 따라 해 보고 하트와 소파도 좌우대칭을
실행하여 완성합니다.

01 04반쪽.ai 파일을 열어줍니다. 반쪽짜리 나뭇잎, 하트, 토끼, 소파 개체가 나타납니다. 나뭇잎 개체는 줄기를
제외하고 나뭇잎들만 선택합니다.

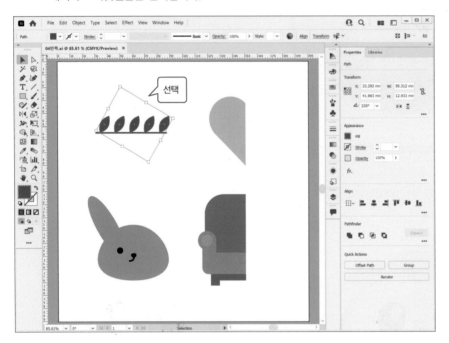

02 ❶ 반전 도구(▷|◁)를 클릭한 후 ❷ 줄기에 대고 Alt
키를 누른 채로 클릭합니다. ❸ 옵션 대화상자가
뜨면 Horizontal 옵션을 선택하고 ❹ [Copy] 버튼
을 클릭합니다. 나뭇잎이 반전되면서 복제됩니다.

03 ❶ 이번에는 선택 도구로 ❷ 토끼 개체의 한쪽 입을 선택합니다. ❸ 반전 도구를 클릭한 후 ❹ 토끼 코 아랫부분에 마우스를 놓고 [Alt] 키를 누른 채로 클릭합니다. ❺ 옵션 대화상자가 나타나면 Vertical 옵션을 선택하고 ❻ [Copy] 버튼을 클릭합니다.

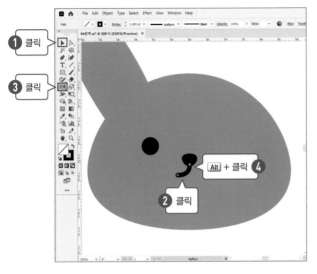

04 입이 좌우반전되면서 복제됩니다. 나머지 개체들도 반전 도구를 이용하여 반전시킵니다.

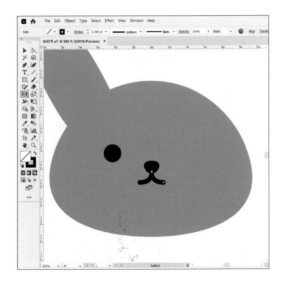

05 개체 크기 조절하기

일러스트레이터에서는 바운딩 박스로 개체의 크기를 조절할 수 있을 뿐만 아니라, 수치를 입력하여 정확한 비율로도 개체의 크기를 조절할 수 있습니다.

⊠ 바운딩 박스를 드래그하여 크기 조절하기

📁 준비파일 P01\Ch04\05치킨.ai

선택 및 이동뿐만 아니라 크기를 조절하는 작업도 아주 기초적인 편집 중 하나라고 할 수 있습니다. 바운딩 박스를 활용하면 전체적인 느낌을 보며 미세하게 개체의 크기를 조절할 수 있습니다. CHICKEN 문구 개체와 닭 개체의 크기를 변경해 보겠습니다.

01 05치킨.ai 파일을 열어줍니다. ❶ 도구바의 선택 도구로 ❷ CHICKEN 문구 개체를 선택합니다. 한 글자씩 선택된다면 Shift 키를 눌러 여러 글자를 동시에 선택할 수 있습니다. ❸ 바운딩 박스의 꼭짓점을 클릭하고 Shift 키를 누른 채로 드래그하여 크기를 축소합니다.

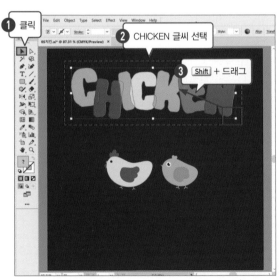

TIP

Alt + Shift 를 누른 상태로 드래그하면 중심에서의 크기 조절이 가능합니다. Shift 키는 가로와 세로의 비율을 유지해주는 역할이며, Alt 키는 중심에서 시작하도록 만드는 단축키입니다.

02 ❶ 선택 도구로 닭 개체를 선택한 후 ❷ 바운딩 박스의 꼭짓점에서 드래그하여 크기를 확대합니다. Shift 키를 누른 상태로 드래그해야 가로와 세로의 비율이 유지됩니다.

⊠ 크기 조절 도구로 수치 입력하여 정확하게 크기 조절하기

크기 조절 도구(Scale Tool)를 더블클릭하면 나타나는 옵션 대화상자에서 확대 또는 축소하고자 하는 만큼의 비율을 입력하면 입력된 수치만큼 개체의 비율을 확대 또는 축소할 수 있습니다.

01 병아리 개체를 선택한 후 ❶ 도구바의 크기 조절 도구를 더블클릭합니다. ❷ 옵션 대화상자가 뜨면 Uniform 값을 '60%'로 입력한 후 ❸ [OK] 버튼을 클릭합니다. 병아리 개체가 정확히 60% 비율로 작아집니다.

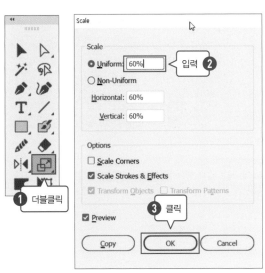 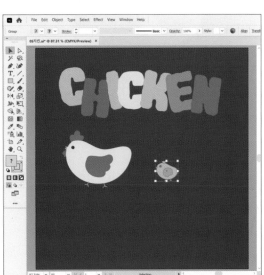

⊠ [Transform] 패널에서 크기 조절하기

01 첫 글자만 크기를 키워 보겠습니다. 가장 앞쪽의 글자 'C'를 선택하고 [Window]–[Transform]을 선택해 [Transform] 패널을 열어줍니다.

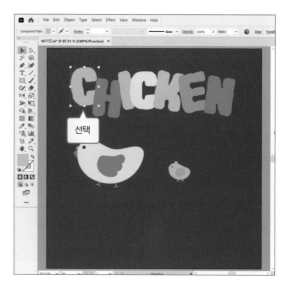

> **TIP**
>
> Shift + F8 을 눌러 [Transform] 패널을 여는 방법도 있습니다.

02 W는 해당 개체의 가로, H는 세로를 의미합니다. 가로 값을 '30mm'로 입력합니다.

> **TIP**
>
> 옵션 대화상자에서 수치 입력란 오른쪽의 연결 아이콘이 활성화되어 있으면 세로 값을 직접 입력하지 않아도 가로 값에 따라 자동으로 계산되어 입력됩니다. 반대로 세로 값만 입력해도 가로 값이 자동으로 계산됩니다. 만약 이 아이콘을 비활성화시키면 비율 유지가 해제되면서 가로 값과 세로 값을 각각 원하는 대로 입력할 수 있습니다.

개체 기울이기

일러스트레이터에서 개체를 기울이기 위해서는 기울이기 도구를 활성화시킨 후 드래그하거나 수치를 입력하면 됩니다. 수치를 입력해 기울이는 경우에는 입력한 각도만큼 정확히 기울어집니다.

⊠ 기울이기 도구로 드래그하여 기울이기

📁 준비파일 P01\Ch04\06카드.ai

크기 조절 도구(Scale Tool)를 길게 클릭하면 하위 목록으로 기울이기 도구(Shear Tool)를 확인할 수 있습니다. 기울이기 도구를 선택하고 기울이기를 원하는 방향으로 개체를 드래그하면 자유자재로 개체를 기울일 수 있습니다.

01 06카드.ai 파일을 열어줍니다. ❶ 선택 도구로 ❷ 개체를 선택한 후 ❸ 도구바에서 크기 조절 도구(🖼)를 길게 클릭하고 ❹ 기울이기 도구(🖼)를 클릭합니다. ❺ 개체에 중심점이 생기면 임의의 지점에서 오른쪽으로 드래그합니다. 종이가 눕혀진 것처럼 개체가 기울어진 것을 확인할 수 있습니다. 다양한 방향으로 드래그해 봅니다.

⊠ 기울이기 도구로 수치 입력하여 정확한 각도로 기울이기

📁 준비파일 P01\Ch04\06그림자.ai

기울이기 옵션 대화상자에 각도를 입력하면 그 수치만큼 정확하게 개체를 기울일 수 있습니다. 기울이기 명령을 활용해 그림자를 만들어 입체적인 느낌을 더해 봅니다.

01 06그림자.ai 파일을 열어줍니다. ❶ 선택 도구로 ❷ 흰색 M 개체를 선택한 후 ❸ 도구바의 기울이기 도구(📐)를 클릭합니다. ❹ 마우스를 개체의 오른쪽 아래 점에 대고 Alt 키를 누른 상태로 클릭합니다.

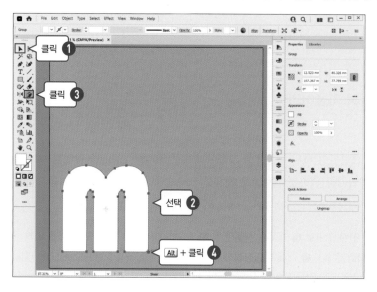

02 ❶ 옵션 대화상자가 나타나면 각도에 '30°'를 입력한 후 ❷ Vertical 옵션을 선택하고 ❸ [OK] 버튼을 클릭합니다. 중심점을 기준으로 개체가 기울어집니다. ❹ 기울이기 도구로 다시 한번 같은 곳을 Alt 키를 누른 상태로 클릭합니다.

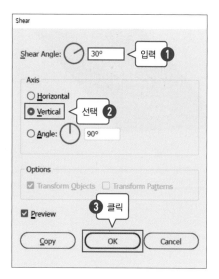

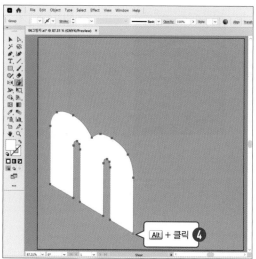

03 ❶ 이번에는 '−120°'를 입력한 후 ❷ 축 각도에 '−30°'를 입력하고 ❸ [Copy] 버튼을 클릭합니다. 같은 곳을 기준으로 반대로 눕혀져 기울어진 개체가 복제됩니다.

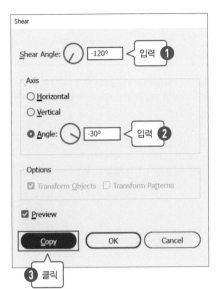

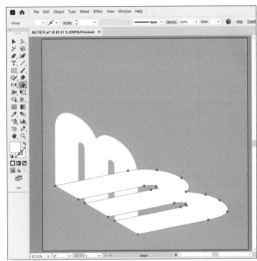

04 ❶ 메뉴바에서 [Window]-[Swatches]를 선택해 [Swatches] 패널을 열고 개체의 면색으로 검은색을 선택합니다. ❷ 검은색 M 개체가 선택된 상태에서 Ctrl + I 를 눌러 한 칸 뒤로 보내서 그림자처럼 표현합니다.

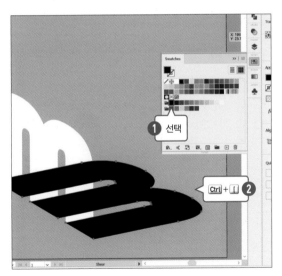

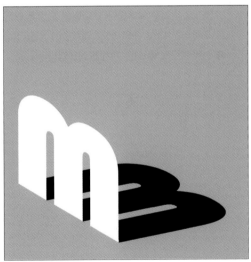

07 개체 정렬하기

일러스트레이터에서는 다양한 정렬 방법을 제공하고 있습니다. 기준을 어떻게 두고 정렬을 하는지에 따라 다양한 방법들이 있으며, 모두 매우 중요한 개념이므로 꼭 숙지하고 다음 단계로 진행하기를 권장합니다.

⊠ [Align] 패널 활용하여 정렬하기

📁 준비파일 P01\Ch04\07젤리, 07젤리-1.ai

개체를 기준으로 정렬하기

여러 개의 개체를 한 줄로 정리하는 방법에는 여섯 가지 옵션이 있습니다. 정렬 옵션에 따라 다양한 방식으로 개체를 정렬할 수 있습니다. 각각의 옵션을 선택해 보며 젤리 개체들을 정렬해 봅니다.

01 07젤리.ai 파일을 열어줍니다. 다양한 모양과 크기로 이루어진 다섯 개의 젤리 개체들이 있습니다. ❶ 선택 도구로 ❷ 모든 개체를 선택합니다.

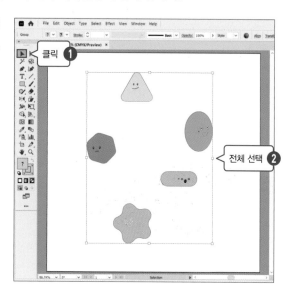

02 메뉴바에서 [Window]–[Align]을 클릭해 패널을 열어줍니다. [Align] 패널의 왼쪽 정렬(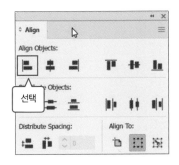)을 클릭하면 선택된 개체들 중 가장 왼쪽에 있는 개체를 기준으로 정렬되는 것을 확인할 수 있습니다.

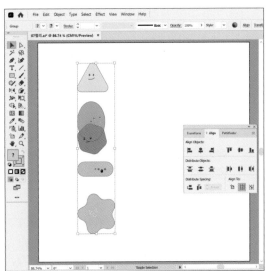

> **TIP**
>
> 만약 예제처럼 3줄로 나와 있지 않다면 펼침 버튼(⬩)을 눌러 모든 옵션이 나오도록 할 수 있습니다.

03 단축키 Ctrl + Z 를 눌러 초기 상태로 되돌아갑니다. 이번에는 [Align] 패널에서 위쪽 정렬(⬜)을 선택합니다. 선택된 개체들의 크기를 기준으로 가장 위쪽으로 개체들이 정렬됩니다.

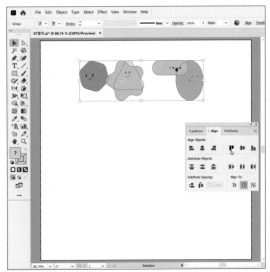

> **TIP**
>
> [Align] 패널 상단의 6개 옵션은 현재 내가 선택한 개체들을 기준으로 각각 왼쪽, 가로 가운데, 오른쪽, 위쪽, 세로 가운데, 아래쪽으로 정렬시켜 줍니다. 이때 정렬은 최소한 두 개 이상의 개체나 그룹이 있어야 적용이 가능합니다.

문서를 기준으로 정렬하기

[Align] 패널에서 Align To 목록의 옵션들을 활용하면 문서의 테두리를 기준으로도 개체를 정렬할 수 있습니다.

01 다시 단축키 Ctrl + Z를 여러 번 눌러 처음으로 돌아갑니다. ❶ 이번에는 Align To 목록에서 문서 기준 정렬 옵션(📄)을 선택한 후 ❷ 왼쪽 정렬(📑)을 클릭합니다. 모든 개체들이 문서의 왼쪽에 붙어 정렬됩니다. 이처럼 정렬의 기준을 개체가 아닌 문서로 잡을 수 있습니다.

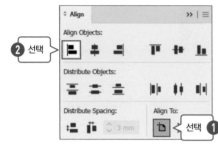

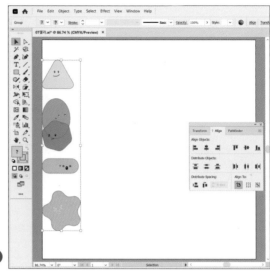

일정한 간격에 맞추어 정렬하기

여러 개의 개체를 정렬할 때 각 개체가 시작되는 영역을 동일하게 갖도록 정렬할 수 있습니다. 가장 위의 패스에 맞출 수도 있고, 가장 아래의 패스에 맞출 수도 있습니다. 또한 개체의 중심을 일정한 간격으로 배열하는 것도 가능합니다.

01 ❶ 정렬 기준을 다시 개체 기준으로 선택하고 ❷ 가로 가운데 정렬(🔳)을 클릭합니다.

02 Distribute Objects의 옵션을 하나씩 적용해 봅니다. 첫 번째 옵션(▤)은 각각 개체들의 상단을 기준으로 같은 간격으로 정렬해주는 기능입니다. 육안으로는 정렬된 듯 보이지 않지만 각 개체의 상단을 기준으로 같은 간격으로 정렬됩니다. 두 번째(▤), 세 번째 옵션(▤) 역시 육안으로는 같은 간격이 아닌 것처럼 보이지만, 각각 개체의 가운데와 아랫부분을 기준으로 같은 간격으로 정렬됩니다(붉은색 선은 이해를 돕기 위한 가이드입니다).

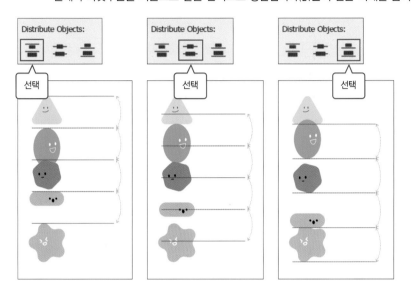

여백을 동일하게 정렬하기

정렬 기능으로 개체 사이의 여백이 정확히 같은 너비가 되도록 작업해 보겠습니다. 여백을 기준으로 정렬하게 되면 보다 깔끔하게 이미지를 배치할 수 있습니다.

01 07젤리-1.ai 파일을 열어줍니다. 가로로 정렬은 되어 있지만 개체 사이사이의 간격이 불규칙합니다. ❶ 선택 도구로 ❷ 모든 개체를 선택한 후 ❸ 패널의 Distribute Spacing 목록에서 가로 간격 기준 정렬 옵션(▮▮)을 선택합니다. 개체 사이 가로 간격이 같은 너비로 맞춰지면서 정렬됩니다.

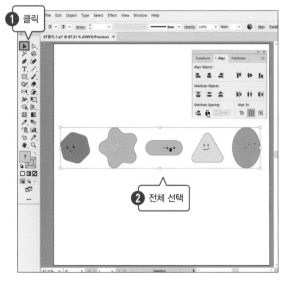

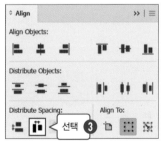

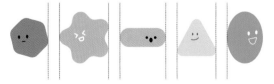

⊠ 기준 개체 활용하기

개체들을 동시에 선택하고 특정 개체를 한 번 더 클릭하면 그 개체가 바로 기준 개체, 즉 키 오브젝트(Key Object)가 됩니다. 키 오브젝트를 기준으로 정렬 명령을 적용하면 그 개체를 중심으로 다른 개체들이 정렬됩니다.

01 ❶ 선택 도구로 개체를 모두 선택하고 ❷ 가운데에 있는 회색 개체를 한 번 더 중첩으로 클릭합니다. 회색 개체의 패스만 더 두꺼워집니다.

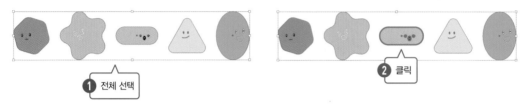

02 [Align] 패널의 위쪽 정렬(▔)을 선택하면 회색 개체는 고정된 채로 다른 개체들이 회색 개체에 맞춰 위쪽으로 정렬되는 것을 확인할 수 있습니다.

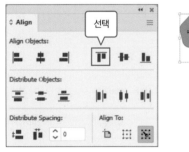

03 단축키 Ctrl + Z 를 눌러 이전 상태로 되돌아간 후 ❶ 개체를 모두 선택하고 ❷ 노란색 개체를 중첩으로 한 번 더 선택하여 기준 개체를 잡습니다. ❸ [Window]–[Align] 패널을 열어주고 수치 입력란이 활성화되면 '3'을 입력한 후 ❹ 가로 간격 기준 정렬 옵션(┃▪)을 클릭합니다. 노란색 삼각형은 고정된 상태로 개체 사이 간격이 3mm로 정렬됩니다.

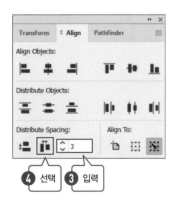

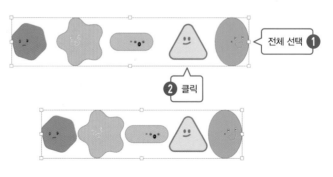

⊠ 그룹별로 정렬하기

📁 준비파일 P01\Ch04\07도형그룹.ai

하나하나 분리되어 있는 상태에서 개체들에 정렬 옵션을 적용하면 중구난방으로 돌아다니게 됩니다. 총 9개의 개체로 구분되도록 개체들을 각각 그룹 지은 후 정렬 기능을 실행해 보겠습니다.

01 07도형그룹.ai 파일을 열어줍니다. ❶ 오른쪽 위의 기울어진 파란색 개체 세 개를 선택한 후 단축키 `Ctrl` + `G`를 눌러 그룹화합니다. ❷ 사선 개체 뒤의 노란색 사각형을 `Shift` 키를 누른 상태로 클릭하여 추가로 선택한 후 ❸ [Align] 패널에서 아래쪽 정렬을 클릭합니다. ❹ 다시 `Ctrl` + `G`를 눌러 그룹화합니다.

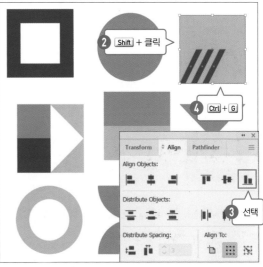

02 ❶ 두 번째 줄 첫 번째 모양의 조각 네 개를 한꺼번에 선택한 후 그룹화합니다. ❷ 다음으로 정 가운데에 위치한 사각형 두 개를 그룹화합니다.

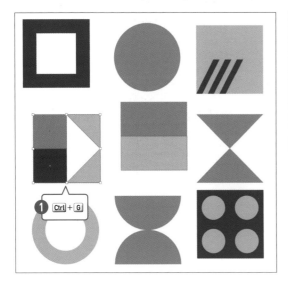

03 ❶ 오른쪽의 붉은색 삼각형 두 개도 그룹화합니다. ❷ 아래쪽 가운데의 붉은색 반원 두 개와 ❸ 파란색 사각형 및 네 개의 원으로 구성된 개체도 모두 선택하여 각각 그룹화합니다.

 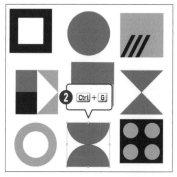 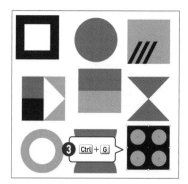

04 ❶ 가운데의 사각형을 선택한 후 ❷ [Align] 패널의 Align To에서 문서 기준 정렬 옵션(🔲)이 선택되어 있음을 확인합니다. ❸ 가로 가운데 정렬과 ❹ 세로 가운데 정렬을 클릭하면 문서를 기준으로 정 가운데에 정렬됩니다.

 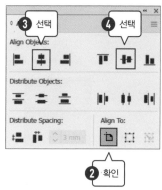

05 ❶ 가로줄 가운데 세 그룹을 선택한 후 ❷ 중의의 개체를 한 번 더 클릭합니다. ❸ Align To의 옵션이 열쇠 모양 (🔳)인지 확인한 후 ❹ Distribute Spacing에 '12mm'를 입력하고 ❺ 가로 사이 간격 정렬(🔳)을 클릭합니다. 가운데 개체를 기준으로 양옆으로 12mm씩 떨어진 위치에 개체들이 정렬됩니다.

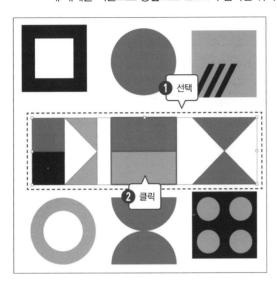

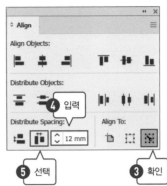

06 ❶ 세로줄 가운데 세 그룹을 선택한 후 ❷ 중의의 개체를 중첩으로 한 번 더 클릭합니다. ❸ Align To의 옵션이 열쇠 모양(🔳)인지 확인한 후 ❹ Distribute Spacing을 '12mm'로 입력하고 ❺ 세로 사이 간격 정렬(🔳)을 선택합니다. 가운데 개체를 기준으로 위아래로 12mm씩 떨어진 위치에 개체들이 정렬됩니다.

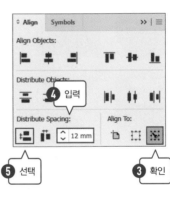

07 ❶ 왼쪽의 세 그룹 개체를 선택합니다. ❷ 마찬가지로 가운데 개체를 중첩으로 한 번 더 선택하여 기준 개체로 만듭니다. ❸ 오른쪽 정렬을 클릭한 후 ❹ 사이 간격을 '12mm'로 입력하고 ❺ 세로 사이 간격 정렬을 클릭합니다.

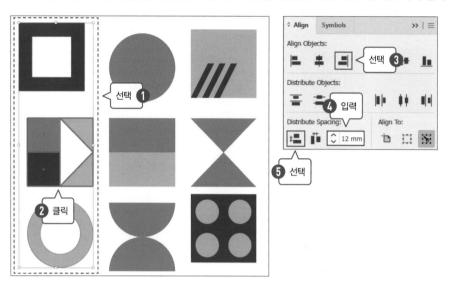

08 ❶ 위쪽의 세 그룹 개체를 선택한 후 ❷ 가운데 개체를 중첩으로 한 번 더 선택하여 기준 개체로 만듭니다. ❸ 아래쪽 정렬을 클릭한 후 ❹ 사이 간격을 '12mm'로 입력하고 ❺ 가로 사이 간격 정렬을 클릭합니다.

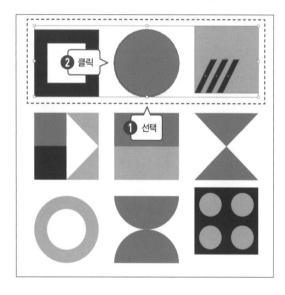
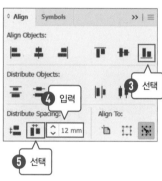

09 ❶ 아래쪽의 세 그룹 개체를 선택한 후 ❷ 가운데 개체를 중첩으로 한 번 더 선택하여 기준 개체로 만듭니다. ❸ 아래쪽 정렬을 클릭한 후 ❹ 사이 간격을 '12mm'로 입력하고 ❺ 가로 사이 간격 정렬을 클릭합니다.

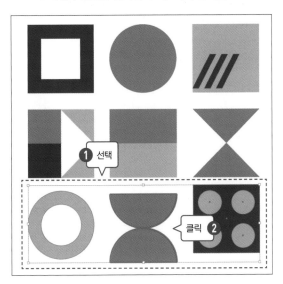

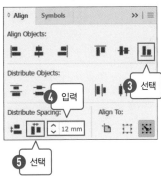

10 빈 화면을 클릭하여 도형 그룹 배치 작업을 완료합니다.

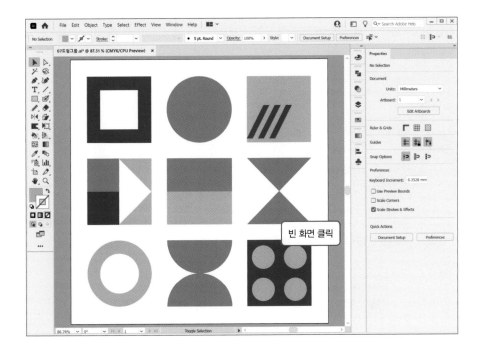

개체 합치고 나누기

[Pathfinder] 패널의 다양한 옵션을 통해 개체를 합치고 나누는 등의 작업을 수행할 수 있습니다. 또한, 도구바의 도형 구성 도구를 통해서도 개체를 합치고 나누는 것이 가능합니다. 비슷한 기능을 하는 두 명령이 다르게 적용되는 부분은 어떤 것이 있는지 알아보겠습니다.

⊠ [Pathfinder] 패널 알아보기

📁 준비파일 P01\Ch04\08별과하트.ai, 08클로버.ai

셰이프 모드로 개체 합치고 나누기

[Pathfinder] 패널에서 Shape Modes의 4가지 옵션을 활용하면 패스를 기준으로 기존의 형태를 바꿀 수 있습니다. 하트와 별을 합치거나 나눠서 새로운 모양의 이미지를 만들어 보겠습니다.

01 08별과하트.ai 파일을 열어줍니다. ❶ 하트 모양과 별 모양의 개체를 동시에 선택한 후 ❷ Shape Modes의 Unite 옵션을 선택합니다.

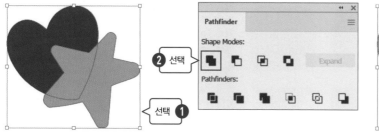

02 동일한 방법으로 Shape Modes의 ❶ Minus Front, ❷ Intersect, ❸ Extrude 옵션을 각각 클릭합니다.

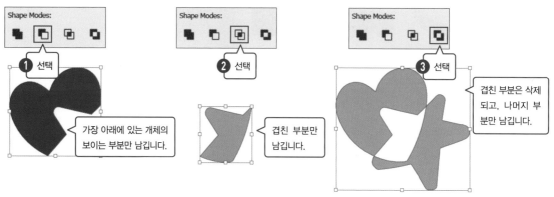

패스파인더로 개체 나누기

[Pathfinder] 패널에서 Pathfinders의 여섯 가지 옵션을 하트와 클로버가 겹쳐져 있는 개체에 적용해 보겠습니다. 기존의 형태와 완전히 달라지는 모습을 확인할 수 있습니다.

패스파인더는 결과물이 자동으로 그룹화됩니다. 따라서 분리 선택을 해야 한다면 Ctrl + Shift + G 를 눌러 그룹을 해제한 후 선택합니다.

01 08클로버.ai 파일을 열어줍니다. ❶ 클로버와 하트로 이루어진 개체 세 개를 동시에 선택한 후 ❷ Pathfinders의 Divide 옵션을 선택합니다. ❸ Ctrl + Shift + G 를 눌러 그룹을 해제하고 드래그하여 개체를 분리해 봅니다.

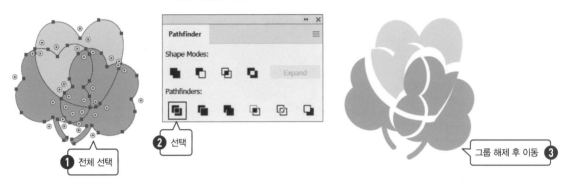

❶ 전체 선택 ❷ 선택 ❸ 그룹 해제 후 이동

일러스트 마스터! 🔔

Divide 자세히 알아보기

하트 모양의 면 개체 위를 5개의 개체가 가로지르고 있습니다. 맨 위의 개체는 검은색 선이며, 두 번째는 투명하고 두꺼운 선입니다. 세 번째 선은 점선이며, 네 번째 선은 색 없이 패스만 존재합니다. 맨 아래 개체만 면으로 된 개체입니다. Divide 명령을 실행하면 마지막 면 개체를 제외하고 모두 그냥 일자로 하트 모양이 갈라지기만 합니다.

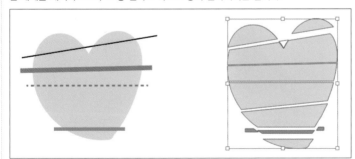

Divide는 가로지르는 개체가 선이면 아무리 두껍거나 효과가 들어가 있어도 그냥 한 줄로만 갈라지게 만드는 옵션입니다. 하지만 면이라면 아무리 얇아도 패스가 사방으로 감싸져 있으므로 면을 구분해서 갈라지게 합니다.

02 동일한 방법으로 Pathfinders의 ❶ Trim, ❷ Merge, ❸ Crop, ❹ Outline, ❺ Minus Back 옵션을 각각 클릭합니다. 그룹을 해제한 후 개체를 옮겨 결과를 확인해 봅니다.

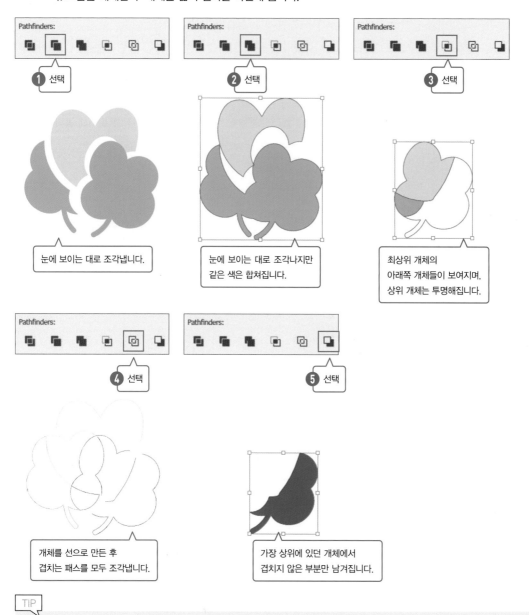

Pathfinders:

❶ 선택

눈에 보이는 대로 조각냅니다.

Pathfinders:

❷ 선택

눈에 보이는 대로 조각나지만 같은 색은 합쳐집니다.

Pathfinders:

❸ 선택

최상위 개체의 아래쪽 개체들이 보여지며, 상위 개체는 투명해집니다.

Pathfinders:

❹ 선택

개체를 선으로 만든 후 겹치는 패스를 모두 조각냅니다.

Pathfinders:

❺ 선택

가장 상위에 있던 개체에서 겹치지 않은 부분만 남겨집니다.

TIP

Trim과 Merge의 차이점

Trim과 Merge는 얼핏 비슷해 보이지만 약간 다릅니다. 눈에 보이는 대로 쪼개주는 것은 같지만, 만약 동일한 색의 개체가 겹쳐 있는 경우 Trim은 경계를 나눠주지만 Merge는 동일한 색끼리는 합쳐준다는 차이가 있습니다.

Crop은 최상위 개체 1개의 모양만 남겨주며, 그 밑에 있던 개체들의 조각들을 순차적으로 살려줍니다. 다만 최상위 개체의 색은 투명해지며, 그룹을 해제하면 조각이 나뉘어 있는 것을 확인할 수 있습니다.

⊠ 도형 구성 도구로 개체 합치고 잘라내기

📁 준비파일 P01\Ch04\08창문.ai

도형 구성 도구(Shape Builder Tool)를 활용하면 개체를 합치거나 나눌 수 있습니다. 원과 사각형을 '합쳐' 창문을 만들고, 유리의 느낌과 창문틀을 추가하기 위해 사각형 개체를 창문 외곽에 맞게 '잘라내어' 보겠습니다.

01 08창문.ai 파일을 열어줍니다. ❶ 왼쪽에 겹쳐 있는 원과 사각형을 선택한 후 ❷ 도구바에서 도형 구성 도구(⊕)를 클릭합니다. ❸ 마우스를 원 위에서 움직여 보면 겹쳐져 있는 패스의 막힌 공간마다 점들이 찍혀 도형을 구성하는 면으로 표현되는 것을 확인할 수 있습니다.

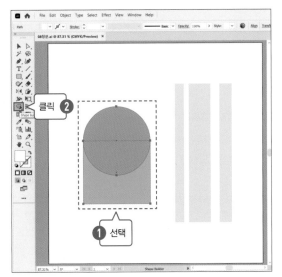
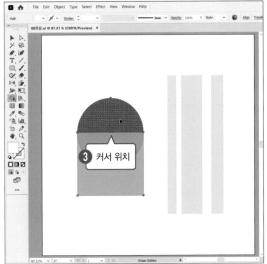

02 원의 위쪽부터 사각형 아래쪽까지 드래그하면 두 개체가 하나의 도형으로 합쳐집니다. 색상은 선택한 개체 중 상위에 있던 파란색으로 만들어집니다. 만약 색이 투명해진다면 다시 면색을 입력하면 됩니다.

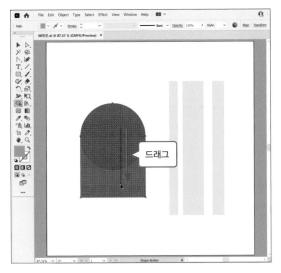

03 ❶ 창문 개체를 가운데에 배치한 후 ❷ 노란색 사각형을 오른쪽으로 45˚ 회전시켜 창문 개체 위에 배치합니다. ❸ 모든 개체를 선택한 후 ❹ 도구바에서 도형 구성 도구()를 클릭합니다.

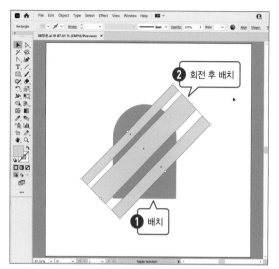
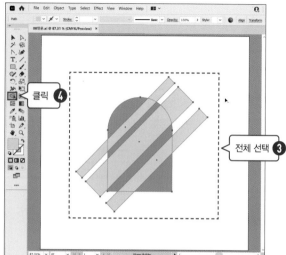

04 빠져나온 노란색 개체의 면 위에 마우스를 올리고 Alt 키를 누른 상태로 클릭하면 해당 부분이 삭제됩니다.

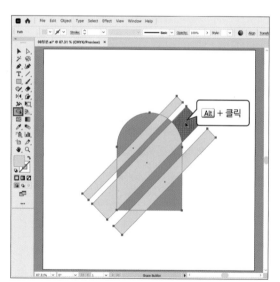
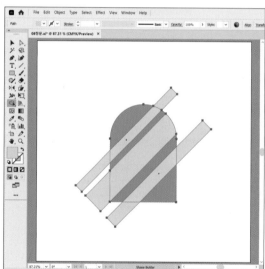

05 ❶ 파란색 개체 옆으로 빠져나온 나머지 노란색 면들도 [Alt] 키를 누른 상태로 클릭하여 모두 삭제합니다.
❷ 노란색 개체를 모두 선택하고 면색을 흰색으로 변경합니다.

TIP

노란색 개체 중 하나를 옮겨보면 패스파인더와는 다르게 뒤쪽의 파란색 개체를 온전히 보존하고 있는 것을
확인할 수 있습니다.

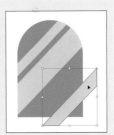

06 [Window]–[Transparency] 명령으로 패널을 열
고 Opacity 값을 '20%'로 입력하여 투명도를 낮
춰줍니다. 흰색의 불투명도가 낮아지면서 하위의
파란색이 투과되는 것처럼 보입니다.

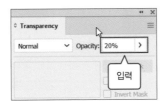

TIP

[Transparency] 패널에서 Opacity 값을 100%보다 낮게 입력
하면 개체의 불투명도가 낮아지면서 보다 효과적인 표현이 가능
해집니다.

07 창문 개체 위에 사각형 두 개를 그려 배치한 후 [Window]–[Swatches] 패널을 열어 면색을 갈색으로 적용합니다. ❶ 모든 개체를 선택하고 ❷ 도구바에서 도형 구성 도구를 클릭합니다. ❸ 원형 창문에서 빠져나온 부분을 Alt 키를 누른 상태로 클릭하여 잘라냅니다.

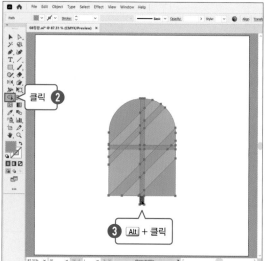

08 ❶ 맨 뒤쪽의 파란색 개체를 선택 도구로 선택한 후 Alt 키를 누른 상태로 드래그하여 오른쪽으로 복제합니다. ❷ 복제된 개체를 드래그하면서 Alt + Shift 키를 눌러 약간만 오른쪽으로 하나 더 복제합니다.

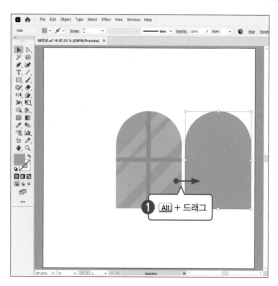
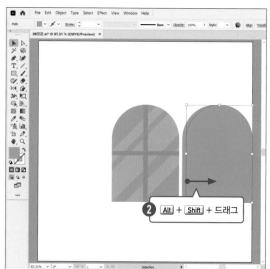

09 복제한 두 개의 개체를 선택한 후 ❶ 도형 구성 도구로 ❷ 가운데 면만 Alt 키를 누른 상태로 클릭하여 삭제합니다. ❸ 남은 오른쪽 개체도 Alt 키를 누른 상태로 클릭하여 삭제합니다.

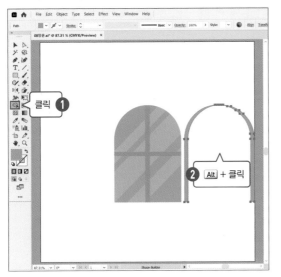 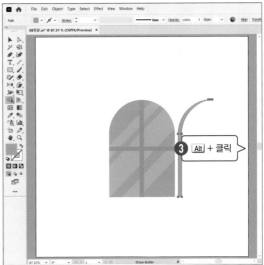

10 ❶ 면색을 검은색으로 변경한 후 ❷ 선택 도구로 드래그하여 파란 개체의 왼쪽에 적절히 배치합니다. ❸ 컨트롤 패널에서 Opacity 값을 '20%'로 입력하여 음영이 들어간 창문을 완성합니다.

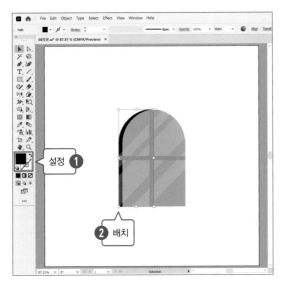 

09 개체 자유롭게 변형하기

개체를 자유롭게 변형하는 도구로 변형 도구와 자유 변형 도구를 활용할 수 있습니다. 변형 도구는 점 사이의 패스를 왜곡하는 단순 작업에 유용하게 사용되고, 자유 변형 도구는 개체를 대칭 왜곡하거나 시점 왜곡하는 작업에 사용됩니다.

⊠ 변형 도구로 점 옮겨 변형하기

📁 준비파일 P01\Ch04\09우산.ai

변형 명령은 패스의 중간에 점을 자동으로 추가하는 기능입니다. 일반적인 점 추가와 다른 점이 두 가지가 있는데, 하나는 점에 핸들이 있기에 이동시키면 곡선으로 드러난다는 점이며, 또 다른 하나는 사용할 때에 점이 모두 선택된 상태에서는 적용되지 않고 패스를 선택하여 점은 선택되어 있지 않아야 한다는 점입니다.

변형 도구(Reshape Tool)를 활용하면 패스의 모양을 원하는 대로 변형할 수 있습니다. 우산의 살을 곡선으로 표현하기 위해 변형 도구를 활용해 직선을 곡선으로 바꿔 보겠습니다.

01 09우산.ai 파일을 열고 ❶ 도구바의 직접 선택 도구(▷)로 ❷ 우산의 패스를 클릭합니다(선택 도구로 선택하면 점이 모두 선택되기 때문에 적절하지 않습니다).

> **TIP**
> 변형 도구는 점은 선택되지 않고 패스만 선택된 상태에서만 작업할 수 있습니다.

02 ❶ 도구바에서 변형 도구를 클릭한 후 ❷ 우산 왼쪽 아래의 점과 점 사이의 빈 패스를 클릭하고 위쪽으로 드래그합니다. 자동으로 점이 추가되며 이동되는데, 이 점은 핸들을 펼친 채로 만들어지기 때문에 곡선이 만들어집니다. 나머지 패스에 대해서도 같은 방식으로 작업합니다.

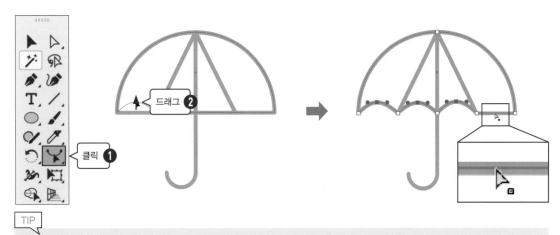

TIP

패스 위를 제대로 클릭해야 도구 아래에 표시가 뜨기 때문에 클릭에 유의합니다. 변형 도구는 도구바의 크기 조절 도구(⬚)를 길게 클릭하면 나타납니다.

03 ❶ 직접 선택 도구를 클릭하고 ❷ 우산 안쪽의 직선 중 하나를 선택합니다. 양쪽의 점은 선택되지 않고 패스만 선택됩니다. ❸ 다시 변형 도구를 클릭하고 ❹ 왼쪽 위로 드래그하여 곡선으로 만듭니다.

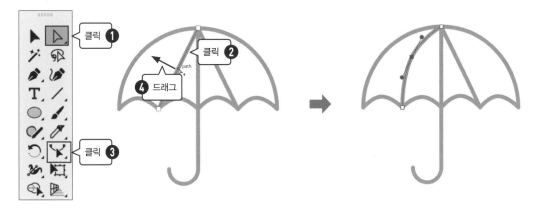

04 오른쪽에 있는 직선도 똑같은 방식으로 작업하여 마무리합니다.

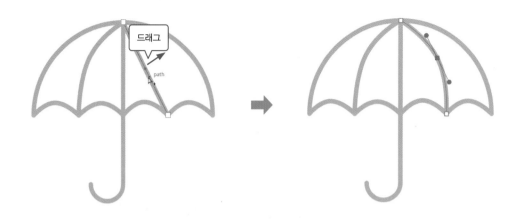

⊠ 자유 변형 도구로 꼭짓점 옮겨 변형하기

준비파일 P01\Ch04\09자유변형.ai

자유 변형 도구(Free Transform Tool)는 개체의 외곽 부분을 드래그하여 자유롭게 형태를 왜곡시키는 도구입니다. 단축키를 사용하여 대칭으로 왜곡하거나, 시점을 적용하여 왜곡시킬 수 있습니다.

자유 변형 도구로 자유롭게 왜곡하기

01 09자유변형.ai 파일을 열고 ❶ 도구바의 선택 도구로 ❷ 첫 번째 분홍색 사각형을 선택합니다. ❸ 자유 변형 도구(📐)를 클릭하고 마우스를 꼭짓점으로 가져가면 마우스 커서 모양이 변하는 것을 확인할 수 있습니다. ❹ 꼭짓점을 클릭한 상태에서 Ctrl 키를 누르고 드래그하면 드래그한 방향으로 개체가 왜곡됩니다.

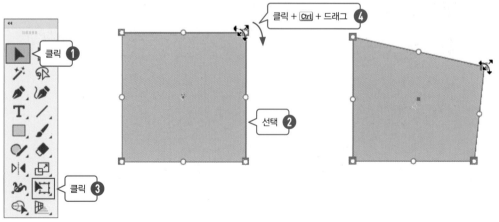

02 이어서 하트 모양 개체를 선택하고 도구바에서 자유 변형 도구를 클릭합니다. 이번에는 오른쪽 아래 꼭짓점을 클릭한 상태에서 Ctrl 키를 누르고 드래그하여 하트의 모양을 왜곡시킵니다.

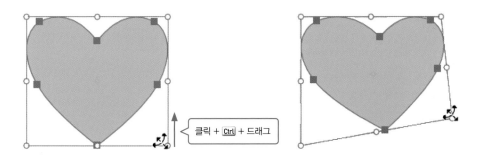

자유 변형 도구로 대칭 왜곡하기

01 ❶ 선택 도구로 ❷ 두 번째 줄에 있는 분홍색 사각형을 선택합니다. ❸ 도구바에서 자유 변형 도구를 클릭하고 커서를 개체의 꼭짓점으로 가져갑니다. 커서의 모양이 변하는 것을 확인합니다. ❹ 꼭짓점을 클릭한 상태에서 Ctrl 키와 Alt 키를 동시에 누르고 드래그합니다. 드래그하는 지점의 모양이 왜곡되면서 반대쪽에 있는 지점도 동시에 대칭으로 왜곡됩니다.

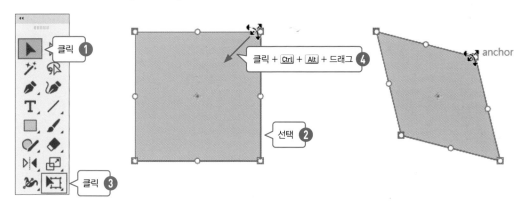

02 선택 도구로 오른쪽에 있는 꽃잎 모양 개체를 선택합니다. 도구바에서 자유 변형 도구를 클릭하고 박스의 점 위로 마우스를 올리면 커서의 모양이 바뀝니다. 같은 방법으로 클릭한 상태에서 Ctrl 키와 Alt 키를 동시에 누르고 드래그합니다. 아래쪽도 대칭으로 왜곡되면서 납작한 모양으로 변합니다.

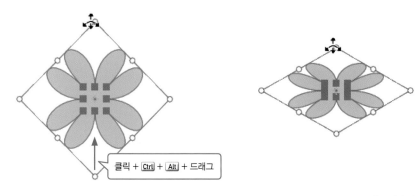

시점 적용하여 대칭 왜곡하기

01 ❶ 선택 도구로 ❷ 세 번째 줄에 있는 분홍색 사각형을 선택합니다. ❸ 도구바에서 자유 변형 도구를 클릭한 후 ❹ 꼭짓점에 커서를 올립니다. 커서의 모양이 바뀌는 것을 확인할 수 있습니다.

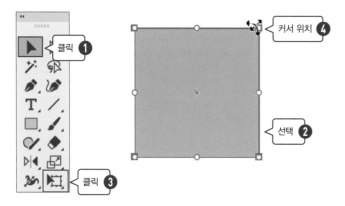

02 꼭짓점을 클릭한 상태에서 Ctrl + Alt + Shift 키를 누르고 드래그합니다. 드래그하는 방향으로 시점이 적용되는 것을 확인할 수 있습니다. ❶ 좌우로 드래그하면 가로 방향으로 시점이 적용되고, ❷ 상하로 드래그하면 세로 방향으로 시점이 적용됩니다.

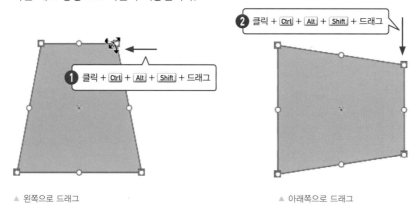

▲ 왼쪽으로 드래그   ▲ 아래쪽으로 드래그

자유 변형 도구의 보조 패널 이용하기

도구바에서 자유 변형 도구를 클릭하면 보조 패널이 나타납니다. ▦ 옵션이 기본으로 선택되어 있으며, 아래의 두 옵션으로 변경하면 단축키를 사용하지 않아도 각각의 기능에 맞는 왜곡 명령을 실행할 수 있습니다.

1 ▦ | 개체를 왜곡시킬 때 비율이 유지됩니다.

2 ▦ | 자유 변형 도구를 클릭하면 기본으로 선택되어 있습니다. 단축키를 사용하여 개체를 왜곡할 때 사용합니다.

3 ▦ | 단축키 없이 바로 드래그하여 시점 적용 모양으로 왜곡할 수 있습니다.

4 ▦ | 단축키 없이 바로 드래그하여 형태를 왜곡할 수 있습니다.

01 ❶ 선택 도구로 ❷ 'PERSPECTIVE' 개체를 선택합니다. ❸ 도구바에서 자유 변형 도구를 클릭하고 ❹ 보조 패널에서 시점 적용 아이콘(▦)을 클릭합니다. ❺ 마우스를 개체의 꼭짓점에 올리면 마우스 커서가 변하는 것을 확인할 수 있습니다.

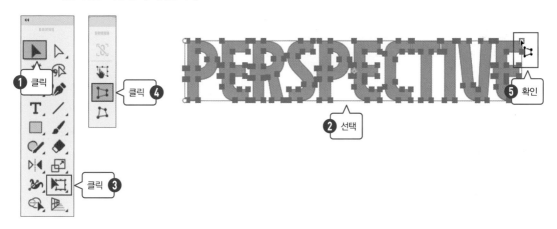

02 단축키를 누르지 않고도 바로 드래그하여 시점을 적용할 수 있습니다.

05

색상 편집 마스터

색을 입히는 과정은 오브젝트에 생동감을 불어넣어 주는 역할을 하기 때문에 개성 있는 결과물을 산출해내는 데 기여도가 높은 작업입니다. 색은 색상과 채도, 명도로 구성되며, 각 요소의 설정에 따라 다른 분위기를 풍기게 만들 수 있습니다. 또는, 그레이디언트를 적용하여 부드러운 연출을 진행할 수도 있습니다.

이번 장에서는 오브젝트에 색 또는 패턴을 적용하는 다양한 방법을 알아보겠습니다. 색 적용을 위해 사전에 색상을 패널에 등록하고 패턴을 직접 만드는 작업까지 따라 해 봅니다.

♥ 컬러 패널 ♥ 컬러 피커 ♥ 스와치 ♥ 그레이디언트 ♥ 패턴

01 컬러 패널과 컬러 피커로 색 적용하기

일러스트레이터에서는 다양한 방법으로 색을 적용할 수 있습니다. 방법은 다양하지만 결국에는 면과 선에 색을 적용한다는 면에서 결과는 같습니다. 다양한 오브젝트에 색을 적용하는 다양한 방법을 학습합니다. 컬러 패널과 컬러 피커로 어떻게 색을 적용하는지 알아보겠습니다.

⊠ [Color] 패널 알아보기

[Color] 패널은 [Properties] 패널에서 열어줄 수도 있지만, 더 원활한 작업을 위해 메뉴바의 [Window]-[Color]를 선택해 여는 것을 권장합니다. 하트 모양 개체를 선택 도구로 선택하면 해당 색상이 패널에 나타나며, CMYK의 색이 섞여 표현되는 것을 확인할 수 있습니다.

CMYK 각각의 슬라이더를 움직이거나 수치를 직접 입력함으로써 컬러를 배합해서 사용할 수 있습니다. CMYK는 각각 Cyan, Magenta, Yellow, Black을 의미합니다(Black의 경우 RGB에서 Blue와 첫 철자가 겹치기 때문에 K를 사용합니다).

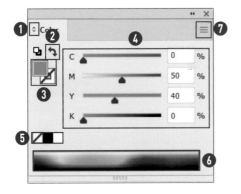

1 ⬍ | 패널을 간소화하거나 최대로 펼칠 수 있습니다.

2 ↱ | 선과 면의 색을 서로 맞바꿀 수 있습니다.

3 ▨ | 선택된 현재 개체가 면이 선택된 상태인지 선이 선택된 상태인지 표시합니다.

4 슬라이더 바를 움직이거나 수치를 입력하여 색을 변경할 수 있습니다.

5 ▨▣▢ | 색 없음/검은색/흰색으로 색을 설정할 수 있습니다.

6 표현 가능한 모든 색이 나타납니다. 원하는 곳을 클릭하여 색을 적용합니다.

7 ▤ | 다양한 컬러 모드로 변경할 수 있습니다.

> **TIP**
>
> 패널에서 CMYK가 보이지 않고 짧게만 보인다면, 펼침 버튼을 눌러 길게 펼칠 수 있습니다.

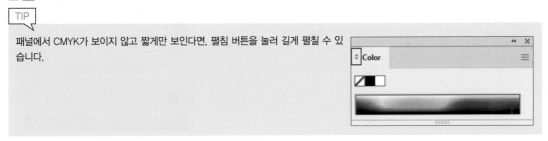

컬러 모드는 목적에 따라 다르게 사용하며, 설정된 컬러 모드에 따라서 슬라이더 바의 목록이 다르게 나타납니다. 보조메뉴 아이콘을 클릭하면 컬러 모드를 선택할 수 있습니다.

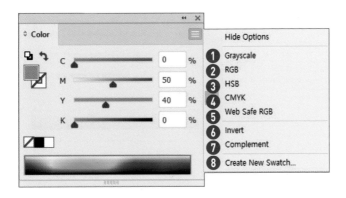

1 Grayscale | 흑백으로만 작업되며, 검은색, 회색, 흰색이 단계별로 표현
됩니다. 만약 원하지 않는데 흑백으로만 보일 경우, 보조메뉴에서 다른
컬러 모드를 선택합니다.

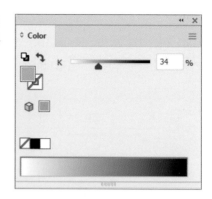

2 RGB | 빛의 3원색이라고도 하며, Red/Green/Blue의 3가지 색으로 구
성됩니다. 빛은 모일수록 밝아지기 때문에 색을 섞을수록 흰색에 가까
워집니다. 주로 웹디자인, 영상, 모바일 화면이나 멀티미디어 디바이스
등 발광하는 화면에 표현되는 작업에 많이 사용됩니다. 하단의 수치는
Hexcode로, 웹 색상이라고도 합니다. 여섯 자리의 문자와 숫자로 색상
코드를 표현합니다.

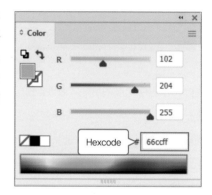

3 HSB | 색의 3요소인 색상(Hue), 채도(Saturation), 명도(Brightsness)를
조합해 색을 표현합니다. 포토샵의 Hue & Saturation 명령과 유사합니
다. 색상은 색의 종류, 채도는 색의 양이라고 생각하면 편합니다. 채도가
0%이면 색이 하나도 없기 때문에 흑백으로 표현됩니다.

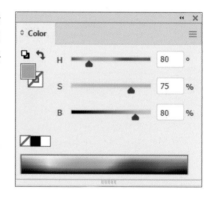

4 CMYK | 인쇄 작업을 위한 컬러 모드로, 각각 Cyan(파란색), Magenta(자
주색), Yellow(노란색), Black(검은색) 잉크를 의미합니다. 물감이 섞일수
록 어두워지듯 색이 많이 섞일수록 검은색에 가까워지며 탁해집니다.

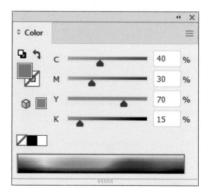

5 Web Safe RGB | 웹 안전 컬러 모드입니다. 컴퓨터 운영체제와 웹 브라우저에 따라, 또는 모니터 환경에 따라 모든 색을 컴퓨터마다 똑같이 표현할 수 없기에 고안된 방식으로, 어디서나 동일한 색을 표현하기 위해 RGB의 각 신호의 세기 비율을 여섯 등분한 값만으로 색을 표현합니다. 이 조합으로 216개의 색만을 사용하는데, 요즘의 하드웨어 환경에서는 대부분 모든 색이 표현되므로 많이 사용되지 않습니다.

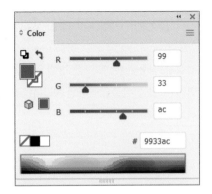

6 Invert | 선택한 색을 반대로 만들어줍니다. 색상과 채도, 명도까지 모두 반대로 바꿔주기 때문에 밝은 노란색은 어두운 남색이 됩니다.

7 Complement | 슬라이더 바의 비율을 반대로 바꿉니다. 색상을 반대로 바꿔주며, 채도와 명도는 어느 정도 유지됩니다.

　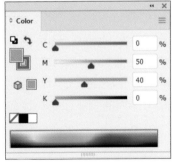　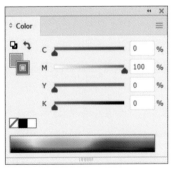

▲ 원본　　　　　　▲ Invert　　　　　▲ Complement

8 Create New Swatch | 선택한 색을 [Swatches] 패널에 등록합니다.

일러스트 마스터! 🔔

[Color] 패널에서 선색과 면색 유동하기

개체를 선택한 후 면색을 조절할 때에는 패널에서 면이 선보다 위로 올라와 있어야 하고, 선색을 조절할 때에는 선이 면보다 위로 올라와 있어야 작업이 가능합니다. 각 항목을 클릭하면 바로 설정할 수 있습니다. 원하는 대로 색이 적용되지 않을 경우, 예를 들면 면색을 작업해야 하는데 선이 올라와 있거나 한 건 아닌지 실수하는 경우가 많으니 주의가 필요합니다.

⊠ [Color Picker] 대화상자 알아보기

색상을 적용하는 또 다른 방법으로 [Color Picker] 대화상자를 이용하는 방법이 있습니다. 도구바 하단의
면이나 선을 더블클릭하면 [Color Picker] 대화상자가 나타납니다. 원하는 색을 자유롭게 클릭하면 색이
선택됩니다.

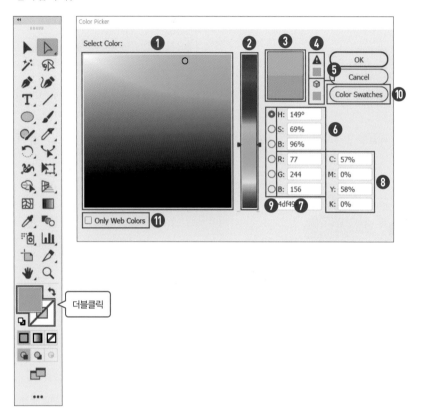

1 색상의 채도(Saturation)와 명도(Brightness)를 한 눈에 보며 선택할 수 있습니다.

2 색상의 종류(Hue)를 기준으로 놓고 작업할 수 있습니다. 원하는 색상의 계열에 화살표를 드래그하여 놓아주면 됩니다.

3 선택된 색이 위쪽에 표시되고, 이전에 사용하던 색이 아래쪽에 표시됩니다.

4 특정 색이 컬러 모드에서 표현될 수 없을 때 뜨는 경고창입니다. 보통 채도가 높은 색은 인쇄할 때 모니터에서 보이는
대로 구현이 되지 않기 때문에 채도가 높고 밝은 색에서 자주 경고창이 뜹니다.

5 웹 컬러 기준에서 벗어났을 때 뜨는 창입니다. 클릭하면 해당 컬러 모드에 최대한 맞춰 색을 재설정합니다.

6 HSB 모드로 수치를 입력할 수 있습니다. 각각 색상(Hue), 채도(Saturation), 명도(Brightness)를 의미합니다.

7 RGB 모드로 수치를 입력할 수 있습니다.

8 CMYK 모드로 수치를 입력할 수 있습니다.

9 이름 앞의 원을 클릭하면 선택 기준을 변경할 수 있습니다.

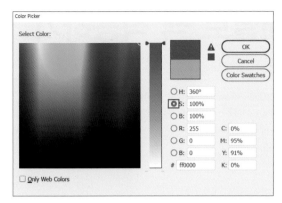

▲ S를 기준으로 둔 경우

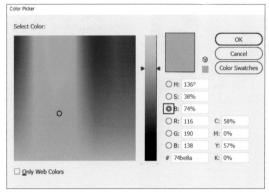

▲ B를 기준으로 둔 경우

10 Color Swatches | 자유롭게 선택하는 선택 영역 대신 스와치의 목록으로 바뀌어 나타납니다. [Color Models] 버튼을 클릭하면 원래대로 돌아옵니다.

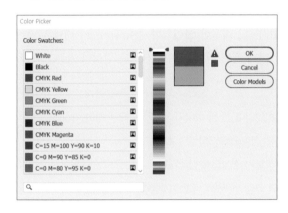

11 Only Web Colors | 웹 안전 컬러 모드로 변환됩니다. 체크를 해제하면 원래대로 돌아옵니다.

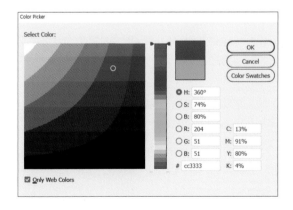

스와치 패널로 색 적용하기

색상을 설정하는 또 다른 방법으로 [Swatches] 패널을 활용할 수 있습니다. 일러스트레이터에서 자주 사용하는 색상을 미리 등록해두면 다른 문서를 작성할 때에도 바로바로 사용할 수 있어 편리합니다.

⊠ [Swatches] 패널 다루기

[Swatches] 패널 알아보기

메뉴바에서 [Window]–[Swatches]를 선택하면 [Swatches] 패널이 열립니다. [Swatches] 패널은 많이 쓰는 색을 미리 등록해놓고 사용할 수 있는 패널입니다. 현재 패널 안에 보이는 색들은 인쇄의 기본 CMYK에 사용되는 컬러입니다.

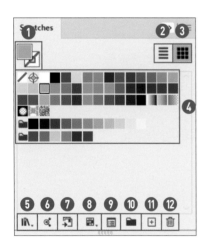

1 🔲 | 클릭하여 면이나 선 중 하나가 앞으로 나오게 하여 작업합니다.

2 📋 | 색이 목록 형식으로 나타납니다.

3 ▦ | 색이 미리보기 형식으로 나타납니다. 기본으로 선택되어 있습니다.

4 등록된 색상과 그레이디언트, 패턴이 섬네일로 보여지는 공간입니다.

5 📚 | 일러스트레이터에서 기본으로 제공하는 다양한 색과 그레이디언트, 패턴 등을 불러올 수 있습니다.

6 🎨 | 어도비에서 제공하는 색상 테마를 불러올 수 있습니다.

7 📲 | 선택한 색이나 그룹을 [Libraries] 패널에 추가할 수 있습니다. 여기에 추가된 색이나 그룹은 어도비 계열 제품에서 계속 열어서 사용할 수 있습니다.

8 📑 | 색상, 그레이디언트, 패턴 또는 그룹만 보는 기능이 숨겨져 있습니다. 기본적으로는 '모두 보기'가 선택되어 있습니다.

9 📄 | 선택한 스와치의 옵션을 보여줍니다.

10 📁 | 색을 모아 그룹을 만들 수 있습니다. 그레이디언트와 패턴은 그룹에 들어갈 수 없습니다.

11 📥 | 새로운 색을 등록합니다. **1**에서 색상을 드래그하여 패널 안에 넣어 등록할 수도 있습니다.

12 🗑 | 선택한 색이나 그레이디언트, 패턴을 삭제할 수 있습니다.

[Swatches] 패널에서 색 변경하기

개체를 선택하고 메뉴바에서 [Window]-
[Swatches]를 선택하여 패널을 열어보면
면색이 위로 올라와 있는 것을 확인할 수 있습
니다. 패널의 색상 목록에서 다른 색을 선택하
면 해당 개체에 새로운 색이 적용됩니다.

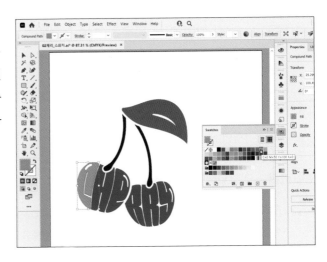

라이브러리 불러오기

일러스트레이터는 다양한 색 조합을 기본으로 제공합니다. ❶ 라이브러리 아이콘을 클릭하고 ❷ Art
History 목록에서 ❸ [Pop Art]를 선택해 보겠습니다. Pop Art라는 보조 패널이 따로 만들어집니다. 패널
에서 마음에 드는 색상을 선택해서 사용할 수 있습니다. 또한, 색상이나 그룹을 [Swatches] 패널 안으로 드
래그하여 등록할 수도 있습니다.

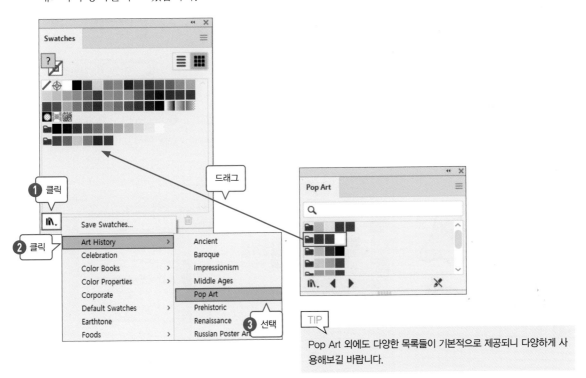

⊠ [Swatches] 패널에 색 등록하고 수정하기

📁 준비파일 P01\Ch05\02할로윈.ai

[Swatches] 패널에 색을 등록할 때 'Global' 항목의 체크 여부에 따라, 해당 색의 요소를 변경하는 경우 개체의 색이 변할 수도 변하지 않을 수도 있습니다. Global 항목에 체크를 한 상태에서 색상을 등록하면 색상칩에 흰색 삼각형이 생기면서 개체와 연결되고, 색상의 속성을 변경하면 개체의 색상도 함께 변경됩니다.

[Swatches] 패널에 색 등록하기

01 02할로윈.ai 파일을 열어줍니다. 호박의 오렌지색을 [Swatches] 패널에 등록해 보겠습니다. ❶ 선택 도구로 오렌지색 면을 선택합니다. [Window]–[Swatches]로 패널을 열어줍니다. ❷ ⊞을 클릭하여 [New Swatch] 대화상자를 열고 ❸ [OK] 버튼을 클릭해 색상을 등록합니다. [Swatches] 패널에 오렌지색이 추가됩니다.

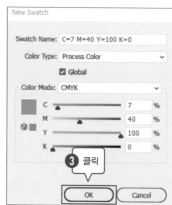

02 이번에는 막대사탕의 분홍색을 등록해 보겠습니다. ❶ 분홍색 면을 선택합니다. ❷ [Swatches] 패널에서 ⊞을 클릭하고 [New Swatch] 대화상자에서 색을 등록합니다. ❸ 이번에는 Global 옵션을 해제하고 ❹ [OK] 버튼을 클릭합니다.

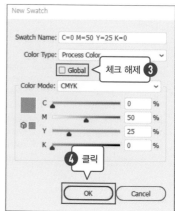

[Swatches] 패널 내 색상 수정하기

Global 옵션을 체크했던 오렌지색은 색상 칩 아래에 흰색 삼각형이 달려 있고, 분홍색은 아무것도 표시되지 않는 것을 확인할 수 있습니다. 패널에서 색의 속성을 변경해 보고 개체의 색 변화를 확인해 봅니다.

01 화면의 빈 곳을 클릭하여 아무 개체도 선택하지 않은 상태에서 ❶ [Swatches] 패널을 열고 등록된 오렌지색을 더블클릭합니다. ❷ 오렌지색의 CMYK 비율을 15-55-100-0으로 수정하고 ❸ [OK] 버튼을 클릭합니다. ❹ 개체를 선택하고 있지 않아도 개체의 색이 함께 바뀌는 것을 확인할 수 있습니다.

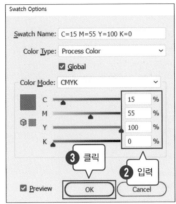

02 ❶ 이번에는 [Swatches] 패널에서 등록시켰던 분홍색을 더블클릭합니다. ❷ CMYK의 색을 0-70-50-0으로 수정한 후 ❸ [OK] 버튼을 클릭합니다. 01과는 다르게 막대사탕의 색이 변하지 않습니다.

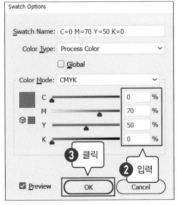

모든 색을 한 번에 등록하기

[Swatches] 패널에서 오른쪽 상단의 ❶ 보조메뉴 아이콘(☰)을 클릭하고 ❷ 'Add Used Colors'를 클릭하면 ❸ 파일에 쓰인 모든 색이 패널에 등록됩니다.

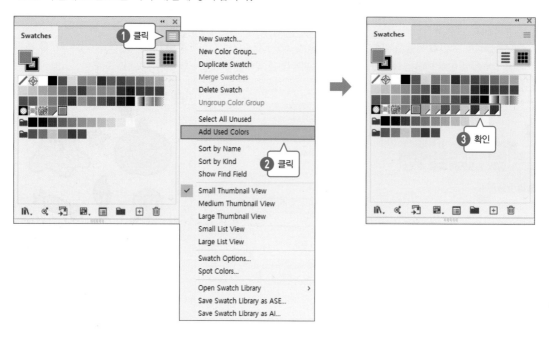

모든 색을 그룹으로 따로 등록하기

단축키 Ctrl + A 를 눌러 모든 개체를 선택한 후 ❶ [Swatches] 패널에서 ▣을 클릭합니다. ❷ [New Color Group] 대화상자에서 그룹 이름을 입력하고 ❸ [OK] 버튼을 클릭하면 ❹ 면과 선에 사용된 모든 색이 패널 안에 그룹으로 들어갑니다.

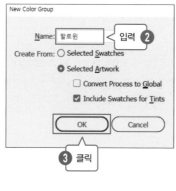

[Swatches] 패널에 별색으로 등록하기

01 ❶ 유령 개체의 회색 면을 선택합니다. ❷ [Swatches] 패널에서 ⊞을 클릭해 [New Swatch] 대화상자가 열리면
❸ Color Type 목록에서 'Spot Color'를 선택합니다. ❹ [OK] 버튼을 클릭합니다.

  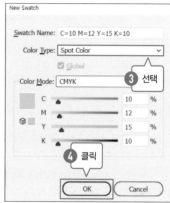

TIP

Process Color는 섞어서 색을 만드는 원색을 의미하며, Spot Color는 별도로 관리되는 별색을 의미합니다.

02 [Swatches] 패널에 별색이 등록된 것을 확인할 수 있습니다. 별색은 색
상 칩의 흰색 삼각형에 검은색 점이 찍혀 표시됩니다.

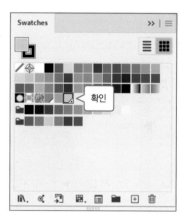

리컬러 아트워크로
색 적용하기

리컬러 아트워크 기능을 사용하면 개체에 사용된 모든 색을 한 눈에 볼 수 있습니다. 또한, 색상을 일정한 톤으로 한꺼번에 수정하는 데 용이하게 사용됩니다.

⊠ [Recolor Artwork] 패널 알아보기

선택 도구로 개체를 선택한 후 컨트롤 패널에서 Recolor Artwork 아이콘(◉)을 클릭하거나 [Properties]–[Quick Actions] 패널에서 [Recolor] 버튼을 클릭하면 [Recolor Artwork] 패널이 나타납니다. 선택된 개체에 포함된 모든 색이 한 번에 나타나며, 색 변경도 한꺼번에 수행할 수 있습니다.

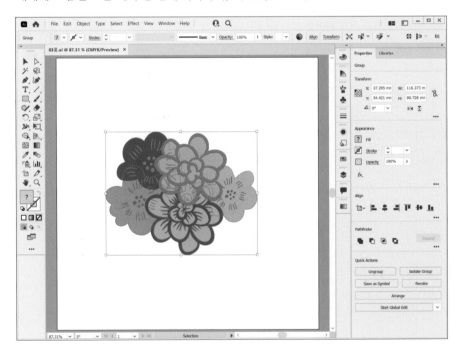

[Recolor Artwork] 패널의 구성요소에 대해 알아보겠습니다.

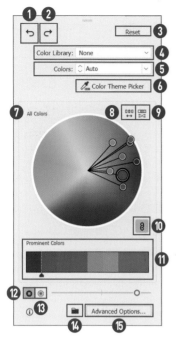

1 ⟲ | 한 단계 전의 작업으로 돌아갑니다.

2 ⟳ | 되돌린 수정작업을 다시 한 단계 앞으로 되돌립니다.

3 Reset | 색을 바꾸기 이전의 처음 상태로 되돌아갑니다.

4 Color Library | [Swatches] 패널의 라이브러리에서 제공되는 색상을 선택할 수 있습니다.

5 Colors | 색의 개수를 지정할 수 있습니다.

6 Color Theme Picker | 선택된 개체를 다른 개체의 색으로 수정할 수 있습니다.

7 All Colors | 선택된 개체에 사용된 색을 색상 원 안에 쓰인 수만큼 표시해줍니다. All Colors 속에 있는 색 중 하나를 선택해 드래그하면 원들이 한꺼번에 움직이면서 색상 전체가 일정한 규칙에 따라 수정됩니다.

8 ▦ | 사용된 색 내에서 순서를 무작위로 바꿔줍니다.

9 ▦ | 색상의 톤은 유지하면서, 채도와 명도를 무작위로 바꿔줍니다.

10 🔗/🔗 | 연결이 활성화되면 모든 색이 함께 이동하며, 연결이 해제되면 따로따로 조절할 수 있습니다.

11 Prominent Colors | 선택된 개체의 색을 바 형태로 표시하며, 색이 너무 많을 경우 중요도 순서로 면적이 배치됩니다.

12 ◉ | 기본으로 선택되어 있으며, 색상과 채도가 원 안에 표시됩니다. 이 버튼이 선택된 채로 오른쪽의 슬라이더를 조절하여 색상과 채도를 수정할 수 있습니다.

13 ◉ | 클릭하면 명암이 색상 원에 표시됩니다. 슬라이더를 조절하여 명도를 수정할 수 있습니다.

14 📁 | 현재 색상 원에 표시된 색들을 [Color Groups]에 저장하여 [Swatches] 패널에 넣어줍니다. 모든 색상을 저장할 수도 있고, Prominent Colors에 있는 목록만 그룹으로 저장할 수도 있습니다.

15 Advanced Options | 더 많은 옵션을 볼 수 있습니다. CC 2020 이하 버전에서는 아이콘을 클릭했을 때 바로 팝업되었던 옵션입니다.

⊠ Advanced Option−Assign 옵션 활용하기

📁 준비파일 P01\Ch05\03도넛.ai

Advanced Option-Assign 알아보기

개체를 선택한 후 [Recolor Artwork] 패널에서 [Advanced Options] 명령을 선택하면(p.179를 참고합니다) 다음과 같이 색을 더 상세하게 수정할 수 있는 고급 옵션 대화상자가 나타납니다. 'Assign'이 기본 선택되어 있습니다. 각각의 색을 막대로 표현하며, 다른 색으로 할당할 수 있습니다.

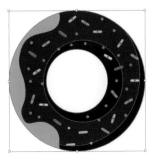

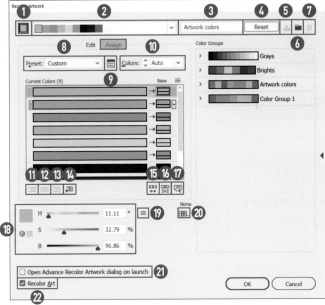

1 현재 선택하고 있는 색이 나타납니다.

2 선택한 개체의 모든 색을 한꺼번에 보여줍니다. ⌄을 클릭하면 Harmony Rules 목록이 나타나며, 자동으로 추천하는 배색 목록을 확인할 수 있습니다.

3 새롭게 할당된 색들의 그룹을 만들 때 이름을 지정하는 입력란입니다.

4 Reset | 다시 맨 처음의 색으로 되돌립니다.

5 📥 | 바뀐 배색을 현재 선택한 그룹에 덮어쓰기로 저장합니다.

6 📁 | 바뀐 배색을 다른 그룹으로 만들어 따로 저장합니다.

7 🗑 | 선택한 그룹을 삭제합니다.

8 Preset | 컬러 막대 바의 미리보기 방식을 바꿀 수 있습니다.

9 📰 | [Reduction] 대화상자가 나타납니다.

10 Colors | 색의 수를 입력하거나 목록에서 색을 선택합니다. 기존에 선택된 개체의 색보다 적은 경우 자동으로 색을 합치거나 비슷한 톤으로 묶어 만듭니다. 기존 개체의 색보다 많은 수는 작업할 수 없습니다.

11 📖 | 목록에서 색을 2개 이상 선택하고 클릭하거나 드래그해서 하나로 합치면 자동으로 활성화됩니다(추가 선택은 Ctrl 키를 활용합니다).

12 ⬚ | 합쳐진 색을 다시 개별 목록으로 풀어줍니다.

13 ⬚ | 합쳐진 색을 풀어 [New]에만 남겨놓고 합쳐진 막대는 또 다른 별도의 목록으로 만듭니다.

14 ⬚ | 새로운 목록을 만듭니다.

15 ⬚ | 색 배치를 무작위로 바꿉니다.

16 ⬚ | 색의 채도와 명도를 무작위로 바꿉니다.

17 ⬚ | 색을 선택하고 클릭하면 해당 색의 오브젝트만 보입니다.

18 [Color] 패널과 같은 방식으로 색 조절이 가능합니다.

19 ⬚ | Grayscale, RGB, CMYK 등 컬러 모드를 변경할 수 있습니다.

20 ⬚ | [Swatches] 패널의 라이브러리를 불러올 수 있습니다.

21 **Open Advanced Recolor Artwork dialog on launch** | 시작 시 [Recolor Artwork] 패널이 아닌 [Advanced Artwork] 대화상자를 바로 열도록 하는 옵션입니다.

22 **Recolor Art** | 변경된 결과를 미리 확인할 수 있습니다.

Advanced Option-Assign에서 색 변경하기

[Recolor Artwork] 옵션 대화상자의 Assign 탭에서는 개체에 사용된 색의 입력값을 수정하여 다른 색으로 변경할 수 있습니다. 도넛에 사용된 색의 개수를 줄이고 특정 색을 다른 색으로 바꿔 보겠습니다.

01 03도넛.ai 파일을 열고 컨트롤 패널에서 Recolor Artwork 아이콘을 클릭합니다. [Advanced Options]를 클릭한 후 ❶ Colors 값에 '7'을 입력해 비슷한 계열의 색을 자동으로 하나로 통합합니다. 그리고 파란색을 진한 갈색으로 바꾸기 위해 ❷ 먼저 목록에서 파란색을 선택한 후 ❸ 목록을 열고 'CMYK'로 컬러 모드를 변경합니다. ❹ CMYK 값에 순서대로 9-81-69-22의 수치를 입력하고 ❺ [OK] 버튼을 클릭해 마무리합니다.

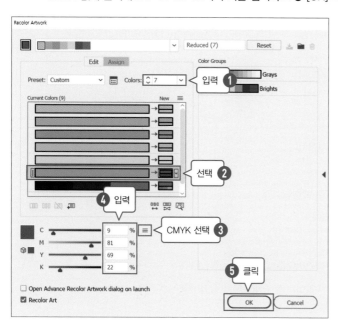

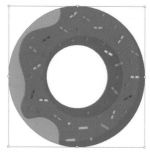

⊠ Advanced Option-Edit 옵션 활용하기

📁 준비파일 P01\Ch05\03꽃.ai

Advanced Option-Edit 알아보기

[Recolor Artwork] 패널에서 [Advanced Options] 명령을 실행한 후 Edit 옵션을 클릭해 색상 원으로 표시되는 방식으로 전환합니다.

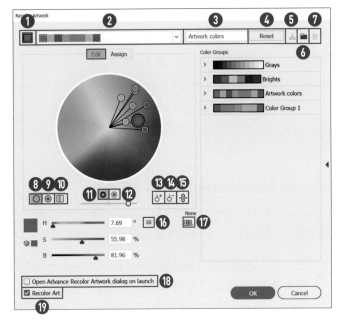

1 현재 선택하고 있는 색이 나타납니다.

2 선택한 개체의 모든 색을 한꺼번에 보여줍니다. ☑을 클릭하면 Harmony Rules 목록이 나타나며, 자동으로 추천하는 배색 목록이 뜹니다.

3 새롭게 할당된 색들의 그룹을 만들 때 이름을 지정하는 입력란입니다.

4 Reset | 다시 맨 처음의 색으로 되돌립니다.

5 🔽 | 바뀐 배색을 현재 선택한 그룹에 덮어쓰기로 저장합니다.

6 🔳 | 바뀐 배색을 다른 그룹으로 만들어 따로 저장합니다.

7 🗑 | 선택된 그룹을 삭제합니다.

8 ◎ | 휠 안의 색상을 자연스러운 그레이디언트로 표현합니다.

9 ✳ | 휠 안의 색상을 구역으로 나누어 표현합니다.

10 ▥ | 휠을 막대로 바꾸어 표현합니다.

11 ◉ | 휠 안에 채도와 색상이 표현되며, 하단의 슬라이더에서 명도를 조절합니다.

12 ◉ | 휠 안에 명도와 색상이 표현되며, 하단의 슬라이더에서 채도를 조절합니다.

13 ⚲⁺ | 색을 추가합니다.

14 ⚲⁻ | 색을 삭제합니다.

15 🔗 / 🔗 | 클릭하면 휠 안의 모든 색이 연결되고, 다시 클릭하면 연결이 해제됩니다.

16 ≡ | Grayscale, RGB, CMYK 등 컬러 모드를 바꿀 수 있습니다.

17 ▦ | [Swatches] 패널의 라이브러리를 불러올 수 있습니다.

18 Open Advanced Recolor Artwork dialog on launch | 시작 시 [Recolor Artwork] 패널이 아닌 [Advanced Artwork] 대화상자를 바로 열도록 하는 옵션입니다.

19 Recolor Art | 변경된 결과를 미리 확인할 수 있습니다.

Advanced Option-Edit에서 색 변경하기

Edit 탭에서는 Assign 탭과는 달리 색상 원을 임의로 드래그하여 색을 변경합니다. 만일 전반적인 톤을 유지하면서도 색을 변경하고 싶다면 색끼리의 연결을 활성화시킨 후 임의의 색상 원을 드래그합니다.

01 03꽃.ai 파일을 열고 꽃 개체의 전체적인 톤을 보라색 계열로 바꿔 보겠습니다. ❶ Edit 탭을 선택한 후 ❷ 연결 (🔗)이 적용된 것을 확인합니다. ❸ 휠 안의 임의의 색을 드래그합니다(이 경우 해당 색의 명도가 미묘하게 달라질 수 있습니다). ❹ 명도를 그대로 두고 색상과 채도만 조절하고자 한다면 아래쪽에서 H(Hue)의 색상 슬라이더를 드래그합니다. ❺ [OK] 버튼을 클릭합니다.

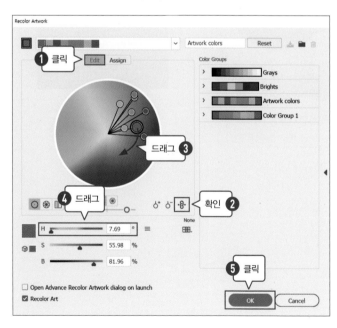

⊠ Color Theme Picker로 색 변경하기

📁 준비파일 P01\Ch05\03꽃과바다.ai

Color Theme Picker는 샘플로 클릭하는 대상이 일러스트 개체이든 사진이든 관계없이 해당 색의 정보로 테마를 만들어주는 기능입니다. 꽃의 전체적인 톤을 바다의 푸른색에서 가져와 적용해 보겠습니다.

01 03꽃과바다.ai 파일을 열어줍니다. ❶ 사진을 제외하고 꽃들만 선택한 상태에서 컨트롤 패널에서 🌑을 클릭해 [Recolor Artwork] 패널을 엽니다. ❷ [Color Theme Picker]를 클릭합니다. ❸ 바다 사진의 푸른색 부분에 위에서 클릭하면 꽃의 색이 푸른색 톤으로 변합니다. ❹ Ctrl 키를 누른 상태로 빈 화면을 클릭하여 작업을 마무리합니다.

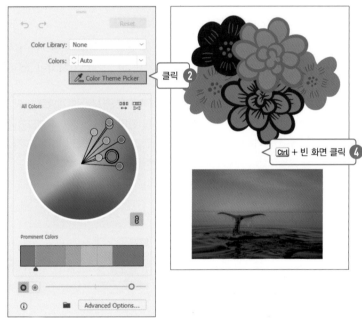

⊠ PANTONE 컬러 추출하기

📁 준비파일 P01\Ch05\02동백꽃.ai

라이브러리에서 PANTONE 컬러 패널 열기

다양한 색을 시스템으로 체계화하여 관리하는 기업 중 가장 보편적으로 쓰이는 컬러는 미국의 PANTONE 사의 색 시스템입니다. 일러스트레이터에서는 PANTONE사의 색 체계를 지원합니다. 라이브러리에서 팬톤 컬러의 색을 불러올 수 있습니다.

❶ [Swatches] 패널에서 라이브러리 아이콘을 클릭한 후 ❷ 목록에서 'Color Books'를 선택합니다. ❸ 하위 메뉴에서 'PANTONE+ CMYK Coated'를 선택하면 시스템으로 정리된 견본 색상들이 다양하게 나타납니다.

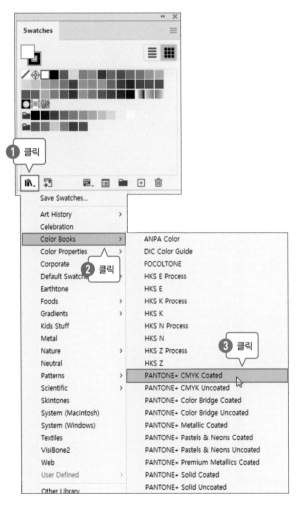

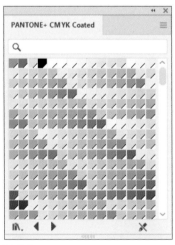

TIP

PANTONE사의 컬러는 종이 재질에 따라 코팅, 비코팅, 매트, 메탈릭 등 다양하게 나뉩니다. 따라서 추후 인쇄될 종이의 질감을 고려하여 선택해야 합니다.

색의 수가 많으므로 정확히 찾는 색이 있다면 검색창에 번호를 입력하여 찾는 것이 편리합니다. 입력된 글씨를 지우면 다시 모든 색상들이 나타납니다.

선택한 색과 가장 유사한 PANTONE 컬러 찾기

개체를 선택하고 [Recolor Artwork] 대화상자에서 PANTONE 라이브러리를 선택하면 선택한 개체의 색과 가장 유사한 팬톤 컬러를 찾을 수 있습니다. 그리고 추출된 색을 [Swatches] 패널에 별색으로 등록해 사용할 수 있습니다.

01 02동백꽃.ai 파일을 열어줍니다. ❶ 선택 도구로 동백꽃과 나뭇잎 개체를 선택한 후 ❷ 컨트롤 패널에서 Recolor Artwork 아이콘(🎨)을 클릭합니다.

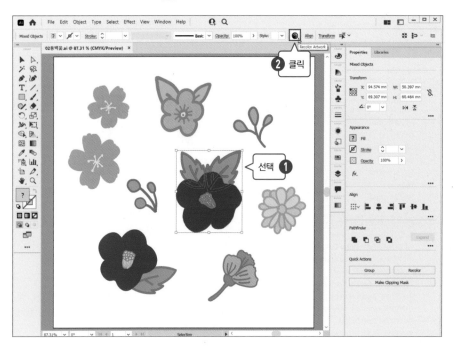

02 ➊ [Recolor Artwork] 패널에서 [Advanced Options]를 클릭합니다. ➋ 옵션 대화상자가 뜨면 그룹을 라이브러리 컬러로 바꿔주는 아이콘인 ▦을 클릭합니다. ➌ 목록에서 'Color Books'를 선택하고 ➍ 나오는 목록에서 'PANTONE+ Solid Coated'를 선택합니다.

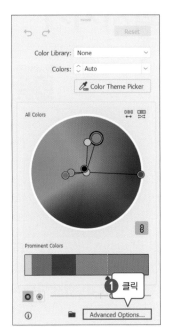
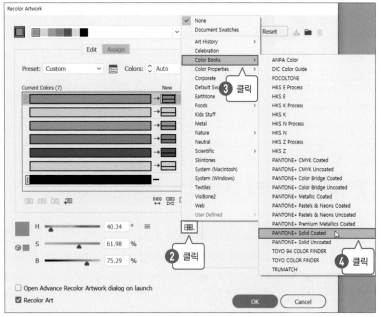

03 ➊ 색상 칩 아래에 점이 찍힌 흰색 삼각형이 생성된 것을 확인하고 ➋ [OK] 버튼을 클릭합니다. [Swatches] 패널에 새로운 별색이 등록됩니다. ➌ 빈 화면을 클릭한 후 [Swatches] 패널에 등록된 별색 중 하나를 선택하고 [Color] 패널을 열어보면 기존의 색과 가장 유사한 팬톤 컬러로 바뀐 것을 확인할 수 있습니다.

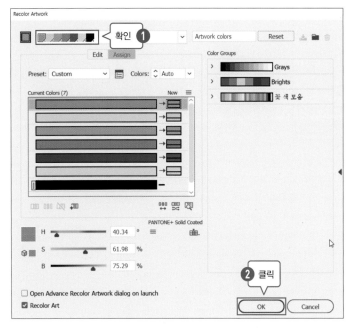
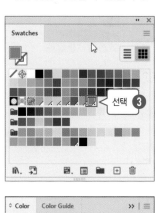

04 그레이디언트로 색 자연스럽게 변화시키기

그레이디언트(Gradient)란 한 색상에서 다른 색상으로 자연스럽게 변화하는 단계를 의미합니다. 색이 변화하면서 풍부한 느낌이 들기 때문에 화려한 느낌을 주거나 그림자 효과 등에 다양하게 사용됩니다. 일러스트레이터에서는 [Gradient] 패널을 제공하며 그레이디언트를 면색과 선색 모두에 적용할 수 있습니다.

⊠ [Gradient] 패널 알아보기

도구바에서 그레이디언트 도구(Gradient Tool)를 더블클릭하거나 메뉴바에서 [Window]-[Gradient]를 선택하면 [Gradient] 패널이 나타납니다. 또는 단축키 Ctrl + F9 를 눌러도 됩니다. 그레이디언트를 취소하고 단색으로 돌아가고 싶다면, ❶ 도구바에서 단색 아이콘을 누르거나 ❷ [Swatches] 패널에서 단색 색상 칩 중 임의의 색을 하나 클릭합니다.

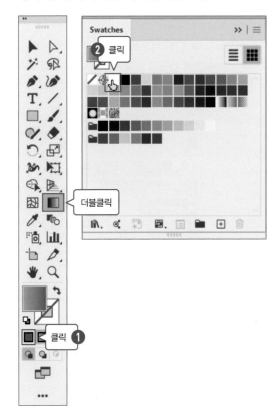

[Gradient] 패널의 구성요소에 대해 알아보겠습니다.

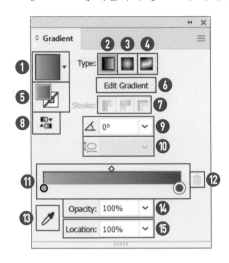

1 적용된 그레이디언트를 미리 보여주거나, 목록에서 다른 그레이디언트를 선택할 수 있습니다.

2 ▣ | 선형 그레이디언트를 적용합니다.

3 ▣ | 방사형 그레이디언트를 적용합니다.

4 ▣ | 자유형 그레이디언트를 적용합니다. 여러 개의 점을 생성하여 원하는 위치에 색을 각각 자유롭게 배치할 수 있습니다.

5 그레이디언트를 면에 적용할 것인지 선에 적용할 것인지 지정합니다.

6 클릭하면 그레이디언트를 마우스로 조절할 수 있는 조절 막대(Annotator Bar)가 생성됩니다.

7 Storke | 선에 그레이디언트를 적용할 경우 그레이디언트가 선을 기준으로 어떤 쪽에 위치하게 할 것인지 설정합니다.

8 ▣ | 그레이디언트 슬라이더의 색상을 반대 방향으로 반전시킵니다.

9 ◿ | 선형 그레이디언트의 각도를 조절할 수 있습니다.

10 ▣ | 방사형 그레이디언트의 가로/세로 비율을 조절할 수 있습니다.

11 원 모양의 색상점을 이용하여 그레이디언트의 색, 위치, 색의 개수 등을 조절할 수 있으며, 다이아몬드 모양의 조절점을 이용하여 색이 번지는 범위를 조절할 수 있습니다.

12 ▥ | 슬라이더의 색상점을 삭제할 수 있습니다(최소한 두 개는 있어야 그레이디언트가 유지되므로, 색상점이 세 개 이상일 때에만 활성화됩니다).

13 ◿ | 색상점 중 하나를 선택한 후 스포이트 아이콘을 클릭하고 작업화면에서 임의의 개체를 선택하면 나중에 클릭한 지점의 색상을 복사해서 처음에 선택한 색상점에 넣어줍니다.

14 Opacity | 선택한 색상점의 불투명도를 조절합니다. 0%면 완전히 투명해집니다.

15 Location | 선택한 색상점의 위치를 나타냅니다. 0%는 그레이디언트의 시작점, 100%는 끝점을 의미합니다.

⊠ 선형 그레이디언트 적용하기

📁 준비파일 P01\Ch05\04별똥별.ai

그레이디언트 옵션 중 선형 그레이디언트(Linear Gradient)는 한쪽에서 다른 쪽으로 갈수록 색이 변하게 만드는 기능입니다. 떨어지는 별똥별을 자연스럽게 만들기 위해 선형 그레이디언트 옵션을 사용해 꼬리 부분을 투명하게 만들어 보겠습니다.

01 04별똥별.ai 파일을 열어줍니다. 메뉴바의 [Window]–[Gradient]를 클릭하거나 단축키 Ctrl + F9 를 누릅니다. 선택 도구(▶)로 민트색 면을 선택합니다.

02 [Gradient] 패널에서 선형 그레이디언트(▥)를 클릭하면 선택한 민트색 면이 흑백 그레이디언트 색상으로 변합니다.

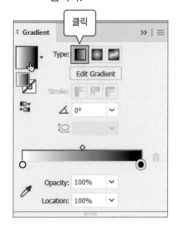

03 ❶ [Gradient] 패널의 각도 입력란에 '90°'를 입력합니다. ❷ 슬라이더에서 왼쪽 색상점을 더블클릭합니다. ❸ 보조메뉴 아이콘(≡)을 클릭하여 목록에서 'CMYK'를 선택한 후 ❹ 색상을 74-52-0-0 순서로 입력합니다. ❺ 오른쪽 점을 더블클릭하고 ❻ 같은 방법으로 'CMYK'를 선택한 후 ❼ 색상을 55-10-30-0 순서로 입력합니다.

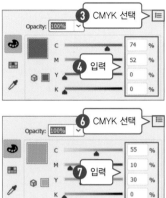

04 ❶ [Gradient] 패널에서 [Edit Gradient]를 클릭하거나 도구바의 그레이디언트 도구(▣)를 클릭합니다. 선택된 개체 위로 해당 그레이디언트의 조절 막대가 표시됩니다. ❷ 아트보드에 나타나는 막대에서 아래쪽 색상점을 위로 올리거나 ❸ [Gradient] 패널에서 왼쪽의 색상점을 드래그하여 이동합니다. ❹ 또는 Location 값을 직접 입력하여 색상점을 이동시킵니다.

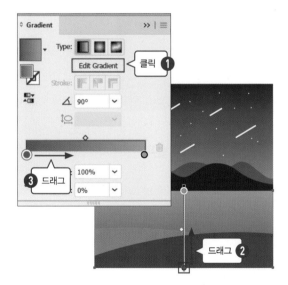
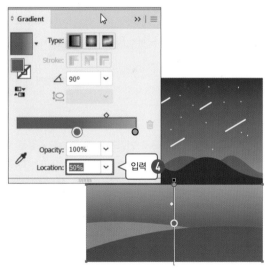

05 ❶ 사선으로 된 흰색 선들 중 가장 아래에 위치한 흰색 선을 선택하고 ❷ [Gradient] 패널에서 선을 클릭하여 면보다 위로 올려줍니다.

06 ❶ 목록을 열고 ❷ 'White, Black'을 선택하여 별똥별 개체에 흑백 그레이디언트를 적용합니다. ❸ 슬라이더의 검은색 색상점을 더블클릭합니다.

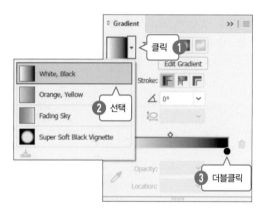

07 ❶ 색상을 흰색으로 변경하고 ❷ Opacity 값은 '0%'로 설정하여 오른쪽 색상점이 투명해지도록 만듭니다.

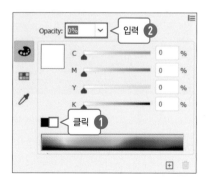

08 스포이트 기능을 활용해 색을 추출해 보겠습니다. ❶ 다른 흰색 선을 선택한 후 ❷ 도구바에서 스포이트 도구 (✎)를 선택합니다. ❸ 이전에 작업했던 흰색-투명 선 개체를 클릭하여 클릭한 개체의 색 정보를 복사합니다. 나머지 흰색 선들도 같은 방법으로 작업합니다.

TIP

스포이트 도구를 활용하면 특정 개체의 색을 뽑아 다른 개체에 똑같이 적용할 수 있습니다. 외부에서 가져온 일러스트 이미지나 사진에서도 색을 추출할 수 있어서 정확히 무슨 색인지 모르더라도 사용할 수 있어 유용합니다.

⊠ 방사형 그레이디언트 적용하기

방사형 그레이디언트(Radial Gradient)를 사용하면 원의 중심에서 퍼지는 듯한 느낌을 표현할 수 있습니다. 선택했을 때 나타나는 조절 막대로 그레이디언트의 정도를 조절합니다.

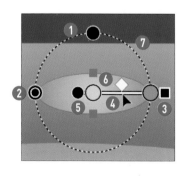

1 방사형 그레이디언트의 높이를 조절합니다.

2 방사형 그레이디언트의 크기를 조절합니다.

3 조절 막대 끝점 | 그레이디언트의 크기를 조절합니다.

4 조절 막대 | 드래그하여 위치를 지정합니다.

5 조절 막대 시작점 | 그레이디언트의 시작점 위치를 조절합니다.

6 색상점 | 드래그로 위치를 조절하고 더블클릭하여 옵션을 조정할 수 있습니다.

7 점선 | 그레이디언트를 드래그하여 회전시킵니다.

하늘에 떠 있는 보름달에 입체적인 느낌을 주기 위해 그레이디언트를 자연스럽게 적용해 보겠습니다.

01 ❶ 원 개체를 선택하고 ❷ [Gradient] 패널에서 면을 클릭합니다. ❸ 방사형 그레이디언트(▣)를 선택합니다.

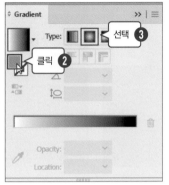

02 ❶ [Gradient] 패널에서 슬라이더의 왼쪽 색상점을 더블클릭합니다. ❷ ▦을 클릭한 후 ❸ 목록에서 노란색을 선택합니다. ❹ 이어서 오른쪽 색상점을 더블클릭하고 ❺ 이번에는 목록에서 오렌지색을 선택합니다. 노란색-오렌지색의 방사형 그레이디언트가 적용됩니다.

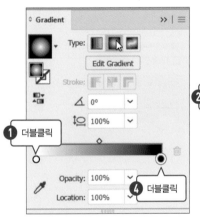
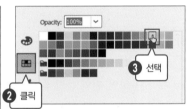
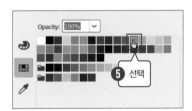

03 도구바에서 그레이디언트 도구(▣)를 클릭합니다. 방사형 그레이디언트의 조절 막대가 표시되지만 기존의 막대는 무시하고 대각선 방향으로 드래그합니다. 기존의 방향은 사라지고 새로운 방향의 그레이디언트가 적용됩니다.

04 이번에는 새로운 개체를 그린 후 그레이디언트를 적용해 보겠습니다. 도구바에서 원 도구(◯)를 클릭한 후 ❶ 기존의 원 아래쪽으로 타원을 그립니다. 그레이디언트 방향을 재설정하기 위해 ❷ [Gradient] 패널에서 선형 그레이디언트(▤)를 먼저 클릭한 후 ❸ 다시 방사형 그레이디언트(▥)를 클릭합니다. 그레이디언트를 납작하게 조절하기 위해 ❹ 조절 막대 끝점을 개체 안쪽으로 드래그하고 ❺ 위쪽의 검은색 원을 아래로 드래그하여 개체 안쪽으로 넣습니다.

▲ 원 그리기

▲ 그레이디언트 적용

▲ 방사형으로 리셋

▲ 그레이디언트 개체 안쪽으로 집어넣기

05 ❶ 슬라이더의 오른쪽 색상점을 더블클릭한 후 ❷ 왼쪽의 색상점과 똑같은 노란색을 선택합니다. ❸ Opacity 값을 '0%'로 설정하여 그레이디언트의 외곽이 투명해지도록 합니다.

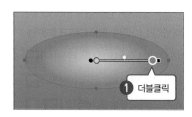

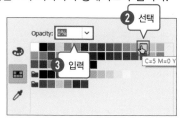

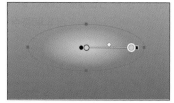

06 도구바에서 선택 도구(▶)를 클릭합니다. [Window]–[Transparency] 명령으로 [Transparency] 패널을 연 후 Opacity 값을 '50%'로 입력합니다.

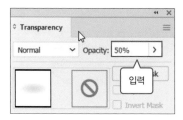

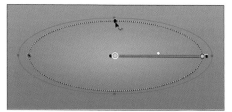

07 선택 도구로 빈 화면을 클릭하여 작업을 마무리합니다.

⊠ 자유형 그레이디언트 적용하기

📁 준비파일 P01\Ch05\04나비.ai

자유형 그레이디언트(Freeform Gradient)를 적용하면 자유롭게 색상점을 배치할 수 있어 보다 역동적인 색감 표현이 가능합니다.

01 04나비.ai 파일을 열고 나비의 날개 조각 중 하나를 선택합니다.

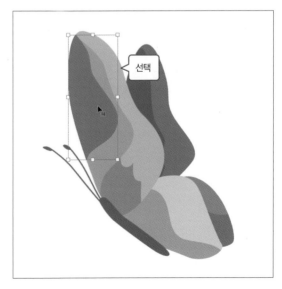

02 도구바에서 그레이디언트 도구(▤)를 더블클릭해서 패널을 열어줍니다. 자유형 그레이디언트(▦)를 선택하면 선택한 개체에 색상점이 생성됩니다.

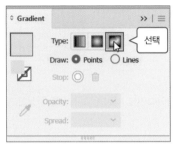

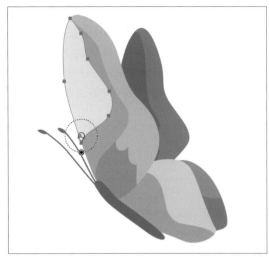

03 ❶ 색상점을 더블클릭하면 [Swatches] 패널이 나타납니다. ❷ 목록에서 붉은 오렌지색을 선택합니다.

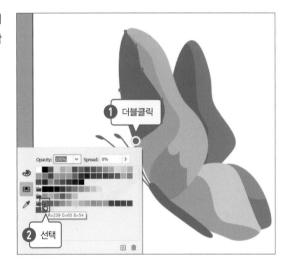

04 개체 내부에 다른 색상점을 추가로 만들어 보겠습니다. 개체 내부 임의의 위치에 마우스를 올리면 추가 버튼이 나타나며, ❶ 클릭하면 색상점이 추가로 만들어집니다. ❷ 추가 색상점을 더블클릭하고 ❸ 보라색을 선택합니다.

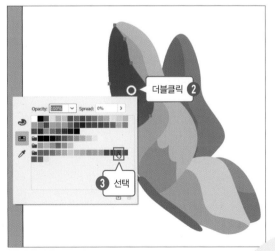

05 ❶ 날개 위쪽을 클릭하여 색상점 하나를 더 만든 후 더블클릭합니다. ❷ 목록에서 민트 계열의 색을 선택합니다. 마우스를 올렸을 때 나타나는 점선이 확산(Spread) 범위입니다. ❸ 점선 아래쪽 검은색 원을 드래그하여 범위를 확산시킵니다.

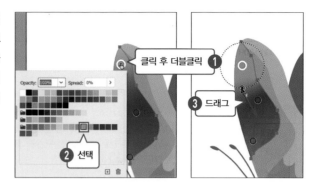

06 다양한 색을 여러 가지로 반복하여 화려한 느낌의 그레이디언트 나비 일러스트를 완성합니다.

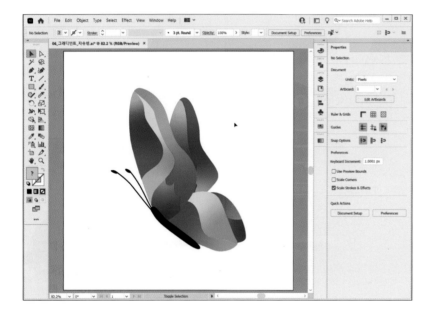

패턴 입히기

패턴(Pattern)은 균일하게 무한으로 반복되는 이미지를 뜻합니다. 일러스트레이터에서는 [Swatches] 패널의 라이브러리를 통해 기본적인 패턴을 제공합니다. 패턴을 찾아 적용하거나 새로운 패턴을 만드는 방법에 대해 알아봅니다.

⊠ [Swatches] 패널에서 패턴 찾기

메뉴바에서 [Window]-[Swatches]를 선택하여 [Swatches] 패널을 엽니다. 라이브러리 아이콘을 클릭하고 목록에서 'Patterns'를 선택하면 하위 메뉴로 Basic Graphics, Decorative, Nature가 나타납니다. 각각 세부목록을 선택하면 해당 패턴의 패널이 나타납니다.

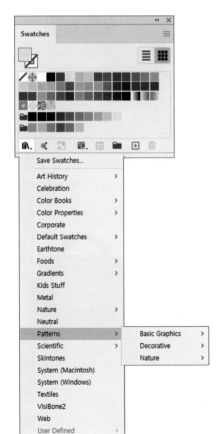

1 Basic Graphics | 검은색으로만 이루어진 패턴입니다. 흰색은 투명으로 적용됩니다. 도트(원), 라인, 텍스처의 세 가지 하위 패널이 있습니다.

2 Decorative | 체크무늬 등 다양한 모양의 장식을 만들 때 주로 사용하는 패턴들로 구성되어 있습니다.

3 Nature | 자연에서 모티브를 가져온 패턴입니다. 꽃무늬, 동물의 가죽무늬 등이 있습니다.

☒ 패턴의 크기와 각도 수정하기

📁 준비파일 P01\Ch05\05옷과가방.ai

개체와 마찬가지로 패턴 역시 크기 조절 도구와 회전 도구를 사용하여 크기와 각도를 수정할 수 있습니다. 패턴은 변형하면서 개체 자체의 속성은 그대로 유지해야 하므로 Transform Objects 항목은 체크를 해제해야 함을 유의합니다.

01 05옷과가방.ai 파일을 엽니다. 패턴이 적용되어 있는 옷과 가방이 있습니다. ❶ 선택 도구(▶)로 얼룩말 패턴을 선택하고 ❷ 도구바에서 크기 조절 도구를 더블클릭합니다. ❸ 옵션 대화상자가 뜨면 크기를 '50%'로 입력한 후 ❹ Transform Objects의 체크를 해제합니다. ❺ [OK] 버튼을 클릭하면 개체의 크기는 유지되고 패턴의 크기만 절반으로 줄어듭니다.

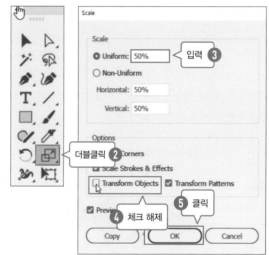

02 ❶ 이번에는 가방 덮개 부분의 체크 패턴 개체를 선택하고 ❷ 도구바에서 회전 도구를 더블클릭합니다. ❸ 옵션 대화상자에서 각도에 '30°'를 입력한 후 ❹ Transform Objects를 체크 해제합니다. ❺ [OK] 버튼을 클릭합니다. 개체의 각도는 유지된 채로 패턴의 각도만 회전됩니다.

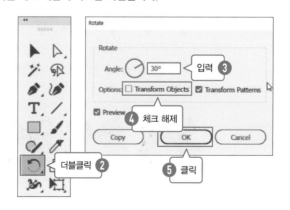

⊠ 나만의 패턴 만들기

📁 준비파일 P01\Ch05\05도트패턴.ai, 05꽃무늬패턴.ai

일러스트레이터에서 기본으로 제공하는 패턴을 사용하지 않고 직접 패턴을 만들어 사용할 수도 있습니다. 도트 패턴과 꽃무늬 패턴을 추가로 만든 다음 리본 개체에 적용하여 나만의 리본 일러스트를 만들어 봅니다.

도트 패턴 만들기

일러스트레이터에서 그린 도형(개체)을 활용하여 패턴을 만들 수 있습니다. 기본으로 제공되는 [Basic Graphics]에는 검은색 도트 패턴만 있으므로 색상이 있는 도트 패턴을 원한다면 추가로 만들어줘야 합니다. 리본 개체에 오렌지색 도트 패턴을 적용하기 위해 원 개체를 동일한 간격으로 배치하고 패턴으로 등록해 보겠습니다.

01 05도트패턴.ai 파일을 열어줍니다. ❶ 선택 도구(▶)로 ❷ 오른쪽에 있는 오렌지색의 작은 원을 선택합니다(지름은 5mm입니다). 이 원을 반복되는 도트 패턴으로 만들어 보겠습니다.

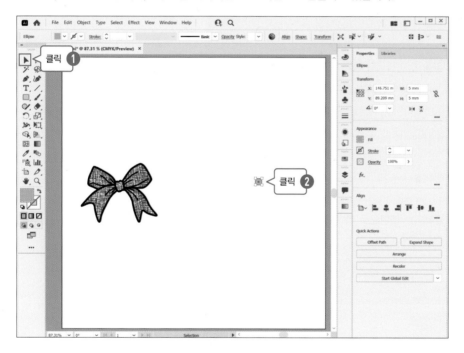

02 ❶ 메뉴바에서 [Object]-[Pattern]-[Make]를 클릭합니다. 화면에 새로운 창들이 뜨며, 패턴 등록에 관한 안내 메시지가 나타납니다. ❷ [OK] 버튼을 클릭합니다.

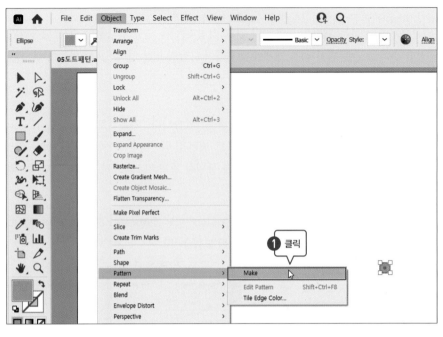

03 오렌지색 원이 반복되는 패턴으로 미리보기가 나옵니다.

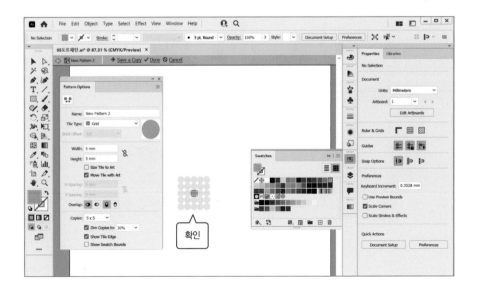

04 ❶ [Pattern Options] 패널에서 Copies를 '5×5'로 설정합니다. 원래 패턴은 무한 반복되지만 가로와 세로가 5개씩 나오도록 설정(Copies: 5×5)했기 때문에 5줄씩만 복사됩니다. ❷ 그리고 [Swatches] 패널에 패턴 타일의 오렌지색 원이 자동으로 추가됩니다.

05 ❶ [Pattern Options] 패널에서 Tile Type 목록을 내려 ❷ 'Brick by Row'를 선택합니다. 가로로 벽돌 쌓기 모양이 적용됩니다. ❸ Brick Offset 목록을 열어 ❹ '1/2'을 선택합니다. 이 옵션은 타일이 쌓일 때 절반씩 지그재그로 쌓이는 방식입니다. 벽돌의 떨어지는 간격을 1/3, 1/4 등 다양한 거리로 쌓을 수 있습니다. ❺ 마지막으로 Width와 Height의 값을 각각 '8mm'로 입력합니다. 원 하나가 차지하는 타일의 면적을 의미합니다. 원의 지름이 5mm이기 때문에 원 옆으로 빈 공간이 생기면서 패턴이 만들어집니다.

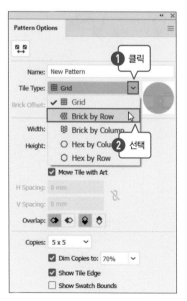
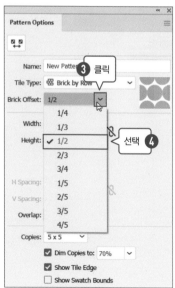
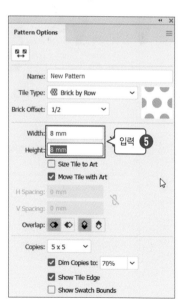

06 [Done]을 클릭하면 작업이 마무리되며 만든 패턴이 [Swatches] 패널에 변경된 모양으로 등록됩니다.

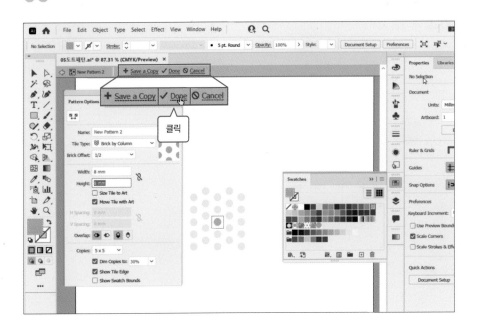

07 리본의 안쪽 패턴을 선택한 후 ❷ [Swatches] 패널에서 새로 등록한 오렌지색 도트 패턴을 선택해 적용해 봅니다.

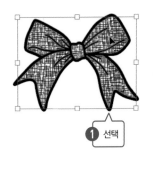

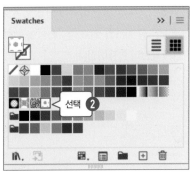

TIP

선색이 아닌 면색에 패턴을 적용해야 함에 유의합니다.

꽃무늬 패턴 만들기

원 개체의 반복으로 도트 패턴을 만들었다면 이번에는 꽃 모양 개체의 반복으로 꽃무늬 패턴을 만들어 보겠습니다. 마찬가지로 리본 개체에 적용하여 꽃무늬 리본을 완성해 봅니다.

01 05꽃무늬패턴.ai 파일을 열어줍니다. ❶ 선택 도구(▶)로 ❷ 중앙의 꽃 개체들을 선택합니다. ❸ 메뉴바의 [Object]-[Pattern]-[Make]를 선택하면 화면에 새로운 창들이 뜨며, 패턴 등록에 관한 안내 메시지가 나타납니다. ❹ [OK] 버튼을 클릭합니다.

02 ❶ [Pattern Options] 패널에서 Tile Type으로 'Hex by Row'를 선택합니다. 대각선으로 패턴이 만들어집니다. ❷ Width 값에 '53mm', Height 값에 '38mm'를 입력합니다. 원본의 타일보다 크기를 작게 입력했기 때문에 겹치는 부분이 생깁니다. Overlap 목록에서 경계 부분에 겹치는 개체들의 앞뒤 배열을 수정할 수 있습니다. ❸ Dim Copies to 값을 '30%'로 설정합니다. 원본 외의 복제되는 개체들의 투명도를 조절할 수 있습니다.

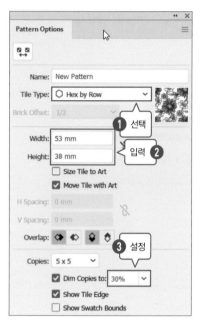
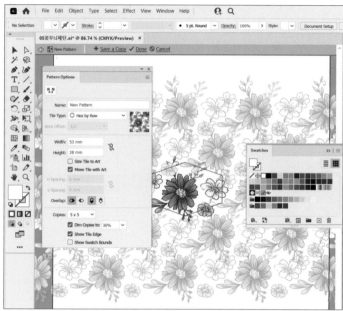

03 화면을 보며 원하는 대로 자유롭게 조절하고 [Done]을 클릭하여 마무리합니다. [Swatches] 패널에 꽃무늬 패턴이 추가된 것을 확인할 수 있습니다.

04 ❶ 리본의 분홍색 면을 선택한 후 ❷ 면과 선 중 면이 위로 올라와 있는지 확인합니다. ❸ [Swatches] 패널에서 방금 만들어준 패턴을 선택합니다.

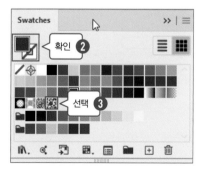

컬러 가이드로 조화로운 색 조합 찾기

[Color Guide] 패널은 사용자가 색을 선택하면 그 색과 조화를 이루는 색을 조합하여 자동으로 생성해주는 기능을 합니다. 색조, 음영, 선명함 등 다양한 기준으로 색상 조합을 추천합니다. 보조메뉴를 열어 옵션에 따라 색상 목록을 재구성할 수 있고, [Swatches] 패널과 [Recolor Artwork] 패널에서 색을 불러와 나열할 수도 있습니다. 가이드 옵션 대화상자를 통해 단계를 조절하면 더욱 세밀한 작업을 할 수 있습니다.

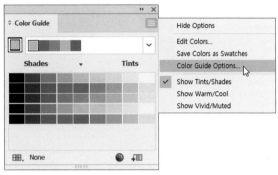

▲ [Color Guide] 패널

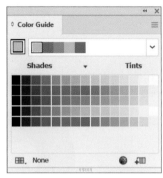

▲ 7단계로 변경한 경우

기본 색상과의 또 다른 조합을 선택하고 싶다면 Harmony Rules 목록을 열어 다양한 옵션들을 확인합니다. 목록에서 선택한 옵션에 따라 색상 목록이 명도별로 다시 재구성되어 나타납니다.

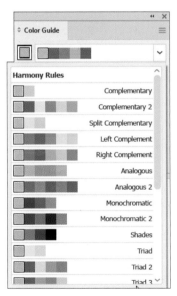

▲ Harmony Rules 목록을 열었을 때

06

화면 보기와 레이어

오브젝트를 그리는 데 있어서는 드로잉 및 편집도 중요하지만, 아트보드와 가이드를 자유자재로 다루면서 오브젝트를 정확한 지점에 배치하는 작업도 중요합니다. 또한 다양한 모드 활용을 통해 작업을 보다 편리하게 수행할 수 있습니다.

레이어 역시 작업에 편의를 제공하는 기능 중 하나로, 레이어를 적절히 활용하면 개체를 한꺼번에 선택하거나 상/하위 수준을 조절하는 등 개체를 효율적으로 관리할 수 있습니다.

화면 조절 　 레이어

화면 자유롭게 다루기

일러스트레이터를 보다 효율적으로 사용하기 위해서는 아트보드를 자유자재로 활용할 수 있어야 합니다. 일러스트레이터에서는 작업의 편의를 위해 화면보기에 다양한 기능을 제공합니다.

⊠ 줄자 다루기

일러스트레이터에서 정확한 수치로 작업하기 위해 줄자를 나타내고 줄자의 단위를 설정하는 방법을 알아봅니다.

줄자 열기

01 [File]-[New] 명령으로 새 문서를 열어줍니다. ❶ [Print]를 클릭하고 ❷ Width와 Height의 값에 각각 '200mm'를 입력합니다. ❸ [Create] 버튼을 클릭합니다.

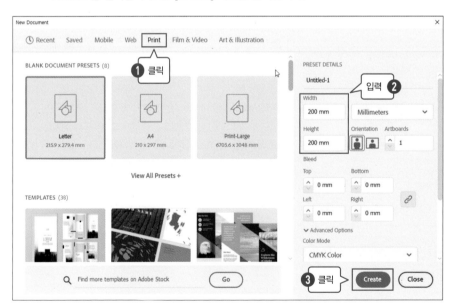

02 ❶ 새 문서가 열리면 메뉴바의 [View]–[Rulers]–[Show Rulers]를 클릭합니다. ❷ 아트보드 왼쪽과 위쪽에 줄자가 생긴 것을 확인할 수 있습니다. 줄자 보기의 단축키 Ctrl + R 을 누릅니다. 화면에서 줄자가 사라집니다. 다시 Ctrl + R 을 누르면 줄자가 다시 나타납니다. [Properties] 패널의 줄자 단축 아이콘(┌)을 클릭해도 줄자가 나타나거나 사라지게 할 수 있습니다.

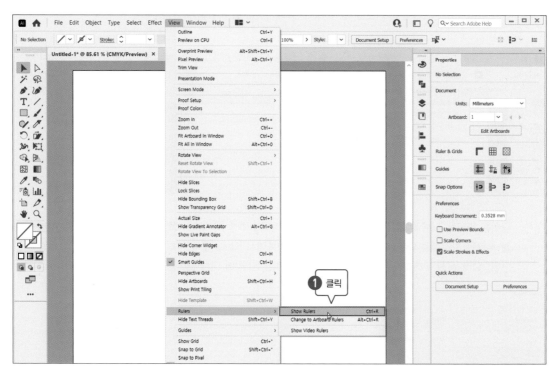

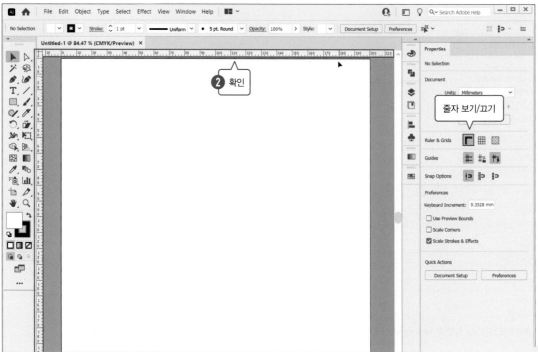

줄자 기본 단위 바꾸기

정확한 수치로 드로잉하기 위해 줄자의 단위를 변경해 보겠습니다. Pixels, Points, Inches, Millimeters
등 다양한 옵션을 선택할 수 있습니다. 일반적으로 Millimeter 단위를 사용합니다.

01 줄자 위에서 마우스 오른쪽 버튼을 클릭하고 목록에서 단위를 자유롭게 선택합니다.

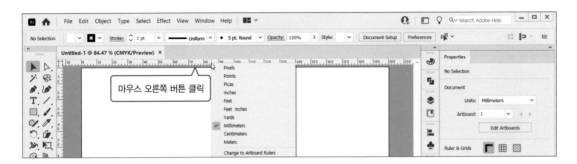

02 단위를 바꾸는 다른 방법을 알아보겠습니다. 메뉴바의 [Edit]–[Preference]를 클릭하거나 단축키 Ctrl + K
를 누르면 환경설정 대화상자가 나타납니다. ❶ 목록에서 [Units]를 선택하면 ❷ General(문서에 쓰일 기본
단위), Stroke(선 두께의 기본 단위), Type(문자의 기본 단위)에 대한 단위를 변경할 수 있습니다.

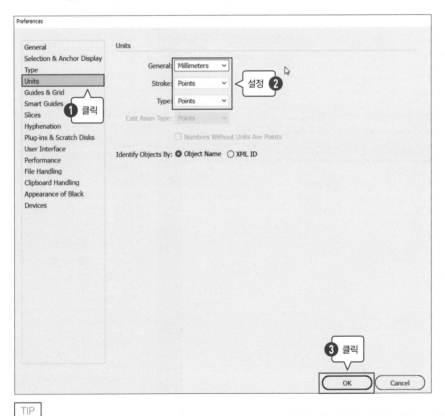

TIP

일반적으로 인쇄 작업에 'Millimeters', 웹 작업에 'Pixels'를 사용합니다. Stroke와 Type은 주로 'Points'를 사용합니다.

⊠	**스크린 모드 변경하기**

일러스트레이터에서는 '기본 스크린 모드', '메뉴바가 있는 풀 스크린 모드', '풀 스크린 모드'의 작업화면을
제공합니다. 패널을 없애서 화면을 넓게 보고 싶다면 풀 스크린 모드를 선택하는 것이 좋습니다.

❶ 도구바의 스크린 모드 아이콘을 클릭하면 일러스트레이터에서 지원하는 화면 모드 세 가지가 나타납니
다. 기본 설정으로 'Normal Screen Mode'가 선택되어 있습니다. ❷ 두 번째 목록인 'Full Screen Mode
with Menu Bar'를 선택하면 메뉴바가 있는 상태의 모니터를 꽉 채운 풀 스크린 모드로 변경됩니다.

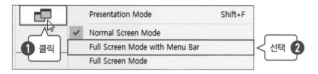

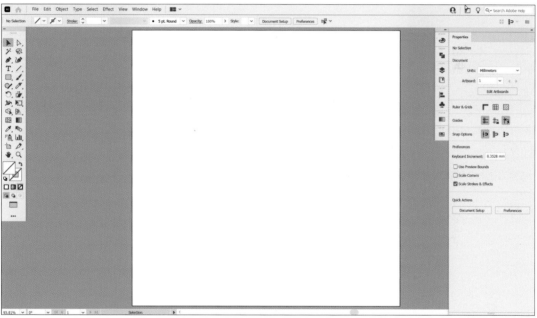

▲ Full Screen Mode with Menu Bar

다시 한번 도구바에서 풀 스크린 아이콘을 클릭하고 'Full Screen Mode'를 선택하면 모든 패널이 다 사라지고 작업화면만 남겨집니다. 도구바도 보이지 않기 때문에 단축키 F 를 눌러야 다시 원래의 화면으로 돌아올 수 있습니다.

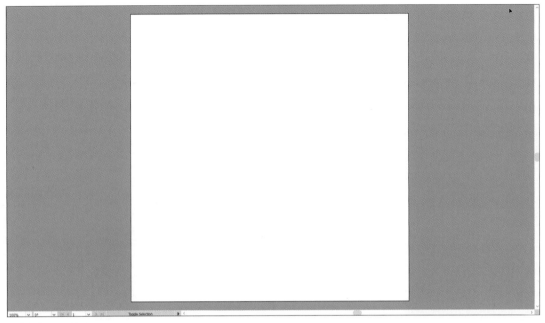

▲ Full Screen Mode

단축키 F 는 입력창이 한글일 때에는 적용되지 않으며, 영문 입력일 때만 적용됩니다.

⊠ 격자 다루기

격자 나타내기 / 숨기기

화면에 모눈종이 형식의 격자를 보이게 할 수 있습니다. ❶ 메뉴바에서 [View]-[Show Grid]를 선택합니다. 화면에 모눈종이 격자가 나타납니다. 단축키는 **Ctrl** + **ⁿ**입니다. 반복해서 누르면 격자가 나타났다 사라짐을 반복합니다. ❷ 또는, 화면 오른쪽의 [Properties] 패널에서 격자 아이콘을 클릭하는 방법으로 격자를 나타나거나 사라지게 할 수 있습니다.

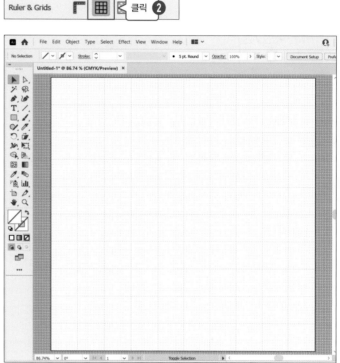

격자 간격 조절하기

격자의 간격을 조절하기 위해서는 먼저 단축키 `Ctrl`+`K`를 눌러 환경설정 대화상자를 열어줍니다. ❶ 목록에서 [Guide & Grid]를 선택합니다. ❷ Grid 목록에서 Gridline every의 값을 '20mm'로 입력하고 Subdivision 값에 '10'을 입력합니다. [OK] 버튼을 클릭하면 20mm 간격의 격자와 그 안에서 다시 10개로 나뉜 격자로 바뀌어 나타납니다.

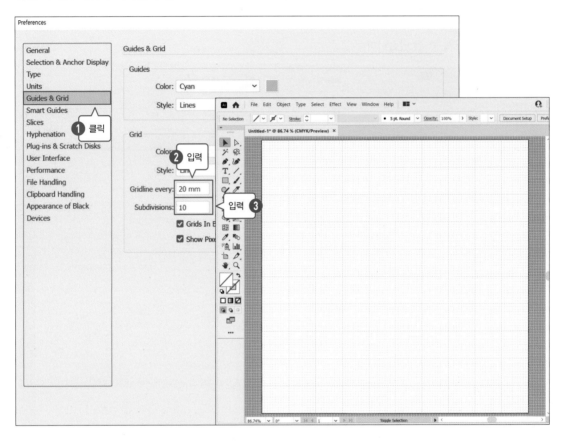

1 Color | 격자 라인의 색을 설정합니다.

2 Style | 선과 점선 두 가지 스타일이 있습니다.

3 Gridline every | 격자 사이의 거리를 설정합니다.

4 Subdivisions | 격자 안에서 세부로 하위 격자를 만듭니다.

5 Grids In Back | 기본 설정으로, 격자를 뒤쪽으로 배치합니다.

6 Show Pixel Grid (Above 600% Zoom) | 기본 설정으로, 픽셀의 격자를 보여줍니다.

⊠ 작업화면 투명하게 만들기

일러스트레이터는 투명의 개념을 구현할 수 있도록 아트보드를 투명하게 만드는 기능을 제공합니다. 메뉴바에서 [View]-[Show Transparency Grid]를 클릭하거나 단축키 Ctrl + Shift + D 를 눌러주면 아트보드와 캔버스가 모두 투명해집니다. 다시 똑같은 단축키를 눌러주면 원래의 화면으로 되돌아옵니다.

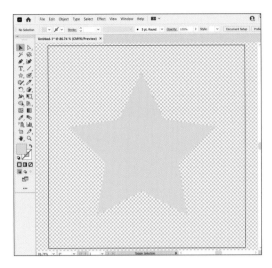 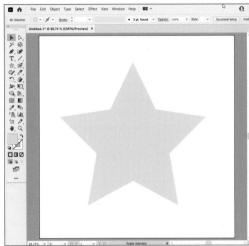

⊠ 아트보드 나타내기/숨기기

새 문서를 열면 흰색 배경의 아트보드가 생성됩니다. 이 아트보드를 삭제하지 않고 임시로 보이지 않게 하는 기능이 있습니다. 메뉴바에서 [View]-[Hide Artboards]를 클릭하거나 단축키 Ctrl + Shift + H 를 눌러줍니다. 단축키를 다시 누르면 원래의 화면으로 돌아옵니다.

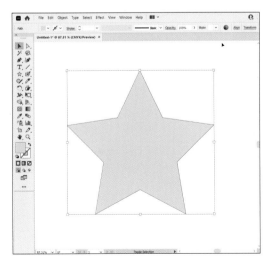 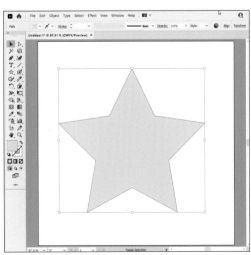

⊠ 점을 크고 두껍게 보기

작업화면에서 단축키 Ctrl + K 를 눌러 환경설정 대화상자를 엽니다. ❶ 목록에서 [Selection & Anchor Display]를 선택합니다. ❷ Size 선택을 Max로 끌어 올린 후 ❸ [OK] 버튼을 클릭하면 점이 보다 크고 두꺼워집니다.

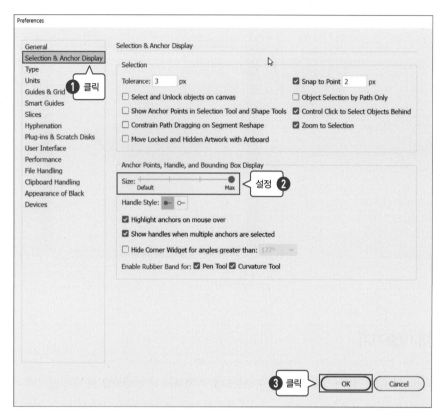

▲ Size 2단계

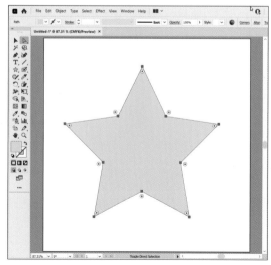

▲ Size Max

⊠ 바운딩 박스와 엣지 나타내기/숨기기

바운딩 박스가 보이지 않는다면?

선택 도구로 개체를 선택하면 개체 주변으로 바운딩 박스가 나타납니다. 작업을 하다 보면 선택 도구로 개체를 선택해도 바운딩 박스가 보이지 않을 때가 간혹 생기는데, 메뉴바에서 [View]-[Show Bounding Box]를 선택하거나 단축키 Ctrl + Shift + B 를 눌러 해결할 수 있습니다.

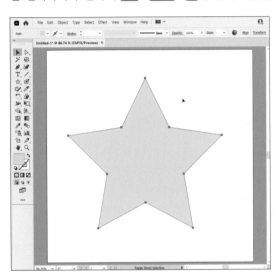 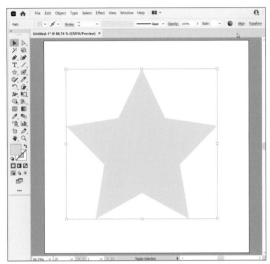

점과 패스의 선이 보이지 않는다면?

일러스트레이터에서 개체를 선택하면 개체 외곽에 점과 패스가 얇은 라인으로 나타납니다(일반적으로 파란색입니다). 만약 점과 패스가 보이지 않고 바운딩 박스만 나타난다면 패스를 숨기는 기능이 선택된 것입니다. 메뉴바에서 [View]-[Show Edges]를 선택하거나 단축키 Ctrl + H 를 눌러 해결할 수 있습니다.

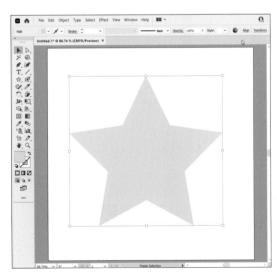 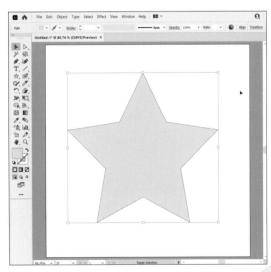

⊠ 원근감 격자 나타내기/숨기기

일러스트레이터는 소실점을 활용한 다양한 시점의 격자를 제공합니다. 메뉴바의 [View]–[Perspective Grid]를 선택하면 목록에 소실점이 1개, 2개, 3개인 격자 목록이 나타납니다. 단축키 Ctrl + Shift + I 를 눌러 소실점이 2개인 원근감 격자를 켤 수 있습니다. 나타난 격자를 다시 사라지게 하고 싶다면 [View]–[Perspective Grid]–[Hide Grid]를 선택하거나 단축키 Ctrl + Shift + I 를 다시 누릅니다.

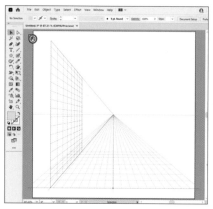

▲ 소실점이 1개인 경우

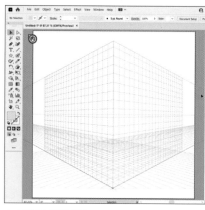

▲ 소실점이 2개인 경우

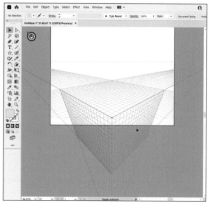

▲ 소실점이 3개인 경우

⊠ 격리 모드로 주변으로부터 분리하기

📁 준비파일 P01\Ch06\01귤.ai

격리 모드(Isolation Mode)는 원하는 여러 개의 개체 중 원하는 개체만 따로 편집할 수 있는 상태로 만들어 주는 방식입니다. 격리 모드를 적용하면 주변의 개체와 색상이 비슷하거나 모양이 유사한 경우 구분해 작업하기 용이해집니다.

01 [File]-[Open]으로 01귤.ai 파일을 엽니다. 나뭇잎 사이에 손을 흔들고 있는 귤 캐릭터가 있습니다. 팔이 몸과 같은 색상이라 잘 보이지 않으므로 격리 모드로 작업해 보겠습니다. 팔 개체 위에서 더블클릭하면 개체가 가장 상위로 올라오면서 다른 개체들은 반투명해집니다.

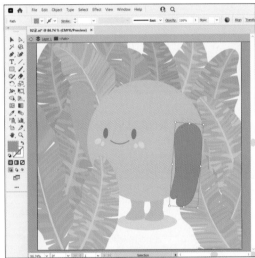

02 개체의 색상을 바꿔 보겠습니다. ❶ [Window]-[Color] 패널에서 CMYK의 값을 5-40-85-0으로 입력합니다. ❷ 반투명한 부분을 아무 곳이나 더블클릭하면 격리 모드에서 벗어나 원래대로 돌아옵니다.

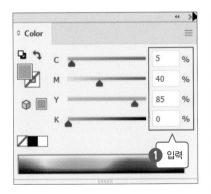

03 이번에는 손을 들고 있는 팔의 색상을 바꿔 보겠습니다. ❶ 개체를 더블클릭하면 격리 모드가 적용되면서 가장 상위로 올라오며, 주변은 반투명해집니다. ❷ [Color] 패널에서 CMYK의 값을 14-50-95-0으로 입력합니다.

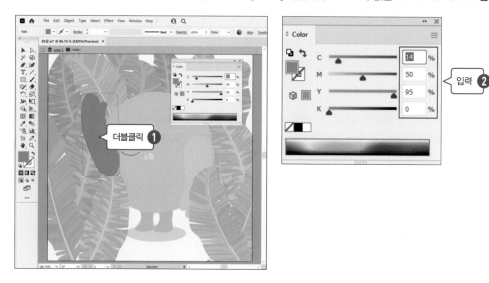

04 네임 탭 아래의 화살표(나가기)를 2회 클릭하면 원래의 화면으로 돌아갑니다.

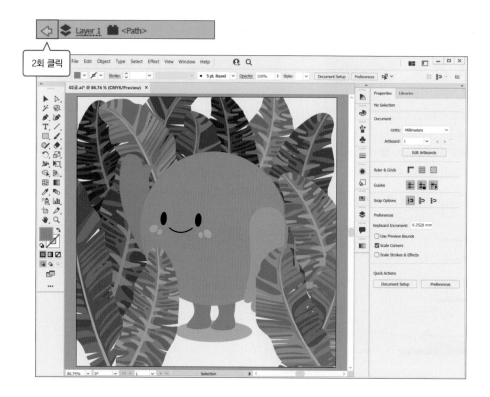

02 가이드 마스터하기

일러스트레이터에서 가이드를 활성화하면 개체를 정확히 원하는 위치에 배치할 수 있습니다. 가이드를 효과적으로 활용하면 일러스트를 그리는 데 있어서 시간을 크게 단축할 수 있습니다.

⊠ 가이드 다루기

가이드 만들기

줄자를 클릭한 상태에서 아트보드 방향으로 드래그하면 평행의 가이드를 만들 수 있습니다. 가이드의 스냅을 이용하면 개체를 놓을 위치를 조정하는 데 편리합니다.

01 [File]-[New] 명령으로 새 문서를 열어줍니다. 새 문서가 열리면 메뉴바에서 [View]-[Rulers]-[Show Rulers]를 선택하거나 단축키 Ctrl + R 을 눌러 줄자가 나타나도록 설정합니다.

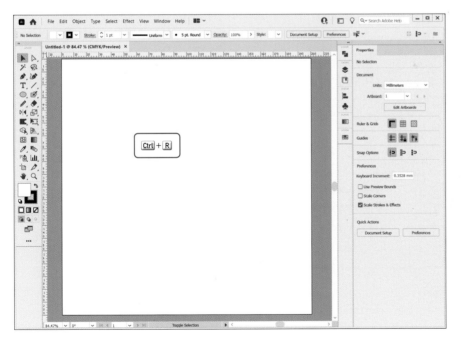

02 ❶ 가로 줄자를 아래쪽으로 드래그하여 문서 안쪽으로 끌어내립니다. 가로줄의 민트색 가이드가 생성됩니다. ❷ 이어서 세로 줄자를 오른쪽으로 드래그하여 문서 안쪽으로 끌어옵니다. 세로줄의 민트색 가이드가 생성됩니다.

▲ 가로줄 가이드 생성

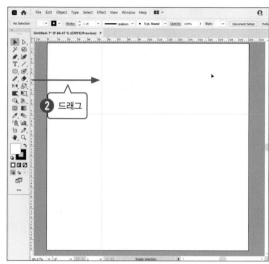

▲ 세로줄 가이드 생성

TIP

만약 가이드의 색을 바꾸고 싶다면 Ctrl + K를 눌러 환경설정으로 들어갑니다. 목록에서 [Guide & Grid]를 선택하고 오른쪽의 Guide 컬러 목록에서 원하는 색을 선택할 수 있습니다.

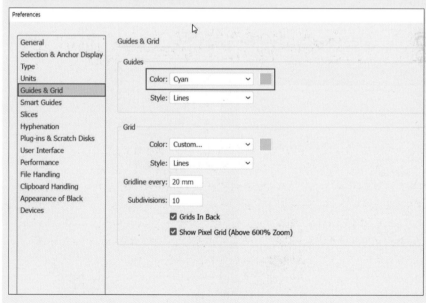

가이드 잠금/잠금 해제하기

가이드는 일반적으로 만드는 순간 위치가 고정되면서 잠기게 됩니다. 이 잠금을 풀기 위해서는 가이드가 보이는 상태에서 마우스 오른쪽 버튼을 눌러 'Unlock Guides'를 클릭합니다. 잠금을 해제하면 가이드를 선택할 수 있습니다(만약 잠겨 있지 않다면 그대로 작업합니다). 단축키로 [Ctrl] + [Alt] + [;]를 눌러도 동일한 명령이 실행됩니다.

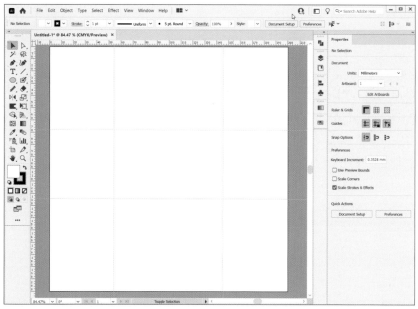 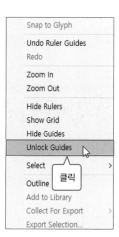

TIP

가이드가 잠기지 않은 상태에서는 개체를 선택해야 하는데 가이드가 잡혀 작업이 불편해질 수 있으니 편의에 맞춰 잠금/잠금 해제를 실행하는 것이 좋습니다.

가이드 나타내기/숨기기

가이드를 임시적으로 숨기고자 한다면 ❶ 가이드가 보이는 상태에서 마우스 오른쪽 버튼을 눌러 목록에서 'Hide Guides'를 클릭합니다. ❷ 다시 보이게 만들고 싶다면 다시 마우스 오른쪽 버튼을 누르고 'Show Guides'로 바뀐 목록을 클릭합니다. 단축키는 [Ctrl] + [;]입니다.

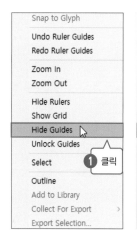 

가이드 이동하기

가이드를 클릭한 후 마우스 커서를 옆으로 옮기면 선택한 가이드가 민트색이 아닌 남색으로 표현되는 것을 확인할 수 있습니다(가이드가 잠금 해제된 상태에서 진행합니다). ❶ 가이드를 드래그하여 자유롭게 이동하거나 ❷ [Transform] 패널에서 좌푯값을 직접 입력하여 이동할 위치를 지정합니다.

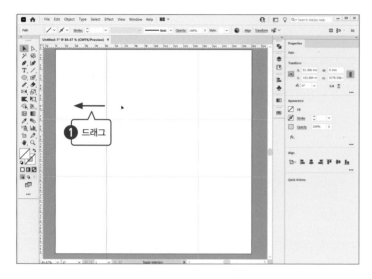

가이드 복사하기

❶ 가이드를 Alt 키를 누른 상태로 드래그하면 복사됩니다. 가이드를 선택하고 ❷ 복사 Ctrl + C 와 ❸ 붙여넣기 Ctrl + V 를 눌러주면 화면의 정 가운데로 가이드가 복사됩니다.

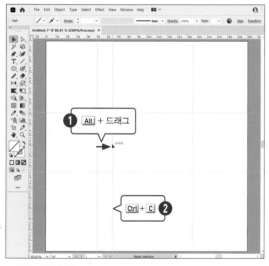

▲ 드래그하여 복사

▲ 단축키로 복사

가이드 삭제하기

더 이상 가이드가 필요하지 않거나 가이드가 필요했던 일러스트 개체를 완성하여 깔끔하게 보고 싶은 경우 가이드를 삭제합니다. 가이드를 삭제하기 위해서는 가이드를 먼저 선택하고 Delete 키를 누르면 됩니다. 모든 가이드를 한꺼번에 삭제하고 싶다면 메뉴바에서 [View]-[Guides]-[Clear Guides]를 클릭합니다.

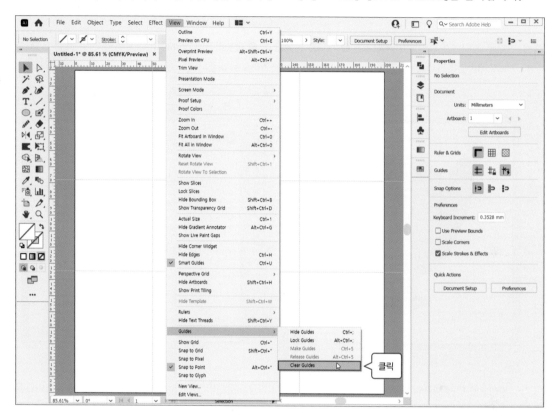

⊠ 개체를 가이드로 만들기

📁 준비파일 P01\Ch06\02귤_가이드.ai

기본적으로 줄자 부분을 드래그하여 평행선 가이드를 만들지만, 개체 자체를 가이드화할 수도 있습니다. 귤 개체의 외곽선을 가이드로 만들어 보겠습니다.

01 02귤_가이드.ai 파일을 열어줍니다. ❶ 개체를 선택한 후 ❷ 메뉴바에서 [View]–[Guides]–[Make Guides]를 클릭하거나 단축키 Ctrl + 5를 누릅니다. 개체의 패스가 가이드로 바뀝니다.

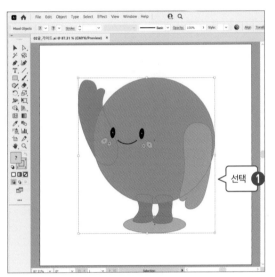 

02 가이드를 다시 원래의 개체로 되돌리기 위해서는 먼저 잠금을 풀어야 합니다. ❶ 잠금을 해제하고 모든 가이드를 한 번에 선택합니다. 가이드의 색이 남색으로 바뀌면 ❷ 메뉴바에서 [View]–[Guides]–[Release Guides]를 클릭하거나 단축키 Ctrl + Alt + 5를 눌러줍니다. 가이드가 되었던 개체가 다시 원래의 상태로 돌아옵니다.

⊠ 개체의 정보를 알려주는 스마트 가이드

일러스트레이터에서 새 문서를 열면 기본적으로 스마트 가이드(Smart Guides)가 활성화되어 있습니다. 명령의 메뉴 위치는 [View]-[Smart Guides]이고, 단축키는 Ctrl + U 입니다.

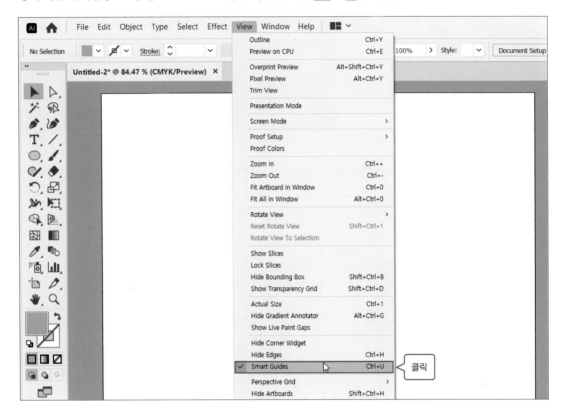

마우스를 화면의 중앙으로 가져가면 정확한 가운데 위치에 'center' 표시의 가이드가 나타납니다. X와 Y의 좌푯값도 함께 팝업됩니다.

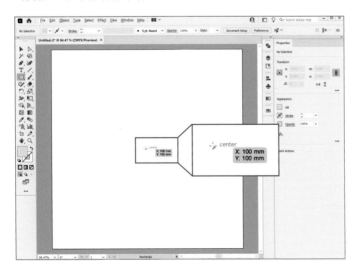

개체를 그릴 때 Shift 키를 누른 상태로 드래그하면 가로세로의 길이가 1:1 비율로 그려지는데, 이때 나타나는 보라색의 사선 가이드가 바로 개체가 정비율로 그려지고 있다는 것을 알려주는 스마트 가이드입니다. 개체를 이동할 때에도 정확히 수직이나 수평 방향일 때만 가이드가 나타납니다. 커서를 개체 위로 올려주면 path, anchor, 좌푯값 등 현재 커서가 있는 위치의 정보가 나타납니다.

 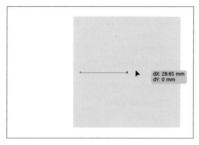 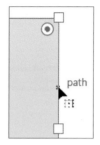 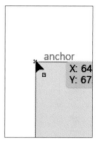

개체를 옮길 때 이전에 있던 위치의 정보를 기억하여 정확히 절반이나 정사이즈, 두 배의 위치 등에 다가가면 스마트 가이드가 자동으로 나타납니다. 작업화면에 개체가 두 개 이상 존재하는 경우에는 선택한 개체 자체의 정보 외에도 다른 개체들과 맞물리는 지점, 문서의 중심 등에도 가이드가 나타납니다.

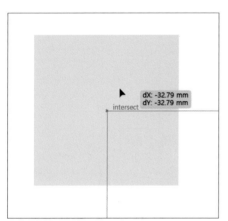 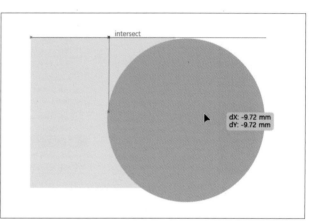

> **TIP**
> 스마트 가이드는 활용도가 높아 보통 켜놓고 사용합니다.

레이어 마스터하기

그래픽 분야에서 레이어(Layer)는 '층'의 개념을 가집니다. 여러 개체가 다중으로 겹쳐있을 때 레이어가 나뉘어 있으면 작업이 한결 편해집니다. 레이어를 어떻게 활용하며 작업하는지 따라 하며 학습합니다.

⊠ [Layers] 패널 다루기

일러스트레이터에서는 개체가 생성되면 레이어를 통해 상하위 체계가 자동으로 형성됩니다. 각각의 레이어로 구분된 개체들을 [Layers] 패널에서 손쉽게 관리할 수 있습니다.

[Layers] 패널 알아보기

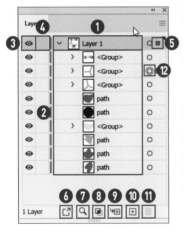
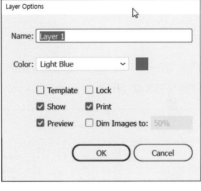

1 Layer | 레이어를 표시합니다. 꺾쇠를 열면 하위 레이어가 나타납니다. 글자 부분을 더블클릭하면 레이어의 이름을 수정할 수 있습니다. 섬네일이나 이름 옆 부분을 더블클릭하면 레이어 옵션 대화상자가 나타나며, 가이드 색 등을 지정할 수 있습니다.

2 Sublayer | 일반적으로 새로 그리는 개체가 상위에 만들어집니다. **1**과 마찬가지로 섬네일이나 이름 옆 부분을 더블클릭하면 옵션 대화상자가 나타납니다.

3 👁 | 눈동자 아이콘을 클릭하면 아이콘이 사라지면서 해당 레이어 및 하위 레이어가 보이지 않게 됩니다. 같은 위치를 다시 클릭하면 나타납니다.

4 🔒 | 빈 칸을 클릭하면 자물쇠 모양의 아이콘이 나타나면서 레이어 및 개체가 잠깁니다. 해당 레이어와 관련된 어떤 작업도 수행할 수 없게 됩니다. 아이콘을 다시 클릭하면 잠겼던 레이어가 풀리면서 아이콘이 사라집니다.

5 ▣ | 현재 선택하고 있는 레이어 및 하위 레이어가 표시되며 바운딩 박스가 나타납니다.

6 ⤴ | 레이어를 선택하고 해당 아이콘을 클릭하면 [Asset Export] 패널이 나타납니다. 선택한 레이어의 개체들이 [Asset Export] 패널에 등록됩니다. 해당 패널에서 원하는 포맷을 선택하고 [Export] 버튼을 클릭하면 다른 형식의 파일로 내보낼 수 있습니다.

7 🔍 | 개체를 선택한 후 해당 아이콘을 클릭하면 선택한 개체가 속한 레이어로 이동합니다.

8 ▣ | 개체를 선택하고 해당 아이콘을 누르면 선택한 오브젝트를 마스크 영역으로 만들어줍니다.

9 📑 | 선택한 레이어 하위에 새 레이어를 만듭니다.

10 ⊞ | 해당 아이콘을 클릭하면 새 레이어가 생성됩니다.

11 🗑 | 삭제하려는 레이어를 선택하고 아이콘을 클릭하면 해당 레이어가 삭제됩니다.

12 Graphic Style | 해당 레이어에 스타일이 적용되어 있다면 회색 원으로 표시되고, 효과가 적용되어 있지 않다면 빈 원으로 표시됩니다. 스타일을 적용하기 위한 타겟으로 지정된 경우 2개의 원으로 표시됩니다.

레이어 이름 수정하기 / 새 레이어 만들기

01 Ctrl + O를 눌러 03치킨_레이어.ai 파일을 엽니다. F7 키를 눌러 [Layers] 패널을 열고 'Layer 1' 이름 옆의 꺾쇠를 클릭해 하위 그룹과 개체들을 보이게 합니다.

02 ❶ 'Layer 1' 바로 아래의 그룹 이름을 더블 클릭하고 ❷ '제목'이라고 입력합니다.

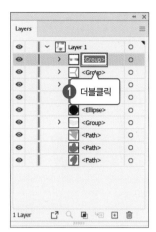
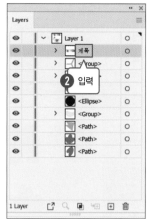

03 ❶ 각각의 개체에 대해 이름을 수정하고 ❷ 📇을 클릭해 새 레이어를 추가합니다. 'Layer 2'가 생성됩니다. ❸ '제 목' 그룹 레이어를 드래그하여 'Layer 2' 위에 올려 놓으면 해당 개체가 'Layer 2'의 하위 항목으로 변경됩니다.

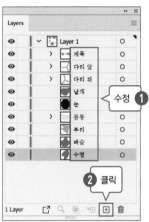

04 ❶ 'Layer 2'를 더블클릭하고 이름을 '타이 틀'로 수정합니다. ❷ 'Layer 1'은 '닭'이라 는 이름으로 변경합니다. ❸ 각각 꺾쇠를 클릭하여 하위 항목을 닫아서 정리합니다.

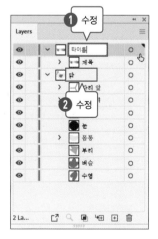
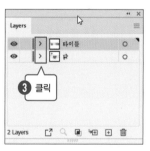

05 개체를 모두 선택했을 때 '타이틀' 레이어에 해당하는 개체는 패스 가이드가 빨간색으로, '닭' 레이어에 해당하는 개체는 파란색으로 나타납니다.

레이어 합치기

❶ 합치고자 하는 레이어를 한꺼번에 선택하고 ❷ 패널에서 보조메뉴 아이콘을 클릭한 후 ❸ 'Merge Selected'를 선택하면 ❹ 레이어를 하나로 합칠 수 있습니다.

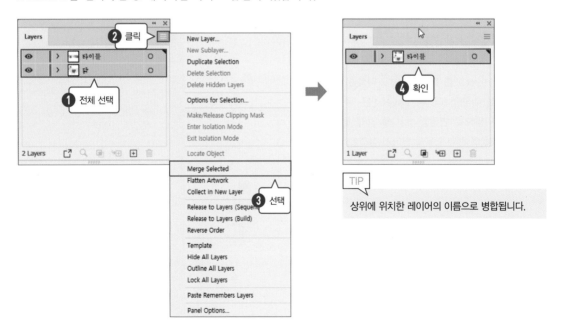

레이어 가이드 색상 바꾸기

각 개체들이 어떤 레이어에 포함되어 있는지를 명확히 하기 위해 일반적으로 레이어마다 가이드의 색이 다르게 표시됩니다. 임의로 설정되는 레이어 가이드의 색을 변경해 보겠습니다.

01 ❶ '타이틀' 레이어 이름 옆의 빈 공간을 더블클릭하면 옵션 대화상자가 나타납니다. ❷ Color 목록에서 원하는 색을 선택하고 ❸ [OK] 버튼을 클릭합니다.

02 개체를 선택하면 패스 가이드의 색상이 바뀐 것을 확인할 수 있습니다.

레이어 폭 조절하기

01 ❶ [Layers] 패널의 보조메뉴 아이콘을 클릭하고 ❷ 목록에서 'Panel Options'를 선택합니다.

02 ❶ 패널 옵션 대화상자가 나타나면 세로 폭을 조절할 수 있는 Row Size에서 'Other' 옵션을 선택하고 '30'을 입력합니다. ❷ [OK] 버튼을 클릭하면 레이어 목록의 세로 폭이 이전보다 넓어집니다.

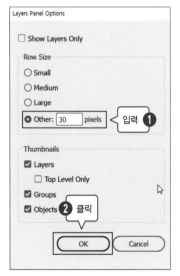

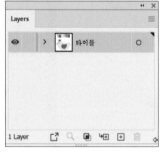

⊠ 레이어 분리하고 저장하기

일러스트레이터에서 설정한 레이어를 애프터 이펙트(After Effects)에서 자유롭게 사용하기 위해서는 레이어를 그룹 해제하고 개별적으로 저장해야 합니다. '타이틀' 그룹 레이어에 포함되어 있는 레이어들을 별개의 레이어로 분리해 보겠습니다.

01 ❶ [Layers] 패널에서 보조메뉴 아이콘을 클릭하고 ❷ 목록에서 'Release to Layers (Sequence)'를 선택합니다.

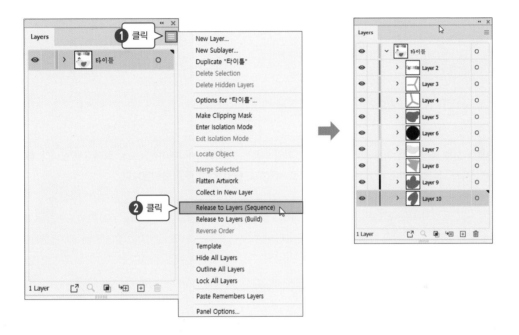

02 하위 목록이 아닌 별개의 레이어로 분리하기 위해 ❶ '타이틀' 레이어에 속하는 Layer 2~Layer 10을 다중 선택합니다. ❷ 다중 선택된 레이어들을 드래그하여 '타이틀' 레이어 위로 올려줍니다.

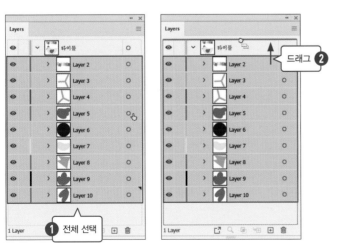

03 이제 '타이틀' 레이어에는 아무 것도 남아 있지 않으므로 ❶ '타이틀' 레이어를 선택하고 ❷ 휴지통 아이콘을 클릭하여 삭제합니다.

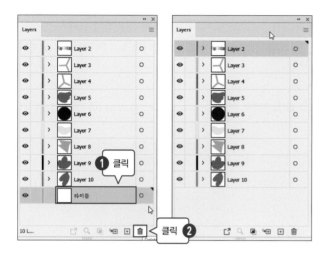

04 Ctrl + Shift + S를 눌러 다른 이름으로 저장합니다. 파일 이름은 '레이어–애니메이션용'으로 하여 저장합니다. ❶ 옵션 대화상자가 나타나면 버전은 사용하는 버전으로 저장하고 ❷ [OK] 버튼을 클릭합니다.

Part

2

중급으로 업그레이드하기

01

왜곡 편집 마스터

일러스트레이터에서는 형태와 색상에 대한 왜곡 편집이 가능합니다. 왜곡 편집 기능을 실행하면 드로잉 및 채색으로 이루어진 단순한 이미지를 변형시킴으로써 보다 개성과 분위기가 살아 있는 이미지로 만들 수 있습니다.

이번 장에서는 형태 및 색상을 왜곡하는 중급 수준의 편집 기능에 대해 알아 보겠습니다. 도구바나 메뉴바에서 쉽게 적용할 수 있으며, 패널 설정을 통해 한층 세심하게 조절할 수 있습니다.

형태 왜곡   색상 왜곡

개체 형태 왜곡하기

일러스트레이터에는 이동, 복사 등의 기초적인 편집 이외에도 형태를 왜곡할 수 있는 중급 수준의 편집 명령이 있습니다. 이러한 편집 명령을 적용하면 보다 역동적인 효과를 개체에 적용할 수 있습니다.

⊠ 형태를 왜곡하는 도구 알아보기

📁 준비파일 P02\Ch01\01로고.ai

왜곡 관련 도구 알아보기

도구바에서 폭 도구를 길게 클릭하면 하위로 왜곡 도구(Warp Tool), 휘감기 도구(Twirl Tool), 오목 도구 (Punker Tool) 등 다양한 형태 왜곡 도구가 나타납니다. 왜곡 도구를 클릭한 상태에서 원하는 모양에 맞춰 드래그를 하면 각 명령에 맞게 개체의 형태가 변형됩니다.

도구바에서 왜곡 도구(▣)를 선택하면 마우스 커서가 원형 브러시 팁 모양으로 바뀝니다. 브러시 팁은 Alt + Shift 키를 누른 상태로 대각선 오른쪽 위 방향으로 드래그하면 커지고, 반대 방향으로 드래그하면 작아집니다.

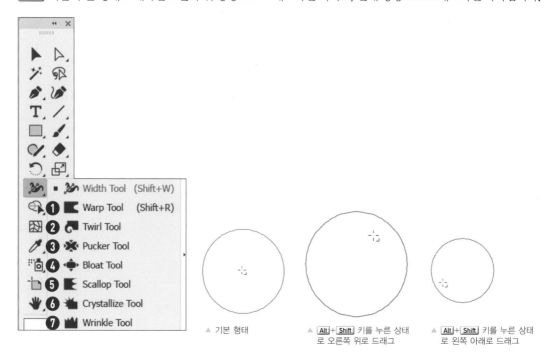

△ 기본 형태　　　△ Alt + Shift 키를 누른 상태　△ Alt + Shift 키를 누른 상태
　　　　　　　　　　로 오른쪽 위로 드래그　　　로 왼쪽 아래로 드래그

기본 바 형태의 개체에 각각의 도구를 적용하면 어떻게 변형되는지 알아
보겠습니다.

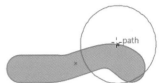

1 ◼ Warp | 왜곡 도구(Warp Tool)를 선택하고 Ctrl 키를 누른 상태에서 개체
를 클릭하면 개체가 선택됩니다. Ctrl 키를 놓으면 다시 명령이 활성화된 상태
로 돌아옵니다. 브러시 팁이 나오면 크기를 적당히 조절하고 개체의 위를 드래
그합니다. 드래그한 방향으로 형태가 왜곡됩니다.

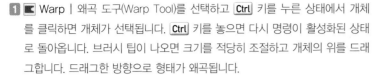

2 ◼ Twirl | 휘감기 도구(Twirl Tool)를 선택하고 개체의 임의의 지점을 클릭한 상
태로 가만히 기다리면 개체가 나선형으로 돌아가면서 형태가 왜곡됩니다.

3 ▨ Pucker | 오목 도구(Pucker Tool)를 선택하고 개체를 클릭하면 클릭한 위
치로 점들이 모여들며 쪼그라드는 모양으로 왜곡됩니다.

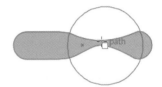

4 ◆ Bloat | 볼록 도구(Bloat Tool)를 선택하고 개체를 클릭하면 클릭한 위치를
중심으로 부풀어 오르는 듯한 모양으로 왜곡됩니다.

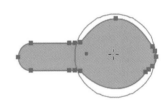

5 ◼ Scallop | 스캘럽 도구(Scallop Tool)를 선택하고 개체를 클릭하면 클릭한
위치를 중심으로 뾰족한 물결 모양이 나타나며 오므라듭니다.

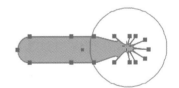

6 ▨ Crystallize | 결정화 도구(Crystallize Tool)를 선택하고 개체를 클릭하면
클릭한 위치를 중심으로 뾰족한 물결 모양이 나타나면서 바깥쪽으로 팽창되는
모양으로 왜곡됩니다.

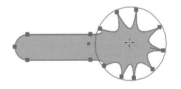

7 ▧ Wrinkle | 주름 도구(Wrinkle Tool)를 선택하고 개체를 클릭하면 클릭한 지
점을 중심으로 위쪽과 아래쪽에 커튼이 흔들리는 것처럼 주름지는 모양으로
왜곡됩니다.

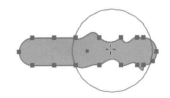

옵션 조절로 부풀린 로고 만들기

볼록(Bloat) 명령의 옵션 대화상자에서는 강도, 점 개수 등의 세부항목을 조절할 수 있습니다. 여섯 개의 조
각으로 이루어진 로고에 볼록 명령을 적용하고 옵션을 조절해서 형태를 부풀려 보겠습니다.

01 Ctrl + O를 눌러 01로고.ai 파일을 엽니다. ❶ 로고 개체를 선택한 후 ❷ 도구바에서 폭 도구(🖊)를 길게 클릭하고
❸ 목록에서 볼록 도구(💠)를 선택합니다.

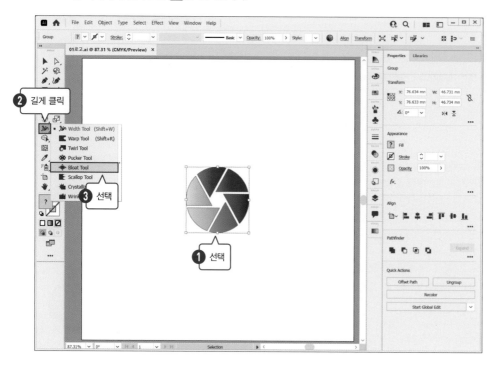

02 도구바의 볼록 도구를 더블클릭하여 옵션 대화상자를 엽니다. ❶
효과가 천천히 적용되게 하기 위해 Intensity 값을 '1%'로 입력합
니다. ❷ 이어서 곡선에서 점을 늘리는 옵션인 Detail 값을 '3'으로
높입니다. ❸ Simplify 옵션을 해제하여 모양이 단순해지는 것을
방지한 후 ❹ [OK] 버튼을 클릭합니다.

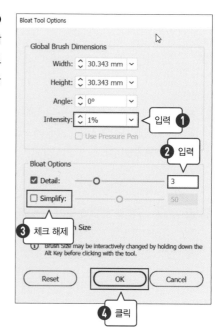

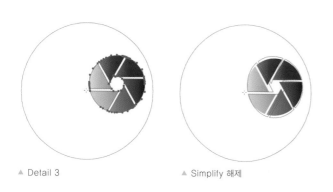

▲ Detail 3   ▲ Simplify 해제

03 화면에 브러시 팁이 나타나면 Alt + Shift 키를 누른 상태로 오른쪽 위로 드래
그하여 브러시 크기가 개체보다 많이 커지도록 만듭니다. 브러시의 중심이 개체
의 왼쪽에 위치하도록 합니다. 개체를 클릭한 채로 계속 누르고 있으면 서서히
부풀어 오르는 모양을 확인할 수 있습니다.

일러스트 마스터! 🔔

Simplify 기능으로 개체의 점 개수 조절하기

개체를 선택하고 Space Bar 를 눌러보면 개체의 점이 너무 많아진 것을 확인할 수 있습니다.
점의 개수를 조절해 보겠습니다. ❶ 개체를 선택하고 [Object]–[Path]–[Simplify]를 선택합니다. ❷ 점의 개수를 조절해주는 옵션 바가
나타나면 슬라이더 막대에서 점의 개수를 직접 조절합니다. ❸ 🔛을 클릭하면 자동으로 계산하여 점 개수를 조절해줍니다.

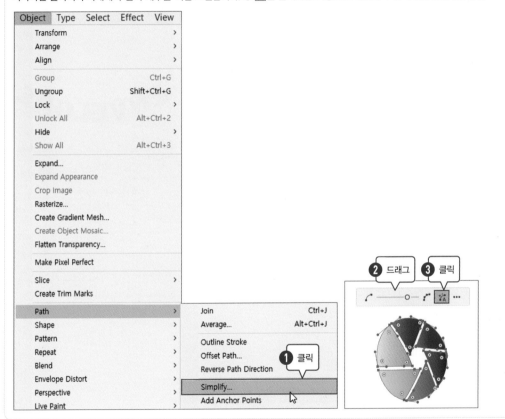

⊠ 둘러싸기 왜곡 1: Make with Warp 적용하기

📁 준비파일 P02\Ch01\01ENVELOPE.ai

둘러싸기 왜곡(Envelope Distort) 옵션 중 Make with Warp 명령을 적용하면 개체를 다양한 모양으로 변형할 수 있습니다. Bend 값에 따라 구부러지는 정도를 조절할 수 있고, Horizontal 및 Vertical 값을 변경하여 개체의 면적이 치중되는 정도를 설정할 수 있습니다.

Make with Warp 기능 알아보기

01 Ctrl + O 를 눌러 01ENVELOPE.ai 파일을 엽니다. ❶ 텍스트를 선택한 후 메뉴바에서 [Object] −[Envelope Distort]−[Make with Warp]를 클릭합니다. 해당 명령은 감싸주는 모양으로의 왜곡을 의미합니다. Arc(부채꼴) 모양으로 Bend(구부림) 값이 50%로 설정되어 있습니다. ❷ Bend 값을 '−35%'로 수정하여 아래쪽으로 뒤집어진 부채꼴 모양으로 바꿉니다.

02 ❶ 이번에는 Distortion에서 Horizontal 값에 '60%'를 입력합니다. 개체의 오른쪽 부분이 커집니다. ❷ 수치를 '–50%'로 입력하면 반대로 왼쪽 부분이 커집니다.

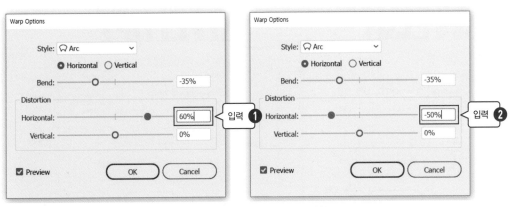

▲ Horizontal 60%   ▲ Horizontal –50%

03 ❶ Horizontal 값을 다시 '0%'로 변경합니다. ❷ Vertical 값을 '20%'로 입력하면 개체의 아래쪽이 넓어지면서 누워있는 듯한 느낌이 듭니다. ❸ Bend 값을 '30%'로 설정하고 ❹ Vertical 값에 '–30%'를 입력하면 개체의 윗부분이 커집니다.

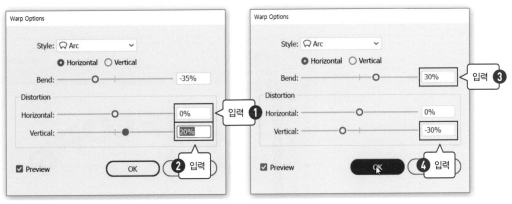

▲ Vertical 20%   ▲ Vertical –30%

04 부채꼴을 세로 방향으로 바꿔 보겠습니다. Style 목록 아래의 ❶ 'Vertical' 옵션을 선택합니다. ❷ Vertical 값을 '0%'로 설정하고 Bend 값에 '30%'를 그대로 두면 왼쪽이 확장된 서 있는 부채꼴 모양으로 바뀝니다. ❸ Bend 값에 '–30%'를 입력하면 반대쪽인 오른쪽이 확장된 서 있는 부채꼴 모양으로 왜곡됩니다.

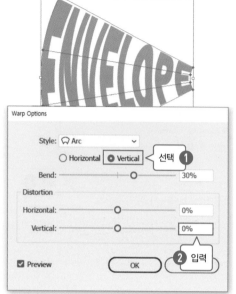

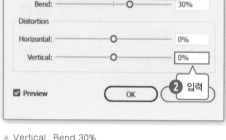

▲ Vertical, Bend 30%

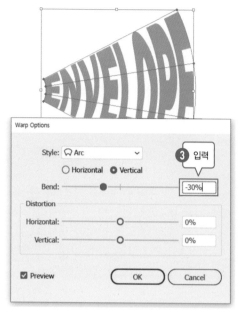

▲ Vertical, Bend –30%

개체 내용 수정하기

Envelope 명령이 적용된 개체의 내용은 컨트롤 패널에서 Contents 아이콘을 클릭하여 수정할 수 있습니다. 기존의 문구 뒤에 느낌표 두 개를 더 넣어 보겠습니다.

01 ❶ Horizontal 옵션을 선택하고 ❷ Bend 값을 '50%'로 설정하여 기본 설정 상태로 되돌아갑니다. ❸ 컨트롤 패널에서 ▣을 클릭하면 개체의 패스 가이드가 바뀝니다. 마우스를 개체 위에 올려보면 텍스트 개체의 가이드가 뜨는 것을 확인할 수 있습니다.

02 ❶ 도구바에서 문자 도구를 클릭합니다. ❷ 마우스 커서를 문자 위에서 클릭한 후 내용을 수정합니다. ❸ 수정이 모두 끝나면 도구바에서 선택 도구를 클릭하고 ❹ 컨트롤 패널에서 ▨을 클릭합니다. 다시 원래의 모양으로 돌아옵니다.

Make with Warp의 다양한 스타일

[Envelope Distort]−[Make with Warp]의 Style 목록에는 Arc 모양 외에도 다양한 모양들이 있습니다. 아래의 그림은 모두 Bend는 50%, Horizontal과 Vertical은 0%로 설정된 기본 스타일입니다.

효과 미적용	Arc	Arc Lower	Arc Upper
ENVELOPE	ENVELOPE	ENVELOPE	ENVELOPE
Arch	Bulge	Shell Lower	Shell Upper
ENVELOPE	ENVELOPE	ENVELOPE	ENVELOPE
Flag	Wave	Fish	Rise
ENVELOPE	ENVELOPE	ENVELOPE	ENVELOPE
Fisheye	Inflate	Squeeze	Twist
ENVELOPE	ENVELOPE	ENVELOPE	ENVELOPE

⊠ 둘러싸기 왜곡 2: Make with Mesh 적용하기

📁 준비파일 P02\Ch01\01MESH.ai

둘러싸기 왜곡 옵션 중 Make with Mesh를 적용하면 개체를 세밀하게 왜곡할 수 있도록 칸이 생기고, 각
점을 하나하나 이동하여 모양을 변형시킬 수 있습니다.

01 Ctrl + O를 눌러 01MESH.ai 파일을 엽니다. ❶ 텍스트를 일반 도형으로 바꿔놓은 연두색 개체를 선택하고
❷ 메뉴바에서 [Object]-[Envelope Distort]-[Make with Mesh]를 클릭합니다.

02 Mesh(그물)의 가로줄 수와 세로줄 수를 설정해 보겠습니다. ❶ Rows 값으로는 '4', Columns 값으로는 '8'
을 입력하고 ❷ [OK] 버튼을 클릭합니다. 연두색 개체 위로 가로 4줄, 세로 8줄의 표처럼 생긴 그물 모양의
Envelope 개체가 생성됩니다.

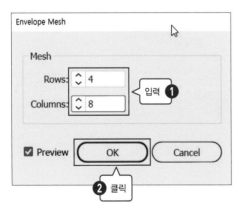

03 도구바에서 직접 선택 도구(⟨⟩)를 클릭합니다. 이제 Envelope Mesh의 점을 개별적으로 선택할 수 있습니다. 맨위의 가로줄을 드래그로 전부 선택합니다. 키보드의 → 키를 5회 정도 눌러 위치를 오른쪽으로 이동시킵니다(또는 드래그해서 위치를 이동시킵니다).

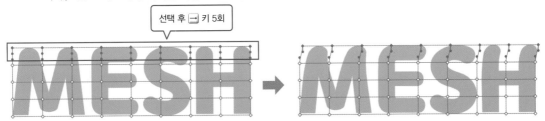

04 ❶ 세 번째 가로줄에 있는 모든 점을 선택하고 ❷ Shift 키를 누른 상태로 다섯 번째 가로줄의 모든 점을 추가 선택합니다. 이전과 같은 방법으로 오른쪽으로 이동시킵니다. ❸ 개체의 두 번째 가로줄에 있는 모든 점을 선택하고 ❹ 네 번째 가로줄의 모든 점을 추가 선택합니다. 이번에는 점들의 위치를 왼쪽으로 이동시킵니다. 작업이 끝나면 빈 화면을 클릭하여 마무리합니다.

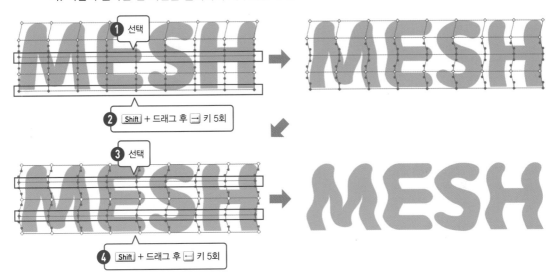

컨트롤 패널에서 개체 수정하기

01 개체의 '효과'를 수정하고 싶다면 개체를 선택한 후 컨트롤 패널을 활용합니다. ❶ 컨트롤 패널에서 Envelope 아이콘을 클릭하고 ❷ Mesh의 Columns 값을 '4'로 수정합니다.

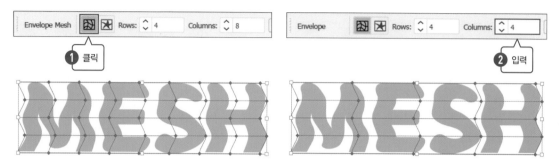

02 ❶ 개체의 내용을 수정하기 위해서는 컨트롤 패널에서 Contents 아이콘을 클릭합니다. 왜곡하기 전의 개체가 선택됩니다. ❷ 면색을 다른 색으로 입력하면 개체의 색이 바뀝니다. 선을 넣는 등의 다른 변형도 가능합니다.

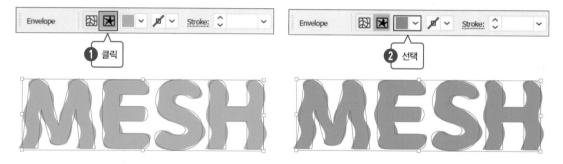

효과를 깨서 일반 개체로 만들기

개체의 효과를 계속 유지할 수도 있고, 추후 다른 작업을 위해 모양대로 효과를 깨서 일반 패스 개체로 만들 수도 있습니다. 메뉴바의 [Object]-[Expand]를 클릭하면 설정 대화상자가 나타나는데, 여기서 [OK] 버튼을 클릭합니다. 텍스트도 아니고 Envelope 효과도 아닌 일반 개체로 변합니다.

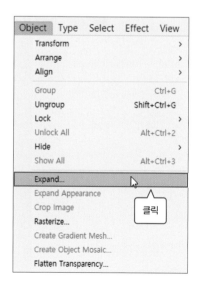

⊠ 둘러싸기 왜곡 3: Make with Top Object 적용하기

📁 준비파일 P02\Ch01\01펭귄.ai

'SAVE', 'EARTH', 'PLEASE'라고 쓰여 있는 개체를 세 군데 영역으로 나누어진 펭귄의 배의 모양에 맞추어 주입하겠습니다. 펭귄 배에 있는 연두색, 오렌지색, 분홍색 개체는 Envelope 명령이 적용된 후에는 투명해지며, 그 결과로 파란색 글씨만 남게 됩니다.

01 Ctrl + O 를 눌러 01펭귄.ai 파일을 엽니다. ❶ 'SAVE', 'EARTH', 'PLEASE'라고 쓰여 있는 개체 세 개를 선택한 후 Ctrl + Shift + [을 눌러 맨 뒤로 배치합니다. ❷ 선택 도구로 SAVE 개체와 펭귄의 연두색 개체를 선택합니다.

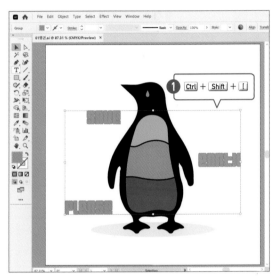 

02 ❶ 메뉴바에서 [Object]-[Envelope Distort]-[Make with Top Object]를 선택합니다. ❷ SAVE 개체가 연두색 개체 모양으로 왜곡되어 들어갑니다.

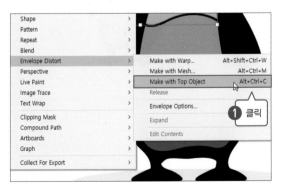 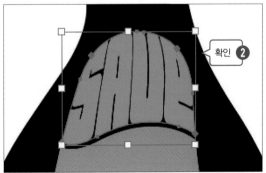

03 ❶ EARTH 개체와 오렌지색 개체를 선택합니다. ❷ 메뉴바에서 [Object]-[Envelope Distort]-[Make with Top Object]를 선택합니다. EARTH 개체가 오렌지색 개체 모양으로 왜곡되어 들어갑니다.

04 PLEASE 개체와 분홍색 개체에 대해서도 이전 작업과 같은 명령으로 작업합니다. PLEASE 개체가 분홍색 개체 모양으로 왜곡되어 들어갑니다.

TIP

만약 작업이 실행되지 않는다면 선택한 두 개의 개체 중 어떤 개체가 더 상위에 있는지 확인해야 합니다. 상위에 있는 개체가 Envelope(감싸주는 개체)가 되고, 속으로 들어가는 텍스트는 하위에 위치해야 합니다. 따라서 문자 형태의 개체를 뒤쪽으로 보내거나 외곽의 감싸주는 모양 개체를 더 앞쪽으로 올려주면 됩니다.

☒ 오프셋 패스로 점 균일하게 이동하기

준비파일 P02\Ch01\01독수리.ai

오프셋 패스(Offset Path)는 패스에 있는 점을 균일하게 이동시키는 명령입니다. 원 위에 사방으로 균일하게 작아진 원이 필요하다고 할 때 만약 완전한 원이라면 복사 후 Shift + 드래그로 더 작은 개체를 만들어 위로 올려주면 어렵지 않게 만들 수 있습니다. 하지만 타원이라면 복사해서 Shift + 드래그로 더 작은 개체를 만들어 위로 올려도 가로와 세로의 비율이 다르므로 이 방법으로는 균일하게 작아진 타원을 만들 수 없습니다. 이때 활용할 수 있는 명령이 바로 오프셋 패스입니다.

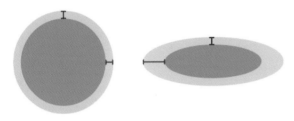

▲ 사방을 균일하게 작업 가능한 원   ▲ 사방을 균일하게 하기 어려운 타원

오프셋 패스 기능 알아보기

타원 개체를 사방으로 균일하게 커지고 작아지게 만들어 보겠습니다. 복사 후 바운딩 박스를 드래그해 줄이면 Shift 키를 활용해도 비율이 어긋나지만 오프셋 패스 명령을 사용하면 동일한 비율을 유지합니다.

01 ❶ 도구바에서 타원 도구를 클릭하고 빈 화면을 클릭합니다. ❷ Width 값에 '60mm', Height 값에 '20mm'를 입력하고 ❸ [OK] 버튼을 클릭합니다. ❹ 이때 면색은 노란색으로, 선색은 없음으로 설정합니다.

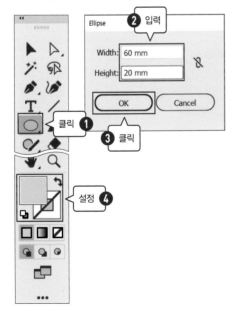
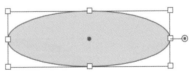

02 ❶ 개체를 선택하고 메뉴바의 [Object]–[Path]–[Offset Path]를 클릭합니다. ❷ Offset 값에 '3mm'를 입력하고 ❸ [OK] 버튼을 클릭합니다. 원본보다 사방으로 3mm씩 균일하게 커진 개체가 같은 색으로 원본 뒤에 만들어집니다. ❹ 면색이 위로 오도록 면을 클릭하고 ❺ 다른 색을 선택합니다.

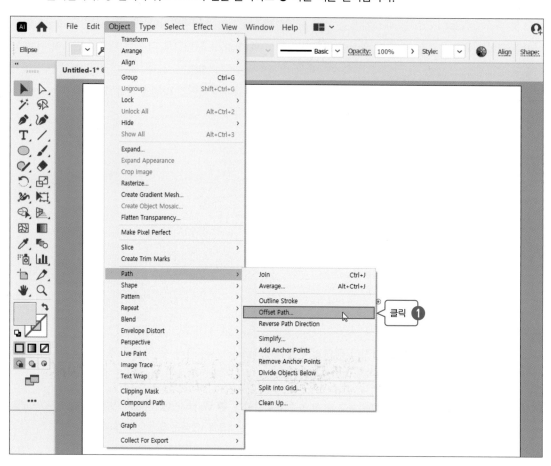

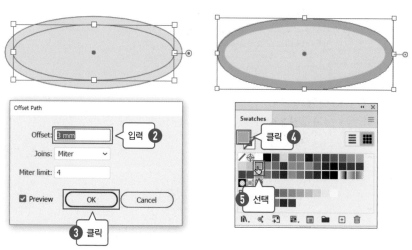

03 ❶ 선택 도구로 다시 노란색 원만 선택합니다. 메뉴바에서 [Object]–[Path]–[Offset Path]를 선택한 후 ❷ 이 번에는 '−3mm'를 입력하고 ❸ [OK] 버튼을 클릭합니다. 원본보다 사방으로 3mm씩 균일하게 작아진 원이 같은 노란색으로 만들어집니다. ❹ 면이 선보다 위에 있는지 확인한 후 ❺ 다른 색을 선택합니다.

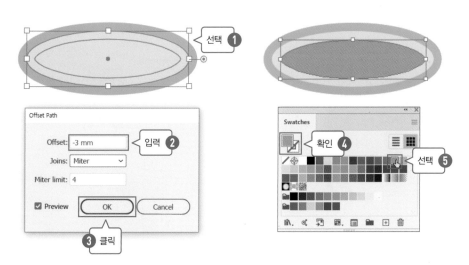

오프셋 패스 활용하여 동일한 비율로 확대하기

오프셋 패스 명령을 사용하여 방패 개체를 사방으로 키워 은빛 테두리를 만들어 보겠습니다. [Pathfinder] 패널의 Unite 옵션을 함께 활용하면 여러 개의 개체로 만들어진 실루엣도 동일하게 확대할 수 있습니다.

01 Ctrl + O를 눌러 01독수리.ai 파일을 엽니다. ❶ 방패 그룹 개체를 Alt 키를 누른 상태로 드래그하여 복사합니다. 복사된 개체가 선택된 상태에서 메뉴바의 [Window]–[Pathfinder]를 클릭하여 패널을 열고 Unite 아이콘(🔳)을 클릭합니다.

02 ❶ 하나로 합쳐진 개체를 선택하고 ❷ 메뉴바에서 [Object]–[Path]–[Offset Path]를 클릭합니다. ❸ Offset 값에 '2mm'를 입력하고 ❹ [OK] 버튼을 클릭합니다. 사방으로 2mm씩 커진 개체가 원본의 뒤로 만들어집니다.

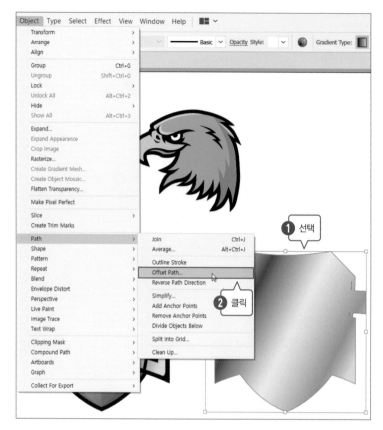

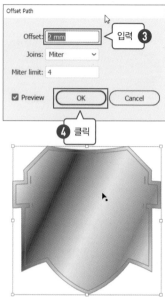

03 ❶ 면색이 위로 올라와 있는지 확인한 후 ❷ 도구바에서 스포이트 도구를 클릭하고 ❸ 독수리의 어두운 파란색 부분을 클릭하여 색을 추출합니다. 테두리의 면색이 어두운 파란색으로 바뀝니다.

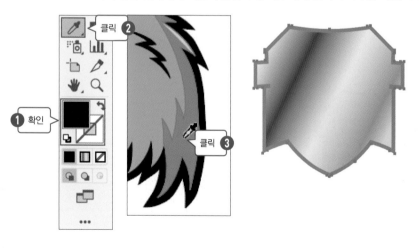

04 다시 한번 더 커지는 개체를 만들겠습니다. ❶ 바로 전에 작업했던 개체가 선택된 상태에서 메뉴바의 [Object]-[Path]-[Offset Path]를 클릭합니다. ❷ 이번에는 '1.5mm'를 입력하고 ❸ [OK] 버튼을 클릭합니다. 사방으로 1.5mm씩 커진 개체가 만들어집니다.

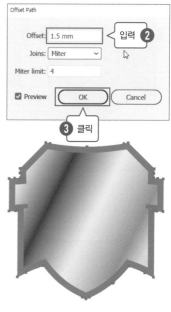

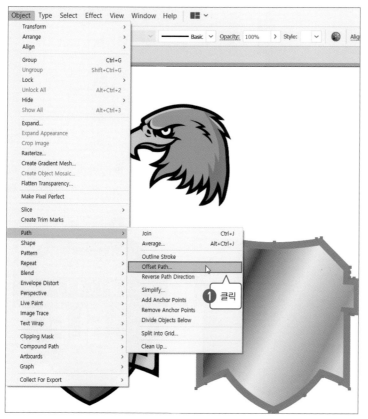

05 뒤에 위치한 개체의 색을 바꿔 보겠습니다. ❶ 도구바에서 스포이트 도구를 클릭한 후 ❷ 옆 방패의 검은색 부분을 클릭해 색을 추출합니다. 면색이 검은색으로 바뀝니다.

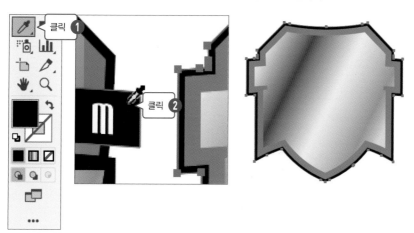

06 ❶ 두 방패 개체를 모두 선택합니다. 메뉴바에서 [Window]-[Align]을 선택하여 패널을 열고 ❷ 가로 가운데 정렬, ❸ 세로 가운데 정렬을 선택합니다. 두 개체가 가운데 정렬됩니다.

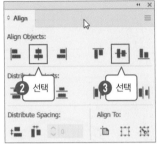

07 ❶ 가장 상위에 있는 그레이디언트 개체를 선택하고 Delete 키를 눌러 삭제합니다. ❷ 선택 도구로 위쪽의 파란색 개체를 클릭하고, ❸ Shift 키를 누른 상태에서 뒤쪽의 검은색 개체를 클릭하여 추가 선택합니다. ❹ Ctrl + Shift + [를 눌러 가장 뒤로 보냅니다.

08 ❶ 독수리 개체를 방패 위로 드래그하여 적절한 위치에 배치한 후 ❷ Ctrl +] 를 누릅니다.

09 그룹 지어져 있는 방패 개체를 선택합니다. ❶ 마우스 오른쪽 버튼을 클릭하고 ❷ 'Ungroup'을 선택해 그룹을 해제합니다.

10 마지막으로 흰색 글씨가 있는 검은색 박스 개체를 선택하고 Ctrl + Shift +]를 눌러 가장 상위로 올립니다. 스포츠팀 로고 작업을 마무리합니다.

⊠ 클리핑 마스크 처리로 원하는 부분만 보이기

준비파일 P02\Ch01\01재즈페스티벌.ai

우리가 얼굴에 마스크를 쓰면 가려지는 부분이 생기듯, 원하는 부분만 보여주고 나머지는 가리는 기능을 '마스크'라고 합니다. 그래픽 툴에서 마스크의 기능은 매우 중요합니다. 삭제하지 않고 가려두면 나중에 언제든지 다시 되돌릴 수 있기 때문입니다.

클리핑 마스크 기능 알아보기

일러스트레이터에서 마스크 기능을 하는 명령은 클리핑 마스크(Clipping Mask)입니다. 클리핑 마스크 기능을 사용하면 현 상태에서 보이지 않았으면 하는 부분을 일시적으로 가릴 수 있습니다. 재즈 페스티벌 포스터 바깥으로 삐져 나와 있는 나뭇잎을 보이지 않게 작업해 보겠습니다.

01 Ctrl + O를 눌러 01재즈페스티벌.ai 파일을 불러옵니다. ❶ 도구바에서 사각형 도구를 클릭하고 ❷ 빈 화면을 클릭합니다. ❸ 대화상자가 뜨면 Width에 '100mm', Height에 '140mm'를 입력하고 ❹ [OK] 버튼을 클릭합니다. ❺ 면색은 임의의 색으로, 선색은 '없음'으로 설정합니다.

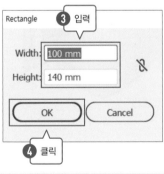

TIP

클리핑 마스크는 보이고 싶은 크기와 모양으로 최상위에 만들어줘야 합니다.

02 ❶ 사각형 개체를 포스터의 위치 및 크기에 맞춰 배치한 후 ❷ 모든 개체를 선택합니다.

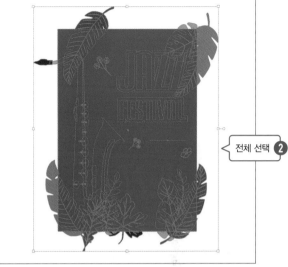

03 ❶ 메뉴바에서 [Object]-[Clipping Mask]-[Make]를 클릭하거나 단축키 Ctrl + 7 을 누릅니다. 사각형 개체에 가려졌던 부분만 보이고 바깥쪽으로 삐져 나왔던 개체들은 가려집니다. ❷ 나뭇잎들이 삭제된 것은 아니며, 마우스를 움직여보면 아직 패스가 가이드로 뜨는 것을 확인할 수 있습니다.

마스크에 가려진 개체 선택하고 편집하기

클리핑 마스크가 적용된 개체 역시 편집이 가능합니다. 그룹 선택 도구를 이용하거나 더블클릭하여 개체를 선택한 후 편집을 적용해 봅니다.

01 가려져서 보이지 않는 마스크 속의 개체를 선택해 보겠습니다. 도구바의 직접 선택 도구(▷)를 길게 클릭한 후 그룹 선택 도구(▷)를 클릭합니다. ❶ 화면 왼쪽 아래의 나뭇잎을 제자리에서 2회 클릭하면 그룹으로 묶인 나뭇잎이 선택됩니다. ❷ 이때 도구바에서 선택 도구(▷)를 클릭하면 나뭇잎 주변에 바운딩 박스가 생성됩니다. 드래그로 자유롭게 크기를 조절합니다. ❸ 빈 화면을 클릭하면 다시 마스크 밖으로 나오게 됩니다.

02 이번에는 색소폰 옆의 붉은색 나뭇잎을 편집해 보겠습니다. ❶ 선택 도구로 붉은색 나뭇잎 개체를 3회 연달아 클릭합니다. ❷ 격리 모드가 적용되면서 붉은색 나뭇잎 주변에 바운딩 박스가 생성된 것을 확인할 수 있습니다.

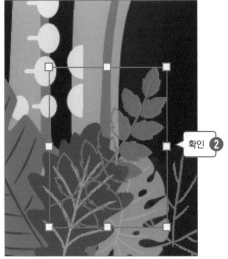

03 ❶ 붉은색 나뭇잎 개체를 [Alt] 키를 누른 상태로 드래그하여 복제합니다. ❷ 도구바에서 반전 도구(▷◁)를 클릭하고 왼쪽에서 오른쪽으로 드래그하여 개체의 방향을 반전시킵니다. 다시 선택 도구를 클릭한 후 바운딩 박스가 나타나면 ❸ 크기와 방향을 원하는 대로 조절하고 ❹ 빈 화면을 더블클릭해서 작업을 마무리합니다.

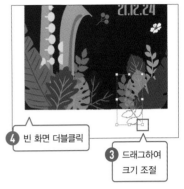

일러스트 마스터! 🔔

마스크를 풀면 어떻게 될까?

선택 도구로 마스크가 씌워진 개체 위에서 마우스 오른쪽 버튼을 클릭하고 'Release Clipping Mask'를 선택하면 마스크가 미적용된 상태가 됩니다. 분홍색 사각형 개체가 사라진 것처럼 보이지만 남아 있습니다. 빈 화면을 한 번 클릭하고 마우스를 사각형 변에 대고 클릭하면 면과 색이 없는 투명한 사각형이 선택됩니다. 드래그하여 이동시켜보면 더 쉽게 이해할 수 있습니다. 이렇게 마스크를 풀어주고 나면 최상위 개체였던 마스크 개체가 색이 없이 투명하게 남겨지는데, 필요하지 않다면 찾아서 삭제해줘야 합니다.

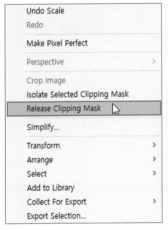

⊠ 원근감 격자 도구를 활용하여 거리감 표현하기

📁 준비파일 P02\Ch01\01빌딩.ai

일러스트레이터는 2D 기반의 프로그램이기 때문에 원근감이 느껴지는 작업을 정확히 하기가 어렵습니다. 이 작업을 더 쉽게 수행할 수 있도록 소실점의 종류별로 원근감 격자(Perspective Grid)를 제공합니다. 원근감 격자를 이용해 입체적인 건물 일러스트를 그려봅니다.

01 Ctrl + O 를 눌러 01빌딩.ai 파일을 불러옵니다. ❶ 도구바에서 원근감 격자 도구(▦)를 클릭합니다. 아트보드 화면에 소실점이 두 개인 원근감 격자가 나타납니다. ❷ 도구바에서 사각형 도구를 클릭하고 ❸ [Swatches] 패널에서 원하는 그레이디언트 색을 선택합니다.

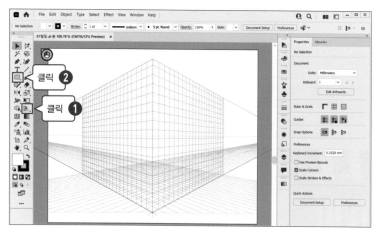

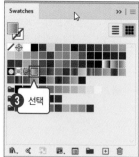

02 ❶ 위젯의 오른쪽 면(오렌지색)을 클릭하고 ❷ 오렌지색 격자 위에서 드래그합니다. ❸ 위젯의 왼쪽 면(파란색)을 클릭하고 ❹ 파란색 격자 위에서 다른 사각형을 그립니다. 다른 그레이디언트 색상을 자유롭게 선택합니다.

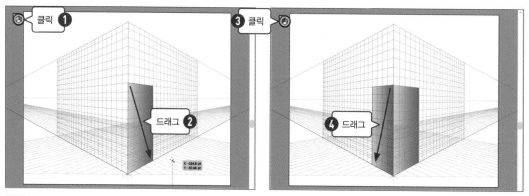

> **TIP**
>
> 원근감 효과는 위젯의 왼쪽, 오른쪽, 아래쪽 면을 따로따로 선택하고 그려야 적용됩니다. 위젯에서 각 면을 클릭하여 어느 쪽에서 그릴지 먼저 선택한 후에 그려야 합니다.

03 ❶ 원근감 격자 도구를 길게 클릭하고 ❷ 원근감 선택 도구를 클릭합니다. ❸ 위젯에서 오른쪽 면을 클릭하고 ❹ 아트보드 아래에 있는 문과 창문을 드래그해서 오른쪽 벽면 위로 올립니다. 격자대로 시점이 적용되어 올라갑니다. ❺ 개체가 뒤쪽으로 들어가서 보이지 않는다면 Ctrl + Shift +] 를 눌러 가장 앞으로 올려줍니다.

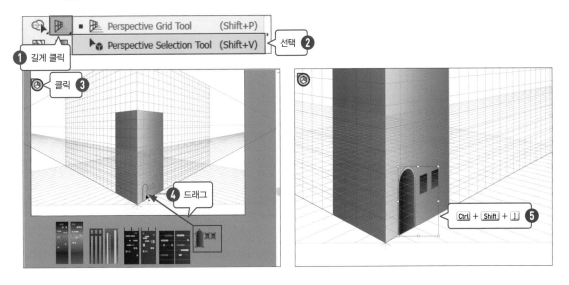

04 ❶ 아트보드 아래에 있는 건물 벽면 중 하나를 드래그해서 오른쪽 격자 위로 올려줍니다. ❷ 모서리의 점을 드래그해서 크기를 조절합니다. ❸ 위젯의 왼쪽 면을 클릭하고 ❹ 건물 벽면 중 하나를 드래그하여 올려줍니다. ❺ 점을 드래그하여 높이와 크기를 맞춰줍니다.

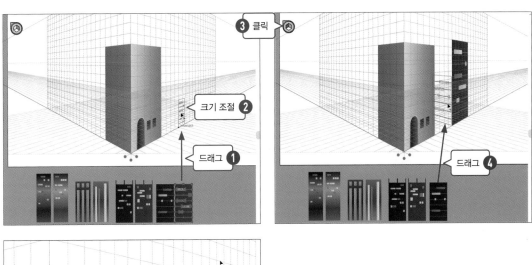

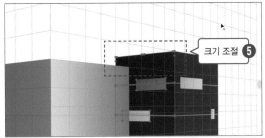

05 ❶ 위젯의 왼쪽 면을 클릭하고 ❷ 건물 벽면 중 어두운색의 벽면을 선택하여 화면으로 드래그합니다. ❸ 개체의 점을 드래그하여 크기를 조절합니다. ❹ 위젯의 오른쪽 면을 클릭하고 ❺ 건물 벽면 중 밝은색의 벽면을 드래그하여 올려줍니다. ❻ 개체의 모서리를 드래그하여 크기를 조절합니다.

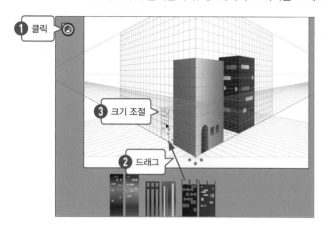

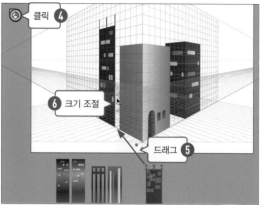

06 나머지 벽면도 각각의 위젯을 선택하고 드래그하여 위치시킨 다음 크기를 적절히 조절합니다. 시점이 적용된 건물 일러스트 작업을 완성합니다.

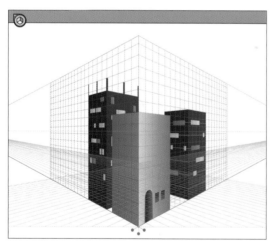

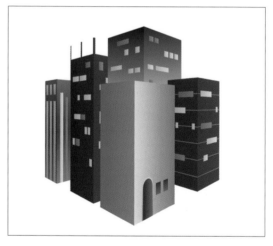

TIP

크기를 조절할 때 선택 도구를 사용하면 시점이 적용되지 않습니다. 원근감 격자가 켜져 있을 때는 원근감 선택 도구를 반드시 선택한 상태에서 조절해야 합니다.

개체 색상 왜곡하기

일러스트레이터에서는 형태뿐만 아니라 색상도 왜곡이 가능하고, 형태와 색상을 동시에 왜곡할 수도 있습니다. 대표적으로 그레이디언트 메시, 블렌드, 이미지 추적, 블렌드 모드, 라이브페인트에 대해 알아보겠습니다.

⊠ 그레이디언트 메시 도구로 색상과 형태를 동시에 왜곡하기

📁 준비파일 P02\Ch01\02펌프병.ai

메시는 '그물망'이라는 뜻으로, 개체에 적용하면 망 모양의 패스가 생성되고 각각의 점에 모두 다른 색을 적용할 수 있습니다. 그레이디언트 메시 도구(Mash Tool)를 활용하면 주변의 점들이 자연스럽게 그레이디언트로 연결되기 때문에 사실적이고 정교한 그레이디언트 작업을 수행할 수 있습니다.

그레이디언트 메시 기능 알아보기

먼저 그레이디언트 메시 도구로 원에 여러 지점을 입력한 후 입력된 점을 선택해 색을 적용할 영역을 설정합니다. 점을 이동하여 메시를 왜곡하면 색을 적용하고자 하는 영역을 넓히거나 좁힐 수 있습니다.

01 빈 화면에 원을 그립니다. ❶ 원의 면은 노란색, 선은 색 없음으로 설정합니다. ❷ 도구바에서 그레이디언트 메시 도구를 클릭하고 ❸ 개체 위 임의의 지점을 클릭합니다. 클릭한 곳에 점이 나타나며 그물망과 같은 패스가 만들어집니다. 또한, 점의 개수가 많이 늘어납니다. ❹ 다른 위치에도 점을 찍어봅니다. 이전 점과 연결되는 그물망이 더 나타나면서 점도 더 많이 늘어납니다.

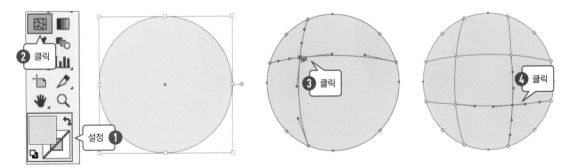

02 ❶ 도구바에서 올가미 도구를 클릭하고 ❷ 점 일부를 드래그해서 선택합니다. ❸ [Swatches] 패널에서 다른 색을 선택합니다. 선택한 점의 색이 바뀌면서 주변이 자연스럽게 그레이디언트로 연결됩니다.

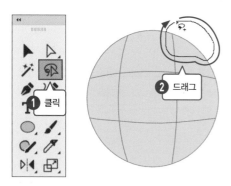
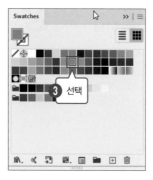

03 올가미 도구로 다른 점을 선택하고 또 다른 색을 선택합니다. 점들을 계속 다른 색으로 바꿔가며 다양한 색을 입력합니다.

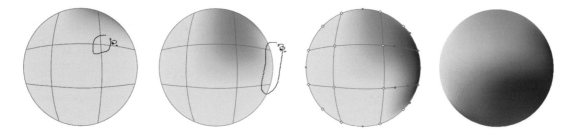

04 ❶ 다시 그레이디언트 메시 도구를 클릭합니다. ❷ 메시의 점을 선택하고 이동해서 메시의 모양을 왜곡할 수 있습니다. 점을 이동하는 방법뿐만 아니라 점에 달린 네 개의 핸들을 늘이고 줄임으로써 그레이디언트의 색상 범위를 넓히거나 좁아지도록 작업할 수 있습니다.

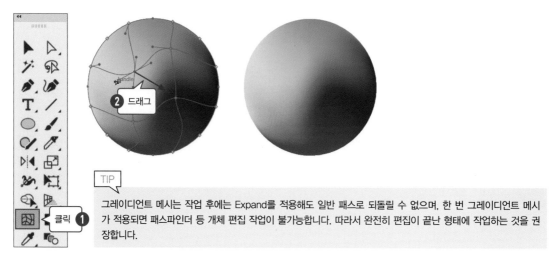

TIP

그레이디언트 메시는 작업 후에는 Expand를 적용해도 일반 패스로 되돌릴 수 없으며, 한 번 그레이디언트 메시가 적용되면 패스파인더 등 개체 편집 작업이 불가능합니다. 따라서 완전히 편집이 끝난 형태에 작업하는 것을 권장합니다.

그레이디언트 메시 도구로 입체감 살리기

펌프병에 입체감을 적용하기 위해 그레이디언트 메시 기능을 활용해 봅니다.

01 Ctrl + O 를 눌러 02펌프병.ai 파일을 불러옵니다. 왼쪽에 있는 병과 같이 자연스러운 그레이디언트를 만들어 보겠습니다. ❶ 오른쪽에 있는 단색 개체를 선택합니다(나머지는 모두 잠겨 있습니다). ❷ 메뉴바에서 [Object]-[Create Gradient Mesh]를 선택하여 옵션 대화상자를 열고 ❸ Rows 값에 '1', Columns 값에 '4'를 입력합니다. ❹ [OK] 버튼을 클릭합니다.

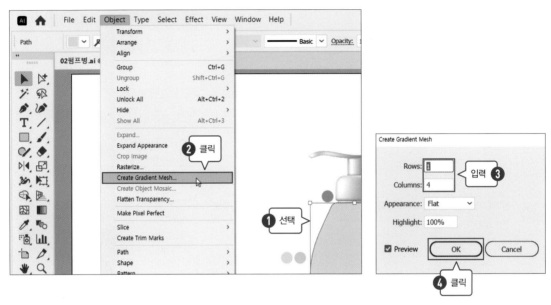

02 메시가 나타나면 ❶ 도구바에서 그레이디언트 메시 도구(▦)를 클릭합니다. ❷ 메시의 줄 중 한 줄의 위에 점을 4개 더 찍어서 추가합니다.

03 도구바에서 올가미 도구(🔾)를 클릭합니다. Ctrl + + 를 눌러 화면을 확대한 후 개체 상단의 점 3개를 선택합니다. 스포이트 도구를 클릭하여 표시된 색으로 추출합니다.

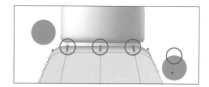

04 다시 그레이디언트 메시 도구(🔳)를 선택합니다. 병의 가운데와 오른쪽 부분의 색상을 표시된 순서대로 스포이트 도구로 추출합니다.

05 병의 오른쪽 아래를 확대합니다. 표시된 점을 각각 표시된 색으로 추출합니다.

06 병의 가운데 아래를 확대합니다. 표시된 점을 표시된 색으로 추출합니다.

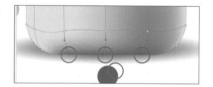

07 병의 왼쪽 아래를 확대하고 점을 하나 더 찍은 후 각각 표시된 색으로 추출합니다.

08 병의 왼쪽 윗부분도 각각 표시된 색으로 추출합니다. 초록색 표시가 있는 점은 흰색으로 입력합니다. 잠겨져 있는 개체들의 잠금을 해제하려면 Ctrl + Alt + 2 를 누릅니다.

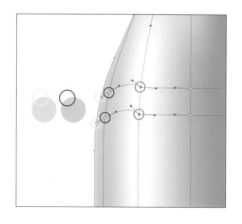

⊠ 블렌드 도구로 변화 단계 표현하기

📁 준비파일 P02\Ch02\02블렌드1.ai, 02블렌드2.ai, 02블렌드3.ai

블렌드(Blend)는 '혼합'이라는 뜻으로, 개체와 개체 사이의 자연스러운 변화를 표현합니다. 즉, 크기와 형태의 변화뿐만 아니라, 색상과 투명도의 변화, 선 두께의 변화, 효과 속성의 변화까지 모두 표현할 수 있습니다. 또한, 변화하는 사이의 간격도 조절할 수 있습니다.

블렌드 도구 기능 알아보기 1

블렌드 도구를 이용하면 개체 사이를 그레이디언트로 연결하거나 개체 사이의 색상 변화를 단계별로 표현할 수 있습니다. 노란색 원과 분홍색 사각형을 그레이디언트로 연결하거나 두 개체의 형태와 색상의 사잇값을 가진 개체들을 형성해 보겠습니다.

01 Ctrl + O 로 02블렌드1.ai 파일을 엽니다. ❶ 상단의 노란색 원과 분홍색 사각형을 선택합니다. ❷ 도구바에서 블렌드 도구(🔧)를 클릭합니다. ❸ 노란색 원을 한 번 클릭하고 ❹ 분홍색 사각형을 한 번 클릭합니다. 두 개의 개체가 부드럽게 연결되어 표현됩니다.

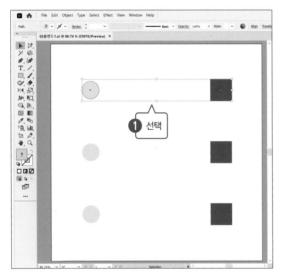
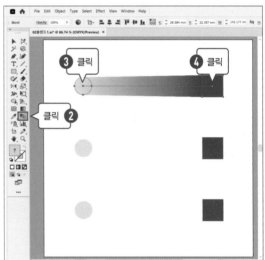

02 ❶ 두 번째 원과 사각형을 선택하고 블렌드 도구를 더블클릭합니다. ❷ 옵션 대화상자가 뜨면 Spacing(간격)의 목록을 열고 'Specified Steps'를 선택합니다. ❸ '4'를 입력하고 ❹ [OK] 버튼을 클릭합니다. ❺ 원과 ❻ 사각형을 각각 한 번씩 클릭하면 두 개체 사이에 4단계로 변화하는 개체들이 나타납니다.

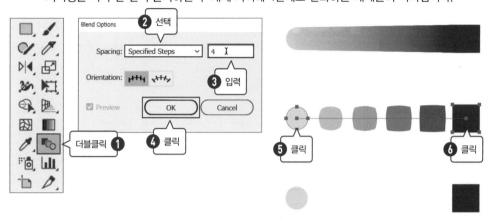

03 ❶ 가장 아랫줄의 원과 사각형을 선택하고 도구바의 블렌드 도구를 더블클릭합니다. ❷ 옵션 대화상자가 뜨면 목록을 열어 'Specified Distance'를 선택합니다. ❸ 수치 입력란에 '20mm'를 입력하고 ❹ [OK] 버튼을 클릭합니다. ❺ 원과 ❻ 사각형을 각각 한 번씩 클릭하면 20mm 간격마다 변화되는 단계의 개체들이 나타납니다.

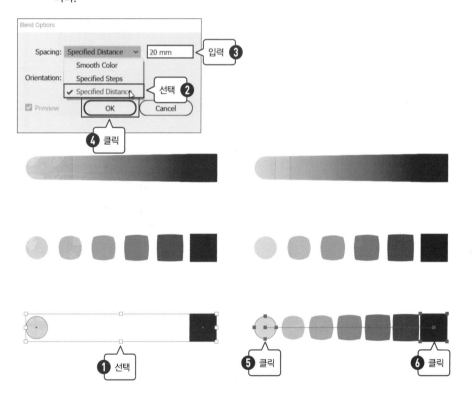

블렌드 수정하기

01 ❶ 도구바에서 직접 선택 도구(▷)를 클릭하고 가운데 블렌드 개체를 가로지르는 패스를 클릭합니다. ❷ 이번에는 펜 도구(✎)를 클릭하고 패스의 중간 지점을 클릭하여 점을 추가합니다.

02 다시 도구바에서 직접 선택 도구를 클릭하고 추가했던 점을 드래그하여 위치를 위로 이동합니다. 블렌드 개체가 같이 이동됩니다.

03 ❶ 도구바에서 펜 도구를 길게 클릭하면 ❷ 나오는 목록에서 고정점 도구(▷)를 선택합니다. ❸ 이동시킨 점에 대고 왼쪽으로 드래그합니다. 핸들이 펼쳐지면서 패스가 곡선으로 변합니다. 핸들이 펼쳐짐에 따라 블렌드 효과가 함께 이동합니다. 펼쳐진 핸들만큼 간격이 벌어져 가운데만 간격이 넓어 보입니다. ❹ 가장 왼쪽의 점에 대고 왼쪽으로 드래그합니다. ❺ 오른쪽에 있는 점도 왼쪽으로 드래그합니다. 이렇게 블렌드의 간격을 핸들로 조절할 수 있습니다.

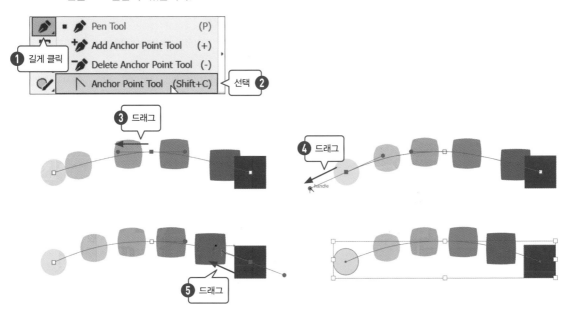

블렌드 효과 확장하기

블렌드 효과를 개체처럼 사용하기 위해서 적용한 블렌드의 효과를 확장할 수 있습니다. 보통 효과를 깬다고 표현합니다.

01 ❶ 효과가 적용되어 있는 개체를 선택하고 ❷ 메뉴바에서 [Object]–[Expand]를 클릭합니다.

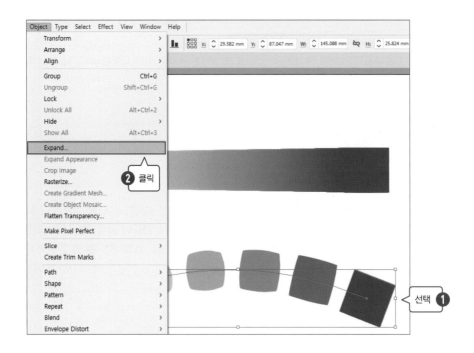

02 옵션 대화상자가 나타나면 [OK] 버튼을 클릭합니다. 블렌드가 면 개체로 변하면서 자동으로 그룹 지어지므로 개별적으로 사용하고 싶다면 그룹을 해제해서 사용합니다.

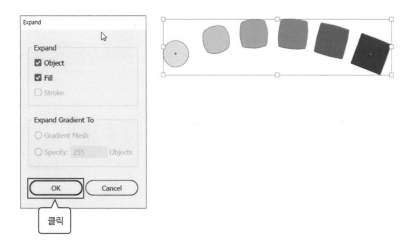

블렌드 도구 기능 알아보기 2

01 Ctrl + O로 02블렌드2.ai 파일을 엽니다. ❶ 선택 도구로 분홍색 선과 오렌지색 선을 동시에 선택하고 ❷ 도구바의 블렌드 도구를 더블클릭합니다. ❸ Spacing 목록에서 'Specified Steps'를 선택하고 ❹ '30'을 입력한 후 ❺ [OK] 버튼을 클릭합니다.

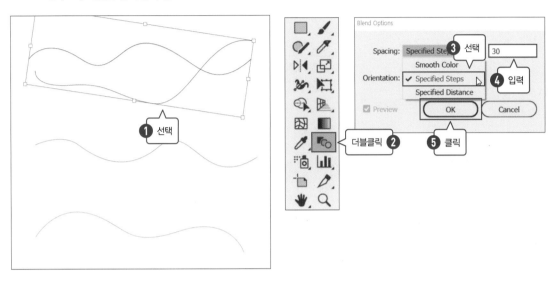

02 메뉴바에서 [Object]-[Blend]-[Make]를 선택합니다. 30단계로 변화하는 블렌드가 적용됩니다.

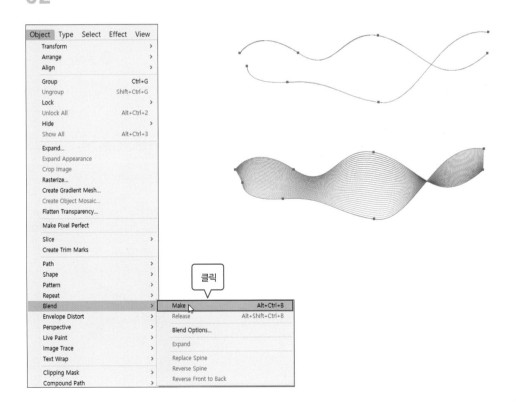

03 ❶ 도구바에서 선택 도구를 클릭합니다. ❷ 기존에 선택되어 있는 블렌드 개체와 함께 녹색 선 개체를 Shift 키를 누른 채로 클릭해 추가로 선택합니다. ❸ 메뉴바에서 [Object]–[Blend]–[Make]를 클릭하거나 Ctrl + Alt + B 를 눌러 블렌드 명령을 실행합니다. 블렌드가 녹색 선까지 이어집니다.

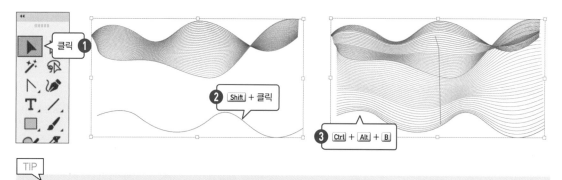

TIP

블렌드는 기존에 만들어진 개체 외에 추가로 더 만들어 계속 연결할 수 있습니다.

04 ❶ 선택 도구로 아래쪽에 있는 파란색 선 개체도 추가로 선택합니다. ❷ Ctrl + Alt + B 를 눌러 블렌드를 추가로 더 연결합니다.

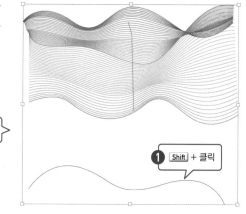

05 ❶ 도구바에서 직접 선택 도구를 클릭하고 ❷ 블렌드를 연결하는 가운데 선을 선택합니다. ❸ 점을 드래그하여 임의의 지점으로 여기저기 이동시킵니다.

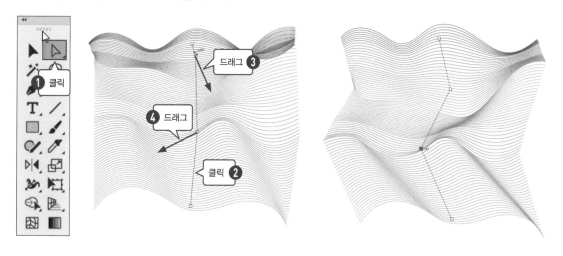

06 점을 모두 다 이동시킨 후 ❶ 도구바에서 펜 도구를 길게 클릭하고 ❷ 고정점 도구(⃓)를 선택합니다. 아래쪽 점에 대고 위쪽으로 드래그하여 핸들을 펼쳐서 곡선으로 만듭니다.

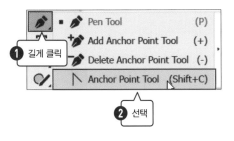
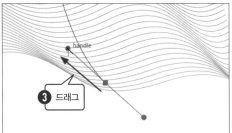

07 그 위의 점도 위쪽으로 드래그하여 핸들을 펼칩니다. 나머지 점들도 모두 핸들을 위 방향으로 펼쳐 작업합니다. 부드럽게 이어지는 곡선을 만들 수 있습니다.

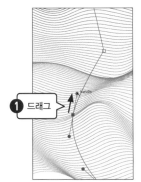
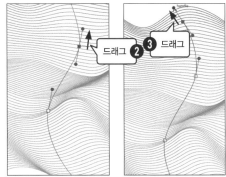
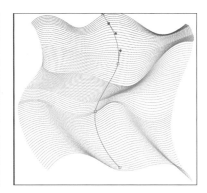

08 도구바에서 직접 선택 도구를 클릭합니다. ❶ 빈 화면을 한 번 클릭한 후 ❷ 가장 아래쪽의 파란색 패스를 선택합니다. ❸ [Properties] 패널에서 Opacity 값을 '0%'로 입력합니다. 파란색 선이 블렌드로 인해 점점 투명해지는 효과가 나타납니다.

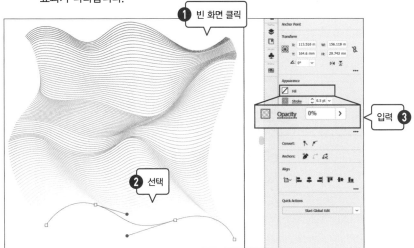

09 ❶ 직접 선택 도구로 가장 위쪽의 분홍색 선을 선택합니다. ❷ [Properties] 패널에서 Stroke 값으로 '2pt'를 입력합니다. 분홍색 선의 두께가 두꺼워지고, 블렌드로 인해 아래로 갈수록 점점 얇아지는 효과가 적용됩니다.

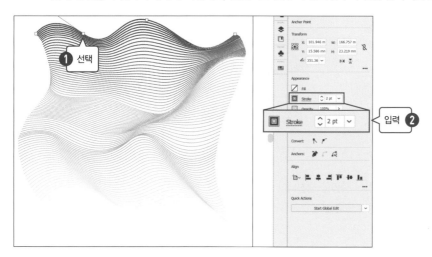

블렌드 도구 응용하기

블렌드 명령은 개체 사이를 직접적으로 연결하기도 하지만, 또 다른 개체의 패스를 매개체로 형태를 구현할 수도 있습니다. 두 원 개체를 이어주는 블렌드 효과를 곡선 개체에 적용해 보겠습니다.

01 Ctrl + O로 02블렌드3.ai 파일을 엽니다. ❶ 선택 도구로 노란색 그레이디언트 원과 파란색 그레이디언트 원을 선택하고 ❷ 도구바에서 블렌드 도구를 더블클릭합니다. ❸ 블렌드 옵션 대화상자에서 Spacing 목록을 열어 'Specified Distance'를 선택하고 ❹ '1mm'를 입력합니다. ❺ [OK] 버튼을 클릭합니다.

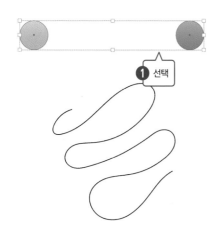

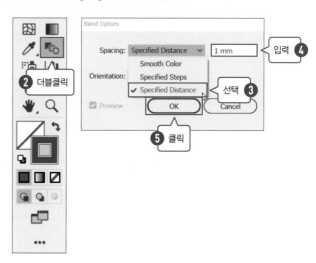

02 단축키 [Ctrl] + [Alt] + [B]를 눌러 블렌드 효과를 적용합니다. 1mm마다 개체가 반복되면서 부드럽게 연결되어 보이는 효과가 나타납니다.

> **TIP**
>
> 그레이디언트 개체에는 Smooth Color가 적용되지 않습니다. 따라서 Distance(거리)를 촘촘하게 설정해서 부드러운 효과를 만듭니다.

03 ❶ 선택 도구로 블렌드 개체와 검은색 곡선을 동시에 선택합니다. ❷ 메뉴바에서 [Object]−[Blend]−[Replace Spine]을 클릭하면 블렌드가 곡선 모양으로 바뀝니다.

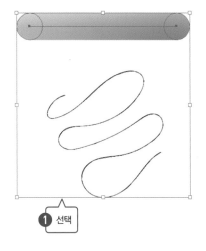

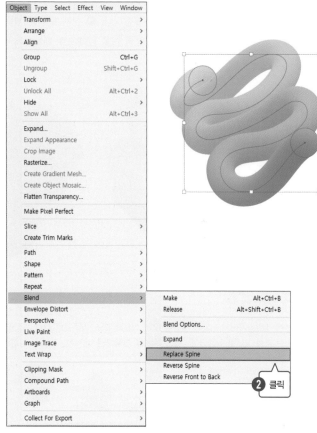

04 빈 화면을 클릭하여 선택을 해제한 후 ❶ 직접 선택 도구로 ❷ 노란색 원을 선택합니다.

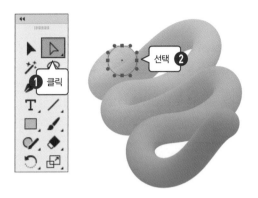

05 크기 조절을 위해 바운딩 박스가 필요합니다. ❶ 선택 도구를 클릭하고 ❷ 바운딩 박스가 나타나면 드래그하여 자유롭게 크기를 조절합니다. ❸ 노란색 원을 앞쪽으로 배치하기 위해 Ctrl + Shift +] 를 누릅니다. 블렌드 작업을 마무리합니다.

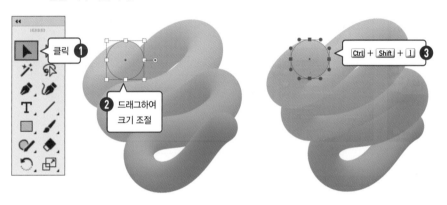

일러스트 마스터! 🔔

블렌드는 옵션 대화상자에서 개체의 방향을 문서 기준과 패스 기준으로 각각 지정할 수 있습니다. '문서 기준'으로 작업하면 개체가 처음에 만들었던 방향 그대로 적용되며, '패스 기준'을 선택하면 이어주는 패스의 방향을 따라 회전됩니다.

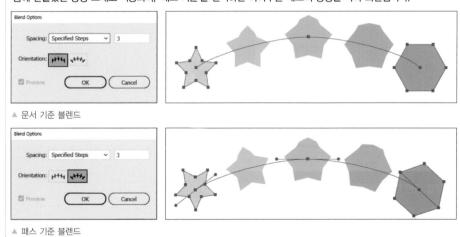

▲ 문서 기준 블렌드

▲ 패스 기준 블렌드

⊠ 이미지 추적 기능으로 사진 벡터화하기

📁 준비파일 P02\Ch01\02앵무새.ai

일러스트레이터에서는 JPG나 PNG, GIF와 같은 사진 파일(비트맵 파일)을 벡터 이미지로 만들 수 있습니다. 이미지 추적(Image Trace) 기능으로 사진을 면이나 선으로 처리할 수 있으며, 색상 또한 다양하게 표현할 수 있습니다.

이미지 추적 기능 사용하기

앵무새 사진 이미지를 문서로 불러온 후 이미지 추적 명령을 사용하여 벡터 이미지로 변환해 보겠습니다. 메뉴바에서 [Window]–[Image Trace]를 클릭하면 Image Trace 패널이 열립니다.

01 Ctrl + O로 02앵무새.ai 파일을 엽니다. ❶ 메뉴바에서 [File]–[Place]를 선택하고 parrot.png 파일을 불러와 ❷ 원하는 위치로 배치합니다. ❸ 컨트롤 패널의 [Embed] 버튼을 클릭하면 그림의 X 표시가 사라집니다.

일러스트 마스터! 🔔

사진을 문서에 포함시키는 Embed 명령

삽입한 사진 안쪽에 × 표시가 나타나는 이유는 문서에 완전히 포함 및 저장되지 않고 Link 기능으로 연결만 되어있기 때문입니다. [Embed] 버튼을 클릭하면 × 표시가 사라지게 되는데, 문서에 완전히 포함되면서 저장도 가능해집니다. 일러스트레이터에서 사진을 사용할 경우 대부분 Embed 기능을 활용합니다.

▲ [Embed] 버튼을 클릭하기 전 ▲ [Embed] 버튼을 클릭한 후

02 ❶ 패널에서 Mode를 'Color'로 바꾸면 Pallette 옵션을 선택할 수 있습니다. ❷ 'Limited'를 선택합니다. ❸ Color의 개수를 '11'로 입력합니다. ❹ Advanced 이름 옆의 삼각형을 클릭해 고급 옵션을 펼칩니다. ❺ Path와 Corners는 값이 클수록 디테일합니다. 두 항목 모두 '90%'를 입력하고, ❻ Noise에는 '5px'을 입력합니다. ❼ Method는 왼쪽의 겹침면이 없는 방식을 택해야 흰색을 없앨 수 있습니다. ❽ 아래 옵션에서 'Ignore White'에 체크하여 흰색을 투명으로 처리합니다.

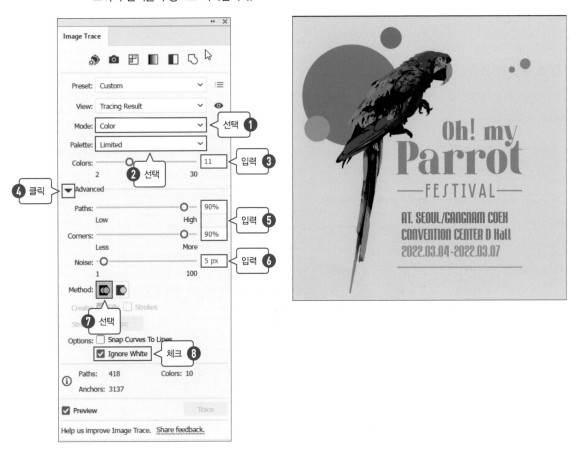

03 작업이 마무리되면 컨트롤 패널에서 [Expand] 버튼을 클릭해 마무리합니다. 만약 [Expand] 버튼이 보이지 않는다면 메뉴바에서 [Object]-[Expand]를 클릭합니다. 패스로 바뀌면서 작업이 마무리됩니다.

Image Trace 세부 옵션 알아보기

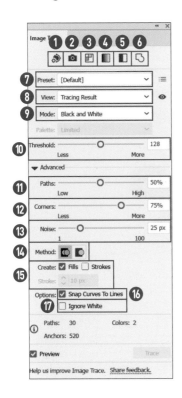

1 📷 | 많이 사용된 색상 위주로 벡터를 자동으로 만듭니다.

2 📷 | 고해상도 벡터변환의 단축 아이콘입니다.

3 📷 | 저해상도 벡터변환의 단축 아이콘입니다.

4 📷 | 회색 모드의 단축 아이콘입니다.

5 📷 | 흑백 모드의 단축 아이콘입니다.

6 📷 | 라인 예술화 작업의 단축 아이콘입니다.

7 Preset | 미리 저장된 이미지 추적 명령으로, 목록에서 선택한 옵션에 따라 전체 설정이 변경됩니다.

8 View | 미리보기 형식입니다. 보통은 추적결과 보기(Tracing Result)로 설정되어 있습니다.

9 Mode | 컬러, 회색조, 흑백 중에 선택할 수 있습니다.

10 Threshold | 검은색과 흰색의 양을 조절합니다.

11 Paths | 수치가 높을수록 세밀하고 짧은 패스가 만들어지고, 수치가 낮을수록 점이 적어서 단순하게 만들어집니다.

12 Corners | 모서리가 생성되는 양입니다. 수치가 높을수록 섬세한 형태가 됩니다.

13 Noise | 수치가 낮을수록 자잘한 개체가 많이 생기며, 수치가 높을수록 패스가 단순해집니다.

14 Method | 이미지 추적 방식을 설정할 수 있습니다. 왼쪽의 Abutting 옵션(📷)을 선택하면 겹침이 없이 만들어지고, 오른쪽의 Overlapping 옵션(📷)을 선택하면 겹침이 생깁니다.

15 Create | 패스를 면이나 선으로 만듭니다(선은 9 에서 흑백 옵션을 설정한 경우에만 작업이 가능합니다).

16 Snap Curves To Lines | 곡선을 라인에 붙일지에 대한 여부를 결정합니다. 체크하면 딱딱한 느낌, 해제하면 상대적으로 둥글둥글한 느낌을 냅니다.

17 Ignore White | 15 에서 'Fills' 옵션을 선택하면 활성화됩니다. 이미지의 흰색을 투명하게 처리할 수 있습니다.

> TIP
>
> [Image Trace] 패널에서 아무리 디테일하게 조절을 한다고 하더라도 원본 이미지 자체의 해상도가 낮을 경우 이미지 추적 작업이 어렵습니다. 반대로 지나치게 고해상도 파일인 경우에는 컴퓨터의 사양에 따라 작업 시간이 많이 소요될 수 있으므로 필요한 작업을 모두 저장한 후에 작업하는 것을 권장합니다.

Image Trace Preset 살펴보기

이미지 추적(Image Trace)은 이미지를 벡터로 추적하여 패스로 변환하는 작업입니다. 이미지의 원본 해상도가 낮으면 작업은 빠르지만 퀄리티가 낮아지고, 해상도가 높으면 작업의 퀄리티는 높아지나 작업 시간이 오래 걸립니다. 기본 사전설정 메뉴를 살펴 보겠습니다.

1 Default | 흑백을 사용하고, Path 50%, Corners 75%, Noise 25px로 패스가 섬세하지 못한 편입니다.

2 High Fidelity Photo / **3** Low Fidelity Photo | 두 옵션 모두 컬러 모드의 Full Tone을 사용합니다. 고해상도는 85개의 색과 5px의 Noise, 저해상도는 20개의 색과 10px의 Noise를 쓴다는 차이가 있습니다.

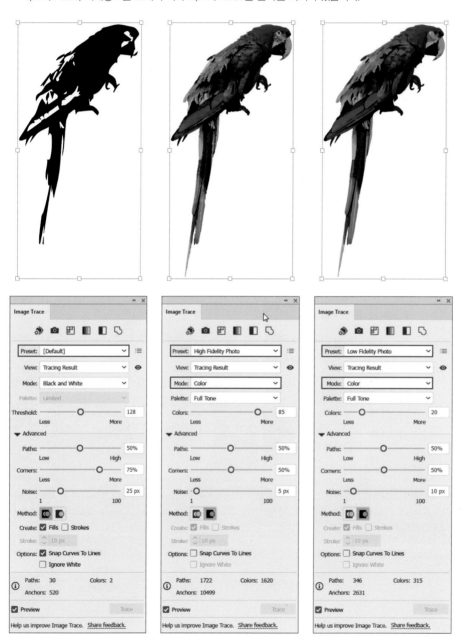

4 3 Colors / **5** 6 Colors / **6** 16 Colors | 세 옵션 모두 컬러 모드에서 Limited를 사용하며, 각각 3, 6, 16가지의 색을 쓰는 것 외에 나머지 설정은 같습니다.

7 Shade of Gray | 컬러 모드가 Grayscale로 설정되어 흑백 사진처럼 벡터가 생성됩니다.

8 Black and White Logo | 검은색과 흰색으로 패스가 만들어지며, Corners가 75%, Noise가 25px입니다.

9 Sketched Art | **8**과 비슷해 보이지만, Corners가 50%로 패스가 더 적고, Noise도 20px로 보다 세밀하게 표현됩니다. 또한, 'Ignore White'가 체크되어 있어 검은색으로만 추출됩니다.

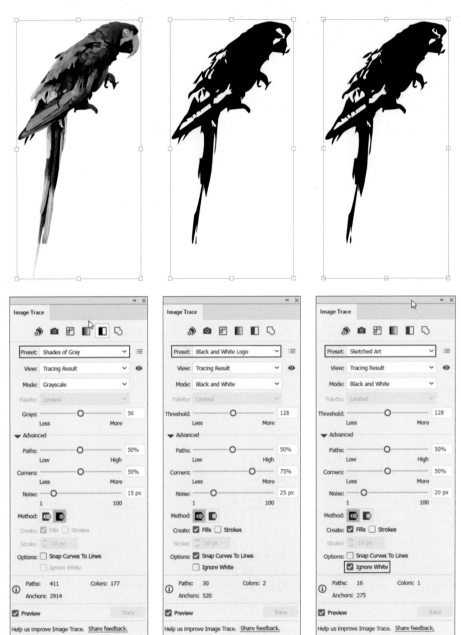

⓾ Silhouettes ｜ Thresholds(한계값)의 수치가 '230'으로 검은색의 양이 많아 그림자가 면 처리된 것처럼 보입니다. Noise 값이 높아 선이 단순하게 표현됩니다.

⓫ Line Art ｜ 선을 사용하며, 선의 길이로 50px을 사용합니다.

⓬ Technical Drawing ｜ 선을 사용하며, Noise 값이 최소로 자잘하고 세밀하게 표현됩니다. 선의 길이가 10px로 짧게 표현됩니다.

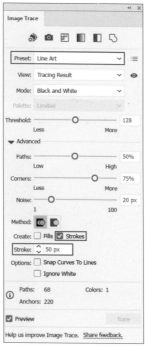
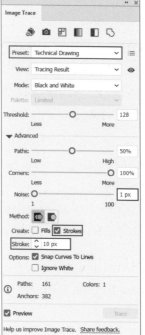

⊠ 블렌드 모드로 색 조절하기

준비파일 P02\Ch01\02우주.ai

둘 이상의 오브젝트가 겹쳐있는 경우 [Transparency] 패널에서 블렌드 모드(Blend Mode)를 적용하면 명도와 채도, 색상 등이 다양한 조건으로 투과되면서 재미있는 효과를 낼 수 있습니다.

블렌드 모드 알아보기

오브젝트가 겹쳐 있을 때 위쪽 개체의 RGB와 아래쪽 개체의 RGB는 각각 정해진 공식에 따라 결괏값을 도출하며, '어둡게 합성', '밝게 합성', '대비합성', '반전합성', '색상합성'으로 구분합니다. CMYK 모드에서도 적용은 가능하지만, RGB를 기반으로 만들어졌기 때문에 문서를 RGB 모드로 설정하고 작업하는 것을 권장합니다. 문서의 컬러 모드는 [File]-[Document Color Mode]에서 변경할 수 있습니다.

1 Normal | 블렌드 모드가 적용되지 않은 상태입니다.

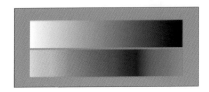

[어둡게 합성] 흰색에 가까울수록 투명해지고, 검은색에 가까울수록 남겨지게 됩니다. 투과되면서 본래의 색보다 어두워집니다.

2 Darken

- **명도**: 흰색은 투명해지고, 중간 명도부터 투과되면서 어두워집니다. 일정 수준 이상으로 어두워지면 투과율이 없어지면서 불투명해집니다.
- **색상/채도**: 아래 위치한 색으로 투과하면서 약간 어두워집니다. 밝은 색상일수록 많이 투명해집니다.

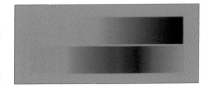

3 Multiply

- **명도**: 투명한 흰색부터 검은색이 남겨지는 부분까지 모든 부분이 자연스럽게 투과하면서 어두워집니다.
- **색상/채도**: 아래 위치한 색으로 투과하면서 어두워집니다. Darken과는 다르게 밝은 색상이더라도 어두워집니다.

4 Color Burn

- **명도**: 밝은 명도와 어두운 명도 모두 아래 색상의 영향을 받아서 어두워집니다.
- **색상/채도**: 아래쪽 개체가 가진 색의 영향력이 더 크게 적용되어 다른 [어둡게 합성]보다 훨씬 더 어두워집니다.

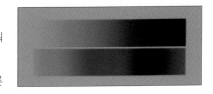

[밝게 합성] 검은색에 가까울수록 투명해지고, 흰색에 가까울수록 남겨지게 됩니다. 투과되면서 본래의 색보다 밝아집니다.

5 Lighten

- **명도**: 검은색은 투명해지고 중간 명도부터 투과하면서 밝아집니다. 일정 수준 이상 밝아지면 투과율이 없어져 불투명해집니다.
- **색상/채도**: 아래쪽 개체로 투과하면서 밝아집니다. 어두운 색상일수록 많이 투명해집니다.

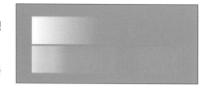

6 Screen

- **명도**: 검은색은 투명해지고, 그 외의 색부터 흰색이 남는 부분까지 모든 부분이 아래 색상을 자연스럽게 투과하면서 밝아집니다.
- **색상/채도**: 아래쪽 개체의 색으로 투과하면서 밝아집니다. 어두운 색상이어도 밝아집니다.

7 Color Dodge

- **명도**: 검은색은 투명해지고, 그 외의 색부터 흰색이 남는 부분까지 모든 부분이 아래 색상을 자연스럽게 투과하면서 밝아집니다.
- **색상/채도**: 아래쪽 개체의 색으로 투과하면서 밝아집니다. 어두운 색상이어도 밝아집니다.

[대비합성] 회색을 투명하게 만들며, 회색보다 어두우면 아래에 어둡게 투과되고, 회색보다 밝은색은 아래에 밝게 투과되면서 대비가 강해집니다.

8 Overlay

- **명도**: 회색보다 명도가 낮으면 아래 개체의 색보다 어둡게, 명도가 높으면 아래 개체의 색보다 밝게 만듭니다. 중간 명도는 변화가 없습니다.
- **색상/채도**: 밝은 색상은 아래쪽으로 투과하면서 더욱 밝아지고, 어두운 색은 투과하면서 더욱 어두워집니다. 중간 계열은 색만 투과됩니다.

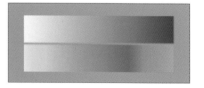

9 Soft Light

- **명도**: 명도가 낮으면 어두워지고 명도가 높으면 밝아지는 것은 Overlay 와 동일하지만, 전반적으로 약하고 은은하게 투과합니다.
- **색상/채도**: Overlay와 기본적으로 같은 형식이지만 채도가 보다 약하게 투과됩니다.

10 Hard Light

- **명도**: 흑백의 경우 중간 명도만 투과율이 있고 어둡거나 밝은 부분은 투과되지 않는 영역이 많습니다.
- **색상/채도**: 색상과 채도 모두 더 강하게 투과됩니다.

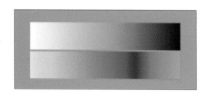

[반전합성] 색상, 명도, 채도 등에 기준을 두고 반대로 적용되어 투과됩니다. 두 가지 속성이 동시에 반전되거나, 세 속성이 전부 반전되기도 합니다.

11 Difference

- **명도**: 검은색은 투명해지고 중간 명도의 색상은 어둡게 투과됩니다. 흰색은 아래 개체의 보색으로 바뀌며 투과됩니다.
- **색상/채도**: 색상은 보색으로 바뀌고 채도는 그대로 유지되며 투과됩니다.

12 Exclusion

- **명도**: 어두울수록 투명해지고 밝을수록 아래 개체의 보색으로 투과됩니다.
- **색상/채도**: 색상은 아래 개체의 보색으로 바뀌고, 채도 역시 보색으로 바뀌어 투과됩니다. 어두울수록 투명해집니다.

[색상합성] 개체의 색상이나 채도를 중심으로 투과되며, 무채색은 흑백으로 투과됩니다. 위아래 개체의 RGB 값이 같은 경우에는 변화가 나타나지 않습니다.

13 Hue

- **명도**: 흑백의 경우 작업되지 않고 중간 명도의 회색으로 변합니다.
- **색상/채도**: 색상을 아래쪽으로 투과시키며, 밝은 계열의 색상일수록 투과율이 높아집니다.

14 Saturation

- **명도**: Hue와 마찬가지로 흑백의 경우 작업되지 않으며 중간 명도의 회색으로 변합니다.
- **색상/채도**: 아래쪽 개체의 채도만 높여주며, 위의 색은 어두울수록 투과율이 높아집니다.

15 Color

- **명도**: Hue와 마찬가지로 흑백의 경우 작업되지 않으며 중간 명도의 회색으로 변합니다.
- **색상/채도**: 위에 있는 개체의 색상이 거의 그대로 투과되며, Hue와 비슷하지만 상위의 색상이 더 강하게 나타납니다.

16 Luminosity

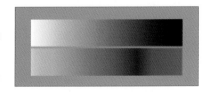

- **명도**: 검은색과 흰색은 그대로 남고, 나머지는 모노톤(한 가지 색상 톤)으로 투과됩니다.
- **색상/채도**: 밝은색은 밝게, 어두운색은 어둡게 투과됩니다. 이때 아래의 색에 빛 처리로 투과되기 때문에 아래의 색상 톤으로 나오며, 위의 색은 명도로만 표현됩니다.

블렌드 모드 + 불투명도 조절하여 자연스럽게 투과시키기

[Transparency] 패널에서 블렌드 모드와 불투명도를 적절히 조절하면 빛이 자연스럽게 투과하는 효과를 내면서 은은하고 자연스러운 표현이 가능합니다.

01 Ctrl + O로 02우주.ai 파일을 엽니다. 메뉴바에서 [Window]–[Transparency]를 클릭해 [Transparency] 패널을 불러옵니다. ❶ 선택 도구로 흑백 그레이디언트 개체를 선택하고, ❷ [Transparency] 패널에서 블렌드 모드를 'Soft Light'로, ❸ Opacity를 '50%'로 설정합니다. 검은색은 아래에 있는 보라색을 어둡게 만들고, 흰색은 밝게 만드는 것을 확인할 수 있습니다.

02 ❶ 선택 도구로 고리의 진한 보라색 부분을 선택합니다. ❷ [Transparency] 패널에서 블렌드 모드로 'Multiply'를 적용하고 ❸ Opacity는 '30%'를 입력합니다.

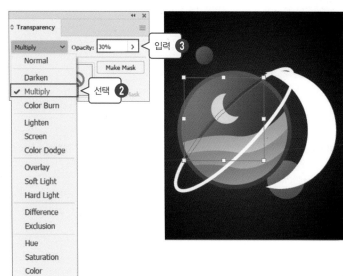

03 ❶ 앞쪽의 흰색 고리 개체를 선택합니다. ❷ 블렌드 모드는 따로 적용하지 않고 Opacity 값만 '30%'로 입력합니다.

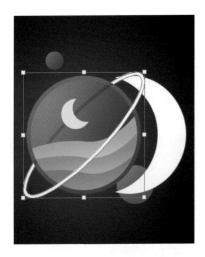  

04 ❶ 이번에는 흰색 달 개체를 드래그하여 원 개체 위로 이동시킨 후 ❷ 블렌드 모드 없이 Opacity 값만 '10%'로 입력합니다. ❸ 빈 화면을 클릭해 작업을 마무리합니다.

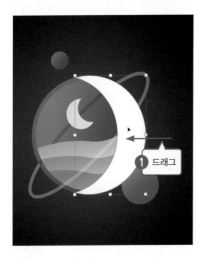 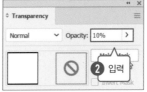 

일러스트 마스터!

다양한 블렌드 모드 중 특히 'Multiply'와 'Screen'은 투과율이 높기 때문에 자연스럽게 번지는 그림자 효과나 빛 효과를 표현할 때 많이 사용됩니다. 'Overlay'와 'Soft Light'는 대비를 강하게 만들어줄 때 가장 많이 쓰이며, 그중에서도 Soft Light는 은은한 느낌의 배경 작업에 많이 쓰입니다.

⊠ 라이브페인트 버킷 도구로 색칠공부하듯 색 입히기

📁 준비파일 P01\Ch01\02토끼.ai

라이브페인트 버킷 도구(Live Paint Bucket)를 사용하면 컬러링 북 칠하듯 색을 손쉽게 입힐 수 있습니다. 라이브페인트 버킷 도구를 활용하여 요리하는 토끼의 모습을 채색해 보겠습니다.

01 Ctrl + O로 02토끼.ai 파일을 엽니다. ❶ Ctrl + A를 눌러 개체 전체를 선택하고 ❷ 메뉴바에서 [Object]–[Live Paint]–[Make]를 선택합니다. 개체가 라이브페인트 개체로 바뀝니다.

02 라이브페인트 개체가 되어 바운딩 박스 외곽의 점이 다른 모양으로 변하는 것을 확인할 수 있습니다. 화면의 빈 곳을 클릭하여 선택을 해제합니다.

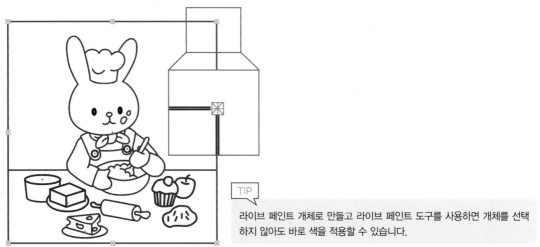

> **TIP**
>
> 라이브 페인트 개체로 만들고 라이브 페인트 도구를 사용하면 개체를 선택 하지 않아도 바로 색을 적용할 수 있습니다.

03 ❶ 도구바에서 라이브페인트 버킷 도구(📦)를 클릭하고 메뉴바에서 [Window]–[Swatches]를 선택하여 [Swatches] 패널을 엽니다. ❷ 패널에서 면을 클릭하고 ❸ 원하는 색상을 선택합니다. ❹ 세 개의 색상 칩이 마우 스 커서에 나타납니다. 세 가지 색은 선택된 색과 패널에서 양옆에 있는 색상으로 표현됩니다. ❺ 색을 넣고 싶은 곳 위에 마우스를 올리면 색이 채워질 영역이 빨간 외곽선으로 표시됩니다.

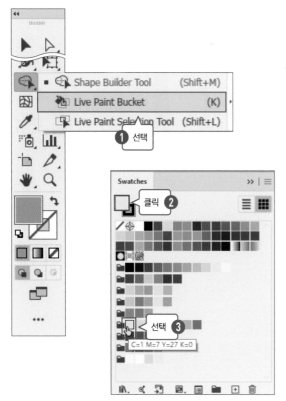

04 ❶ 토끼 얼굴을 클릭하여 연한 노란색을 적용합니다. ❷ 조금 더 진한 노란색을 선택하여 그릇 안의 반죽에도 색을 입힙니다.

05 이번에는 갈색을 선택하여 토끼가 입고 있는 앞치마에 적용합니다. 나머지도 모두 원하는 색으로 적용합니다.

06 이번에는 외곽선의 색을 바꿔 보겠습니다. ❶ 도구바에서 라이브페인트 버킷 도구를 더블클릭합니다. ❷ 옵션 대화상자가 뜨면 Paint Strokes 항목에 체크하고 ❸ [OK] 버튼을 클릭합니다.

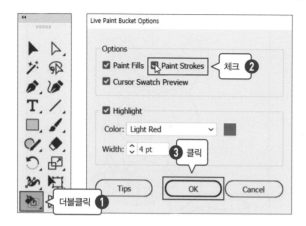

07 ❶ [Swatches] 패널에서 선을 선택하고 ❷ 갈색을 선택합니다. 마우스를 선 위로 움직일 때 커서가 붓 모양(🖌)으로 변하면 선의 색을 바꿀 수 있습니다. ❸ 얼굴형과 입 부분을 클릭하여 선색을 바꿔줍니다.

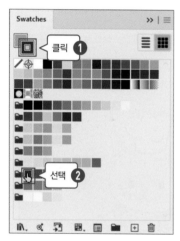

08 모든 선의 색을 한 번에 바꿔 보겠습니다. ❶ 선택 도구(▶)로 모든 개체를 선택한 후 [Swatches] 패널에서 원하는 색을 선택하면 모든 선이 한꺼번에 같은 색으로 변경됩니다. 이때 토끼의 눈은 선이 없으므로 적용되지 않습니다. ❷ 라이브페인트 버킷 도구(🪣)를 클릭한 후 면색을 선색과 같은 색으로 입력하고 눈을 클릭하여 갈색으로 바꿔줍니다.

09 토끼의 얼굴에 묻은 반죽의 선색을 없애주겠습니다. ❶ [Swatches] 패널에서 선의 색상을 '없음'으로 선택합니다. ❷ 마우스 커서를 얼굴 위 반죽 개체의 선 위로 올린 후 붓 모양(🖌)으로 변하면 클릭합니다. 얼굴에 묻은 반죽의 선이 사라집니다.

10 라이브페인트 개체의 효과를 깨서 다시 일반 개체로 바꿔 보겠습니다. ❶ [Ctrl]+[A]를 눌러 개체 전체를 선택하고 ❷ 메뉴바에서 [Object]–[Expand]를 선택합니다. ❸ 옵션 대화상자가 나타나면 모든 항목이 체크되어 있는 상태에서 [OK] 버튼을 클릭합니다. 라이브페인트 효과는 사라지고 다시 일반 개체로 바뀝니다.

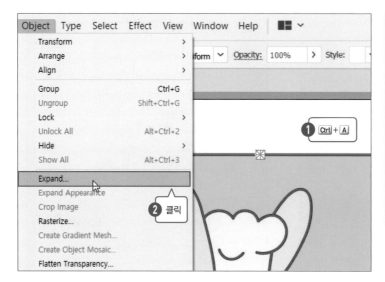

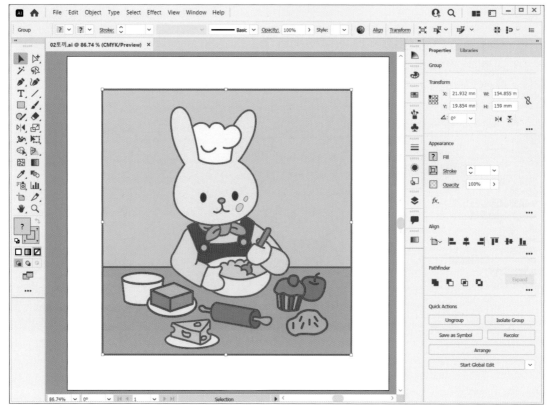

⊠ 심볼 도구로 많은 양의 개체를 한 번에 관리하기

심볼 도구를 활용하면 스프레이로 뿌리듯이 개체를 화면에 넣을 수 있고, 뿌린 개체를 한꺼번에 관리하는 데
에도 용이합니다. 심볼 도구로 직접 나뭇잎을 컨트롤하며 심볼 도구의 기능에 대해 학습합니다. 심볼 도구를
사용할 때 Alt 키를 누르고 작업하면 원래 기능의 반대 효과가 적용됩니다.

01 [File]–[New]를 눌러 새 문서를 열어줍니다. ❶ [Print]를 클릭하고 ❷ Width와 Height에 각각 '200mm'를 입력하
여 문서의 크기를 설정합니다. ❸ [Create] 버튼을 클릭합니다.

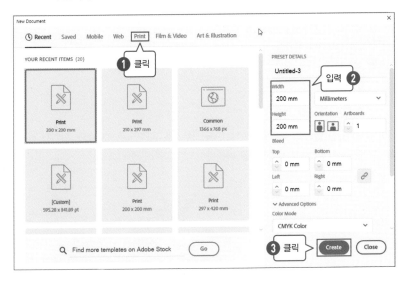

02 [Window]–[Symbols]를 클릭하여 [Symbols] 패널을 열어줍니다. ❶ 라이
브러리 아이콘을 클릭하고 ❷ 목록에서 'Nature'를 선택합니다.

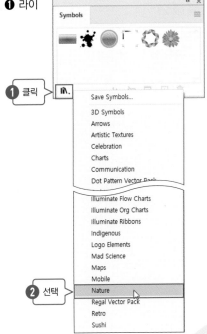

03 ❶ [Nature] 패널에서 'Maple Leaf'를 선택합니다. ❷ 선택한 나뭇잎 심볼이 [Symbols] 패널에 자동으로 등록된 것을 확인할 수 있습니다.

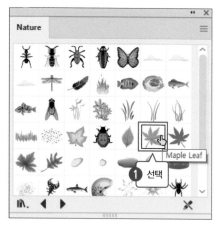
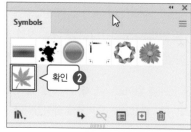

04 ❶ 도구바에서 심볼 스프레이 도구(📷)를 클릭합니다. ❷ 아트보드에 마우스를 올리면 브러시 팁을 확인할 수 있습니다. ❸ 화면에 브러시를 무작위로 드래그하면 스프레이를 뿌리듯이 나뭇잎들이 채워집니다.

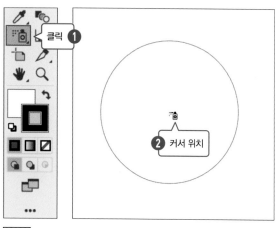

TIP

브러시 팁의 크기는 단축키 [와]로 조절합니다. [키를 누르면 브러시 팁이 작아지고] 키를 누르면 커집니다.

05 ❶ 도구바에서 심볼 스프레이 도구를 길게 클릭하고 ❷ 심볼 이동 도구(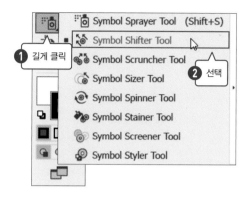)를 선택합니다. ❸ 화면에 드래그하면 해당 방향으로 나뭇잎들이 따라옵니다. 브러시 팁과 가까운 개체일수록 많이 이동합니다.

06 ❶ 이번에는 심볼 모으기 도구(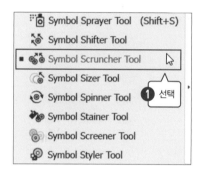)를 선택합니다. ❷ 화면을 클릭하면 클릭하는 지점으로 나뭇잎들이 점점 모여 듭니다. ❸ Alt 키를 누른 상태로 클릭하면 클릭 지점으로부터 나뭇잎들이 점점 멀어집니다.

07 ❶ 심볼 크기 조절 도구(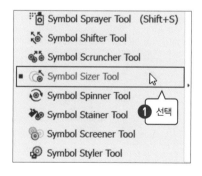)를 선택하고 ❷ 화면을 클릭하면 클릭하는 지점 근처의 나뭇잎들의 크기가 점점 커집니다. ❸ Alt 키를 누른 상태로 클릭하면 클릭하는 지점 근처의 나뭇잎들이 점점 작아집니다.

08 ❶ 심볼 회전 도구(◉)를 선택합니다. ❷ 개체 위에서 드래그하면 드래그하는 방향 쪽으로 나뭇잎들의 머리 방향이 바뀝니다.

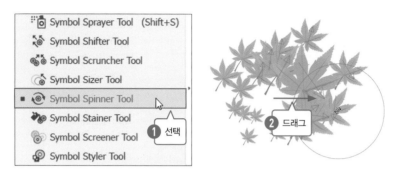

09 ❶ 심볼 색상 변경 도구(🖌)를 선택합니다. ❷ 면색을 파란색으로 설정하고 ❸ 뿌려둔 심볼을 클릭하면 해당 심볼에 파란색이 자연스럽게 물들여지듯 입혀집니다. ❹ Alt 키를 누른 상태로 클릭하면 반대로 파란색이 빠지면서 다시 점차 원래의 색으로 돌아옵니다.

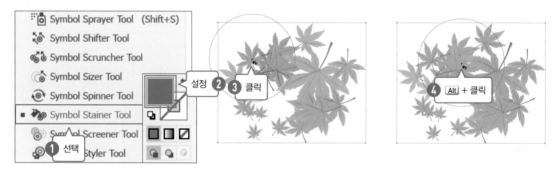

10 ❶ 심볼 투명도 조절 도구(◉)를 선택합니다. ❷ 심볼 위를 클릭하면 클릭하는 곳 근처의 심볼들이 점점 투명해집니다. ❸ Alt 키를 누른 상태로 클릭하면 반대로 다시 원래대로 돌아옵니다.

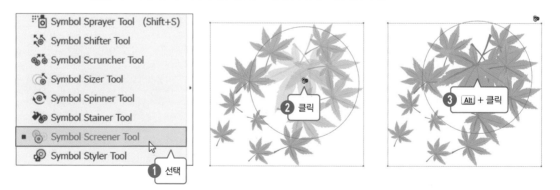

11 심볼에 스타일을 입혀 보겠습니다. 심볼 스타일 도구(💢)를 선택합니다.

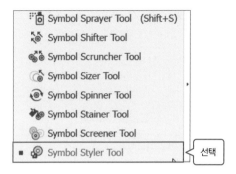

12 메뉴바에서 [Window]–[Graphic Styles]을 클릭해 [Graphic Styles] 패널을 열어줍니다.

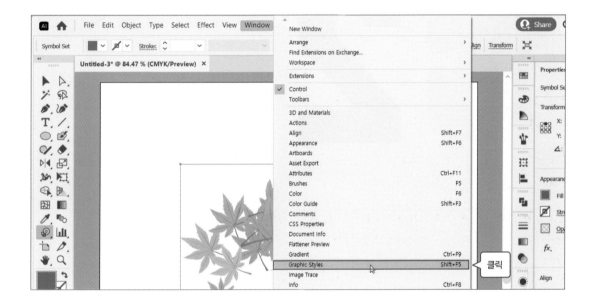

13 ❶ [Graphic Styles] 패널에서 기본으로 보이는 목록 중 마지막에 있는 스타일을 선택합니다. ❷ 심볼 위에서 클릭하면 심볼 개체에 투명하게 스타일이 입혀집니다. 클릭할수록 점점 진하게 입혀집니다. ❸ Alt 키를 누른 상태로 클릭하면 반대로 스타일은 옅어지며 점차 원래의 색으로 돌아옵니다.

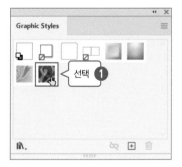

02

브러시 마스터

드로잉 작업에 있어서 '브러시'는 개체의 분위기를 형성하는 중요한 역할을 합니다. 브러시를 어떤 것으로 선택하느냐에 따라 일러스트의 완성도가 크게 달라지므로 표현하고자 하는 느낌을 살리기 위해서는 개체가 가진 특징을 파악하여 적절한 브러시의 종류를 선택해야 합니다.

이번 장에서는 연필 도구 또는 브러시 도구를 사용하여 일러스트 개체를 그려 보고, 각 도구가 주는 느낌에 대해서 알아보겠습니다. 또한, 브러시를 직접 등록하고 개체에 적용해 보겠습니다.

연필 도구   브러시 도구

연필 도구로 자연스러운 느낌의 선 그리기

연필 도구를 사용하면 자연스러운 느낌의 선을 그릴 수 있습니다. 태블릿 펜을 사용하면 더욱 자연스러운 느낌을 낼 수 있지만, 마우스로도 충분히 작업할 수 있습니다. 밑그림을 따라 그려 보며 연필 도구 사용법을 익혀 봅니다.

⊠ 연필 도구 알아보기

📁 준비파일 P02\Ch02\01리트리버.ai

연필 도구 옵션 알아보기

도구바에서 연필 도구(🖊)를 더블클릭하면 연필 도구 옵션 대화상자가 나타납니다. 연필 도구의 다양한 옵션에 대해서 알아봅니다.

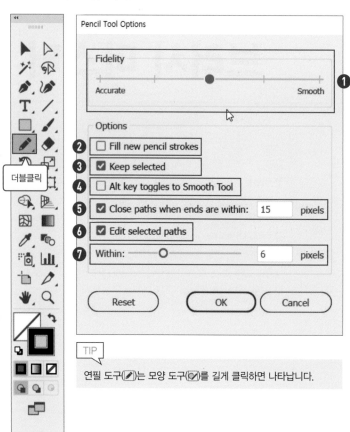

> **TIP**
>
> 연필 도구(🖊)는 모양 도구(📐)를 길게 클릭하면 나타납니다.

1 Fidelity | 패스가 그려질 때 커서의 흔들림을 얼마나 세밀하게 인식하는지의 정도를 설정합니다. 'Accurate'에 가까울수록 작은 흔들림에도 민감하게 반응하여 패스를 세밀하게 만들고, 동시에 패스를 구성하는 점의 개수도 많아집니다. 반면, 'Smooth'에 가까울수록 패스가 매끄럽게 만들어지며, 점의 개수는 줄어듭니다. 부드러운 곡선을 그리고 싶다면 'Smooth'에 가깝게 설정하는 것이 좋고, 섬세한 흔들림까지 표현하고 싶다면 'Accurate'에 가깝게 설정하여 작업하는 것이 좋습니다.

▲ Accurate에 가깝게 설정된 경우　　　　　　　▲ Smooth에 가깝게 설정된 경우

2 Fill new pencil strokes | 연필 도구로 드래그할 때 면에 색이 있는 경우 자동으로 면을 채워주는 기능입니다. 체크가 해제되어 있으면 면에 색이 있더라도 자동으로 면색을 '없음'으로 바꿔줍니다.

3 Keep selected | 연필 도구로 개체를 다 그려도 계속 선택이 유지됩니다.

4 Alt key toggles to Smooth Tool | 연필 도구를 사용하는 상태에서 Alt 키를 누르면 스무스 도구(🖊)로 변환되고, 손을 떼면 다시 연필 도구(🖊)로 돌아옵니다.

5 Close paths when ends are within | 연필 도구로 드래그하여 처음의 시작점 근처로 돌아오게 되면 자동으로 막힌 패스로 변합니다. 어느 정도로 가까워졌을 때 막힌 패스가 되는지 간격을 설정할 수 있습니다. 기본 설정은 15px로 되어 있습니다.

6 Edit selected paths | 패스가 선택된 상태에서 연필 도구로 그 위에 드래그하면 기존 패스는 사라지고 다시 패스가 그려집니다. 만약 체크가 해제되어 있다면 기존 패스는 유지되고 그 위에 추가로 그려지게 됩니다.

7 Within | 패스를 선택하고 연필 도구로 패스의 끝점에 마우스를 가져다 대면 이어서 그려지는데, 수치에 따라 이어지는 허용 범위가 달라집니다. 수치가 낮을 땐 어느 정도 띄워서 그리면 이어지지 않지만, 수치가 높을 땐 끝점에서 어느 정도 떨어뜨린 상태에서 그려도 자동으로 이어집니다.

연필 도구로 스케치 느낌 내기

연필 도구를 사용하여 리트리버를 따라 그려 보겠습니다. 자연스러운 스케치 느낌을 주기 위해서는 펜 도구보다 연필 도구를 사용하는 것이 좋습니다.

01 Ctrl + O로 01리트리버.ai 파일을 엽니다. 작업을 위한 밑그림이 나타납니다(밑그림 개체는 잠겨 있습니다).

02 ❶ 도구바에서 모양 도구(◐)를 길게 클릭하여 ❷ 연필 도구(✏)를 선택합니다. 메뉴바에서 [Window]–[Stroke]를 선택하여 [Stroke] 패널을 불러옵니다. ❸ 두꺼운 선으로 작업하기 위해 Weight를 '3pt'로 입력하고, ❹ Cap과 Corner는 'Round' 옵션으로 선택합니다.

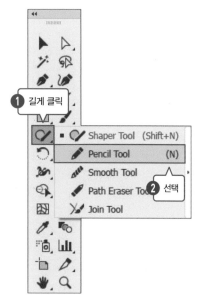

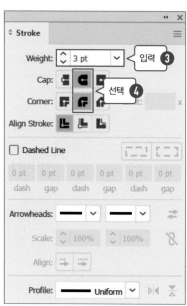

03 가이드 선을 따라 드래그하여 선을 얼추 그려줍니다.

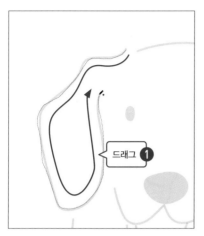
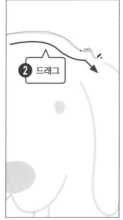
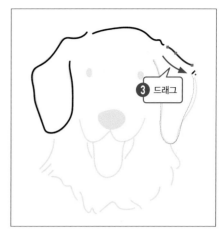

04 아래쪽 부분의 털과 주둥이 부분의 라인까지 모두 비슷하게 따라 그려줍니다.

05 눈과 코는 막힌 패스여야 하므로 드래그하여 원래의 점 근처로 돌아와야 합니다. 마우스 커서의 모양이 막아주는 모양(✏)으로 변하면 클릭하여 양쪽 눈과 코를 막힌 패스로 만듭니다.

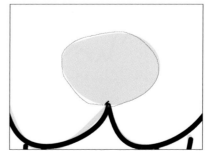

06 선택 도구(▶)로 리트리버의 두 눈과 코를 선택합니다. 도구바에서 면색과 선색 바꾸기 아이콘을 클릭하여 선색은 '없음', 면색은 '검은색'으로 지정합니다.

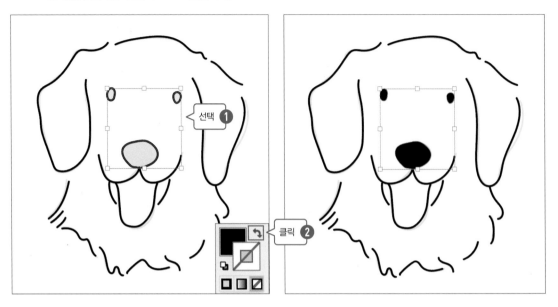

07 ❶ 선택 도구(▶)로 모든 개체를 드래그하여 선택하고 ❷ Ctrl + G 를 눌러 그룹 짓습니다. 강아지의 혀 부분을 채색할 면을 만들어 보겠습니다. ❸ 도구바에서 연필 도구(✏)를 클릭하고 혀의 안쪽 부분을 드래그하여 막힌 패스로 만듭니다.

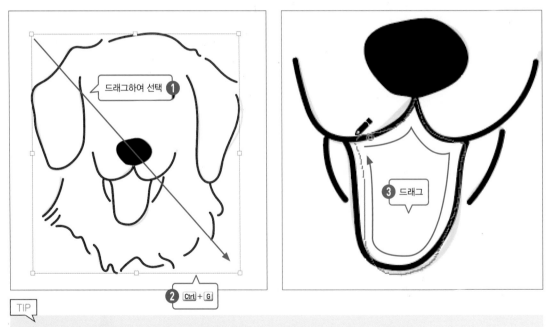

TIP

혀 바깥으로 조금 삐져 나가거나 모자라도 자연스러운 느낌을 주기 때문에 여유 있게 그려도 상관없습니다.

08 막힌 패스가 완성되면 메뉴바의 [Window]–[Color]를 선택해 [Color] 패널을 열어주고 ❶ 선색을 '없음'으로 지정합니다. ❷ 이어서 면을 클릭하고 ❸ 색상을 0–60–30–0으로 입력합니다. ❹ 색이 입력되면 Ctrl + I 를 눌러 개체를 뒤로 보냅니다.

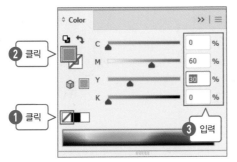

09 리트리버의 얼굴을 채색해 보겠습니다. ❶ 연필 도구(✏)로 리트리버의 왼쪽 귀 부분부터 드래그하여 막힌 패스를 만듭니다. ❷ [Color] 패널에서 색상을 0–20–40–10으로 입력하고 ❸ Ctrl + Shift + I 를 눌러 개체를 가장 뒤로 보냅니다.

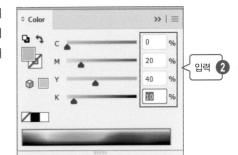

TIP

채색이 들어가는 면은 한 번에 만들지 않고 나눠서 만듭니다. 이때 외곽선보다 조금 모자라거나 빠져나가도록 그리면 보다 자연스러운 느낌을 줄 수 있습니다.

10 ❶ 연필 도구(✏)로 입 아래쪽 부분도 드래그하여 막힌 패스로 만들어주고 같은 면색을 입력합니다. ❷ Ctrl + Shift + [를 눌러 개체를 가장 뒤로 보내줍니다. 오른쪽 귀 부분도 같은 방식으로 작업합니다.

11 마지막으로 메뉴바에서 [Window]–[Layers]를 선택하거나 단축키 F7 을 눌러 [Layers] 패널을 열어줍니다. 'Layer 1'의 눈동자 아이콘을 클릭해 밑그림 레이어를 끕니다. 리트리버 그리기 작업을 저장하여 마무리합니다.

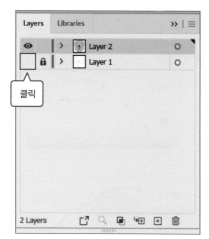

브러시 도구 알아보기

브러시를 사용하면 거친 느낌을 자연스럽게 낼 수 있을 뿐 아니라, 캘리그라피나 투명하게 겹친 느낌도 낼 수 있습니다. 종류도 다양하므로 여러 가지 작업이가능합니다. 예제를 따라하며 다양한 브러시를 적용해 봅니다.

☒ [Brushes] 패널 알아보기

[Brushes] 패널에는 여러 가지 형태의 브러시가 저장되어 있습니다. 메뉴바에서 [Window]-[Brushes]를선택하거나 단축키 F5 를 누르면 [Brushes] 패널이 나타납니다.

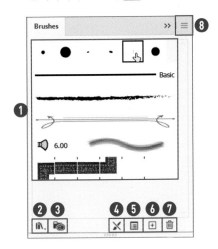

1 브러시가 나타나는 공간입니다.

2 📖 | 브러시 라이브러리를 엽니다. 메뉴바의 [Window]-[Brushes Libraries]를 클릭해도 동일한 명령을 수행합니다.

3 📷 | 어도비에 로그인한 상태로 클라우드에 저장한 [Libraries] 패널에 등록된 브러시를 불러올 수 있습니다.

4 ☒ | 적용된 브러시를 해제합니다.

5 🗐 | 적용된 브러시의 옵션을 열어 수정할 수 있습니다. Shape 목록에 있는 브러시를 더블클릭하면 더 자세한 옵션을볼 수 있습니다.

6 ⊞ | 새로운 개체를 브러시로 등록합니다.

7 🗑 | 브러시를 삭제합니다.

8 [Brushes] 패널의 보조메뉴가 나타납니다.

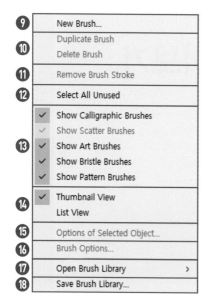

9 New Brush | 새로운 브러시를 만들 수 있습니다.

10 Duplicate Brush / Delete Brush | 선택된 브러시를 복제하거나 삭제합니다.

11 Remove Brush Stroke | **4**와 마찬가지로 적용된 브러시를 해제합니다.

12 Select All Unused | 현재 문서에 사용되지 않은 모든 브러시를 선택합니다.

13 Show Calligraphic Brushes / Show Scatter Brushes / Show Art Brushes / Show Bristle Brushes / Show Pattern Brushes | 보여지는 브러시들을 설정할 수 있습니다. 보통은 모두 선택하고 작업합니다.

14 Thumbnail View / List View | 브러시를 미리보기 창으로 볼지, 이름 목록으로 볼지 설정합니다.

15 Options of Selected Object | **5**와 마찬가지로 브러시의 옵션을 수정할 수 있습니다.

16 Brush Options | 브러시의 더 자세한 옵션을 볼 수 있습니다.

17 Open Brush Library | **2**와 동일한 기능이며, 추가로 외부에서 저장된 다른 브러시를 불러올 수도 있습니다.

18 Save Brush Library | 현재 상태의 패널을 파일로 저장하는 명령입니다. Ai 파일로 저장되기 때문에, 일반 문서와 헷갈리기 쉬우므로 주의해야 합니다. 이렇게 저장된 브러시는 다른 문서를 열었을 때 **17**에서 Other Library 명령으로 불러올 수 있습니다.

⊠ 브러시 종류 알아보기

[Brushes] 패널의 라이브러리 아이콘(**IN.**)을 클릭하면 기본으로 제공되는 브러시 라이브러리 목록이 열립니다.

1 Arrows | 화살표 모양의 브러시 라이브러리입니다. 패스의 시작점과 끝점에 화살표 모양이 나오며, 왼쪽은 패스의 시작, 오른쪽은 패스의 끝을 나타냅니다.

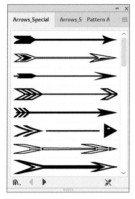

▲ Arrows_Special

▲ Arrows_Standard

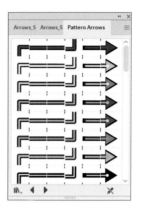

▲ Pattern Arrows

2 Artistic | 예술적인 느낌을 주는 브러시 라이브러리입니다. 붓으로 표현한 듯한 느낌, 잉크를 흘린 듯한 느낌 등 동양화나 수채화 느낌을 낼 때 유용합니다. 거친 느낌이나 도장 느낌을 표현하기도 합니다.

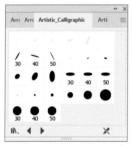

▲ Artistic_Calligraphic

▲ Artistic_ChalkCharcoalPencil ▲ Artistic_Ink

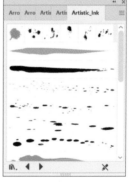

▲ Artistic_Paintbrush

▲ Artistic_ScrollPen

▲ Artistic_Watercolor

3 Borders | 다양한 모양의 프레임으로 액자와 같은 효과를 표현합니다. 꺾이는 지점을 따로 등록하거나 만드는 것도 가능합니다.

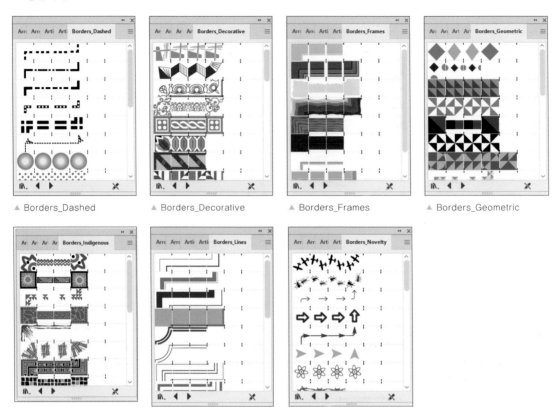

▲ Borders_Dashed   ▲ Borders_Decorative   ▲ Borders_Frames   ▲ Borders_Geometric

▲ Borders_Indigenous   ▲ Borders_Lines   ▲ Borders_Novelty

4 Bristle Brush | 강모 브러시입니다. 브러시의 털 질감을 표현할 수 있으며, 투명도가 많이 들어가기 때문에 자연스러운 표현이 가능합니다.

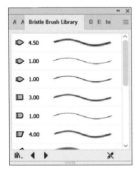

▲ Bristle Brush Library

5 Decorative | 장식 효과 브러시입니다. 글자 뒤에 들어가는 배너나 장식을 디자인할 때 배치할 수 있는 다양한 브러시들이 있습니다.

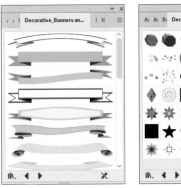
▲ Decorative_Banners and Seals

▲ Decorative_Scatter

▲ Decorative_Text Dividers

▲ Elegant Curl & Floral Brush Set

6 Image Brush | 비트맵(픽셀) 이미지로 만들어진 브러시입니다. 사진을 합성한 느낌을 줄 수 있습니다.

▲ Image Brush Library

7 Vector Packs | Bristle Brush처럼 붓 느낌을 주는 브러시입니다. 다만 투명도가 적용되어 있지 않고, Artistic에 있는 비슷한 느낌의 다른 브러시보다 퀄리티가 높습니다.

▲ Grunge brushes vector pack

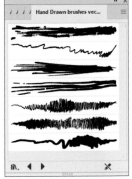
▲ Hand Drawn brushes vector pack

8 Wacom 6D Brushes | 일러스트레이터를 태블릿으로 다루는 경우 필압 조절이 가능한 브러시입니다. 태블릿이 연결되어 있지 않으면 비활성화됩니다.

▲ 6d Art Pen Brushes

⊠ 브러시 도구로 질감 입히기

📁 준비파일 P02\Ch02\02쪽지.ai

패스에 브러시를 적용하면 일러스트 개체에 질감을 입힐 수 있습니다. 브러시의 옵션을 직접 변경하여 설정하면 각 개체에 표현하고자 하는 느낌을 더욱 잘 전달할 수 있습니다.

01 Ctrl + O로 02쪽지.ai 파일을 엽니다. ❶ 분홍색 선 개체 중 하나를 선택합니다. 같은 색을 가진 선들을 찾아 보겠습니다. ❷ 메뉴바에서 [Select]–[Same]–[Stroke Color]를 클릭합니다.

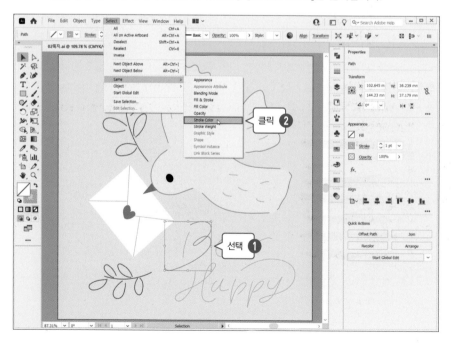

---

02 ❶ F5 키를 눌러 [Brushes] 패널을 열고 목록에서 '5 pt. Flat'을 더블클릭합니다. 옵션 대화상자가 열리면 ❷ 브러시의 Angle은 '40°'로 수정하고 ❸ Roundness는 '30%'로 설정합니다. ❹ Size는 '10pt'를 입력해 더 두꺼워지게 수정하고 ❺ [OK] 버튼을 클릭합니다.

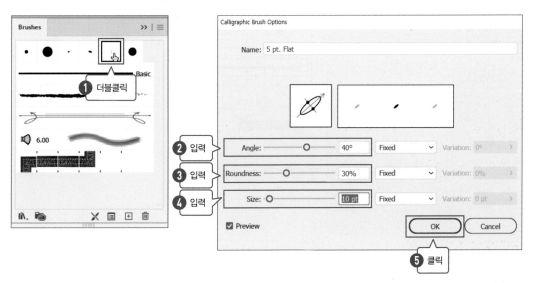

03 바뀐 옵션을 선택한 브러시에 적용할 것인지 혹은 바뀌기 전 상태로 돌아갈 것인지 묻는 창이 뜨면 [Apply to Strokes] 버튼을 클릭해 바뀐 옵션을 적용합니다. 수정된 모양으로 선에 브러시가 적용되면서 사선형의 캘리 그라피 느낌으로 바뀝니다.

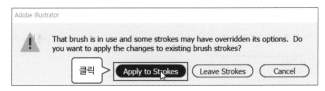

04 이번엔 거친 느낌의 브러시를 적용해 보겠습니다. ❶ 편지 안쪽의 회색 선을 모두 선택하고 F5 키를 눌러 [Brushes] 패널을 열어줍니다. ❷ 거친 느낌의 브러시인 'Charcoal-Feather'를 선택합니다.

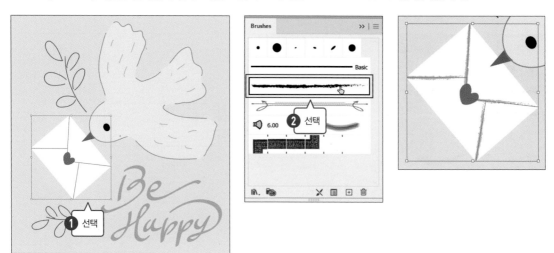

05 ❶ 두 나뭇잎 개체를 선택하고 F5 키를 눌러 [Brushes] 패널을 엽니다. ❷ 이번에는 하단의 라이브러리 아이콘(🖼)을 클릭하고 ❸ [Artistic]-[Artistic_Ink]를 선택합니다.

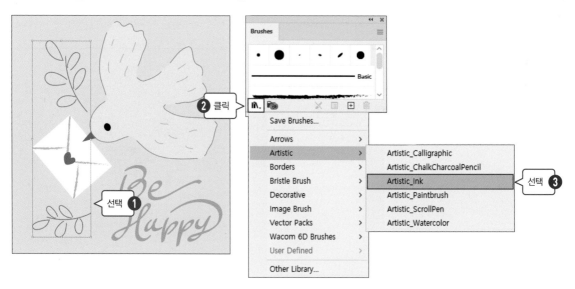

06 ❶ [Artistic_Ink] 패널이 나타나면 목록에서 'Dry Ink 1'을 선택합니다. ❷ 해당 브러시가 [Brushes] 패널에 자동으로 추가되는 것을 확인할 수 있습니다. 기본으로 설정된 1pt가 두꺼운 느낌이 들기 때문에 ❸ [Stroke] 패널에서 Weight 값을 '0.25pt'로 수정합니다.

07 ❶ 새 부리, 편지와 하트 모양 총 세 가지의 개체를 선택합니다. ❷ 도구바에서 선을 클릭해 면보다 선을 더 위로 올려주고 F5 키를 눌러 [Brushes] 패널을 연 후 ❸ 거친 느낌의 브러시인 'Charcoal-Feather'를 선택합니다. ❹ Weight 값을 '0.5pt'로 입력합니다.

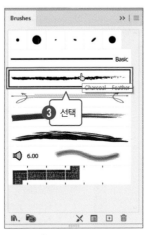

08 ❶ 새의 날개 안쪽에 있는 파란색 깃털 개체를 선택합니다. 그룹화되어 있어 한꺼번에 선택됩니다. ❷ [Brushes] 패널에서 라이브러리 아이콘(📊)을 클릭하고 ❸ [Bristle Brush]–[Bristle Brush Library]를 선택합니다. ❹ [Bristle Brush Library] 패널에서 '3.00 Fan'을 선택합니다. 투명한 붓 느낌의 브러시가 적용됩니다.

09 ❶ 새의 외곽선을 선택합니다. 그룹으로 묶여 있어 한꺼번에 선택됩니다. ❷ [Brushes] 패널에서 라이브러리 아이콘(📊)을 클릭하고 ❸ [Artistic]–[Artistic_ChalkCharcoalPencil]을 선택합니다.

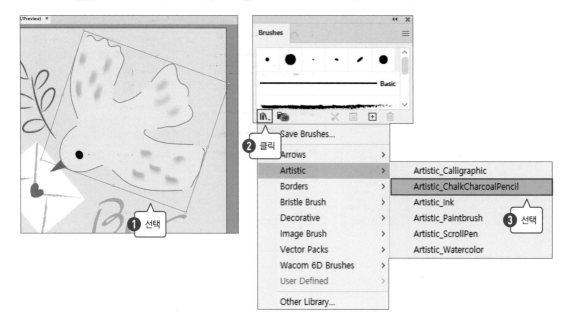

10 ❶ 목록에서 'Charcoal-Thick'을 선택하고 ❷ [Stroke] 패널에서 Weight 값을 '0.75pt'로 설정합니다. 분필 느낌의 선이 적용됩니다.

물방울 브러시 도구로 면 그리기

물방울 브러시 도구(Blob Brush Tool)는 작업할 때에는 선(Stroke)이지만 작업이 끝나면 면(Fill)으로 적용되는 특징을 가지고 있습니다. 나뭇잎의 색은 물방울 브러시 도구를 활용해 채워 보겠습니다.

01 ❶ 도구바에서 물방울 브러시 도구(🖌)를 선택합니다. 마우스 포인터가 🖌 모양으로 나타납니다. ❷ 선이 면보다 위에 있도록 선을 클릭한 후 선색을 '밝은 녹색'으로 설정합니다. ❸ 나뭇잎 모양을 따라 그려주는데 안쪽까지 메워지도록 드래그하여 문질러줍니다. 같은 방법으로 나머지 나뭇잎도 작업합니다.

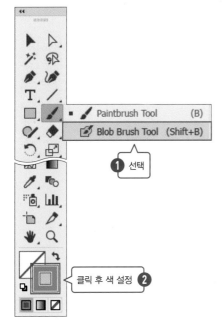

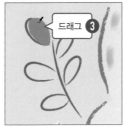

TIP

⎡ 키를 누르면 원이 커지고 ⎤ 키를 누르면 원이 작아집니다.

02 도구바에서 선택 도구(▶)를 클릭하고 나뭇잎 외곽선을 선택합니다. Ctrl + Shift +]를 눌러 가장 위로 이동시
킵니다. 아래쪽 나뭇잎도 똑같이 작업합니다.

Ctrl + Shift +]

일러스트 마스터! 🔔

브러시를 일반 면으로 처리하기

메뉴바에서 [Object]-[Expand Appearance]를 클릭하면 개체에 적용된 브러시 효과를 모두 일반 패스로 바꿀 수 있습니다.

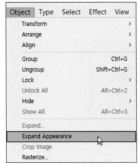

▲ 브러시 효과 상태

▲ 일반 패스 상태

Expand와 Expand Appearance의 특징 비교

Expand와 Expand Appearance의 공통점

Expand와 Expand Appearance 모두 적용된 브러시나 효과 등을 눈에 보이는 대로 일반 패스로 만들어주는 역할을 합니다. 보통 이 작업을 '효과를 깬다'라고 표현합니다.

▲ 브러시 효과가 적용된 경우

▲ 효과를 깬 경우

Expand와 Expand Appearance의 차이점

Expand와 Expand Appearance의 가장 큰 차이점은 '[Appearance] 패널에 등록이 되는지의 여부'입니다. 두 개체에 같은 효과가 적용된 것으로 보이지만 위의 개체는 [Object]–[Envelope Distort]–[Make with Warp]에서 Arc 효과를 적용한 것이고, 아래의 개체는 [Effect]–[Warp]–[Arc]로 효과를 적용한 것입니다. [Appearance] 패널을 열어 각각 개체를 선택해 보면 각각의 목록이 다른 것을 확인할 수 있습니다.

▲ Envelope Distort 명령을 적용한 경우

▲ Warp 명령을 적용한 경우

▲ Expand

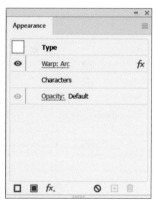

▲ Expand Appearance

위 개체의 경우 효과를 일반 패스로 바꾸고자 할 때 [Object]에서 'Expand'만 활성화되며, 아래 개체의 경우에는 'Expand Appearance'가 활성화됩니다.

또한, [Appearance] 패널에서 해당 효과의 이름을 클릭하면 수정이 가능하고 포토샵처럼 레이어를 쌓듯이 개체 위에 중첩으로 면이나 선을 더 겹쳐서 만들 수도 있습니다. 각각의 면과 선에 효과를 추가로 적용하는 것도 가능합니다. 이렇게 면과 선을 분리해서 적용하는 효과도 역시 일반 면으로 바꿔준 후에 가능한 작업입니다.

브러시 등록하기

일러스트레이터에서 기본으로 제공하는 브러시 형태 외에도 직접 옵션을 설정하여 개성 있는 브러시를 만들어 사용할 수 있습니다. 산포 브러시, 아트 브러시, 패턴 브러시를 차례로 알아보겠습니다.

⊠ 산포 브러시로 스티플 효과 적용하기

📁 준비파일 P02\Ch02\03꽃병.ai

자연스럽게 흩뿌려지는 효과를 주는 산포 브러시(Scatter Brush)는 대표적인 브러시의 질감 효과 중 하나입니다. 산포 브러시를 먼저 등록하고, 옵션을 조절하여 거친 붓 질감의 스티플 효과를 개체에 적용해 보겠습니다.

산포 브러시 옵션 알아보기

산포 브러시(Scatter Brush)는 더블클릭하여 나오는 옵션 대화상자에서 다양하게 조절하여 사용할 수 있습니다. 브러시를 사용하는 동안 흩뿌림의 정도를 고정시키고자 한다면 모든 옵션을 'Fixed'로 설정하고, 변화를 주면서 좀 더 자연스럽게 표현하고자 한다면 'Random'으로 설정한 후 사용합니다.

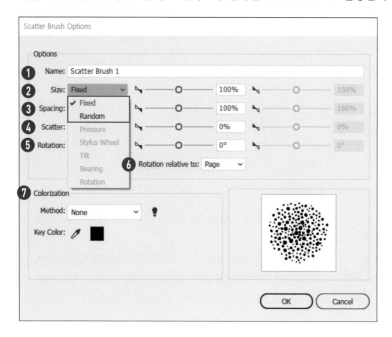

1 Name | 산포 브러시의 이름을 입력합니다.

2 Size | 등록된 모양의 크기를 원본보다 작거나 크게 등록합니다.

3 Spacing | 등록된 모양이 반복될 때 간격을 조절하여 겹치거나 벌어지게 할 수 있습니다. 100%보다 작으면 겹쳐지고 100%보다 크면 벌어집니다.

4 Scatter | 패스에서 얼마나 벗어나는지를 결정합니다. (−) 값이면 패스의 안쪽으로, (+) 값이면 패스의 바깥쪽으로 벗어납니다.

5 Rotation | 브러시의 각도를 조절할 수 있습니다. 자연스러운 느낌을 위해 보통 360°를 활용합니다.

6 Rotation relative to | 브러시의 각도를 조절할 때 패스의 방향을 따라서 조절할 것인지, 문서를 기준으로 조절할 것인지 결정합니다. 보통 'Page'로 기본 설정되어 있습니다.

7 Colorization | 브러시에 색이 적용되는 방식을 설정합니다. Key Color를 검은색으로 등록하고 Method를 'Tints'로 설정하면 원하는 색을 모두 사용할 수 있습니다.

산포 브러시 등록하기

산포 브러시를 등록하는 과정에서 옵션을 자유롭게 조절해 보겠습니다.

01 Ctrl + O로 03꽃병.ai 파일을 엽니다. 선택 도구를 클릭한 후 브러시로 등록할 개체를 선택합니다.

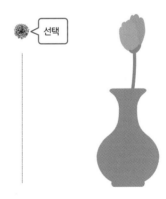

02 메뉴바에서 [Window]–[Brushes]를 선택해 [Brushes] 패널을 열고 ❶ 등록 아이콘(⊡)을 클릭합니다. ❷ 목록에서 'Scatter Brush'를 선택하고 ❸ [OK] 버튼을 클릭합니다.

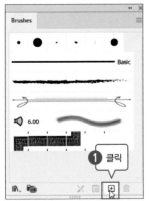

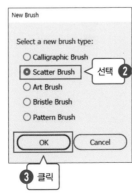

03 ❶ 옵션 대화상자가 나타나면 아무것도 조절하지 않은 상태에서 [OK] 버튼을 클릭합니다. ❷ [Brushes] 패널에 새로운 브러시가 등록된 것을 확인할 수 있습니다.

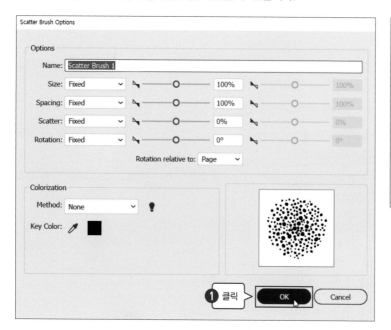

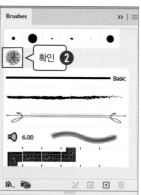

04 ❶ 선택 도구(▶)로 분홍색 선을 선택하고 ❷ [Brushes] 패널에서 산포 브러시를 더블클릭합니다. 선에 산포 브러시가 적용됩니다.

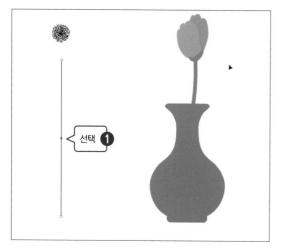

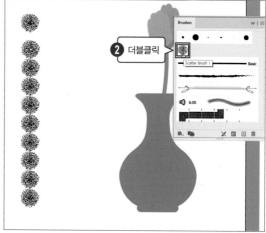

05 ❶ 브러시의 이름을 '스티플브러시'라고 입력하고 ❷ Size~Rotation의 옵션을 모두 'Random'으로 설정합니다. ❸ Size는 90~100%, Spacing은 30~50%, Scatter는 -5~5%, Rotation은 -180°~180°로 조정합니다. ❹ Method는 'Tints'로 선택하고 ❺ [OK] 버튼을 클릭합니다.

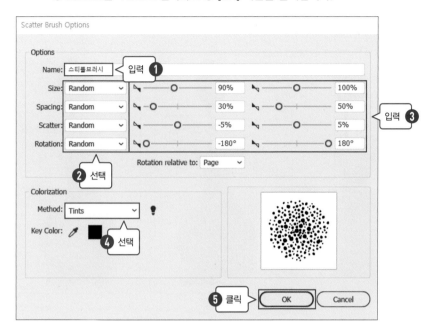

06 ❶ 선택한 브러시에 옵션을 적용하기 위해 [Apply to Strokes] 버튼을 클릭하고 ❷ 옵션이 적용된 것을 확인합니다. ❸ Ctrl 키를 누른 상태로 빈 화면을 클릭하여 선택을 해제합니다.

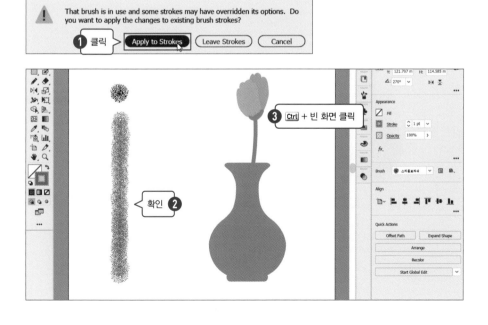

산포 브러시 적용하기

01 ❶ 도구바에서 브러시 도구(✎)를 클릭한 후 꽃병 외곽을 따라 드래그하여 새로 만든 브러시를 적용합니다. ❷ 그 위로 한 번 더 반복합니다. ❸ 선택 도구(▶)로 가장 뒤에 위치한 꽃병을 선택하고 Ctrl + C 로 복사한 후 ❹ Ctrl + Shift + V 를 눌러 가장 위로 붙여넣기 합니다.

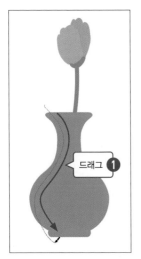
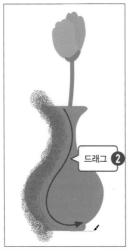
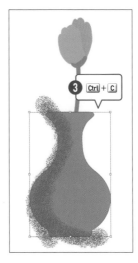
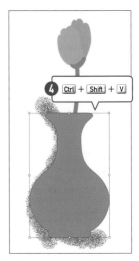

02 ❶ 선택 도구(▶)로 꽃병 부분을 드래그하여 꽃병과 브러시만 선택합니다. ❷ Ctrl + 7 을 눌러 클리핑 마스크를 적용합니다. 빠져 나왔던 브러시가 마스크로 처리됩니다.

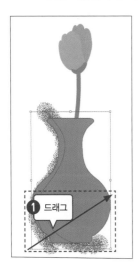

⊠ 아트 브러시로 아르누보 스타일 장식 만들기

📁 준비파일 P02\Ch02\03아르누보.ai

아트 브러시를 개체에 적용하면 개체의 길이만큼 브러시의 길이가 늘어납니다. 여기에 장식을 달아 아르누보 스타일의 오브젝트를 만들어 보겠습니다.

아트 브러시 옵션 알아보기

아트 브러시를 등록할 때 옵션 대화상자를 통해 세부항목을 조정할 수 있습니다. 폭과 방향, 색, 왜곡 방식 등을 원하는 대로 설정합니다.

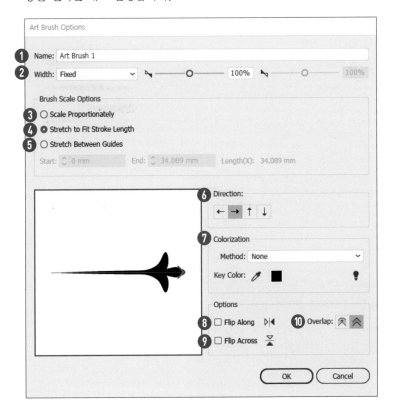

1 Name | 아트 브러시의 이름을 입력합니다.

2 Width | 아트 브러시를 등록할 때 브러시의 폭을 설정할 수 있습니다. 처음 등록된 개체의 폭은 '1pt'가 기준이 되며, 100%로 기본 설정되어 있습니다.

3 Scale Proportionately | 브러시는 원래 만들어진 패스 길이를 따라 쭉 늘어나지만, 이 옵션을 선택하면 최대한 원본 상태를 유지합니다. 단, 이 옵션은 브러시가 1pt일 때에만 적용되며, 다른 두께일 때에는 적용되지 않습니다.

4 Stretch to Fit Stroke Length | 아트 브러시에서 가장 많이 선택하는 옵션이며, 그리는 패스의 길이만큼 등록된 브러시가 왜곡되면서 엿가락처럼 늘어나게 됩니다.

5 Stretch Between Guides | 지정된 부분만 늘어나며, 지정되지 않는 부분은 늘어나지 않고 원본을 유지하게끔 만드는 옵션입니다. 화살표와 같이 시작과 끝이 적용되는 아트 브러시를 등록할 때 주로 사용합니다.

6 Direction | 패스의 방향을 따라 브러시가 적용됩니다. 대부분 → 옵션을 선택합니다.

7 Colorization | 브러시의 색상 적용 방식에 관한 옵션입니다. Method를 'Tints'로 적용하고 Key Color가 '검은색'이면 원하는 거의 모든 색을 지정할 수 있습니다. 'None'을 적용하면 등록한 색 원본만 사용할 수 있습니다.

8 Flip Along | 브러시를 좌우반전합니다.

9 Flip Across | 브러시를 상하반전합니다.

10 Overlap | 겹치는 곳에서 끝처리를 부드럽게 할 것인지, 뾰족하게 할 것인지 결정합니다.

아트 브러시 등록하기

아르누보 스타일의 아트 브러시를 등록해 보겠습니다.

01 Ctrl + O 로 03아르누보.ai 파일을 엽니다. 선택 도구(▶)를 클릭한 후 브러시로 등록할 개체를 선택합니다.

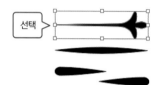

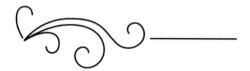

02 ❶ 메뉴바에서 [Window]–[Brushes]를 선택해 [Brushes] 패널을 열고 등록 아이콘(▣)을 클릭합니다. ❷ 목록에서 'Art Brush'를 선택하고 ❸ [OK] 버튼을 클릭합니다.

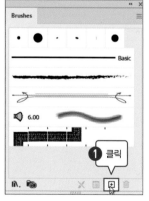

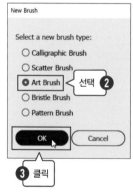

03 ❶ 옵션 대화상자가 나타나면 Name 입력란에 '아트브러시1'이라고 입력하고 ❷ Direction은 →을 선택합니다. ❸ Method에서 색을 지정하는 방식을 'Tints'로 설정합니다. ❹ [OK] 버튼을 클릭하면 ❺ 브러시가 등록됩니다.

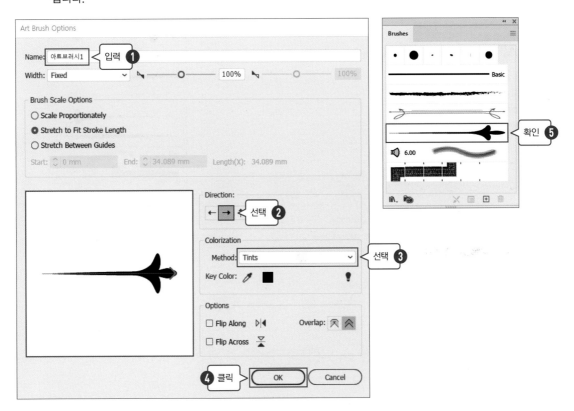

04 다른 방식으로 등록해 보겠습니다. ❶ 선택 도구(▶)로 다음 개체를 선택하고 ❷ 선택한 개체를 [Brushes] 패널 안으로 드래그합니다. ❸ 대화상자가 나타나면 'Art Brush'를 선택하고 ❹ [OK] 버튼을 클릭합니다.

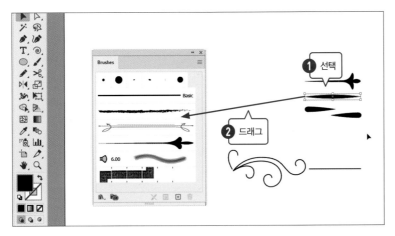
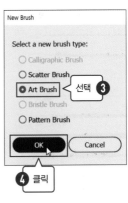

05 ❶ 이번에는 Name 입력란에 '아트브러시2'라고 입력합니다. ❷ Direction은 →을 선택하고 ❸ Method를 'Tints'로 선택합니다. ❹ [OK] 버튼을 클릭하면 ❺ [Brushes] 패널에 등록됩니다.

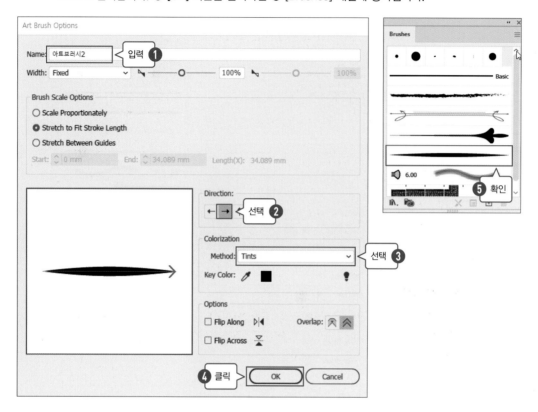

06 나머지 두 개체도 같은 방식으로 'Art Brush'로 각각 등록합니다.

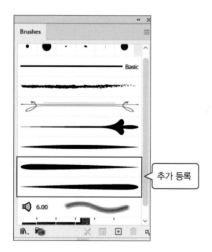

아트 브러시 적용하기

개체의 길이에 따라 함께 늘어나는 아트 브러시의 특성을 이용하여 두께가 일정한 선을 아르누보 스타일로
만들어 보겠습니다.

01 ❶ 직선 개체를 선택합니다. ❷ 등록한 브러시 중 첫 번째 브러시를 선택합
니다. ❸ 브러시가 개체에 적용됩니다.

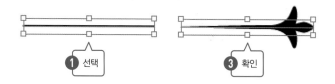

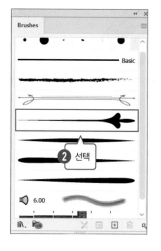

02 ❶ 곡선 개체를 모두 선택하고 ❷ 등록된 브러시 중 두 번째 브러시를 선택
합니다. ❸ 브러시가 개체에 적용됩니다.

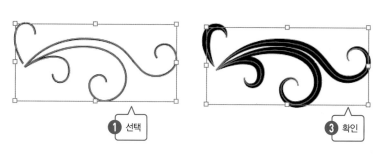

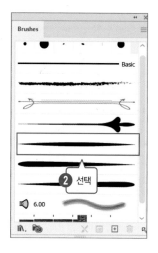

03 ❶ 짧은 곡선 개체 두 개를 선택합니다. ❷ 컨트롤 패널에서 Stroke의 값을 '0.5pt'로 수정합니다.

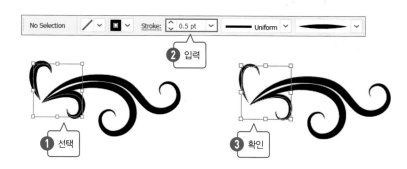

04 도구바에서 원 도구(◯)를 클릭하고 드래그하여 검은색 원을 그립니다. 크기와 위치를 조절하여 브러시의 끝쪽 말린 부분에 자연스럽게 연결하듯 배치합니다. 원 개체 세 개를 더 그려 나머지 부분에도 배치합니다.

05 도구바에서 브러시 도구(✏)를 클릭합니다. ❶ [Brushes] 패널에 등록한 브러시 중 세 번째 브러시를 선택합니다. ❷ 다음과 같이 드래그하여 직접 브러시를 그립니다.

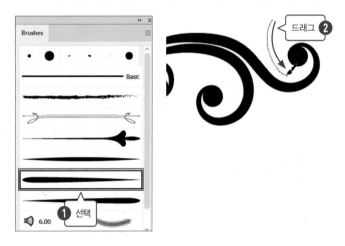

06 ❶ [Brushes] 패널에서 등록한 브러시 중 네 번째 브러시를 선택합니다. ❷ 보기와 같이 드래그하여 직접 브러시를 그려봅니다.

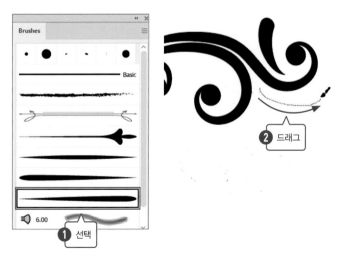

07 나머지 부분에도 브러시를 그리고, 두껍다고 생각되는 개체들은 브러시의 두께를 줄여줍니다.

08 ❶ 선택 도구(▶)로 브러시를 적용한 개체들을 선택합니다. ❷ 도구바에서 반전 도구(◢◣)를 클릭하고 개체의 왼쪽 부분을 Alt 키를 누른 상태에서 클릭합니다. ❸ 옵션 대화상자가 나타나면 'Vertical'을 선택하고 ❹ [Copy] 버튼을 클릭합니다. 클릭한 지점을 기준으로 반전되어 왼쪽으로 복사됩니다.

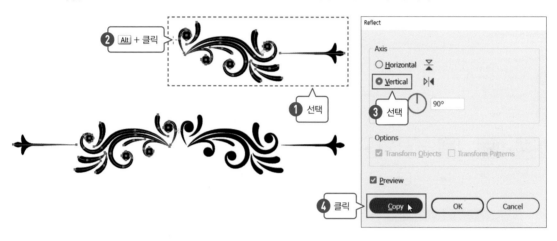

09 ❶ 선택 도구(▶)로 브러시가 적용된 개체와 반전된 개체까지 모두 선택합니다. ❷ 메뉴바에서 [Obejct]-[Expand Appearance]를 선택하여 적용된 브러시를 모두 일반 면 패스로 바꿉니다.

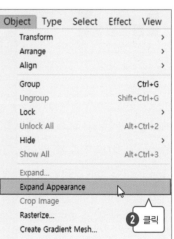

⊠ 패턴 브러시로 패스에 패턴 입히기

📁 준비파일 P02\Ch02\03연필.ai

패턴 브러시 명령을 실행하면 개체를 [Swatches] 패널에 패턴 타일로 등록하고, 패스에 반복적으로 나타나게 할 수 있습니다. 예제를 통해 연필 모양의 패턴을 등록하고 적용해 봅니다.

패턴 브러시 옵션 알아보기

패스에 패턴 브러시를 적용하면 패스 자체에 패턴이 생깁니다. 이미지를 패턴으로 가져온 후 옵션을 추가로 적용하면 개성 있는 브러시를 만들 수 있습니다.

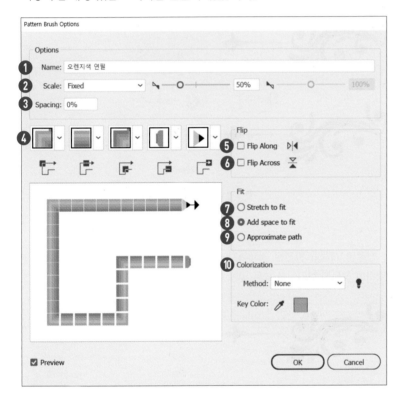

1 Name | 패턴 브러시의 이름을 입력합니다.

2 Scale | 브러시의 폭을 설정합니다. 처음 지정된 100%가 1pt 폭의 기준이 됩니다.

3 Spacing | 두 번째 타일이 적용되는 간격입니다. 값이 0%일 경우 타일 간의 간격 없이 계속 연결됩니다.

4 바깥 코너, 반복 구간, 안쪽 코너, 시작, 끝 부분의 타일을 설정합니다. 각각의 목록을 열어 [Swatches] 패널에서 등록한 패턴을 선택할 수 있으며, 코너 부분은 자동 생성이 가능합니다.

5 Flip Along | 등록한 브러시의 시작과 끝을 반전시킵니다.

6 Flip Across | 등록한 브러시를 상하반전합니다.

7 Stretch to fit | 두 번째 패턴 타일의 앞과 뒤가 늘어나면서 맞춰집니다. 일반적으로 가장 많이 선택하는 옵션입니다.

8 Add space to fit | 두 번째 패턴 타일의 앞과 뒤에 빈 공간을 추가합니다.

9 Approximate path | 두 번째 패턴 타일의 앞과 뒤를 패스의 방향과 길이에 따라 임의대로 만들어줍니다.

10 Colorization | 색상을 지정하는 방식입니다. 처음에 등록한 색을 그대로 쓰고 싶다면 Method에서 'None'을 선택합니다.

패턴 브러시 등록하고 적용하기

3등분되어 있는 연필 모양의 개체를 패턴 타일로 등록한 후 패턴 브러시의 코너에 적용해 보겠습니다. 만들어진 패턴 브러시를 Pencil 글자 모양의 패스에 입혀 연필이 글자 모양대로 휘어진 듯한 타이포그래피를 완성합니다.

01 Ctrl + O로 03연필.ai 파일을 엽니다. ❶ 선택 도구(▶)로 연필 모양 개체의 가운데 부분을 선택합니다. ❷ 메뉴바의 [Window]–[Swatches]를 클릭해 패널을 열고 선택한 개체를 드래그하여 [Swatches] 패널 안으로 집어넣습니다. 개체가 패턴 타일로 등록됩니다.

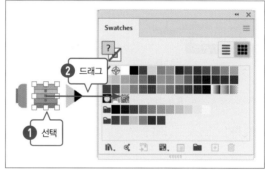

02 ❶ 연필 머리 부분과 ❷ 뒷부분도 각각 [Swatches] 패널로 드래그하여 패턴 타일로 등록합니다. ❸ Ctrl 키를 누른 상태로 빈 화면을 클릭하여 선택을 해제합니다.

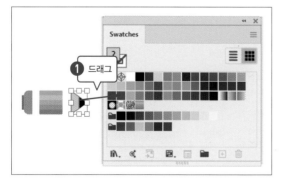
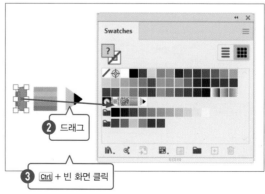

03 [Swatches] 패널에 세 개의 패턴 타일이 등록된 것을 확인할 수 있습니다.

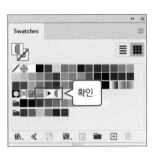

04 ❶ F5 키를 눌러 [Brushes] 패널을 열고 브러시 추가 아이콘(▣)을 클릭합니다. ❷ 'Pattern Brush'를 선택하고 ❸ [OK] 버튼을 클릭합니다.

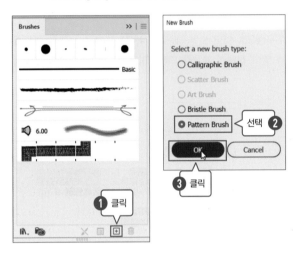

05 패턴 브러시를 추가하기 위한 옵션 대화상자가 열립니다. ❶ 타일 목록 중 두 번째 목록을 열고 ❷ 처음에 등록했던 연필 몸통 패턴 타일을 찾아 선택합니다. ❸ 다음으로 네 번째 타일 목록을 열고 ❹ 연필의 뒷부분으로 등록한 타일을 찾아 선택합니다.

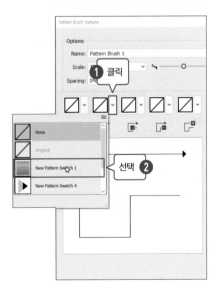
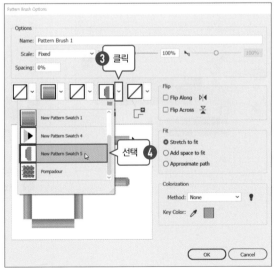

06 ❶ 다섯 번째 목록을 열고 ❷ 연필의 머리 부분으로 등록했던 패턴 타일을 찾아 선택합니다.

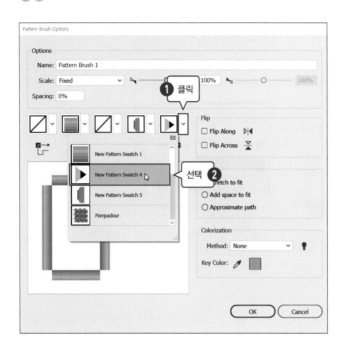

07 첫 번째 타일은 Outer Corner Tile입니다. 코너 타일은 자동으로 생성하는 기능이 있습니다. ❶ 목록을 열어 ❷ 'Auto−Centered'를 선택합니다. ❸ 세 번째 타일도 똑같이 목록을 열고 ❹ 'Auto−Centered'를 선택합니다. 다른 타일을 선택해도 무관합니다. ❺ 모두 적용하면 [OK] 버튼을 클릭합니다.

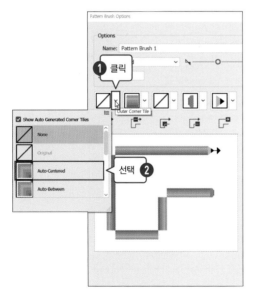 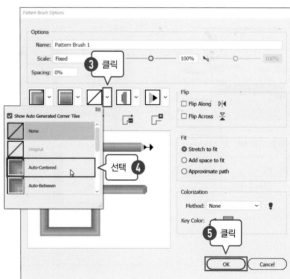

08 ❶ 선택 도구로 열린 패스 부분을 선택합니다. ❷ F5 키를 눌러 [Brushes] 패널을 열고 등록한 브러시를 선택합니다. ❸ 패스에 브러시가 적용됩니다.

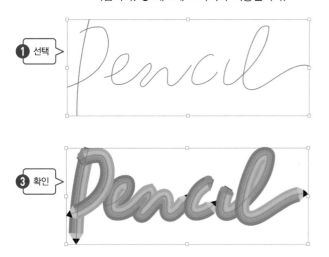

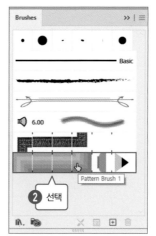

09 브러시가 두꺼운 느낌이 들어 옵션을 수정해 보겠습니다. ❶ [Brushes] 패널에서 등록한 브러시를 더블클릭하여 해당 브러시의 옵션 대화상자를 엽니다. ❷ Name 입력란에 '오렌지색 연필'이라고 입력합니다. ❸ Scale을 '50%'로 입력해 두께가 얇아지도록 작업하고 ❹ [OK] 버튼을 클릭합니다.

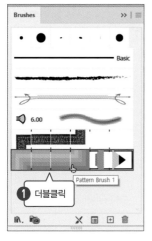

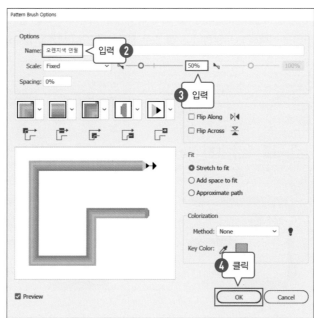

10 선택한 브러시에 옵션을 적용하기 위해 [Apply to Strokes] 버튼을 클릭합니다.

11 브러시에 옵션이 적용된 것을 확인하고 Ctrl 키를 누른 상태에서 빈 화면을 클릭하여 작업을 마무리합니다.

Ctrl + 빈 화면 클릭

패턴 브러시 복제하기

패널에 추가한 패턴 브러시를 복제한 후 브러시의 방향을 변경하는 옵션을 설정해 보겠습니다. 브러시의 시작점과 끝점을 반전시켜 연필 머리가 향하는 방향을 뒤바꿔 봅니다.

01 ❶ [Brushes] 패널에서 등록한 브러시를 선택하여 브러시 추가 아이콘(⊡) 위로 드래그합니다. ❷ 브러시가 복제되면 해당 브러시를 더블클릭합니다.

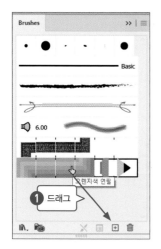
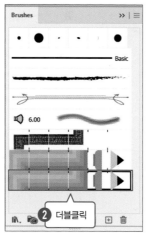

02 ❶ 옵션 대화상자가 뜨면 'Flip Along'에 체크하여 브러시의 머리 부분과 뒷부분의 타일을 맞바꿉니다. ❷ 다음으로 'Flip Across'에 체크하여 패턴 브러시의 위아래를 바꿔줍니다. ❸ [OK] 버튼을 클릭하여 작업을 마무리합니다.

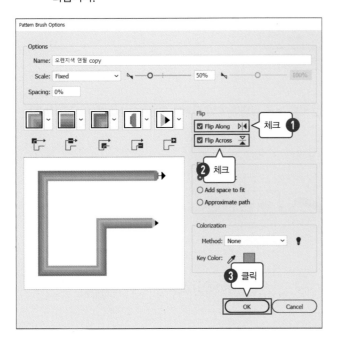

03 ❶ 선택 도구(▶)로 방향을 바꾸고 싶은 일부 개체들을 선택하고 ❷ 옵션을 바꿔준 브러시를 선택합니다. 해당 개체에 바뀐 브러시가 적용됩니다.

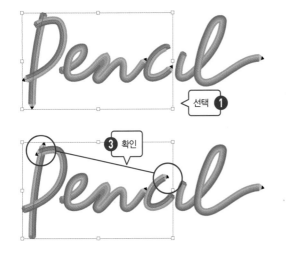

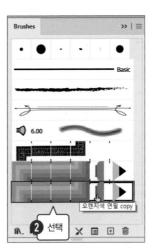

⊠ 패턴 브러시를 활용하여 테크 브러시 만들기

📁 준비파일 P02₩Ch02₩03테크.ai

브러시는 디자인에 따라 다양한 느낌으로 활용할 수 있습니다. 그 중 패턴 브러시를 활용하면 기계적인 느낌의 테크 브러시를 만들 수 있습니다. [File]–[Open] 명령으로 03테크.ai 파일을 열고 테크 브러시를 만들어 원에 적용해 봅니다.

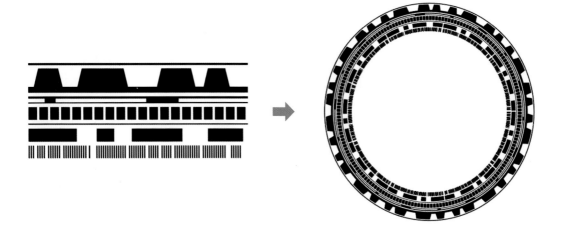

개체의 색과 배경 색을 바꿔 전문가 수준의 일러스트를 만들 수 있습니다.

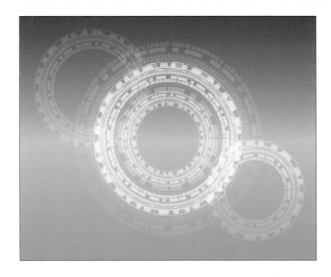

03

문자 마스터

일러스트레이터는 드로잉 중심의 오브젝트를 생성하는 것이 주된 목적인 툴이지만, 명함이나 포스터와 같이 정보를 전달하는 개체를 만드는 경우에는 문자 도구를 사용합니다.

이번 장에서는 텍스트를 입력하는 다양한 방식에 대해서 알아보고, 글꼴과 문단을 정렬하는 데 사용되는 패널에 대해서도 학습합니다. 글리프로 특수문자를 만드는 과정도 함께 알아보겠습니다.

 문자 도구　✓ 글꼴 패널　✓ 문단 패널　✓ 글리프

문자 입력하기

일러스트레이터에서 포스터나 명함 등 정보를 전달하는 결과물을 만들 때에는 패스를 사용하기보다는 문자를 직접 입력하는 것이 좋습니다. 문자 도구를 활용하면 다양한 방법으로 문자를 입력할 수 있습니다. 기초적인 부분부터 응용까지 한 번에 알아보겠습니다.

⊠ 문자를 입력하는 다양한 방법 알아보기

📁 준비파일 P02\Ch03\01텍스트.ai

문자 도구로 문자를 입력하는 방법은 두 가지입니다. 원하는 위치에 한 번 클릭하여 텍스트 위치를 선정하거나 아예 텍스트 상자를 만들어 문자가 들어갈 공간을 확보한 후 문자를 입력합니다.

빈 공간에 한 번만 클릭해서 쓰기

01 [File]−[Open]을 선택해 01텍스트.ai 파일을 엽니다. ❶ 도구바에서 문자 도구(T)를 클릭하고 ❷ 아트보드의 빈 공간을 한 번 클릭합니다. 자동으로 'Lorem ipsum'이라는 텍스트가 입력됩니다.

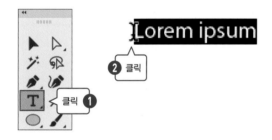

02 'abcdefg'를 입력합니다. 기존에 자동으로 생성되었던 텍스트는 사라지고 새로 입력됩니다.

입력 ▷ **abcdefg**

03 도구바에서 직접 선택 도구(▷)를 클릭합니다. 텍스트 아래에 패스가 한 줄 뜨고 패스 왼쪽 끝에 점이 나타납니다.

abcdefg

04 ❶ 컨트롤 패널의 Paragraph 아이콘 중 가운데 정렬을 선택합니다. 점을 기준으로 가운데로 정렬됩니다. ❷ 오른쪽 정렬을 클릭하면 점을 기준으로 오른쪽으로 정렬됩니다. ❸ 다시 처음으로 돌아가기 위해 왼쪽 정렬을 클릭합니다.

▲ 가운데 정렬을 클릭한 경우　　　　▲ 오른쪽 정렬을 클릭한 경우　　　　▲ 왼쪽 정렬을 클릭한 경우

05 도구바에서 선택 도구(▶)를 클릭하면 텍스트 외곽에 바운딩 박스가 생성됩니다. 박스의 꼭짓점에서 드래그하면 텍스트 크기를 조절할 수 있습니다. 이때 정비율을 유지하고 싶다면 Shift 키를 누르고 드래그합니다.

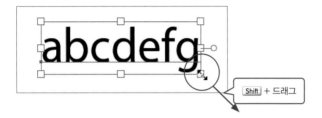

Shift + 드래그

드래그로 텍스트 상자 만들어 쓰기

처음부터 드래그로 텍스트 상자를 만들어두면 텍스트의 양이 많아지더라도 그 크기가 변하지 않아 텍스트의 양이 초과하면 일부가 보이지 않게 됩니다. 텍스트를 온전히 나타내고자 한다면 오른쪽 아래의 꼭짓점을 드래그하여 텍스트 상자의 크기를 늘입니다.

01 도구바에서 문자 도구(T)를 클릭한 후 아트보드 위에서 드래그하여 텍스트 상자를 만듭니다. 상자 안에 자동으로 문자가 채워집니다.

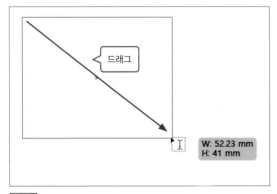

드래그

W: 52.23 mm
H: 41 mm

Lorem ipsum dolor sit amet, consectetuer adipiscing elit, sed diam nonummy nibh euismod tincidunt ut laoreet dolore magna aliquam erat volutpat. Ut wisi enim ad minim veniam, quis nostrud exerci tation ullamcorper

TIP

이전에 마지막으로 선택한 옵션이 왼쪽 정렬이기 때문에 왼쪽으로 정렬되어 나타납니다.

02 도구바에서 선택 도구(▶)를 클릭하고 텍스트 상자의 꼭짓점을 드래그하여 크기를 키워줍니다. 텍스트 상자의 크기는 커지지만 텍스트 자체의 크기는 커지지 않고 한 줄에 들어가는 내용이 늘어납니다.

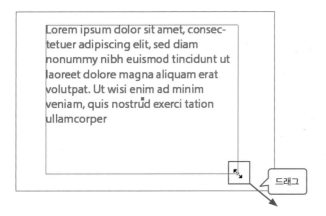

03 컨트롤 패널에서 Paragraph 아이콘을 누르면 텍스트가 상자 안에서 정렬되는 것을 확인할 수 있습니다.

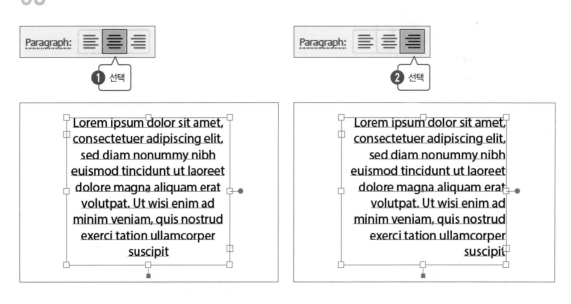

⊠ 다양한 형태로 문자 입력하기

일러스트레이터에서는 다양한 형태로 문자를 입력할 수 있습니다. 가로의 흐름이 일반적이지만 세로로 입력하는 것도 가능합니다. 개체 내부나 패스 라인을 따라서도 문자를 입력할 수 있습니다.

세로 방향으로 쓰기

01 ❶ 도구바에서 문자 도구를 길게 클릭하면 ❷ 나오는 목록에서 세로 문자 도구(↓T)를 선택하고 ❸ 화면의 빈 공간을 한 번 클릭합니다. 자동으로 만들어진 텍스트가 입력됩니다.

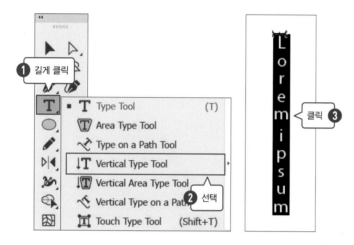

02 'abcdefg'를 입력하고 도구바에서 직접 선택 도구(▷)를 클릭합니다. Paragraph 목록에서 각 정렬 옵션을 선택하면 점을 기준으로 텍스트가 정렬됩니다.

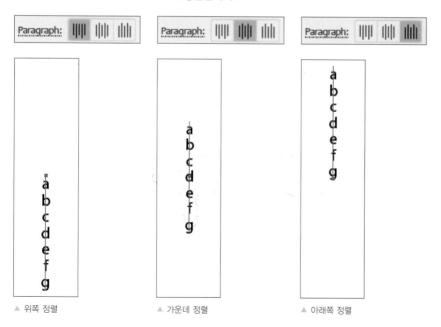

▲ 위쪽 정렬　　　　　　　▲ 가운데 정렬　　　　　　　▲ 아래쪽 정렬

03 선택 도구(▶)로 세로로 쓴 텍스트를 선택한 후 바운딩 박스의 꼭짓점을 드래그하면 크기를 조절할 수 있습니다. 크기를 정비율로 조절하고 싶다면 Shift 키를 누르고 드래그합니다.

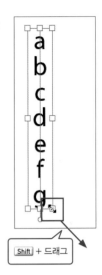

Shift + 드래그

영역 문자 도구로 지정된 영역에 텍스트 집어넣기

영역 문자 도구를 사용하면 임의의 개체의 모양에 맞춰 문자를 입력할 수 있습니다. 영역 문자 도구를 활성화시킨 상태에서 원 개체의 패스에 대고 클릭하면 개체 영역 내로 문자를 입력할 수 있습니다.

01 ❶ 도구바에서 문자 도구(T)를 길게 클릭하면 나오는 목록에서 영역 문자 도구(T)를 선택합니다. ❷ 연두색 원 개체의 패스 위를 클릭하면 원의 안쪽으로 텍스트가 채워집니다.

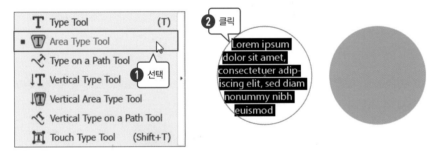

02 ❶ 이번에는 세로 영역 문자 도구(T)를 선택합니다. ❷ 나머지 원의 패스에 대고 클릭합니다. 세로 방향의 텍스트가 원 안에 채워집니다.

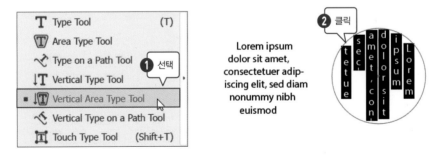

패스 문자 도구로 패스를 따라 글씨 쓰기

01 ❶ 도구바에서 문자 도구(T)를 길게 클릭하면 나오는 목록에서 패스 문자 도구(⤳)를 선택합니다. ❷ 곡선 패스 위에 마우스를 올리고 클릭합니다. 이때 패스의 왼쪽 끝을 클릭하면 곡선 패스를 따라 텍스트가 입력됩니다.

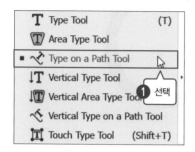

02 직접 선택 도구(▷)를 클릭하면 패스 위에 시작점과 끝점, 중심점이 표시됩니다. 컨트롤 패널에서 Paragraph 옵션을 가운데 정렬로 바꾸면 시작과 끝을 기준으로 가운데에 텍스트가 정렬됩니다.

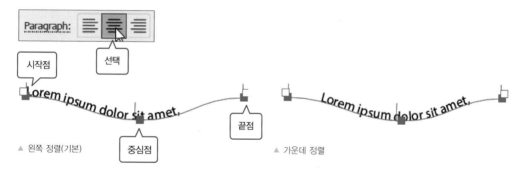

▲ 왼쪽 정렬(기본)   ▲ 가운데 정렬

03 ❶ 마우스를 시작점으로 가져가면 마우스 커서가 검은색으로 바뀝니다. ❷ 이때 점을 드래그하면 시작점의 위치를 옮길 수 있습니다(끝점도 같은 방식으로 옮길 수 있습니다).

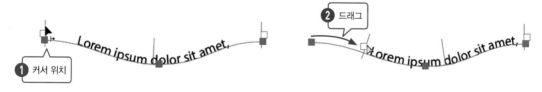

04 마우스를 가운데 중심점으로 이동합니다. 커서가 검은색으로 바뀔 때 패스의 아래쪽 방향으로 드래그합니다. 반대 방향으로 텍스트를 뒤집을 수 있습니다.

05 ❶ 다시 한번 패스 문자 도구(⟨⟩)를 클릭합니다. ❷ 이번에는 선으로만 그려진 원의 패스 위쪽에 대고 클릭합니다. 원의 외곽을 따라 텍스트가 입력됩니다.

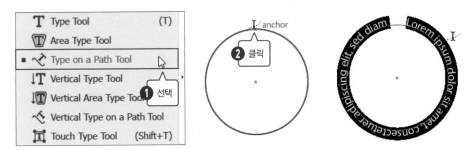

06 'PREMIUM COFFEE'라고 입력합니다. 가운데 정렬로 지정되어 있어 텍스트가 원의 하단으로 입력됩니다.

07 마찬가지로 도구바에서 직접 선택 도구(▷)를 클릭하면 원 위로 시작점과 끝점, 중심점이 표시됩니다. ❶ 마우스 커서를 중심점의 위로 가져가면 커서가 검은색으로 변합니다. ❷ 이때 드래그하여 중심점을 위쪽으로 옮겨주면 정 가운데의 위쪽으로 텍스트가 이동합니다. ❸ 만약 텍스트를 원 외곽선의 안쪽으로 넣고 싶다면 중심점을 원 안쪽으로 드래그합니다.

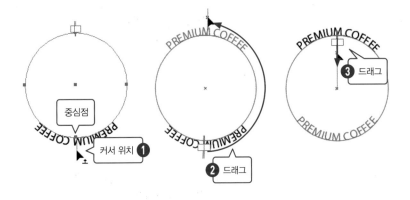

글꼴과 문단 속성 바꾸기

글꼴은 자간, 장평, 줄 간격 등 다양한 옵션에 따라 글감을 다르게 표현할 수 있고, 문단의 정렬 옵션에 따라서도 작업물의 전체적인 분위기를 다르게 만들 수 있습니다. 글꼴과 문단의 배치를 조절할 수 있는 글꼴 및 문단 패널에 대해 알아보겠습니다.

⊠ [Character] 패널 알아보기

📁 준비파일 P02\Ch03\02글꼴과문단.ai

메뉴바에서 [Window]–[Type]–[Character]를 선택해 [Character] 패널을 열어줍니다. [Character] 패널에서 글꼴의 속성을 변경할 수 있습니다.

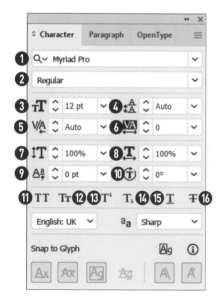

1 서체의 종류를 선택합니다.

2 서체의 Family를 선택합니다. 서체의 두께를 지정하거나 기존 서체를 변형한 서체들이 있습니다.

3 🇹 | 서체의 크기를 지정합니다.

4 🇦 | 서체가 두 줄 이상일 때 윗줄과 아랫줄의 간격을 조절합니다. Auto 는 줄 간격이 글씨 크기의 1.2배를 기본으로 갖는 옵션입니다. 영문에 는 1.2배가 어울리지만, 한글의 경우 조금 답답하게 느껴질 수 있어 보통 1.3~1.6 정도를 사용합니다.

Nice to meet you.
My name is Tina.
Have a nice day.

▲ 텍스트 12pt, 줄 간격 Auto

Nice to meet you.

My name is Tina.

Have a nice day.

▲ 텍스트 12pt, 줄 간격 20pt

5  | 사선으로 된 A, V, W 등의 영문 철자는 서로 겹쳐져야 시각적으로 연결되어 보이는 경향이 있습니다. 따라서 일러스트레이터에서는 이를 자동으로 처리하도록 보통 'Auto'로 설정되어 있습니다. 만약 시각 정렬(Kerning)이 제대로 적용되어 있지 않다면 사선으로 된 영문 철자끼리 붙여서 써도 떨어진 것 같은 느낌이 들기 때문에 보통 Auto 그대로 두고 쓰거나 Optical이나 Metrics로 설정합니다.

AVD   AVD

▲ Auto로 설정한 경우   ▲ Kerning 0

6 | 문자 사이의 간격을 넓히거나 좁힐 수 있습니다. 띄어쓰기를 하지 않아도 문자의 간격을 일정하게 벌릴 수 있기 때문에 로고 만들기와 같은 작업에 많이 쓰입니다.

TRACKING
TRACKING
TRACKING

▲ 자간 0(위), 자간 -100(가운데), 자간 100(아래)

7 | 문자의 세로 폭을 조절합니다.

8 | 문자의 가로 폭을 조절합니다.

9 | 밑줄 기준선의 높이를 조절합니다. 원래의 기준선보다 높거나 낮게 조절할 수 있습니다.

BASE LINE

▲ BASE L: 0, IN: 5, E: -5로 설정한 경우

10 | 문자 일부를 블록으로 지정하여 각도를 입력하면 해당 문자를 회전시킬 수 있습니다.

11 | 영문 입력 시 대문자로만 써지게 하는 옵션입니다.

12 | 소문자를 작은 대문자 모양으로 입력하는 옵션입니다.

13 | 문자를 위 첨자로 만듭니다. 제곱수, 기호 등에 많이 사용됩니다.

14 | 문자를 아래 첨자로 만듭니다. 화학식, 기호 등에 많이 사용됩니다.

10^3 H_2O

▲ 위 첨자 적용   ▲ 아래 첨자 적용

15 ▣ | 문자에 밑줄을 넣습니다.

16 ▣ | 문자에 취소선을 넣습니다.

<u>option</u>   **~~option~~**

▲ 밑줄 적용   ▲ 취소선 적용

⊠ [Paragraph] 패널 알아보기

📁 준비파일 P02\Ch03\02애국가.ai

[Paragraph] 패널에 대해 알아보겠습니다. 메뉴바에서 [Window]–[Type]–[Paragraph]를 눌러 [Paragraph] 패널을 열어줍니다. 단축키는 Ctrl + Alt + T 입니다.

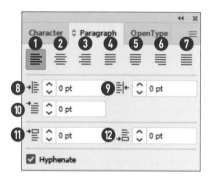

1 ▣ | 문단을 왼쪽 정렬합니다.

2 ▣ | 문단을 가운데 정렬합니다.

3 ▣ | 문단을 오른쪽 정렬합니다.

4 ▣ | 문단을 양쪽으로 강제 정렬한 후 남겨진 한 줄은 왼쪽 정렬합니다. 신문이나 잡지 등에 많이 사용됩니다.

5 ▣ | 문단을 양쪽으로 강제 정렬한 후 남겨진 한 줄은 가운데 정렬합니다.

6 ▣ | 문단을 양쪽으로 강제 정렬한 후 남겨진 한 줄은 오른쪽 정렬합니다.

7 ▣ | 문단의 모든 줄을 강제로 양쪽 정렬합니다. 마지막 한 줄을 채우는 양이 모자랄 경우 띄어쓰기 간격이 넓어져 시각적으로 잘 읽히지 않는 것을 감안하고 사용해야 합니다.

8 ▣ | 문단의 왼쪽을 입력한 수치만큼 들여쓰기합니다.

9 ▣ | 문단의 오른쪽을 입력한 수치만큼 들여쓰기합니다.

10 ▣ | 문단의 첫 줄만 입력한 수치만큼 들여쓰기합니다.

11 ▣ | 선택한 문단의 위쪽 줄 공간을 입력한 수치만큼 비웁니다.

12 ▣ | 선택한 문단의 아래쪽 줄 공간을 입력한 수치만큼 비웁니다.

01 Ctrl + O 를 눌러 02애국가.ai 파일을 열고 ❶ 선택 도구(▶)로 애국가가 적힌 텍스트 상자를 선택합니다. ❷ 텍스트의 양보다 박스가 작아 오른쪽 아래에 붉은색으로 경고 표시가 뜹니다. ❸ 텍스트 상자 오른쪽 아래 꼭 짓점을 드래그하여 박스 크기를 늘입니다. 공간이 부족해서 보이지 않던 나머지 텍스트가 보입니다.

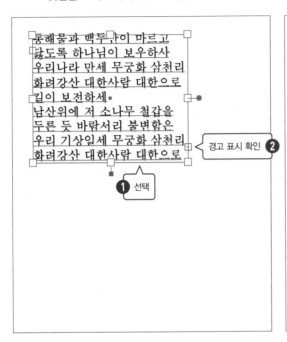

02 도구바에서 문자 도구(T)를 클릭합니다. ❶ 첫 번째 문단은 가운데 정렬 아이콘(▤)으로 정렬하고, ❷ 두 번째 문단은 양쪽 정렬 후 왼쪽 정렬 아이콘(▤)으로 정렬합니다. ❸ 세 번째 문단은 양쪽 정렬 후 오른쪽 정렬 아이콘(▤)을 선택하고, ❹ 마지막으로 네 번째 문단은 모든 줄 강제 양쪽 정렬 아이콘(▤)을 선택합니다.

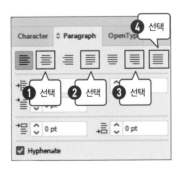

TIP

문단 선택은 문자 도구를 사용하여 블록으로 지정하거나 해당 문단의 임의의 위치에 커서를 두는 방식으로 수행할 수 있습니다.

03 ❶ 애국가 2절 문단의 '남산' 옆을 클릭하여 마우스 커서를 둡니다. ❷ [Paragraph] 패널에서 왼쪽 들여쓰기에 '5pt'를 입력합니다. ❸ 2절 문단 전체가 왼쪽으로 5pt씩 들여쓰기됩니다.

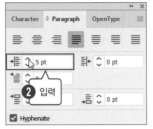

04 ❶ 애국가 3절 문단의 '가을' 옆을 클릭하여 마우스 커서를 둡니다. ❷ [Paragraph] 패널에서 오른쪽 들여쓰기에 '5pt'를 입력합니다. ❸ 3절 문단 전체가 오른쪽으로 5pt씩 들여쓰기됩니다.

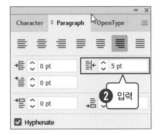

05 ❶ [Paragraph] 패널에서 첫 줄 들여쓰기에 '10pt'를 입력합니다. ❷ 3절 문단에서 첫 줄에만 10pt 들여쓰기가 적용됩니다.

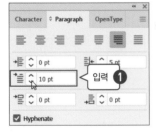

06 ❶ [Paragraph] 패널에서 위아래 공간 여백에 각각 '5pt'를 입력합니다. ❷ 3절 문단의 위와 아래에 5pt의 공간이 비워졌습니다.

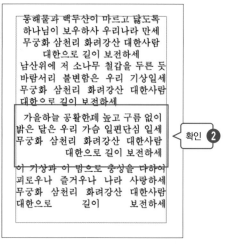

⊠ 다양한 옵션을 활용하여 문서 작업하기

📁 준비파일 P02\Ch03\02안내문.ai, 02안내문.txt

실무에서 작업하듯이 특정 기관을 이용하는 데 필요한 안내문 작업을 해 보며 텍스트를 다루는 기본기를 익혀갑니다. 앞서 학습한 대로 텍스트를 입력하고 패널을 활용해 과학놀이 천문대 안내문을 완성해 봅니다.

01 Ctrl + O를 눌러 02안내문.ai 파일을 엽니다.

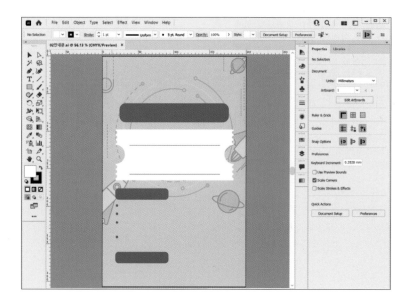

02 도구바에서 문자 도구(T)를 클릭하고 아트보드 위쪽을 클릭하여 제목을 입력합니다(내용은 02안내문.txt 파일을 참조합니다).

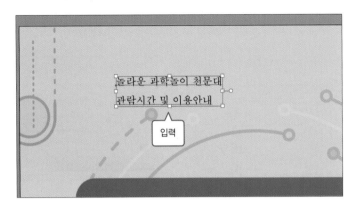

03 선택 도구로 문자 개체를 선택한 후 메뉴바에서 [Window]-[Type]-[Character]를 선택하거나 단축키 Ctrl + T를 눌러 [Character] 패널을 엽니다. ❶ 글꼴을 '여기어때 잘난체 OTF'로 선택하고 ❷ 크기는 '43pt'로 입력한 후 ❸ 행간을 '50pt'로 입력합니다.

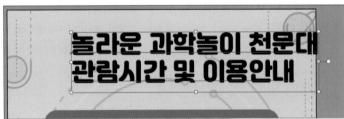

04 메뉴바에서 [Window]-[Type]-[Paragraph]를 선택하거나 단축키 Ctrl + Alt + T를 눌러 [Paragraph] 패널을 열고 ❶ 가운데 정렬 아이콘을 클릭합니다. ❷ 이어서 [Swatches] 패널을 불러온 후 진한 보라색을 선택합니다. ❸ 선택 도구로 텍스트를 이동시켜 가운데로 배치합니다.

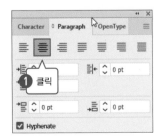

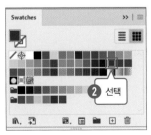

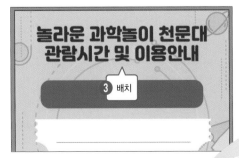

05 ❶ 문자 도구를 클릭하고 임의의 지점을 클릭합니다. 'Lorem ipsum'이라는 HTML 자동 채우기 문자가 자동으로 생성됩니다. Ctrl + T를 눌러 [Character] 패널을 불러오고 ❷ 글꼴은 '에스코어 드림'으로, ❸ 폰트 두께는 '5 Medium'으로 설정합니다. ❹ 크기는 '22pt', ❺ 행간은 '27pt'로 입력합니다. ❻ 텍스트의 폭을 좁게 만들기 위해 자폭을 '90%'로 낮춥니다. ❼ F6 키로 [Color] 패널을 불러와 색상을 0-24-12-0으로 입력합니다.

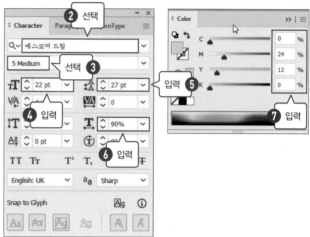

06 ❶ 내용을 다음과 같이 입력하고 중심에 맞춰 배치한 다음 ❷ Alt 키를 누른 상태에서 선택 도구로 드래그하여 복제합니다. ❸ 도구바에서 스포이트 도구를 클릭하고 ❹ 위쪽의 보라색 개체를 클릭하여 색을 추출합니다.

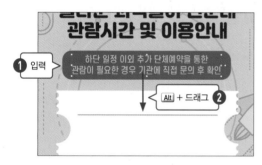

07 ❶ 문자 도구를 클릭하고 텍스트를 더블클릭한 후 드래그하면 블록으로 설정됩니다. ❷ 내용을 '관람시간 안내'라고 수정한 후 적절히 배치합니다. ❸ 서체를 '에스코어 드림'으로 선택하고 ❹ 폰트 두께를 '2 Extra Light'로 설정합니다. ❺ 크기를 '33pt'로 입력합니다.

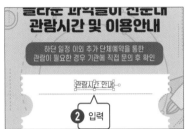
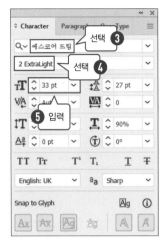

08 ❶ 선택 도구로 마지막에 작업한 텍스트를 Alt 키를 누른 채로 드래그하여 복제하고 복제된 텍스트가 선택된 상태에서 Ctrl + T 를 눌러 [Character] 패널을 불러옵니다. ❷ 서체를 '에스코어 드림'으로 선택하고 ❸ 폰트 두께를 '7 Extra Bold'로 설정합니다. ❹ 크기는 '22pt', ❺ 행간은 '32pt'로 입력합니다. ❻ 단축키 Ctrl + Alt + T 를 눌러 [Paragraph] 패널을 불러오고 왼쪽 정렬 아이콘을 클릭합니다.

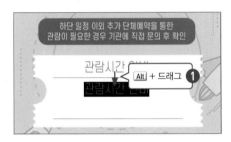

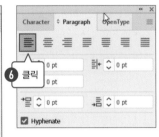

09 문자 개체를 적절히 배치한 후 ❶ 문자 도구를 클릭하고 텍스트를 더블클릭하여 블록으로 지정합니다. ❷ 02안내문.txt 파일에서 해당하는 내용을 복사한 후 블록으로 지정한 곳에 붙여넣기합니다.

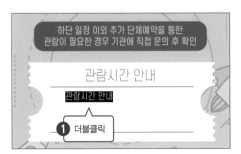
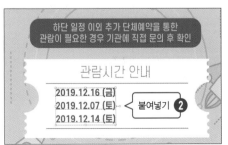

10 ❶ 선택 도구를 클릭한 후 Alt 키를 누른 상태에서 일자가 적힌 개체를 드래그하여 복제합니다. Ctrl + T 를 눌러 [Character] 패널을 불러옵니다. ❷ 서체를 '에스코어 드림'으로 선택하고 ❸ 폰트 두께를 '3 Light'로 설정합니다. ❹ 02안내문.txt 파일에서 해당하는 내용을 복사한 후 이전과 같은 방법으로 붙여넣기합니다.

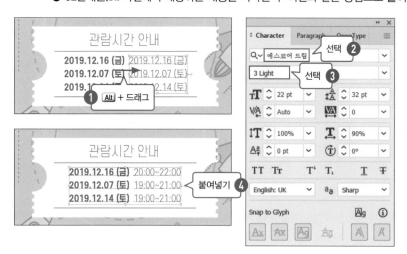

11 ❶ '하단'으로 시작하는 텍스트 상자를 복사 및 배치한 후 '이용시 주요 안내사항'이라고 수정합니다. ❷ 선택 도구로 개체를 선택하고 Ctrl + Alt + T 를 눌러 [Paragraph] 패널을 불러옵니다. ❸ 왼쪽 정렬 아이콘을 클릭합니다.

12 도구바에서 문자 도구를 클릭합니다. ❶ 아래쪽에 드래그하여 박스를 만들면 자동으로 영문이 채워지고 블록으로 지정됩니다. ❷ 텍스트 파일에서 내용을 복사하여 붙여넣기합니다.

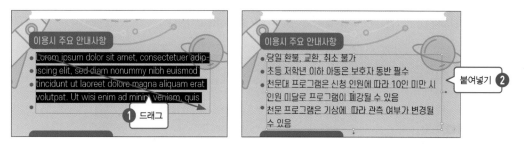

13 ❶ Ctrl + T 를 눌러 [Character] 패널을 불러온 후 폰트 두께를 '4 Regular'로 바꿔줍니다. ❷ 크기는 '20pt'로 입력하고 ❸ 행간을 '24pt'로 입력합니다. ❹ Ctrl + Alt + T 를 눌러 [Paragraph] 패널을 불러오고 문단 이전 공간 창에 '8pt'를 입력하여 문단이 시작되기 전에 8pt의 빈 공간이 생기도록 합니다.

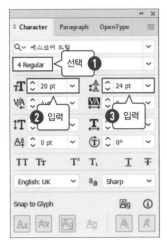

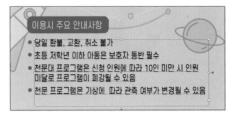

TIP

글을 작성하다가 Enter 키를 쳐서 아래 줄로 내려오게 되면 그 지점이 바로 문단이 나뉘는 기준이 됩니다.

14 ❶ '이용시 주요 안내사항' 개체를 Alt 키를 누른 상태로 드래그하여 복제합니다. ❷ 문자 도구를 클릭하고 해당 개체를 더블클릭하여 '이용관련 문의'라고 수정합니다. ❸ '당일 환불'로 시작하는 텍스트 개체를 Alt 키를 누른 상태로 드래그하여 '이용관련 문의' 개체 아래에 복사합니다. ❹ 연락처에 해당하는 글감을 붙여넣기한 후 텍스트 양에 맞춰 텍스트 상자의 크기를 조절하고 작업을 마무리합니다.

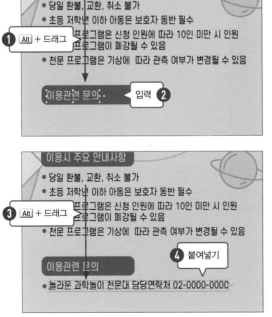

특수문자 입력하기

특수문자는 일러스트레이터에서 제공하는 [Glyphs] 패널에서 찾아 사용하거나 키보드의 〈한자〉 키를 눌러 입력할 수 있습니다. 적절한 기호를 입력하여 문장을 완성해 보겠습니다.

⊠ [Glyphs] 패널과 〈한자〉 키로 특수문자 입력하기

📁 준비파일 P02\Ch03\03폰트.ai

특수문자를 입력하는 방법에는 패널을 활용하는 방법과 키보드의 한자 키를 누르는 방법이 있습니다. [Glyphs] 패널 목록에서 삽입하고자 하는 기호를 더블클릭하거나 '자음' + 한자 키를 눌러 나오는 목록에서 찾아 입력합니다.

01 Ctrl + O를 눌러 03폰트.ai 파일을 엽니다. ❶ 도구바에서 문자 도구를 클릭하고 ❷ 참고 사항의 '참' 앞을 더블클릭하여 커서가 깜빡이도록 합니다.

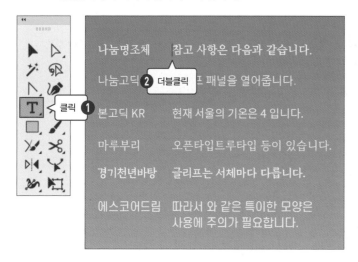

02 ❶ 메뉴바에서 [Type]–[Glyphs]를 선택합니다. ❷ [Glyphs] 패널이 열리면 목록에서 참고사항을 적기에 적합한 ※ 모양을 찾아 더블클릭합니다. ❸ 커서가 위치하던 곳에 선택한 특수문자가 입력됩니다.

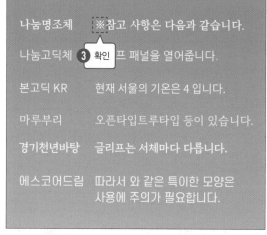

03 ❶ 이번에는 글리프의 '글' 앞에 마우스 커서를 놓고 메뉴바에서 [Type]–[Glyphs]를 클릭합니다. ❷ [Glyphs] 패널이 나오면 목록에서 안내에 적합한 꺾쇠 특수문자(『』)를 찾습니다. 열림 기호와 닫힘 기호를 각각 더블클릭하여 두 개 모두 입력합니다. ❸ 입력된 꺾쇠 기호를 확인합니다.

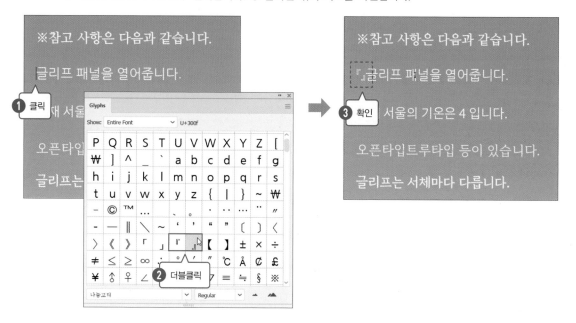

04 ❶ ',「'만 드래그하여 블록으로 지정하고 Ctrl + X 를 눌러 잘라내기합니다. ❷ 이어서 '프' 오른쪽을 클릭하여 커서를 위치시키고 Ctrl + V 를 눌러 붙여넣기합니다.

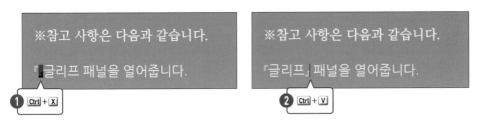

05 이번에는 한자 키를 활용해 작업해 보겠습니다. ❶ 숫자 '4'의 오른쪽을 클릭하여 커서를 둔 상태에서 한글 'ㄹ'을 입력하고 한자 키를 누르면 목록에 사용 가능한 특수문자가 나열됩니다. ❷ 온도를 표시하는 기호인 '℃'를 선택합니다. ❸ 입력된 섭씨 기호를 확인합니다.

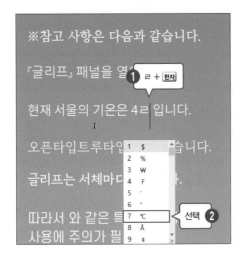

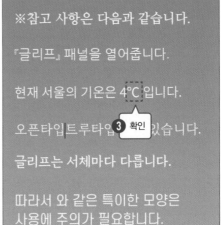

06 ❶ '오픈타입'과 '트루타입' 사이에 커서를 놓습니다. ❷ 메뉴바에서 [Type]–[Glyphs]를 클릭하고, 목록에서 나열에 적합한 특수문자인 가운뎃점(·)을 찾아 더블클릭합니다.

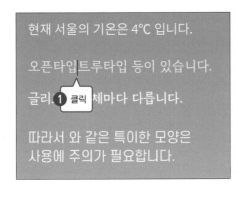

07 ❶ 아랫줄의 '글리프는'에서 '글' 앞을 클릭하여 커서를 위치시킵니다. ❷ 메뉴바에서 [Type]–[Glyphs]를 클릭하고, 패널 목록에서 여는 큰 따옴표(")를 더블클릭합니다. ❸ 이어서 커서를 '다릅니다.' 뒤에 놓고 ❹ 닫는 큰 따옴표(")를 더블클릭합니다.

08 ❶ 커서를 '와' 앞에 둡니다. ❷ 메뉴바에서 [Type]–[Glyphs]를 클릭하고, 패널이 나오면 오른쪽의 슬라이더를 아래로 내려 거의 마지막 부분까지 목록을 내립니다. ❸ 목록에서 평소에 잘 사용하지 않는 특수한 기호들을 찾아 자유롭게 입력해 봅니다. ❹ 입력된 특수기호를 확인합니다.

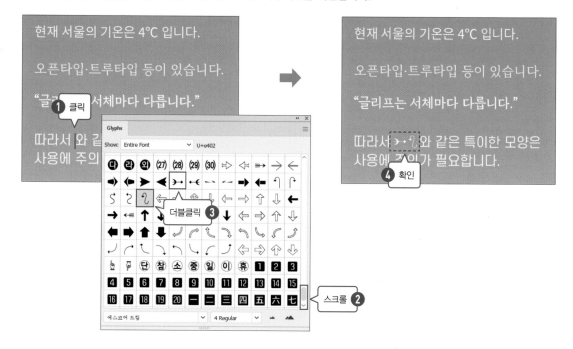

04

일러스트레이터의 다양한 효과

이번 장에서는 일러스트레이터에서 제공하는 다양한 기능을 사용하여 여러 가지 효과를 작업해 보겠습니다. 로고를 강조하는 집중선을 그려보고, 지그재그 효과, 오목/볼록 효과, 스케치 느낌을 주는 효과 등을 개체에 직접 적용해 봅니다. 또한 데이터를 입력해 그래프를 만들어 보고 평면 개체에 3D 효과를 적용해 보겠습니다.

이러한 효과 및 기능들은 일러스트레이터 작업 시 매우 흔하게 사용되는 명령이며, 복합적으로 사용하면 보다 눈에 띄는 결과물을 만들어낼 수 있습니다.

♥ 강조 효과 ♥ 지그재그 ♥ 오목/볼록 ♥ 스케치 효과 ♥ 그래프 ♥ 3D

01 집중선으로 로고 강조하기

패턴 브러시를 활용하여 만드는 빈티지한 느낌의 집중선은 활용도가 높습니다.
집중선을 활용한 카페 로고를 만들어 봅니다.

⊠ 패턴 브러시로 빈티지한 느낌의 집중선 만들기

오브젝트의 주변에 집중선을 위치시키면 해당 오브젝트를 강조하는 효과를 줍니다. 직선이 방사형으로 뻗어
나가는 형태의 집중선을 만들기 위해 패턴 브러시 기능을 활용합니다.

01 Ctrl + N을 눌러 새 문서를 열어줍니다. ❶ [Print]를 클릭하고 ❷ Width와 Height에 각각 '200mm'를 입력합니
다. ❸ [Create] 버튼을 클릭합니다.

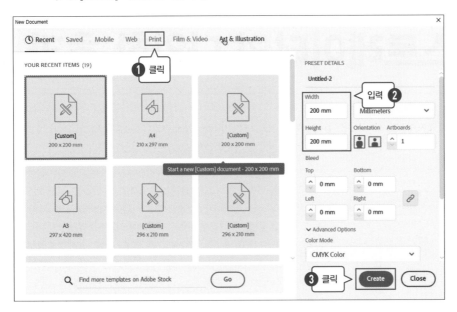

02 ❶ 도구바에서 선 도구를 클릭한 후 ❷ 면색은 '없음', 선색은 '검은색'으로 설정합니다. Ctrl + F10을 눌러 [Stroke] 패널을 엽니다. ❸ Weight를 '3pt'로 입력하고 ❹ Cap 모양은 'Round' 옵션을 선택합니다. 아트보드의 빈 곳을 클릭합니다.

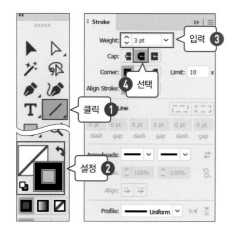

03 옵션 대화상자가 나타나면 ❶ Length에 '30mm', Angle에 '270°'를 입력합니다. ❷ [OK] 버튼을 클릭하면 위에서 아래로 내려가는 방향의 30mm짜리 선이 그려집니다.

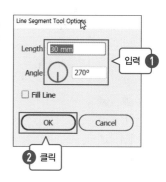

04 ❶ 선이 선택된 상태에서 선택 도구를 더블클릭합니다. ❷ 대화상자가 나타나면 Horizontal 값에 '5mm'를 입력하고 ❸ [Copy] 버튼을 클릭합니다. ❹ Ctrl + D를 5회 반복하여 눌러 총 7개의 선이 되도록 합니다.

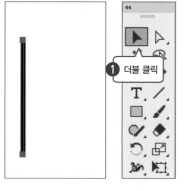
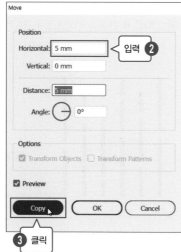
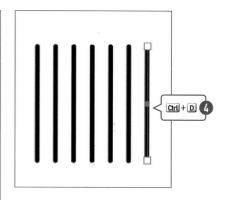

05 ❶ 도구바에서 직접 선택 도구를 클릭한 후 두 번째 선의 위쪽 점을 드래그하여 선의 길이가 짧아지도록 점을 이동합니다. ❷ 다른 선들도 위쪽 점을 드래그하여 선의 길이를 임의로 조절합니다.

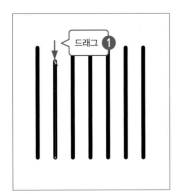

06 ❶ 도구바에서 지우개 도구(◆)를 길게 클릭하고 ❷ 가위 도구(✂)를 선택합니다. ❸ 첫 번째 선 위에서 임의의 위치를 클릭하여 선을 끊습니다. ❹ 도구바에서 직접 선택 도구를 클릭하고 ❺ 끊어진 위치에서 점을 아래쪽으로 드래그하여 점을 이동시킵니다. 끊어진 선 사이에 공간이 생깁니다.

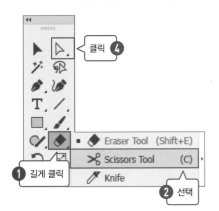
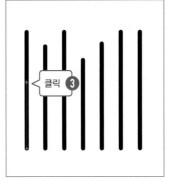
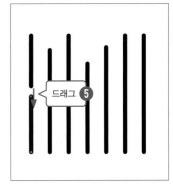

07 ❶ 같은 작업을 반복하여 각각의 사이에 임의의 빈 공간들이 생기도록 작업합니다. 단, 가장 오른쪽의 선은 작업하지 않고 그대로 둡니다. ❷ 마지막 선을 선택한 후 선색과 면색을 모두 '없음'으로 설정합니다.

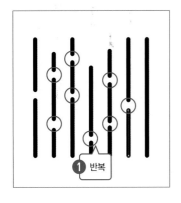
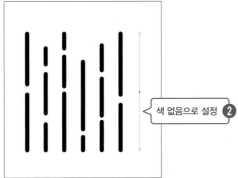

08 ❶ 선택 도구로 선 전체를 한 번에 선택하고 F5 키를 눌러 [Brushes] 패널을 엽니다. ❷ ⊞을 클릭한 후 ❸ 목록에서 'Pattern Brush'를 선택하고 ❹ [OK] 버튼을 클릭합니다.

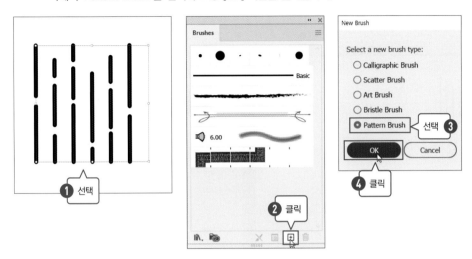

09 ❶ 옵션 대화상자가 열리면 첫 번째 타일을 'None'으로 설정합니다. ❷ Method는 'Tints'를 선택하고 ❸ [OK] 버튼을 클릭합니다. ❹ [Brushes] 패널에 패턴 브러시로 등록된 것을 확인할 수 있습니다.

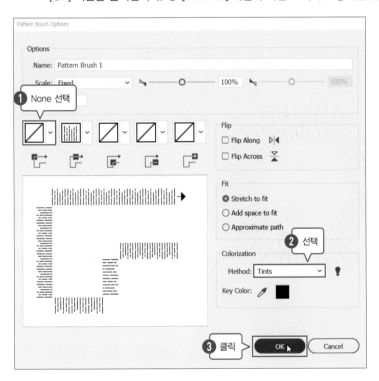

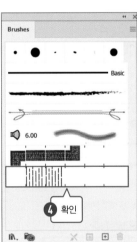

10 ❶ 도구바에서 원 도구를 클릭하고 ❷ 빈 화면을 클릭합니다. ❸ Width에 '100mm', Height에 '100mm'를 입력하고 ❹ [OK] 버튼을 클릭합니다. 화면에 지름이 10cm인 원이 만들어집니다.

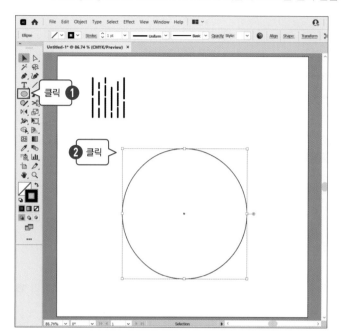

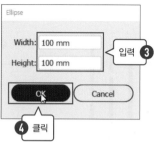

11 [Brushes] 패널에서 등록한 브러시를 클릭하면 원의 패스에 패턴 브러시가 적용됩니다.

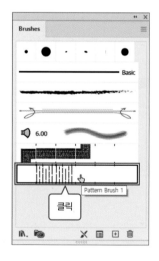

12 메뉴바의 [Object]−[Expand Appearance]를 선택하여 개체의 효과를 깹니다. 패턴 브러시가 해제되고 일반 선으로 바뀝니다.

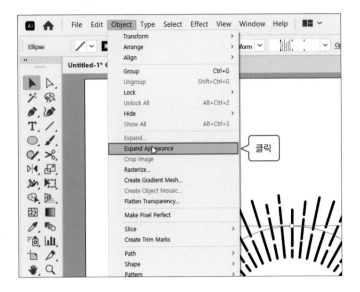

13 투명한 개체를 모두 지워 보겠습니다. ❶ 투명한 선 개체를 선택합니다(만약 개체를 찾기 어렵다면 투명한 선을 하나 그려줍니다). ❷ 메뉴바의 [Select]−[Same]−[Fill & Stroke]를 선택하면 선택한 개체와 선과 면의 속성이 똑같은 개체들을 한 번에 선택할 수 있습니다. ❸ 투명한 선들이 모두 선택되면 Delete 키를 눌러 삭제합니다.

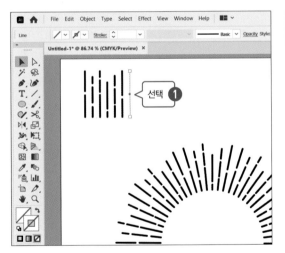
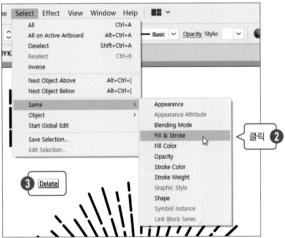

14 왼쪽 위에 남겨진 선 개체를 모두 선택하고 Delete 키를 눌러 지웁니다.

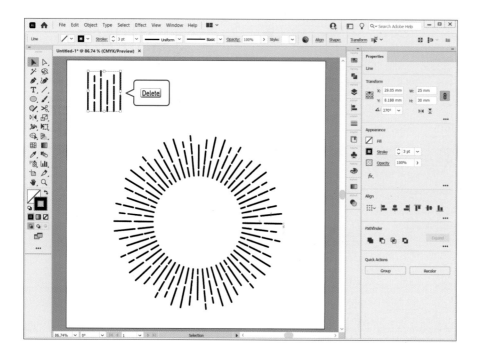

15 ❶ 남겨진 개체들을 드래그하여 모두 선택합니다. ❷ 메뉴바에서 [Object]–[Path]–[Outline Stroke]를 선택하여
모든 선 개체를 면으로 바꿔줍니다.

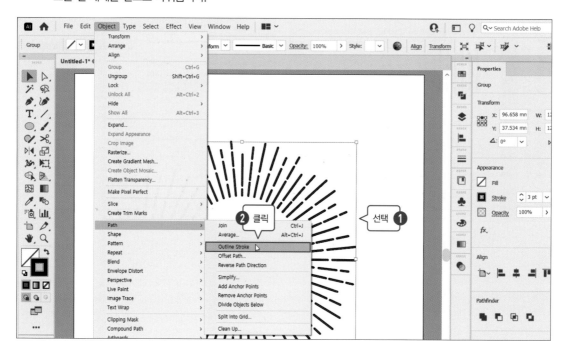

⊠ 카페 로고에 집중선 추가하기

📁 준비파일 P02\Ch04\01카페로고.ai

기본 카페 로고에 집중선을 추가하여 빈티지 느낌이 물씬 나도록 만들어 보겠습니다.

01 [File]-[Open]으로 01카페로고.ai 파일을 엽니다. ❶ 로고 문자를 선택하고 ❷ 메뉴바에서 [Object]-
[Envelope Distort]-[Make with Warp]를 선택합니다. ❸ 옵션 대화상자의 Style 목록에서 'Arch'를 선택하고
❹ Bend 값은 '15%', Distortion의 Horizontal 값은 '-30%'로 입력한 후 ❺ [OK] 버튼을 클릭합니다.

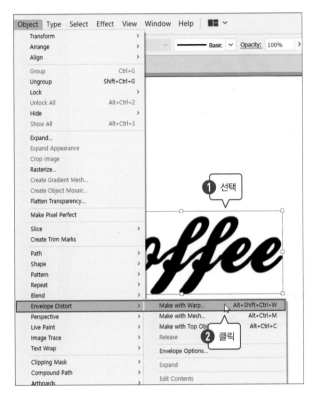

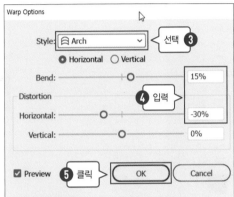

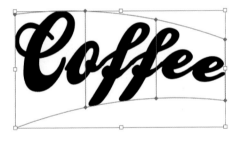

02 효과를 깨 보겠습니다. ❶ 개체가 선택된 상태에서 메뉴바에서 [Object]-
[Expand]를 클릭합니다. ❷ 대화상자가 나타나면 [OK] 버튼을 클릭합니다.

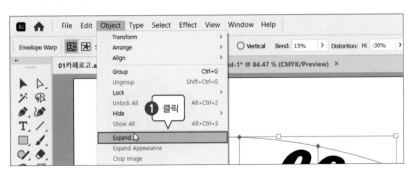

03 개체를 완전히 하나의 개체로 이어주는 작업을 해 보겠습니다. 메뉴바에서 [Object]–[Compound Path]–[Make]를 선택하거나 단축키 Ctrl + 8 을 누릅니다. 컴파운드 개체로 변환됩니다(만약 이 과정에서 개체가 투명해진다면, 면색을 다시 입력하면 됩니다).

일러스트 마스터!

컴파운드 개체란?

서로 떨어져 있는 개체의 경우 그룹을 짓거나 패스파인더의 합치기 명령을 적용해도 하나로 연결되지 않습니다. 즉, 겹치는 부분 없이 떨어져 있는 경우 컴파운드를 하지 않은 상태에서는 방사형 그레이디언트를 입력했을 때 모든 개체에 그레이디언트가 각각 따로 들어가게 되고, 오프셋 패스(Offset Path)를 적용해도 각각의 개체에 따로 적용됩니다. 반면 Ctrl + 8 을 눌러 컴파운드 개체로 만든 경우에는 모든 개체가 연결되면서 방사형 그레이디언트를 적용했을 때 하나로 만들어지고, 오프셋 패스도 전체를 아우르는 하나가 만들어집니다.

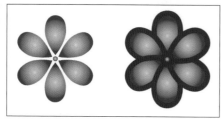

▲ 컴파운드 미적용 상태

▲ 컴파운드 명령을 적용한 경우

04 ❶ 메뉴바에서 [Object]–[Path]–[Offset Path]를 선택합니다. ❷ 대화상자가 나타나면 Offset 값으로 '3mm'를 입력하고 ❸ [OK] 버튼을 클릭합니다. ❹ 사방으로 3mm씩 커진 개체가 뒤쪽으로 만들어집니다.

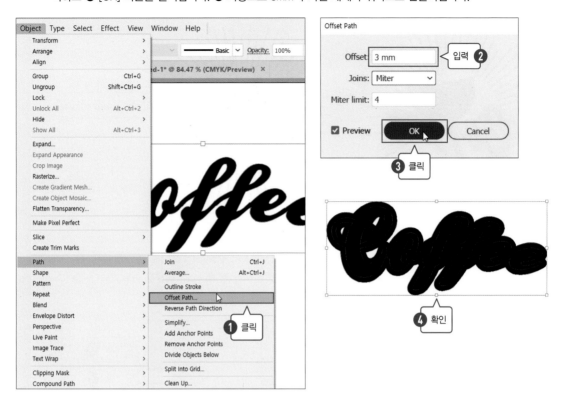

05 ❶ [Swatches] 패널에서 면색을 '파란색'으로 설정합니다. Offset Path 명령으로 생성된 개체에 파란색 면이 입혀집니다. ❷ 파란색 개체와 검은색 개체를 모두 선택하고 Ctrl + C 를 눌러 복사합니다.

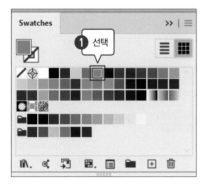

06 ❶ 집중선을 만들어 놓은 파일로 돌아와 붙여넣기하고 회전시킵니다. ❷ 커피잔 개체도 복사해와서 적절한 위치에 배치합니다. ❸ Coffee 문구 개체를 선택하고 Ctrl + Shift +] 를 눌러 가장 앞쪽으로 배열합니다.

07 ❶ 커피잔 개체를 선택하고 ❷ 메뉴바에서 [Object]-[Path]-[Offset Path]를 클릭합니다. ❸ Offset 값에 '4mm'를 입력하고 ❹ Joins 목록에서 'Round' 옵션을 선택한 후 ❺ [OK] 버튼을 클릭합니다. ❻ [Swatches] 패널에서 면색을 파란색으로 설정합니다.

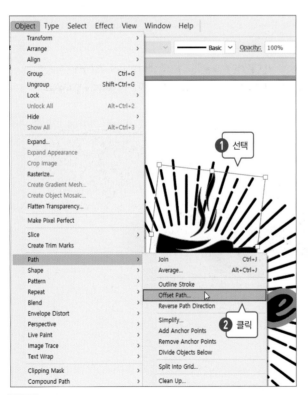

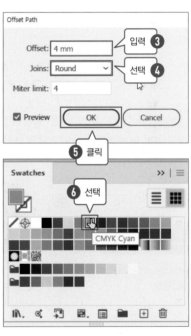

TIP

커피잔 개체의 경우 이미 컴파운드 작업(Ctrl + 8)이 된 상태로 제공되었습니다.

08 커피잔과 로고를 조금씩 이동시키며 적당한 위치에 배치합니다. ❶ Ctrl + A 를 눌러 모든 개체를 선택하고 메뉴바에서 [Window]–[Pathfinder]를 선택해 [Pathfinder] 패널을 불러옵니다. ❷ Pathfinders 중 Merge 아이콘을 클릭하면 눈에 보이는대로 조각이 나면서 같은 색끼리는 합쳐집니다.

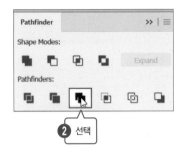

09 패스파인더 명령에 의해 자동으로 그룹 지어진 것을 해제하기 위해 ❶ 개체 위에서 마우스 오른쪽 버튼을 클릭하고 ❷ 나오는 목록에서 'Ungroup'을 선택합니다.

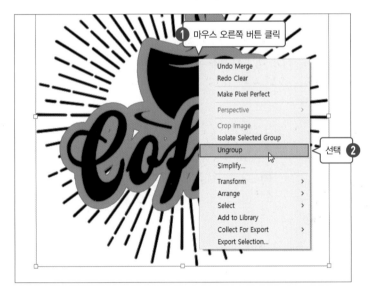

10 ❶ 집중선 개체 중 하나를 선택하고 ❷ 메뉴바에서 [Select]-[Same]-[Fill Color]를 클릭합니다. 선택한 개체와 면색이 같은 검은색 개체들이 모두 선택됩니다.

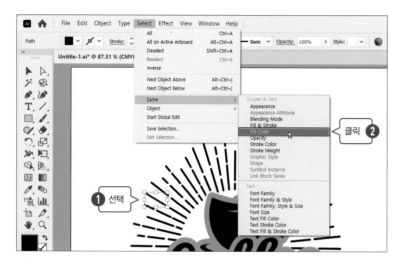

11 ❶ 선택된 검은색 개체들을 드래그하여 옆으로 이동시키고 ❷ 선택되지 않은 파란색 개체들은 모두 삭제하여 작업을 마무리합니다.

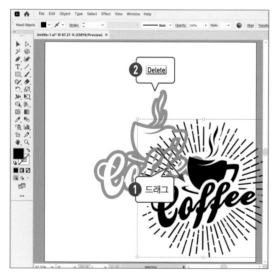

02 외곽선 효과로 딱지 스티커 느낌 만들기

메뉴바의 [Effect]에는 다양한 효과들이 있으며, 그 중에서도 [Distort]에는 형태를 왜곡시켜 유용하게 사용할 수 있는 효과들이 많이 들어 있습니다. 이 중 'Zig Zag'와 'Pucker & Bloat'에 대해 알아봅니다.

⊠ 지그재그 효과 적용하기

📁 준비파일 P02\Ch04\02딱지.ai

개체 외곽에 지그재그(Zig Zag) 명령을 적용하면 딱지 스티커 느낌을 낼 수 있습니다. 수치를 입력하여 갈라지는 개수를 설정할 수 있고, 옵션에 따라 뾰족한 꼭짓점을 가진 지그재그 모양으로 변형하거나 끝이 둥근 모양으로 변형할 수 있습니다.

01 Ctrl + O 를 눌러 02딱지.ai 파일을 열어줍니다. ❶ 선택 도구로 갈색 원을 선택하고 ❷ 메뉴바에서 [Effect]–[Distort & Transform]–[Zig Zag]를 선택합니다.

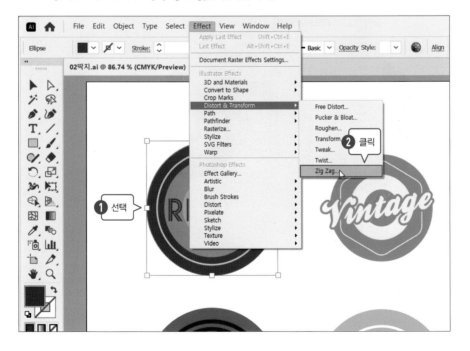

02 ❶ 옵션 대화상자에서 Size를 '1mm'로 입력하고 'Absolute' 옵션을 선택하여 지그재그의 높이를 정확히 1mm로 설정합니다. ❷ Ridges per segment 값에 '10'을 입력하여 점과 점 사이에 10번의 꺾임이 생기도록 합니다. ❸ Points는 'Smooth' 옵션을 선택하여 꼭짓점이 각지지 않고 둥글게 만들어지도록 합니다. ❹ [OK] 버튼을 클릭하면 외곽선에 둥근 지그재그 효과가 들어간 것을 확인할 수 있습니다.

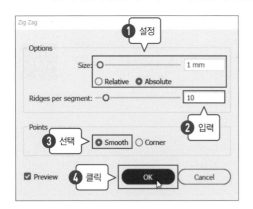

03 ❶ 가장 안쪽의 밝은 노란색 원을 선택하고 ❷ 메뉴바에서 [Effect]–[Distort & Transform]–[Zig Zag]를 선택합니다.

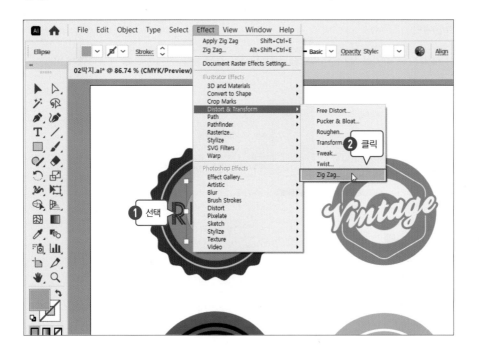

04 ❶ 이번에는 'Relative' 옵션을 선택하고 Size에 '3%'라고 입력합니다. 지그재그의 높이가 비율에 맞춰 적용됩니다. ❷ Ridges per segment 값을 '7'로 입력하여 점과 점 사이에 7번의 꺾임이 생기도록 하고 ❸ 'Corner' 옵션을 선택하여 꼭짓점을 각지게 만든 후 ❹ [OK] 버튼을 클릭합니다.

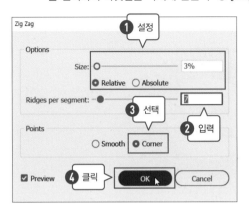

05 ❶ 오른쪽의 진한 민트색 원을 선택하고 ❷ 메뉴바에서 [Effect]–[Distort & Transform]–[Zig Zag]를 선택합니다.

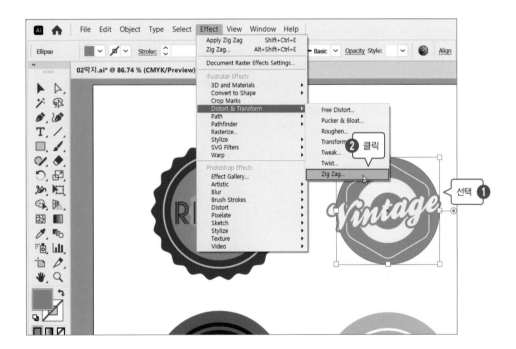

06 ❶ 'Absolute' 옵션을 선택하고 Size 값을 '5mm'로 입력합니다. ❷ Ridges per segment 값을 '30'으로 입력하여 점과 점 사이에 30번의 꺾임이 생기도록 합니다. ❸ 이번에도 Points를 'Corner' 옵션으로 선택하여 뾰족한 모서리가 생기도록 합니다. ❹ [OK] 버튼을 클릭합니다. 모서리가 뾰족하게 지그재그가 들어간 것을 확인할 수 있습니다.

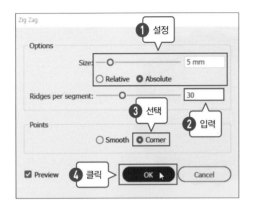

07 ❶ 마지막으로 아이보리색의 원을 선택하고 ❷ 메뉴바에서 [Effect]-[Distort & Transform]-[Zig Zag]를 선택합니다.

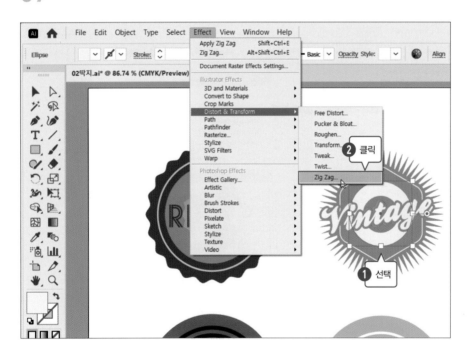

08 ❶ 'Absolute' 옵션을 선택하고 Size에 '1mm'를 입력합니다. ❷ Ridges per segment 값을 '4'로 입력하여 점과 점 사이에 4번의 꺾임이 생기도록 하고 ❸ Points를 'Smooth' 옵션으로 선택하여 둥근 모서리가 생기도록 합니다.

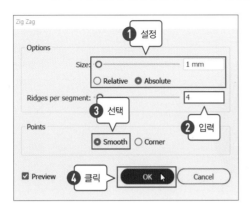

⊠ 오목/볼록 효과 적용하기

퍼커앤블롯(Pucker & Bloat) 명령을 적용하면 테두리를 오목하거나 볼록하게 만들 수 있습니다. 지그재그와 마찬가지로 딱지 스티커를 만들 때 종종 사용하는 명령입니다.

01 ❶ 선택 도구로 빨간색 원을 선택하고 ❷ 메뉴바에서 [Object]-[Path]-[Add Anchor Points]를 선택합니다.

02 Ctrl 키를 누르면 원의 점이 두 배로 늘어난 것을 확인할 수 있습니다. 다시 한번 메뉴바에서 [Object]–[Path]–[Add Anchor Points]를 선택합니다. 점과 점 사이에 점이 하나씩 더 추가됩니다. 직접 선택 도구를 클릭하거나 Ctrl 키를 눌러 확인할 수 있습니다.

▲ Add Anchor Points 1회 적용   ▲ Add Anchor Points 2회 적용

03 ❶ 메뉴바에서 [Effect]–[Distort & Transform]–[Pucker & Bloat]을 선택합니다. ❷ '–10%'를 입력하고 ❸ [OK] 버튼을 클릭합니다. 점과 점 사이가 쪼그라드는 형태가 됩니다.

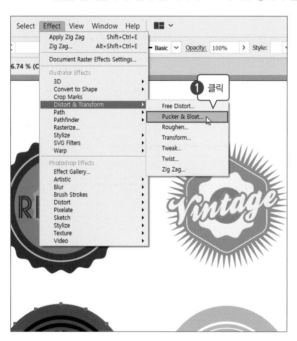

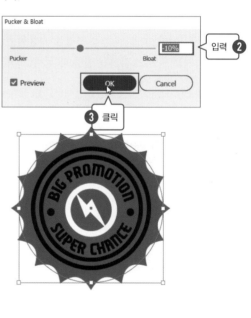

04 ❶ 하늘색 원을 선택하고 ❷ 메뉴바에서 [Object]–[Path]–[Add Anchor Points]를 선택합니다. 같은 명령을 2번 더 실행합니다. ❸ Ctrl 키를 눌러보면 점들이 추가된 것을 확인할 수 있습니다.

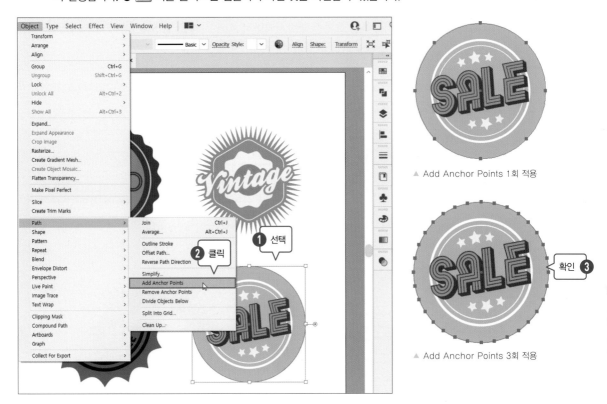

▲ Add Anchor Points 1회 적용

▲ Add Anchor Points 3회 적용

05 ❶ 메뉴바에서 [Effect]–[Distort & Transform]–[Pucker & Bloat]을 선택합니다. ❷ '4%'를 입력하고 ❸ [OK] 버튼을 클릭합니다. 점과 점 사이가 부풀어 오르는 형태가 됩니다.

⊠ 효과 확장하기

Expand Appearance 명령을 사용하면 효과를 확장시키면서 효과 자체를 선 또는 면 개체로 바꿀 수 있습니다. 효과를 확장시키는 개념을 효과를 깬다고 표현합니다.

❶ Ctrl + A를 눌러 모든 개체를 선택하고 ❷ 메뉴바에서 [Object]-[Expand Appearance]를 클릭하면 ❸ [Effect]를 통해 적용했던 모든 효과가 확장되면서 일반 면 개체가 됩니다.

▲ 효과가 적용된 상태

▲ 효과가 깨진 상태

03 스케치한 듯한 표현 만들기

Roughen 효과는 반듯한 선을 거칠게 만들고, Scribble 효과는 마치 손으로 그린 듯한 스케치 느낌을 줍니다. 이러한 왜곡 명령에 브러시를 함께 적용하여 보다 자연스러운 스케치 느낌을 만들어 봅니다.

⊠ Roughen 효과로 거친 느낌 입히기

📁 준비파일 P02\Ch04\03사자.ai

왜곡 명령 중에서도 Roughen을 실행하면 깔끔한 선을 거친 느낌으로 변형할 수 있습니다. 추가로 Charcoal 브러시를 적용하여 사자 캐릭터의 반듯한 외곽선을 털이 있는 것처럼 보이게끔 만들어 보겠습니다.

01 Ctrl + O를 눌러 03사자.ai 파일을 엽니다. ❶ 선택 도구로 사자의 얼굴과 귀, 몸통, 꼬리 부분을 선택합니다. ❷ 메뉴바에서 [Effect]–[Distort & Transform]–[Roughen]을 선택합니다.

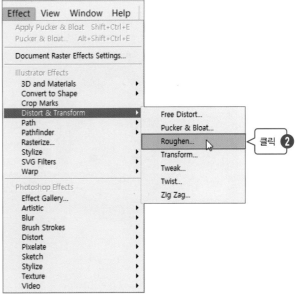

02 ❶ 'Relative' 옵션을 선택하고 Size를 '1%'로 약하게 설정합니다. ❷ Detail 값에는 '10'을 입력합니다. ❸ Points를 'Smooth'로 선택하여 부드럽게 설정합니다. ❹ [OK] 버튼을 클릭하면 선택된 개체의 외곽이 거친 모양으로 변합니다.

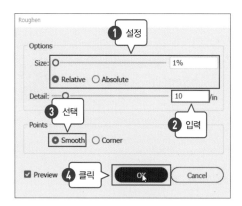 

03 ❶ 도구바에서 선색과 면색이 같은 색으로 적용되어 있는 것을 확인합니다. ❷ F5 키를 눌러 [Brushes] 패 널을 열고 목록에서 'Charcoal-Feather' 브러시를 선택합니다. 선에 브러시가 입혀지면서 더욱 거친 느낌으로 변합니다.

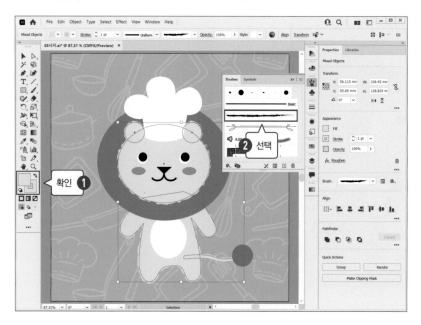

04 ❶ 선택 도구로 사자의 두 눈과 코를 선택하고 ❷ 메뉴바에서 [Effect]–[Distort & Transform]–[Roughen]을 선택합니다. ❸ 대화상자에서 'Relative'를 선택하고 Size를 '2%'로 입력합니다. ❹ Detail에는 '50'을 입력합니다. ❺ Points 옵션은 'Smooth'로 선택하고 ❻ [OK] 버튼을 클릭합니다.

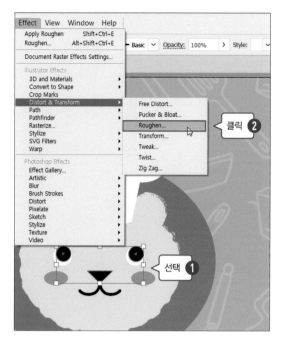

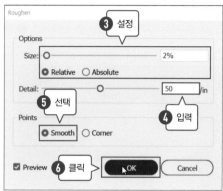

05 ❶ F5 키를 눌러 [Brushes] 패널을 열고 목록에서 'Charcoal–Feather' 브러시를 선택합니다. ❷ Ctrl + F10을 눌러 [Stroke] 패널을 열고 Weight 값에 '0.5pt'를 입력합니다. 눈과 코에 거친 느낌의 Roughen 효과가 더해지고 테두리에는 Charcoal 브러시가 입혀진 것을 확인할 수 있습니다.

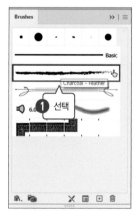

⊠ Scribble 효과로 손 스케치 느낌 표현하기

Scribble 효과를 적용하면 마치 손으로 그린 듯한 느낌을 표현할 수 있습니다.

01 ❶ 선택 도구로 사자의 하얀 모자를 선택하고 ❷ 메뉴바에서 [Effect]–[Stylize]–[Scribble]을 선택합니다.

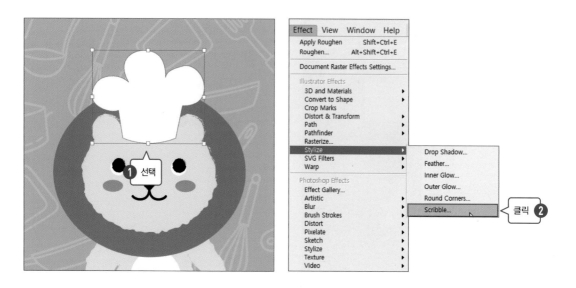

02 ❶ 옵션 대화상자에서 Setting 목록을 열고 'Dense'를 선택한 후 ❷ [OK] 버튼을 클릭합니다. ❸ 모자의 형태가 1.41mm 두께의 45° 사선 스케치 느낌으로 변한 것을 확인할 수 있습니다.

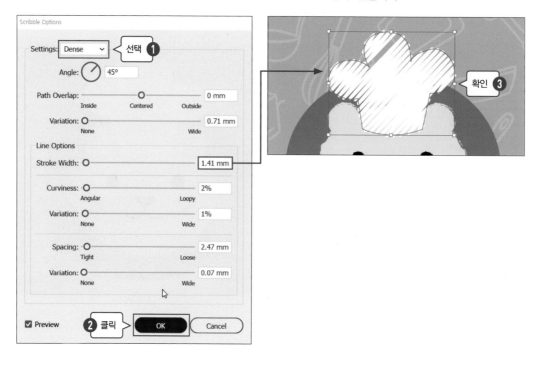

03 ❶ 사자 갈기를 선택하고 ❷ 메뉴바에서 [Effect]-[Stylize]-[Scribble]을 선택합니다.

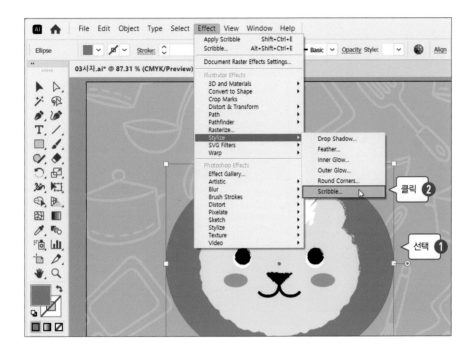

04 ❶ 옵션 대화상자에서 Angle 값에 '30°'를 입력한 다음 ❷ Path Overlap의 Variation을 '2mm'로 입력하고 ❸ Stroke Width를 '1.2mm'로 입력합니다. ❹ Curviness 값을 '25%'로 설정하고 ❺ Curviness의 Variation 값을 '25%'로 입력합니다. ❻ Spacing 값에는 '1mm'를 입력하여 간격을 촘촘하게 만들어주면서 ❼ Variation을 '0.2mm'로 입력하여 랜덤 값을 줍니다. ❽ [OK] 버튼을 클릭하면 사자 갈기에 펜으로 그린 듯한 효과가 적용됩니다.

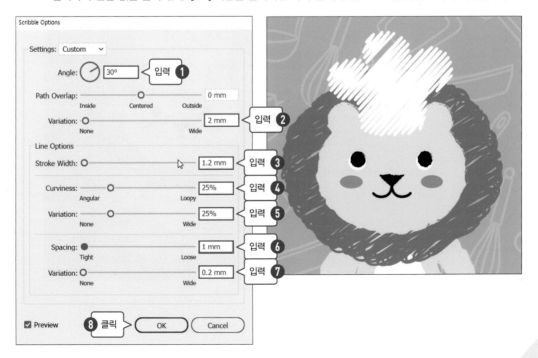

05 이번에는 꼬리 끝부분에 비슷한 효과를 적용하겠습니다. 꼬리 끝의 회색 원을 선택하고 메뉴바에서 [Effect]–[Stylize]–[Scribble]을 선택합니다.

06 ❶ 옵션 대화상자에서 Path Overlap의 Variation을 '2mm'로 입력하고 ❷ Stroke Width를 '0.8mm'로 입력합니다. ❸ Curviness 값을 '35%'로 입력하고 ❹ Variation 값은 '25%'로 설정합니다. ❺ Spacing 값에 '1mm'를 입력하여 촘촘하게 만들어주고 ❻ Variation을 '0.2mm'로 입력하여 랜덤 값을 적용합니다. ❼ [OK] 버튼을 클릭하면 사자 꼬리에도 펜으로 그린 듯한 효과가 나타납니다.

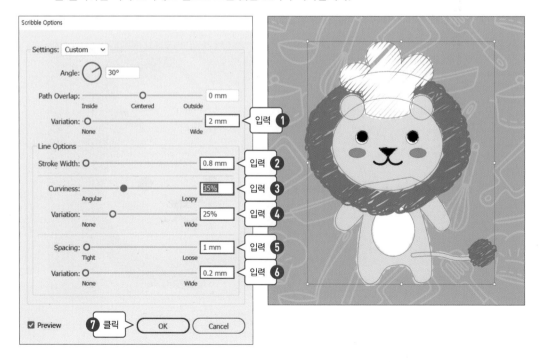

⊠ 효과 확장하기

❶ Ctrl + A 를 눌러 모든 개체를 선택하고 ❷ 메뉴바에서 [Object]-[Expand Appearance]를 클릭하면 [Effect]를 통해 적용했던 모든 효과가 확장되면서 Scribble 효과는 일반 선 개체로 바뀌고, 브러시 효과는 일반 면으로 바뀌게 됩니다.

마스크 씌워
스탬프/그림자 효과 만들기

포토샵에서 사용하는 마스크 기능을 일러스트레이터에서도 거의 유사한 방식으로 사용할 수 있습니다. 거친 느낌의 이미지를 활용하여 도장을 찍은 듯한 효과를 만들어 봅니다. 그리고 그레이디언트 속성을 갖는 마스크를 개체에 적용하여 자연스러운 그림자를 형성해 봅니다.

⊠ 마스크로 스탬프 찍은 효과 표현하기

📁 준비파일 P02\Ch04\04스탬프.ai

스탬프 이미지의 개체와 거친 느낌의 질감에 함께 마스크를 적용하면 실제로 스탬프를 찍은 것처럼 표현할 수 있습니다.

01 Ctrl + O를 눌러 04스탬프.ai 파일을 엽니다. ❶ 선택 도구로 거친 느낌의 개체를 선택합니다. ❷ 개체를 이동시켜 REGISTERED 로고 위에 배치합니다.

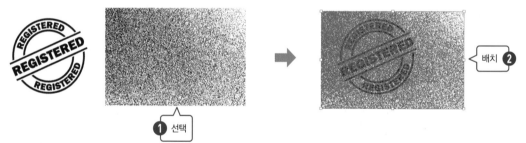

02 ❶ 거친 느낌 개체와 REGISTERED 로고 개체 두 개를 한꺼번에 선택하고 메뉴바에서 [Window]-[Transparency]를 선택하여 [Transparency] 패널을 불러옵니다. ❷ [Make Mask] 버튼을 클릭합니다.

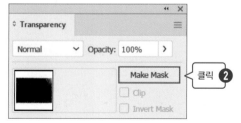

03 ❶ 개체에 마스크가 씌워집니다. ❷ [Transparency] 패널의 'Clip'을 체크 해제하면 ❸ 가장 상위에 있던 개체가 마스크 개체가 되면서 검은색이 원본 개체를 가리게 됩니다. ❹ 개체를 항공권 개체 위로 이동시켜 작업을 마무리합니다.

 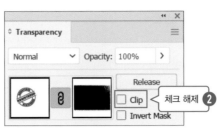

일러스트 마스터! 🔔

[Transparency] 패널에서 마스크 적용하기

포토샵에서 레이어에 마스크를 적용하는 것처럼 일러스트레이터에서도 개체에 마스크를 적용할 수 있습니다. 포토샵과 마찬가지로 검은색은 완전히 가려짐, 회색은 투명하게 가려짐, 흰색은 보여짐의 역할을 합니다. 그레이디언트 효과를 사용하면 자연스럽게 가려지는 개체를 만들 수 있습니다.

⊠ 그레이디언트 마스크로 그림자 효과 표현하기

📁 준비파일 P02\Ch04\04꽃과풀_그림자.ai

그레이디언트 개체를 마스크로 만들기

개체에 자연스러운 그림자 효과를 적용하기 위해 그레이디언트 마스크를 만들어 보겠습니다. 그레이디언트
을 마스크로 적용할 때에는 흑백 명암에 따라 가려지는 정도가 달라지는 특성을 이용합니다.

01 Ctrl + O 를 눌러 04꽃과풀_그림자.ai 파일을 엽니다.

02 ❶ 사각형 도구를 클릭하고 반사되는 부분을 덮는 사각형을 그립니다. ❷ Ctrl + F9 를 눌러 [Gradient] 패널을 불러온 후 기본 설정의 흰색–검은색의 그레이디언트를 클릭하여 사각형의 면색에 적용합니다.

03 ① 그레이디언트의 각도를 '−90°'로 입력합니다. ② 그레이디언트의 왼쪽 색상점을 더블클릭하고 ③ 검은색을 선택합니다. ④ Opacity 값을 '30%'로 입력합니다. ⑤ 그레이디언트의 오른쪽 색상점을 한 번 클릭하고 ⑥ Location 값을 '70%'로 입력합니다. 사각형 개체에 그레이디언트가 적용된 것을 확인할 수 있습니다.

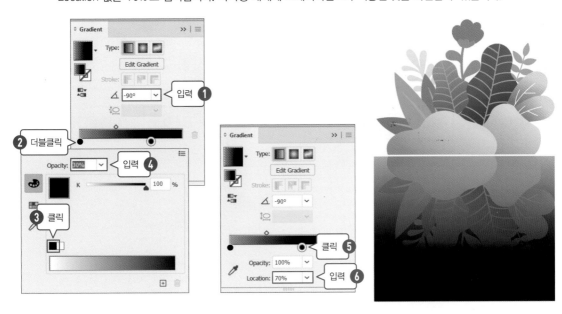

04 ① 선택 도구로 드래그하여 마스크가 될 개체와 그레이디언트 개체를 함께 선택합니다. 메뉴바에서 [Window]–[Transparency]를 선택하여 패널을 불러온 후 ② [Make Mask] 버튼을 클릭합니다.

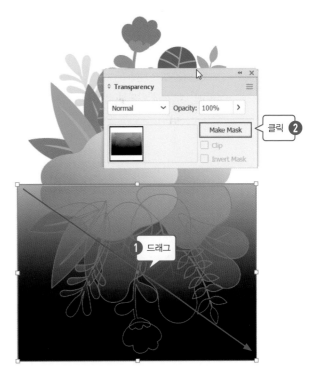

05 'Clip' 옵션을 체크 해제합니다. 이때 [Release] 버튼을 클릭하면 마스크를 적용하기 전 상태로 돌아가게 됩니다.

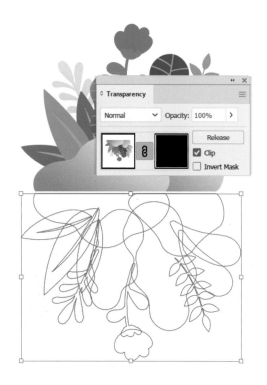

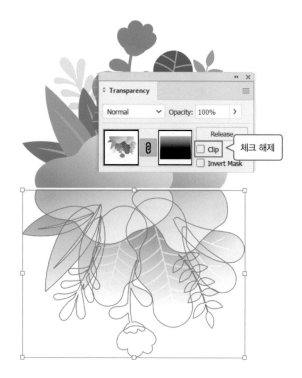

06 그레이디언트 속성의 마스크를 적용함으로써 자연
스러운 그림자를 완성합니다.

마스크 적용한 개체 수정하기

01 ● 선택 도구로 마스크가 적용된 개체를 선택합니다. ② Ctrl + Shift + F10을 눌러 [Transparency] 패널을 불러온 후 마스크 섬네일을 클릭합니다. 마스크가 적용된 그레이디언트 개체가 선택됩니다.

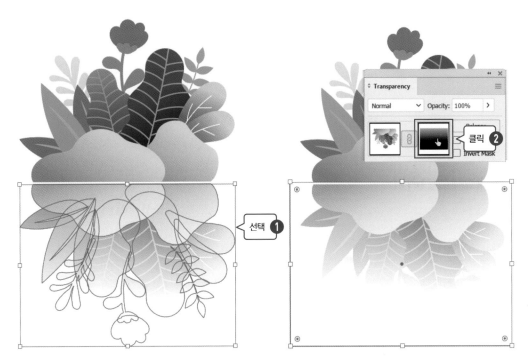

02 ● Ctrl + F9를 눌러 [Gradient] 패널을 불러온 후 오른쪽 색상점을 클릭합니다. ② Location 값을 '55%'로 입력하여 수정합니다.

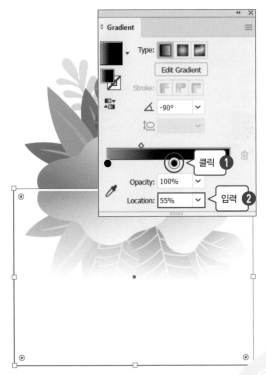

> **TIP**
>
> 원본 개체의 섬네일을 클릭하면 마스크에서 나와 다시 원본 개체로 돌아옵니다.
>
>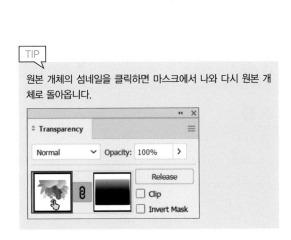

데이터 기반의 그래프 만들기

일러스트레이터에서는 정확한 수치를 입력한 데이터를 기반으로 자동으로 그래프를 만들어주는 기능을 제공합니다. 막대, 분사선, 방사선 등 다양한 종류의 그래프를 선택할 수 있으며, 디자인을 등록하여 적용할 수도 있습니다. 데이터를 입력하여 그래프를 만들어 보겠습니다.

⊠ 막대그래프 그리기

📁 준비파일 P02\Ch04\05그래프.ai

기본 막대그래프 만들기

그래프 도구(Graph Tool)를 활용하여 데이터를 기반으로 하는 막대그래프를 생성해 보겠습니다. 입력한 값에 따라 축이 자동으로 형성됩니다.

01 Ctrl + O 를 눌러 05그래프.ai 파일을 엽니다. ❶ 도구바에서 세로 막대그래프 도구(📊)를 클릭하고 화면의 빈 공간을 클릭합니다. ❷ 그래프 대화상자가 나타나면 Width와 Height에 각각 '60mm'를 입력하고 ❸ [OK] 버튼을 클릭합니다.

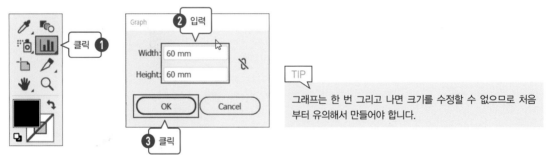

> **TIP**
> 그래프는 한 번 그리고 나면 크기를 수정할 수 없으므로 처음부터 유의해서 만들어야 합니다.

02 ❶ 그래프 데이터 입력 창이 나타나면 셀에 '3'을 입력하고 Tab 키를 눌러 옆 칸으로 이동합니다. ❷ '4', '5', '6'을 추가로 입력한 후 ❸ 적용 버튼(✓)을 클릭하고 ❹ × 버튼을 클릭합니다.

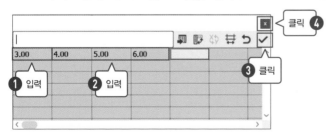

03 입력한 데이터대로 막대그래프가 생성됩니다. ❶ 도구바에서 직접 선택 도구를 클릭하고 ❷ 가장 왼쪽의 막대를 선택합니다. ❸ 선색은 '없음'으로 설정하고, 면색을 위로 올려 원하는 색을 입력합니다. ❹ 같은 방법으로 나머지 막대에도 원하는 면색을 입력합니다. 선색은 마찬가지로 '없음'으로 설정합니다.

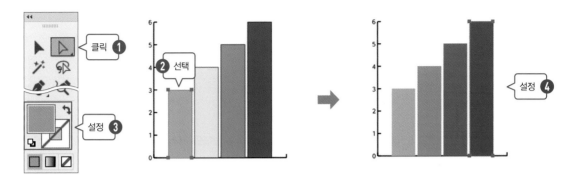

범례가 있는 막대그래프 그리기

데이터 입력 창에서 표현하고자 하는 카테고리를 입력하면 아래 적히는 수치 값과 연동하여 색이 배정됩니다. 1행에는 범례로 적용할 단어를, 1열에는 막대 아래에 들어갈 단어를 입력합니다.

01 범례가 있는 분포 막대그래프를 만들어 보겠습니다. ❶ 도구바에서 세로 막대그래프 도구를 길게 클릭하여 ❷ 나오는 목록 중 세로 누적 막대그래프 도구를 클릭하고 화면의 빈 곳을 클릭합니다. ❸ 그래프 설정 대화상자가 나타나면 Width와 Height 값에 '60mm'를 입력하고 ❹ [OK] 버튼을 클릭합니다.

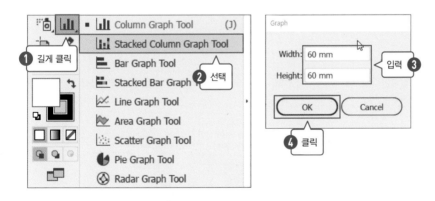

02 ❶ 첫 번째 셀에 입력된 값을 Delete 키를 눌러 삭제합니다. ❷ Tab 키를 눌러 옆 칸으로 옮기면서 'Blue', 'Violet', 'Sky'를 입력합니다.

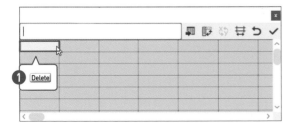

03 ❶ 1열의 2행에 'A'를 입력하고 Enter 키를 누릅니다. 그 아래 행에 각각 'B', 'C', 'D'를 입력합니다. ❷ 수치를 입력하고 ❸ 적용 버튼(☑)을 클릭합니다. ❹ × 버튼을 클릭하여 데이터 입력을 마무리합니다.

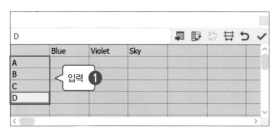 

04 데이터가 적용된 그래프가 나타나면 선택 도구로 빈 곳을 클릭하여 선택을 해제합니다. ❶ 도구바에서 직접 선택 도구를 클릭하고 ❷ 검은색 개체를 모두 선택합니다.

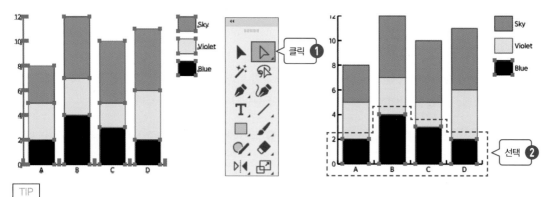

TIP

개체를 한 개만 선택하고 메뉴바에서 [Select]–[Same]–[Fill Color]를 선택해도 됩니다.

05 ❶ 원하는 면색과 선색을 입력합니다. 예제에서는 선색을 '없음'으로 설정했습니다. ❷ 같은 방법으로 나머지 개체에도 원하는 색상을 입력합니다.

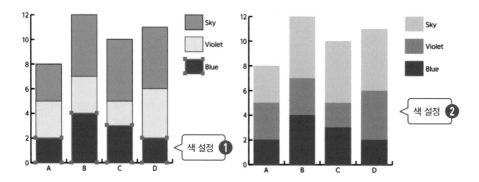

 **그래프 종류 살펴보기**

그래프 종류 알아보기

도구바의 그래프 도구를 길게 클릭하면 9개의 그래프가 나타납니다.

1 세로 막대 그래프(📊)   **2** 세로 누적 막대그래프(📊)   **3** 가로 막대그래프(📊)

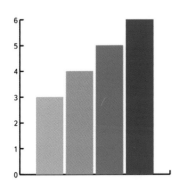

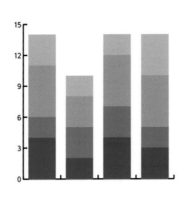

4 가로 누적 막대그래프(📊)   **5** 선 그래프(📈)   **6** 영역 그래프(📉)

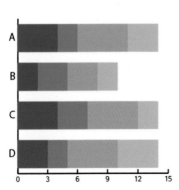

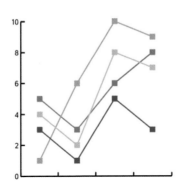

7 분사 그래프(📋)   **8** 파이 그래프(🥧)   **9** 방사형 그래프(⚙)

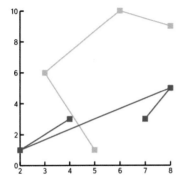

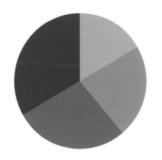

그래프 종류 변경하기

기존에 입력한 데이터를 바탕으로 하여 다른 형태의 그래프로 변경할 수 있습니다. 세로 막대그래프를 가로 막대그래프로 바꾸고, 세로 누적 막대그래프를 가로 누적 막대그래프로 바꿔 보겠습니다. 이때 종류를 변경하기 위해서는 기본적으로 필요한 데이터를 모두 가지고 있어야 합니다.

01 ❶ 선택 도구로 막대그래프를 선택하고 Alt 키를 누른 상태로 드래그하여 아래쪽으로 복제합니다. ❷ 메뉴바에서 [Object]-[Graph]-[Type]을 선택합니다.

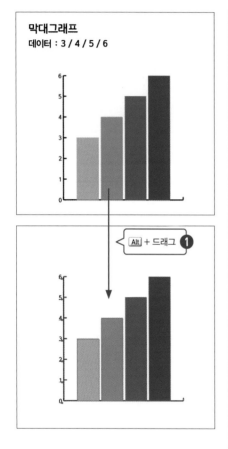

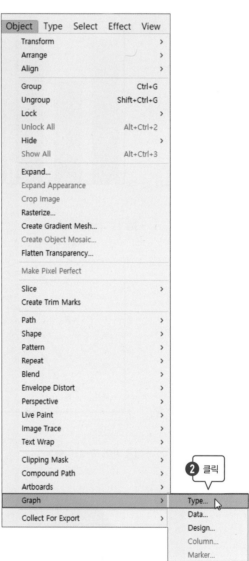

02 ❶ 그래프 종류 대화상자에서 가로 막대그래프 아이콘을 선택합니다. ❷ Bar Width 값을 '50%'로 입력하고 ❸ [OK] 버튼을 클릭하면 막대의 폭이 절반으로 축소됩니다.

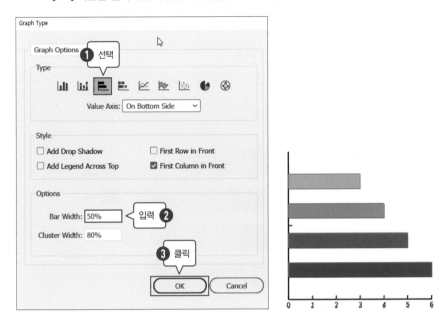

03 ❶ 선택 도구로 세로 누적 막대그래프를 선택하고 Alt 키를 누른 상태로 드래그하여 아래쪽으로 복제합니다. ❷ [Properties] 패널의 Quick Actions에서 [Graph Type] 버튼을 클릭합니다.

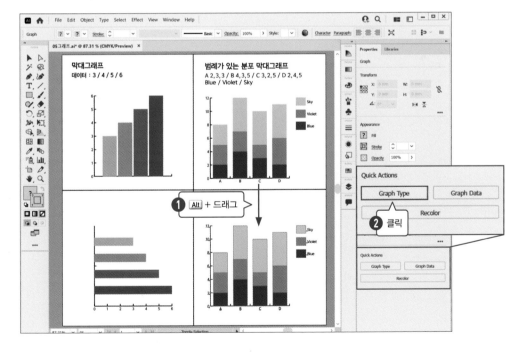

04 ❶ 가로 누적 막대그래프 아이콘을 선택하고 ❷ [OK] 버튼을 클릭합니다.

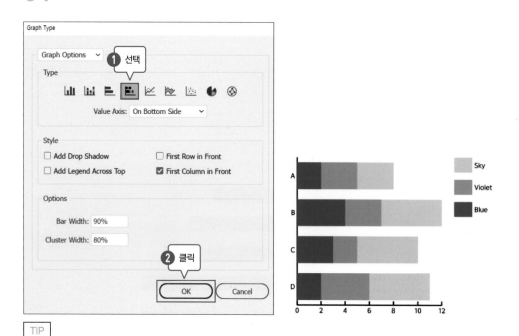

TIP

일부 막대그래프의 색상이 제대로 변하지 않을 수 있습니다. 이 경우 직접 선택 도구와 스포이트 도구 등을 활용하여 다시 맞춰줘야 합니다.

⊠ 그래프에 적용된 데이터 수정하기

그래프의 데이터를 수정하여 다른 수준의 그래프를 만들어 보겠습니다.

01 ❶ 가로 누적 막대그래프를 선택하고 ❷ 메뉴바에서 [Object]–[Graph]–[Data]를 선택합니다(❸ 또는 [Properties] 패널의 Quick Actions에서 [Graph Data] 버튼을 클릭합니다).

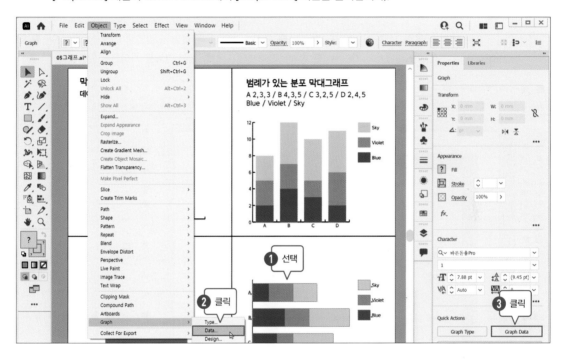

02 ❶ 데이터 입력 창이 뜨면 'D'가 있는 행 전체를 드래그하여 선택하고 Delete 키를 눌러 데이터를 삭제합니다. ❷ 적용 버튼(☑)을 클릭한 후 ❸ × 버튼을 클릭합니다. 데이터가 수정된 그래프를 확인합니다.

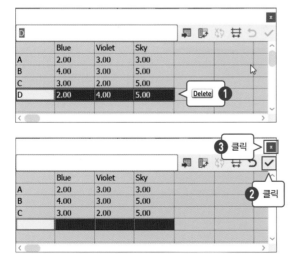

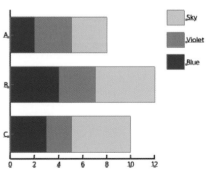

⊠ 디자인 막대 활용하기

📁 준비파일 P02\Ch04\05튤립그래프.ai

막대 그래프에 디자인 적용하기

일러스트레이터의 막대그래프에는 다른 개체를 등록시켜서 디자인을 적용할 수 있습니다. 수치에 따라 크기 · 단계별로 적용이 가능합니다. 튤립 개체를 등록시켜 막대그래프의 디자인으로 사용해 봅니다.

01 Ctrl + O를 눌러 05튤립그래프.ai 파일을 엽니다. ❶ 화면을 확대한 후 튤립의 검은색 선을 선택합니다. ❷ 메뉴바에서 [View]–[Guides]–[Make Guides]를 선택하거나 Ctrl + 5를 눌러 개체를 가이드로 만듭니다.

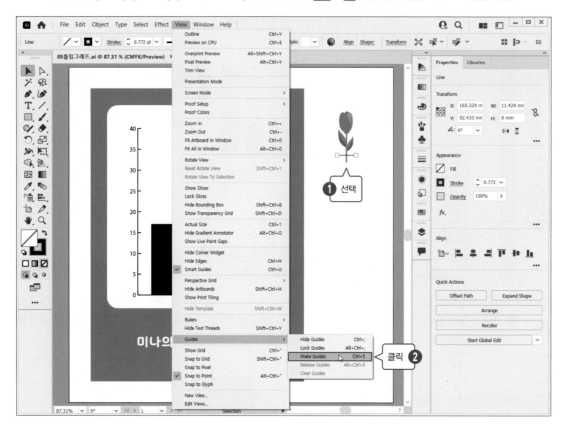

02 ❶ 작업화면의 빈 공간에서 마우스 오른쪽 버튼을 클릭하고 ❷ 'Unlock Guides'를 선택합니다. 가이드의 잠금이 풀어지면서 가이드를 선택할 수 있게 됩니다.

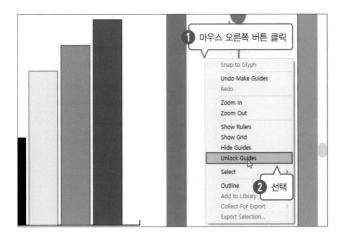

03 ❶ 툴립 개체와 가이드를 한꺼번에 선택하고 ❷ 메뉴바에서 [Object]–[Graph]–[Design]을 선택합니다.

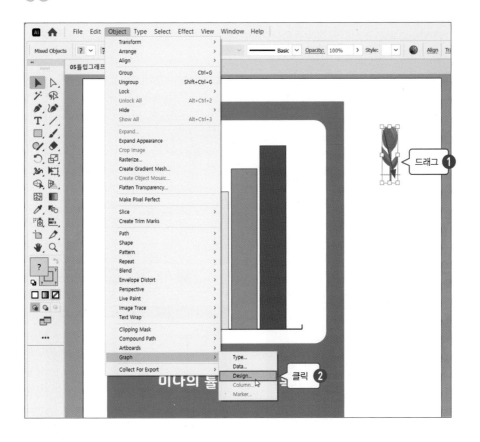

04 ❶ 그래프 디자인 대화상자가 나타나면 [New Design] 버튼을 클릭하여 튤립을 새로운 디자인으로 등록합니다. ❷ [Rename] 버튼을 클릭하여 ❸ 이름을 '튤립'으로 변경하고 ❹ [OK] 버튼을 클릭합니다. ❺ 한 번 더 [OK] 버튼을 클릭합니다.

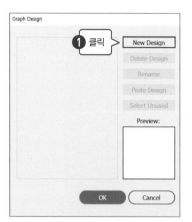
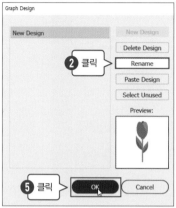
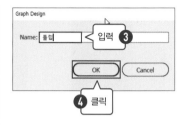

05 ❶ 선택 도구로 그래프를 선택하고 ❷ 메뉴바에서 [Object]–[Graph]–[Column]을 선택합니다. ❸ 목록에서 '튤립'을 선택하고 ❹ Column Type 목록에서 'Sliding'을 선택합니다. ❺ [OK] 버튼을 클릭하면 막대그래프에 튤립이 적용됩니다. 이때 Sliding 옵션으로 인해 함께 등록한 가이드는 고정점의 기준이 되어 가이드의 윗부분은 고정하고 가이드의 아랫부분만 길어지도록 디자인이 적용됩니다.

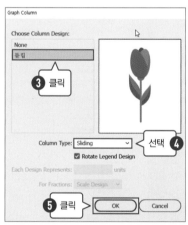
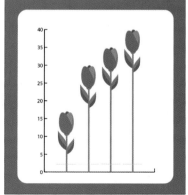

디자인 막대의 종류 알아보기

막대그래프에 디자인을 적용할 때 Column Type 옵션을 선택해야 하는데, 어떤 옵션을 선택하느냐에 따라 디자인으로 적용한 개체의 크기와 개수가 달라집니다. Sliding 옵션 외에 Vertically Scaled, Uniformly Scaled, Repeating 옵션에 대해서 추가로 알아보겠습니다.

1 Vertically Scaled | 등록된 디자인 개체의 크기가 막대그래프의 길이에 맞도록 높이만 조절됩니다.

 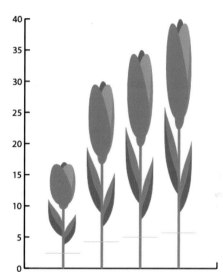

2 Uniformly Scaled | 등록된 디자인 개체의 크기가 막대그래프의 길이에 맞도록 너비와 높이가 함께 조절됩니다.

 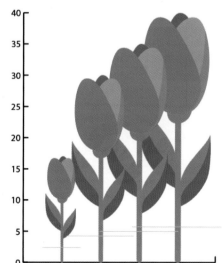

3 Repeating | 등록된 디자인 개체가 막대의 길이에 따라서 여러 번 반복됩니다. ❶ Each Design Represents 값은 디자인 1개가 들어가는 그래프의 수치입니다. ❷ For Fractions는 수치의 비율에 맞도록 조절되는 디자인의 모양입니다. ❸ 'Scale Design'을 선택하면 수치에 맞춰 마지막 튤립의 세로 길이가 짧아지고, ❹ 'Chop Design'을 선택하면 마지막 튤립이 수치에 맞춰 잘립니다.

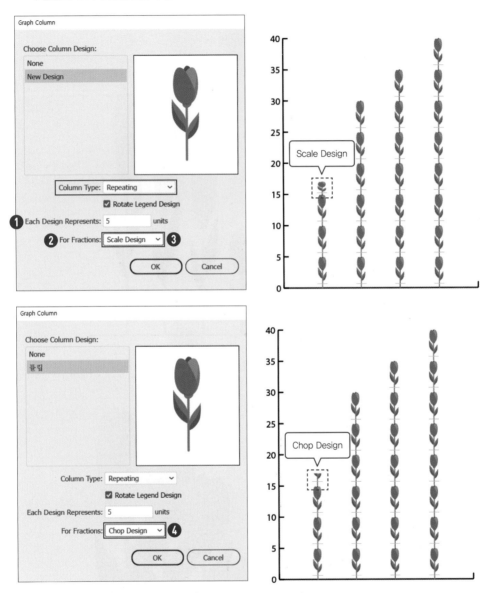

3D 입체 효과 적용하기

일러스트레이터는 2D를 구현하는 그래픽 툴이라는 한계가 있지만, 개체를 입체적으로 보이게 만들 수 있는 3D 기능을 제공합니다. 간단한 도형도 3D 패널을 통해 입체 효과를 적용할 수 있으며, CC 2022 업데이트 이후 더욱 정교한 그래픽 표현이 가능해졌습니다.

⊠ [3D and Materials] 패널 알아보기

[3D and Materials] 패널에서는 개체의 입체를 이루는 '형태(Object)', '재질(Materials)', '조명(Lighting)'을 조절할 수 있습니다. 그중 [Object]는 '평면(Plane)', '돌출(Extrude)', '회전(Revolve)', '팽창(Inflate)' 옵션으로 구성되어 있습니다.

[Object-Plane] 평면 옵션으로, 입체는 나타나지 않으며 평면에서 개체의 각도만 조절됩니다.

1 Rotation | 방향, 축 및 등각 투영을 기반으로 개체를 회전합니다.

- Presets | 많이 사용되는 각도 옵션을 사전설정으로 지정해놓은 메뉴입니다.

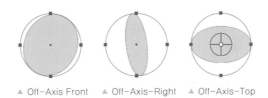

▲ Off-Axis Front　　▲ Off-Axis-Right　　▲ Off-Axis-Top

- ⟳ | 개체를 −180°에서 180°까지 수직으로 회전합니다.
- ⟲ | 개체를 −180°에서 180°까지 수평으로 회전합니다.
- ⟲ | −180°에서 180°까지 원을 그리며 개체를 회전합니다.

[Object-Extrude] 돌출 옵션으로, 개체의 뒤쪽으로 입체 기둥이 생성됩니다.

1 Depth | 돌출의 깊이를 설정합니다. 수치가 높을수록 깊이가 깊게 생성됩니다.

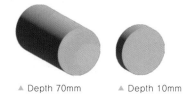

▲ Depth 70mm　　▲ Depth 10mm

2 Cap(⊙/⊙) | Depth를 제외한 끝부분을 막아줄지 뚫어줄지 결정합니다.

3 Bevel | 개체의 깊이를 따라 경사진 가장자리를 적용합니다.

4 Rotation | 방향, 축 및 등각 투영을 기반으로 개체를 회전합니다.

[Object-Revolve] 회전 옵션으로, 개체의 왼쪽이나 오른쪽을 축으로 한 바퀴 돌려서 입체를 형성합니다.

1 Revolve Angle | 축을 중심으로 돌아가는 각도를 입력합니다. 360°를 입력하면 막힌 개체가 되고, 더 작은 값을 입력하면 돌아가다가 끊긴 개체가 됩니다.

2 Offset | 값이 0일 때에는 돌아가는 축과 개체가 붙어 있으며, 수치가 입력되면 돌아가는 축과 개체가 떨어지게 됩니다.

▲ Angle 360° / Offset 0mm　　▲ Angle 300° / Offset 15mm

3 Offset Direction From | 회전축을 왼쪽으로 두고 돌릴 것인지 오른쪽으로 두고 돌릴 것인지 결정합니다.

4 Cap(⊙/⊙) | 끝부분을 막아줄지 뚫어줄지 결정합니다.

5 Rotation | 방향, 축 및 등각 투영을 기반으로 개체를 회전합니다.

[Object-Inflate] 팽창 옵션으로, 개체의 평면 앞쪽으로 반 돌출의 입체가 생성됩니다.

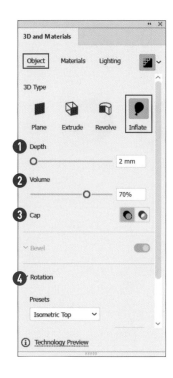

1 Depth | 개체를 평면으로 놓고 그 위로 마치 볼록한 스티커가 올라오듯이 입체를 생성합니다.

2 Volume | 입체가 올라올 때 어느 정도로 부풀려지는지 비율로 표시합니다.

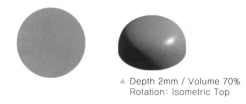

▲ Depth 2mm / Volume 70%
Rotation: Isometric Top

3 Cap(⬤/◐) | 끝부분을 막아줄지 뚫어줄지 결정합니다.

4 Rotation | 방향, 축 및 등각 투영을 기반으로 개체를 회전합니다.

[Materials] 개체에 재질을 입힐 수 있습니다. 어떤 옵션을 선택하느냐에 따라 개체가 가지는 촉각적 속성이 달라집니다.

1 Default | 기본 설정 상태로, 플라스틱을 베이스로 하는 재질입니다.

2 Adobe Substance Materials | 재질감을 입힐 수 있도록 Adobe Substance에서 제공하는 자료가 모여 있습니다.

3 🐝 | 어도비에 접속해서 Substance를 더 추가해서 사용할 수 있습니다.

4 🐝 | 어도비 커뮤니티에서 Substance를 가져와 추가해서 사용할 수 있습니다.

5 ⊞ | 패널에 새로운 재료를 추가합니다.

6 Material Properties | 기본 재료에 대해 0에서 1까지의 거칠기 및 금속 속성을 적용합니다. 속성은 Adobe Substance 자료마다 다릅니다.

[Lighting] 3D가 적용된 개체에 한 층 더 풍부한 빛 효과를 입힐 수 있습니다. 빛 번짐이나 그림자 효과를 자연스럽게 보려면 Render 옵션을 켜고 작업하는 것이 좋습니다.

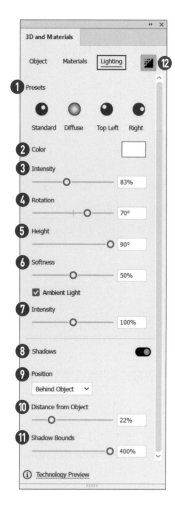

1 Presets | 4가지의 빛의 방향 및 속성입니다. '기본 빛', '확산', '왼쪽 위', '오른쪽'의 옵션이 있습니다.

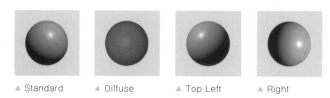

▲ Standard ▲ Diffuse ▲ Top Left ▲ Right

2 Color | 빛의 색상을 설정합니다.

3 Intensity | 빛의 강도를 설정합니다.

4 Rotation | 빛의 방향을 설정합니다.

5 Height | 빛의 거리를 설정합니다. 90°에 가까울수록 빛이 가까이 다가오며 그림자가 길어지고, 0°에 가까울수록 빛이 멀어지면서 그림자가 길어집니다.

6 Softness | 빛이 퍼질 때 부드러운 정도를 설정합니다.

7 Ambient Light_ Intensity | 중심 빛 주변의 조도를 설정합니다.

8 Shadows | 그림자를 설정합니다. 토글 버튼을 켜야 작업이 가능합니다.

9 Position | 그림자의 위치를 지정합니다. 'Behind'와 'Below' 옵션은 각각 물체의 뒤쪽과 아래쪽으로 그림자가 다르게 들어갑니다. [Lightning]뿐 아니라 [Object]에서 설정한 Rotation의 영향도 많이 받기 때문에 함께 조절해줘야 합니다.

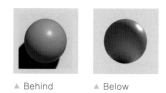

▲ Behind ▲ Below

10 Distance from Object | 물체와 그림자 사이의 거리를 설정합니다. 수치가 낮을수록 물체에 달라붙습니다.

11 Shadow Bounds | 일정 거리에서 그림자가 끊어지도록 합니다. 수치가 낮을수록 짧은 거리에서 끊어집니다.

12 ▦ | Render 아이콘을 클릭하면 빛과 그림자가 한층 자연스럽게 연출됩니다. 만들어진 3D 모델에 질감을 입히고 다양한 광원 효과를 가미할 수 있습니다.

⊠ 평면 개체를 입체로 만들기

📁 준비파일 P02\Ch04\06_3D효과.ai

2D의 속성을 가지는 개체를 3D로 입체화하는 명령은 메뉴바의 [Effect]–[3D and Materials]를 클릭하여
실행할 수 있습니다. 각 명령이 어떤 과정을 거쳐 개체를 입체화시키는지에 대해 알아보겠습니다.

Extrude & Bevel로 입체 기본 다지기

돌출(Extrude) 명령을 사용하면 평면이었던 개체가 입체적인 형태로 변형됩니다. 둥근 삼각형에 돌출 명령
을 적용한 후 옵션을 바꿔 돌출 정도를 조절해 보겠습니다.

01 Ctrl + O를 눌러 06_3D효과.ai 파일을 열고 ❶ 네 개의 개체 중 맨 위의 둥근 삼각형을 선택합니다. ❷ 메뉴
바에서 [Effect]–[3D and Materials]–[Extrude & Bevel]을 선택합니다. ❸ [3D and Materials] 패널이 나오
면 Extrude 아이콘을 클릭합니다.

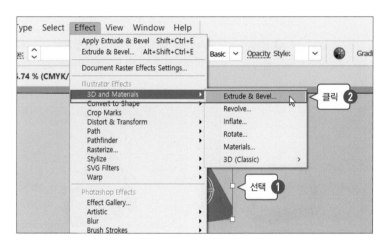

02 ❶ 삼각형에 돌출 명령이 적용됩니다. ❷ 가운데 점을 클릭하고 임의의 방향으로 드래그하면 정면이 바라보
는 방향을 자유롭게 바꿀 수 있습니다.

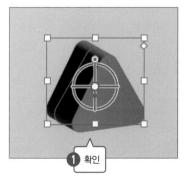
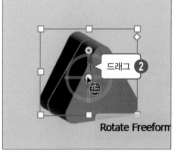
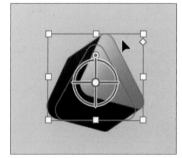

03 돌출의 깊이를 조절해 보겠습니다. Depth 값을 '5mm'로 입력하여 돌출의 깊이를 얕게 만듭니다.

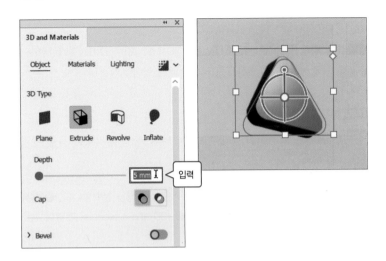

04 외곽의 꺾이는 부분의 모양을 조절해 보겠습니다. ❶ Bevel의 토글 버튼을 클릭해 '켜짐'으로 설정합니다. ❷ Bevel Shape는 'Round Outline'을 선택하여 외곽이 돌출되고 속이 파이도록 작업합니다. ❸ Width 값은 '20'을 입력합니다. 빈 화면을 클릭하여 작업을 마무리합니다.

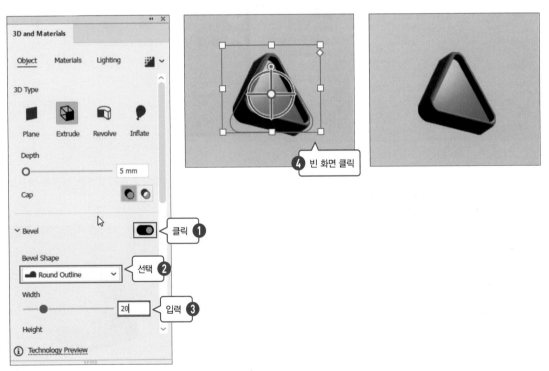

Revolve 옵션으로 360° 회전하는 입체 만들기

01 ❶ 선택 도구로 오렌지색 반원을 선택하고 ❷ 메뉴바에서 [Window]-[3D and Materials]를 선택합니다.

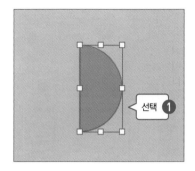 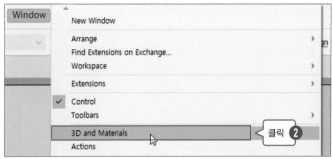

02 [3D and Materials] 패널에서 Revolve 아이콘을 선택하면 개체가 360° 회전한 구 형태의 개체가 만들어집니다.

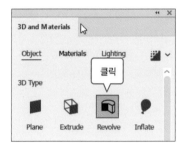 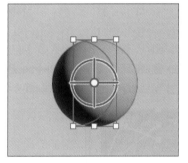

03 빛의 방향을 조절해 보겠습니다. ❶ [Lighting]을 클릭하고 ❷ Presets 에서 Right 아이콘을 선택합니다. ❸ Intensity 값을 '85%'로 입력하여 빛의 강도를 낮추고 ❹ Rotation을 '139°'로 입력합니다. ❺ Height 값 으로 '30°'를 입력하여 높이 각도를 설정합니다. ❻ Ambient Light의 Intensity 값을 '110%'로 입력합니다.

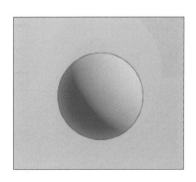 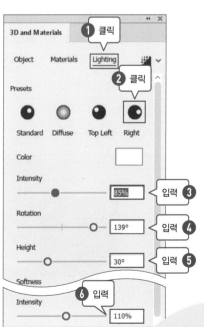

Plane 옵션으로 입체 없이 각도만 3차원으로 만들기

Plane 명령을 사용하면 입체감 없이 각도만 3차원으로 만들 수 있습니다.

01 ❶ 파란색 × 모양 개체를 선택하고 메뉴바에서 [Window]–[3D and Materials]을 선택해 패널을 불러옵니다. ❷ 3D Type에서 Plane 아이콘을 클릭하면 다른 옵션은 비활성화되고 Rotation만 활성화됩니다. ❸ Rotation의 Presets 목록에서 'Isometric Right' 옵션을 선택합니다.

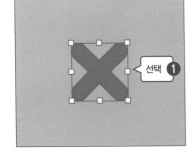

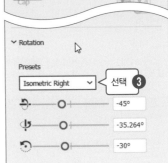

Inflate 옵션으로 평면에서 부풀려진 입체 모양 만들기

Inflate 명령을 사용하면 평면 개체 위로 부풀려진 입체 모양을 만들 수 있습니다.

01 ❶ 갈색 사각형 개체를 선택하고 메뉴바에서 [Window]–[3D and Materials]을 선택하여 패널을 불러옵니다. ❷ 3D Type에서 Inflate 아이콘을 선택합니다. ❸ Depth 값을 '0mm'로 입력하고 ❹ Rotation의 Presets 목록에서 'Off-Axis Right' 옵션을 선택합니다.

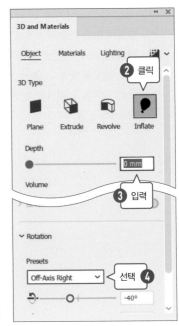

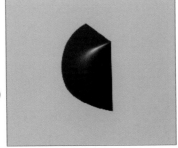

⊠ 3D 개체에 실체감 더하기

📁 준비파일 P02\Ch04\06러브.ai

입체 개체에 조명을 비추거나 질감 처리를 하면 개체가 가진 실체감을 한층 높일 수 있습니다. 돌출 각도를 원하는 정도로 조절하고 조명 및 질감 옵션을 적용해 보겠습니다.

돌출 각도를 내 마음대로 바꾸기

01 Ctrl + O를 눌러 06러브.ai 파일을 엽니다. ❶ 문자 형태의 개체를 선택합니다. 그룹 지어져 있으므로 한 번만 클릭하면 선택됩니다. ❷ 메뉴바의 [Window]-[Effect]-[3D and Materials]을 선택합니다.

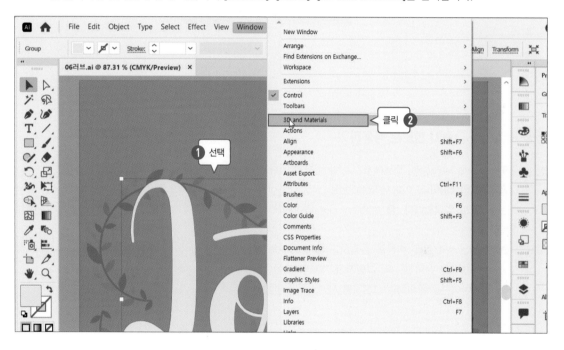

02 ❶ 3D Type 목록에서 Extrude 아이콘을 클릭합니다. ❷ Extrude 기본 설정으로 지정된 모양과 각도로 입체가 적용됩니다.

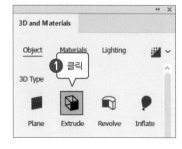

03 ❶ Depth 값을 '20mm'로 입력하고 ❷ Rotation에 각각 '−10°', '30°', '5°'를 입력합니다. ❸ 반대쪽을 바라보는 각도로 변하는 것을 확인할 수 있습니다.

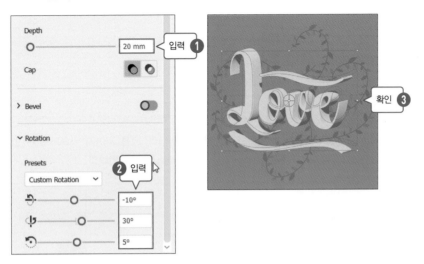

조명 조절하여 그림자 별도로 적용하기

01 ❶ [3D and Materials] 패널에서 [Lighting]을 클릭하고 ❷ Intensity 값을 '70%'로 입력합니다. 이어서 Rotation은 '145°', Height는 '30°', Softness는 '40%'로 입력합니다. ❸ Ambient Light의 Intensity 값을 '60%'로 입력합니다.

❹ Shadows의 토글 버튼을 클릭하고 ❺ Position 목록에서 'Behind Object' 옵션을 선택합니다. 그림자가 개체의 뒤쪽으로 적용됩니다. ❻ Render 아이콘을 클릭하여 그림자를 자연스럽게 만듭니다.

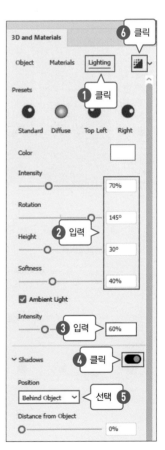

패널 하단에 커서를 두고 아래쪽으로 드래그하면 패널 자체를 길게 늘일 수 있습니다. 한 눈에 보기를 원한다면 스크롤 바를 활용하는 대신 패널 길이를 늘여 사용하면 됩니다.

3D 개체에 질감 입히기

All Materials 항목에는 기본 질감 외에도 어도비에서 제공하는 콘크리트, 천, 가죽, 구슬, 호일 등 다양한 질감이 존재합니다. 원하는 질감을 클릭하면 렌더링 과정을 거쳐 해당 질감이 개체에 입혀집니다.

01 ❶ [3D and Materials] 패널에서 [Materials]를 클릭합니다. ❷ All Materials 목록에서 'Handmade Rice Paper'를 선택합니다. ❸ 3D 개체에 라이스페이퍼 질감이 적용됩니다. ❹ Render 아이콘을 클릭하여 그림자를 더욱 자연스럽게 만듭니다.

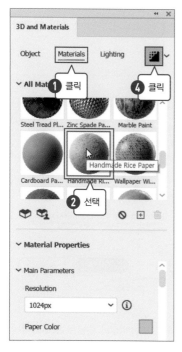

⊠ 3D 개체에 심볼 적용하기

📁 준비파일 P02\Ch04\06심볼.ai

일러스트레이터에는 3D 개체의 표면에 심볼을 매핑시키는 기능이 있습니다. 로고 제작과 같은 작업에서 특히 유용한 기능입니다.

개체를 심볼로 등록하기

심볼을 매핑하기에 앞서 패턴 개체를 먼저 심볼로 등록해 보겠습니다. 줄무늬 개체와 민무늬 개체를 번갈아가며 매핑시키기 위해 두 개체를 모두 심볼로 등록합니다.

01 Ctrl + O를 눌러 06심볼.ai 파일을 엽니다. ❶ 갈색 줄무늬 개체를 선택하고 Ctrl + Shift + F11을 눌러 [Symbols] 패널을 열어줍니다. ❷ ⊞을 클릭하고 ❸ 심볼 옵션 대화상자가 뜨면 [OK] 버튼을 클릭합니다.

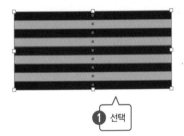
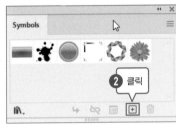
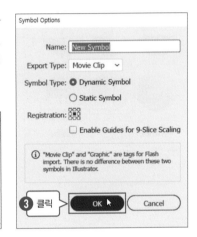

02 ❶ 심볼이 등록된 것을 확인할 수 있습니다. ❷ 갈색 사각형 개체를 선택하고 [Symbols] 패널로 드래그합니다. ❸ 옵션 대화상자가 나타나면 [OK] 버튼을 클릭합니다. ❹ 갈색 사각형도 심볼로 등록됩니다.

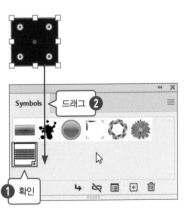

개체에 입체 적용하고 심볼 매핑시키기

평면 개체를 입체로 만들고 추가했던 심볼을 매핑시켜 타이포그래피를 완성해 봅니다. [Map Art] 대화상자를 열고 각 표면에 적용할 심볼을 선택하여 적용합니다.

01 ❶ 알파벳 R 모양의 선 개체를 선택합니다. ❷ 메뉴바에서 [Effect]−[3D and Materials]−[3D (Classic)]−[Extrude & Bevel (Classic)]을 선택합니다.

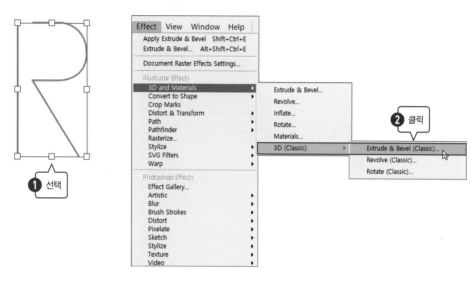

02 ❶ 기본 설정을 유지한 채로 [Map Art] 버튼을 클릭합니다. 대화상자에서 ▶을 클릭하면 선택한 개체의 단면도가 순서대로 나옵니다. ❷ Surface에서 '1 of 18' 숫자를 확인합니다.

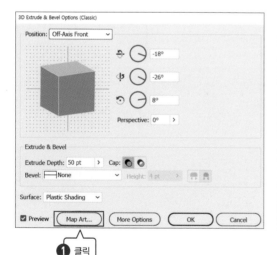

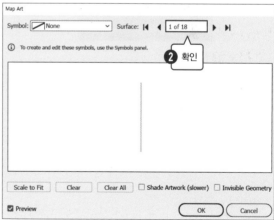

03 ❶ Symbol 목록에서 갈색 사각형으로 등록했던 심볼을 선택합니다. ❷ [Scale to Fit] 버튼을 클릭하면 ❸ 사각형 심볼이 1번 모양에 딱 맞춰집니다. ❹ Surface의 번호가 '5 of 18'이 될 때까지 ▶을 클릭합니다.

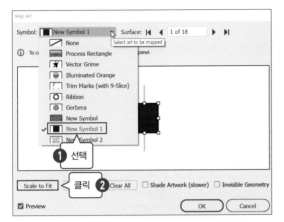
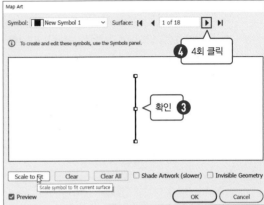

04 ❶ Symbol 목록에서 줄무늬 심볼을 선택하고 ❷ [Scale to Fit] 버튼을 클릭합니다. ❸ ▶을 한 번 클릭하여 '6 of 18'로 이동합니다. ❹ 같은 방법으로 심볼을 단면에 적용합니다. ❺ Surface의 번호가 '8 of 18'이 될 때까지 ▶을 클릭합니다.

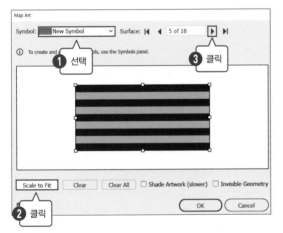
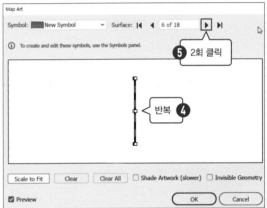

05 ❶ Symbol 목록에서 갈색 사각형 심볼을 다시 선택하고 ❷ [Scale to Fit] 버튼을 클릭합니다. ❸ ▶을 눌러 '9 of 18'로 이동합니다. ❹ 줄무늬 모양의 심볼을 선택하고 ❺ [Scale to Fit] 버튼을 클릭합니다. ❻ 사각형의 크기를 조절하여 어두운 회색 부분에는 심볼이 적용되지 않도록 합니다. ❼ ▶을 눌러 '13 of 18'로 이동한 후 ❽ 줄무늬 모양의 심볼을 선택하고 ❾ [Scale to Fit] 버튼을 클릭합니다. ❿ ▶을 한 번 눌러 '14 of 18'로 이동합니다.

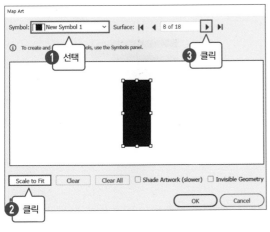

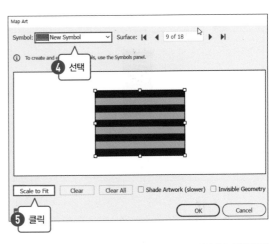

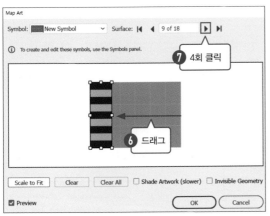

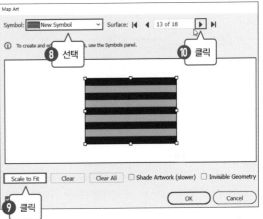

06 ❶ 줄무늬 모양의 심볼을 선택하고 ❷ [Scale to Fit] 버튼을 클릭합니다. ❸ ▶을 다시 눌러 '15 of 18'로 이동합니다. ❹ 이번에도 줄무늬 모양의 심볼을 선택하고 ❺ [Scale to Fit] 버튼을 클릭합니다. ❻ 심볼의 크기를 조절하여 어두운 회색 부분에 심볼이 적용되지 않도록 합니다. ❼ ▶을 눌러 '17 of 18'로 이동합니다.

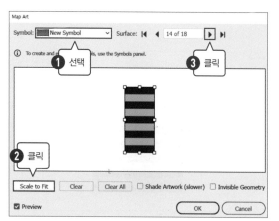 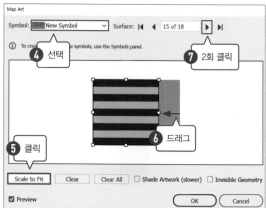

07 ❶ 줄무늬 모양의 심볼을 선택하고 ❷ [Scale to Fit] 버튼을 클릭합니다. ❸ 마지막으로 ▶을 눌러 '18 of 18'로 이동합니다. ❹ 줄무늬 모양의 심볼을 선택하고 ❺ [Scale to Fit] 버튼을 클릭합니다. ❻ [OK] 버튼을 클릭합니다.

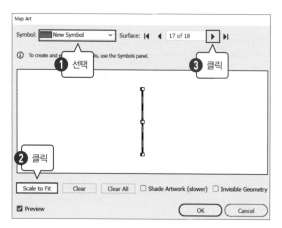 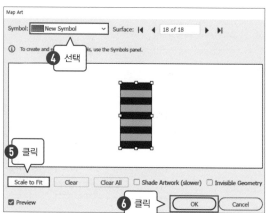

08 [3D Extrude & Bevel Options (Classic)] 대화상자에서도 [OK] 버튼을 클릭하면 개체에 심볼이 매핑되어 줄무늬가 입혀진 알파벳 R의 타이포그래피가 완성됩니다.

Part

3

실무에서 활용하기

01

인쇄용 파일 작업하기

일러스트레이터는 인쇄 작업에 최적화된 기능을 제공하기 때문에 인쇄물 분야로의 활용도가 높습니다.

이번 장에서는 대표적인 인쇄물 작업인 명함, 포스터, 리플렛, 스티커 디자인을 따라 해 보며 재단선 추가, 후가공 작업, 레이아웃에 맞춰 사진 배치하기, 스티커 테두리에 칼선 넣기 등 인쇄 작업 시 필수적으로 수행해야 하는 추가 작업에 대해 학습합니다. 인쇄 파일로 저장하는 과정까지 알아보겠습니다.

 명함  포스터 리플렛 ❤ 스티커

실무 명함 만들기

일러스트레이터 프로그램은 다양한 기능을 지원하지만, 그중에서도 특히 인쇄 작업물을 만드는 데 적합하게 사용되는 기능들이 많습니다. 실무에서 많이 만드는 형식으로 명함을 디자인해 보겠습니다.

⊠ 명함 일러스트 작업하기

📁 준비파일 P03\Ch01\01명함.ai

명함 디자인하기

명함에는 회사명, 이름, 주소, 전화번호, 이메일 등 개인 정보가 담깁니다. 명함에 필요한 요소를 고려하여 실무에 쓸 수 있는 명함을 디자인해 보겠습니다.

01 Ctrl + O를 눌러 01명함.ai 파일을 엽니다. 명함 제작을 위한 로고와 정보 등이 있습니다. 도구바에서 사각형 도구(▣)를 클릭한 후 빈 화면을 클릭합니다.

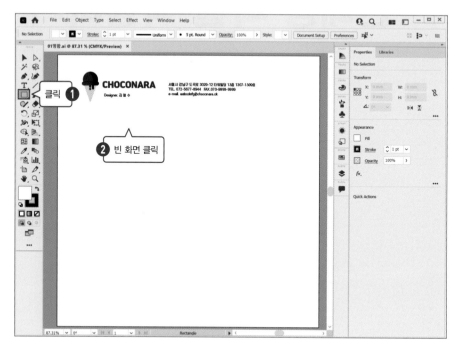

02 ❶ Width에는 '92mm', Height에는 '52mm'를 입력하고 ❷ [OK] 버튼을 클릭합니다. F6 키를 눌러 [Color] 패널을 열고 ❸ 색상을 30-0-10-0으로 입력합니다.

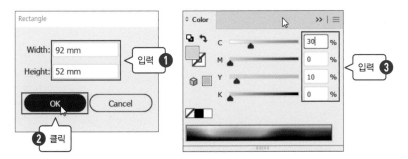

03 ❶ Alt 키를 누른 상태에서 드래그하여 사각형 개체를 복사합니다. ❷ 아이스크림 개체를 복사하여 ❸ 앞면에 크게 배치하고 약간 회전시킵니다. ❹ 뒷면에는 원본 그대로 작게 배치합니다. 이때 두 아이스크림 개체가 하위에 위치하므로 Ctrl + Shift +] 를 눌러 두 사각형 개체보다 상위로 올립니다. ❺ 큰 아이스크림 개체를 클릭합니다.

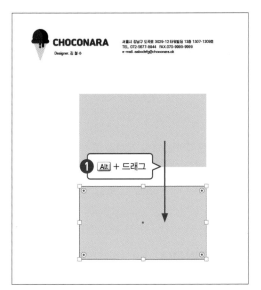

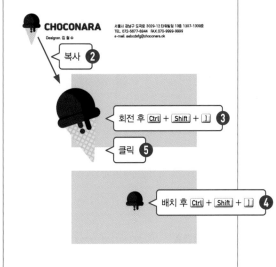

04 메뉴바에서 [Window]-[Transparency]를 선택하여 [Transparency] 패널을 엽니다. ❶ Opacity를 '30%'로 입력하여 투명도를 조절합니다. ❷ 위쪽에 있는 사각형을 선택하고 Ctrl + C 를 눌러 복사합니다. ❸ Ctrl + Shift + V 를 눌러 제자리에서 가장 상위로 붙여넣기합니다.

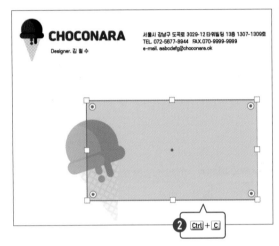

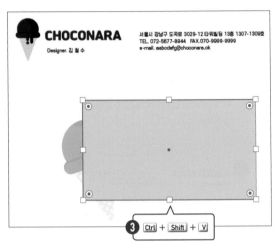

05 ❶ 복사한 사각형 개체가 선택된 상태에서 Shift 키를 누른 채로 큰 아이스크림 개체를 클릭하여 추가 선택합니다. ❷ Ctrl + 7 을 눌러 클리핑 마스크 처리합니다. 사각형 안쪽의 겹친 부분만 보이게 되고, 동시에 맨 위에 있던 사각형 개체는 투명해집니다. ❸ 텍스트를 명함 위로 드래그한 후 Ctrl + Shift +] 를 눌러 가장 앞쪽으로 배치합니다.

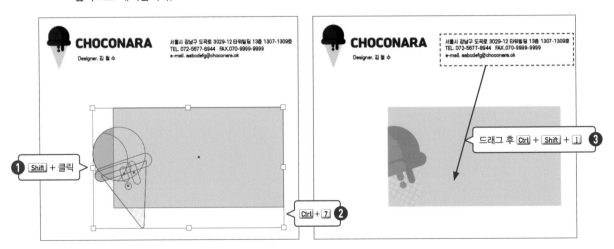

06 주소가 길어 두 줄로 나누겠습니다. 도구바에서 문자 도구(**T**)를 선택하고 주소 문구 중 '타워빌딩' 앞에 마우스 커서를 두고 **Enter** 키를 눌러 행을 한 줄 내립니다.

07 ❶ 회사 로고, 직함, 이름 개체 모두 명함 위로 드래그한 후 **Ctrl** + **Shift** + **]**를 눌러 가장 앞쪽으로 배치합니다. ❷ 도구바에서 문자 도구를 클릭하고 직함인 'Designer.'를 드래그하여 블록으로 지정합니다. 메뉴바에서 [Window]-[Type]-[Character]를 선택해 [Character] 패널을 열고 ❸ 글꼴은 '에스코어 드림', ❹ 두께는 '4 Regular'로 선택하고, ❺ 크기는 '5.5pt'로 입력합니다.

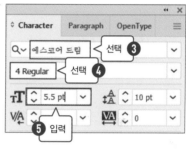

TIP

선택 도구로 텍스트를 더블클릭하면 문자 도구로 바뀌면서 글씨를 선택할 수 있습니다.

08 ❶ 이름인 '김철수'를 드래그하여 블록 지정합니다. ❷ 이번에도 글꼴은 '에스코어 드림'으로 설정하고, ❸ 두께는 '5 Medium', ❹ 크기는 '9pt'로 입력합니다.

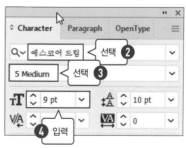

09 ❶ 도구바에서 선 도구(✏)를 클릭하고 ❷ 면색은 '없음', 선색은 '갈색'을 선택합니다. ❸ 직함과 이름 바로 윗부분에 대고 Shift 키를 누른 상태로 드래그하여 구분선을 그립니다.

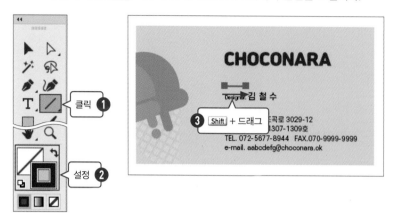

10 강조하고 싶은 부분을 다른 색으로 바꿔 봅니다. 이 외에도 강조하고 싶거나 변경하고 싶은 부분을 자유롭게 수정하고 앞면 디자인 작업을 마무리합니다.

11 이번에는 명함의 뒷면을 디자인해 보겠습니다. ❶ 앞면에 배치한 'CHOCONARA' 로고를 복사해서 뒷면 사각형 개체에 붙여넣기합니다. ❷ 마우스 오른쪽 버튼을 클릭하고 ❸ 'Ungroup'을 선택해 그룹을 해제합니다. ❹ 'CHOCO'와 'NARA'를 나누어 배치하여 명함의 뒷면 디자인을 완성합니다.

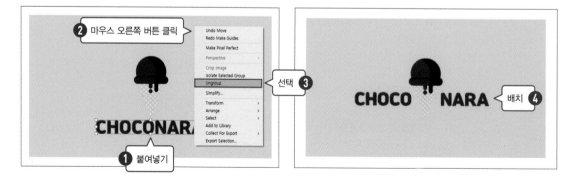

명함 칼선 만들기

디자인한 명함 오브젝트의 크기를 가늠할 수 있도록 칼선을 그려 주겠습니다. 특히 배경이 흰색인 경우 크기
에 대한 정확한 판단이 어려우므로 번거롭더라도 반드시 만들어줘야 합니다.

01 도구바에서 사각형 도구(▢)를 클릭한 후 빈 화면을 클릭합니다. ❶ Width에는 '92mm', Height에는 '52mm'
를 입력하고 ❷ [OK] 버튼을 클릭합니다. [Swatches] 패널을 열어 면색은 '없음'을, 선색은 '마젠타'를 선택합
니다.

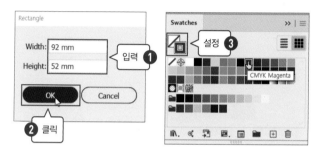

02 01과 같은 방법으로 Width '90mm', Height '50mm' 크기의 사각형을 추가로 만
들고 같은 색 속성을 적용합니다.

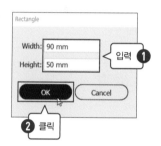

03 두 사각형 개체를 모두 선택한 후 메뉴바에서 [Window]-[Align]을 선택합니다. ❶ [Align] 패널에서 가로 가
운데 정렬과 ❷ 세로 가운데 정렬을 클릭합니다.

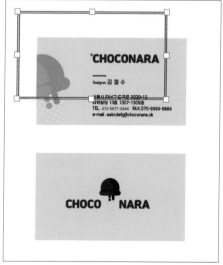

04 선의 두께를 얇게 만들겠습니다. ❶ 메뉴바에서 [Window]-[Stroke]를 선택하여 패널을 열고 Weight 값을 '0.25pt'로 입력합니다. ❷ 두 사각형 개체를 명함 앞면에 맞도록 배치하고, ❸ 복사하여 뒷면에도 배치합니다.

TIP

칼선을 반드시 Magenta 100%로 설정해야 하는 것은 아니지만 통상적으로 사용되는 방식입니다. 선의 두께 역시 0.25~0.3pt 정도를 가장 많이 사용합니다.

05 ❶ 직접 선택 도구(▷)로 ❷ 크기가 90mm×50mm인 칼선을 선택하고 ❸ 메뉴바에서 [Effect]-[Crop Marks]를 선택해 재단선을 만듭니다.

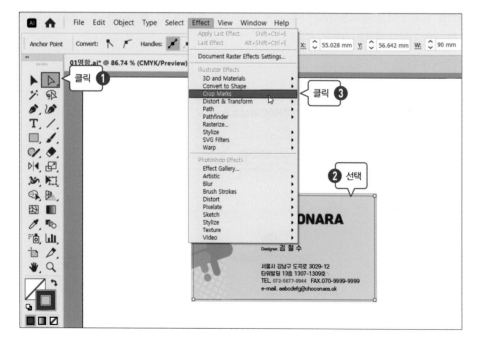

06 명함 뒷면의 재단선까지 만들 공간이 부족하므로 문서의 크기를 확대시켜야 합니다. ❶ 도구바에서 아트보드 도구(🔳)를 클릭하고 ❷ 점선으로 나타나는 문서의 모서리를 드래그하여 아트보드를 넉넉하게 키워줍니다.

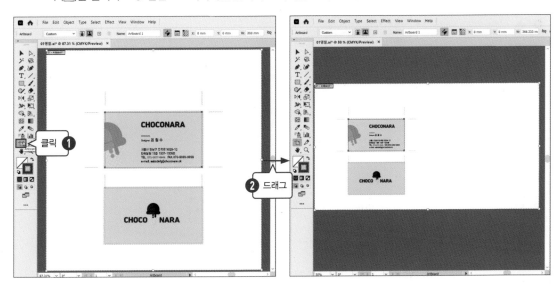

07 ❶ 선택 도구로 뒷면 디자인을 드래그하여 선택합니다. ❷ 드래그하여 앞면 디자인의 오른쪽으로 위치시킵니다.

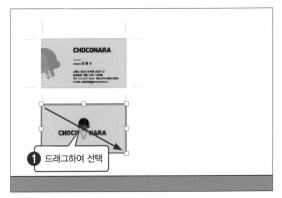 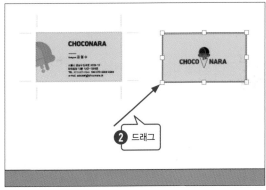

TIP

명함을 인쇄할 때 앞면 이미지와 뒷면 이미지를 세로로 배치할 경우 두 개의 앞면으로 인식될 수 있습니다. 따라서 두 이미지를 가로로 배치해야 합니다.

08 ❶ 직접 선택 도구로 ❷ 뒷면 디자인의 칼선 개체 중 크기가 90mm×50mm인 사각형을 선택하고 ❸ 메뉴바에서 [Effect]–[Crop Marks]를 클릭하여 재단선을 마저 만듭니다.

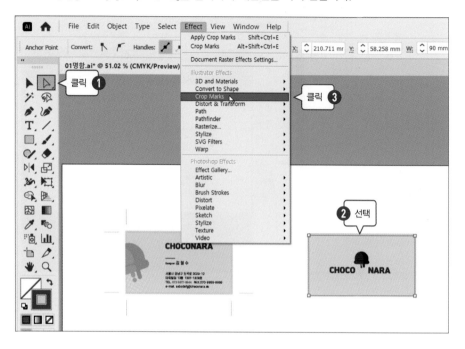

⊠ 명함 인쇄 파일로 저장하기

디자인한 명함을 인쇄하기 위해서는 별도의 인쇄 파일 형식(EPS)으로 저장해야 합니다. 저장하기에 앞서 칼선의 색을 없애고 모든 개체를 일반 도형 개체로 만들어 봅니다.

01 현재 칼선에 마젠타 색상이 입혀져 있지만 칼선에는 색상이 들어가면 안 되므로 투명하게 만들겠습니다. ❶ 선택 도구로 명함 앞면과 뒷면의 칼선 개체 4개를 선택합니다. ❷ 도구바에서 면색과 선색을 모두 '없음'으로 설정합니다. 칼선이 모두 투명해진 것을 확인할 수 있습니다.

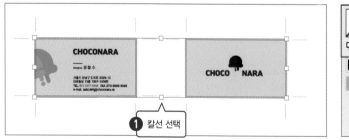

02 텍스트를 모두 벡터 도형으로 바꾸겠습니다. ❶ Ctrl + A 를 눌러 모든 개체를 선택하고 ❷ 메뉴바에서 [Type]–[Create Outlines]를 선택합니다. 텍스트가 도형화됩니다.

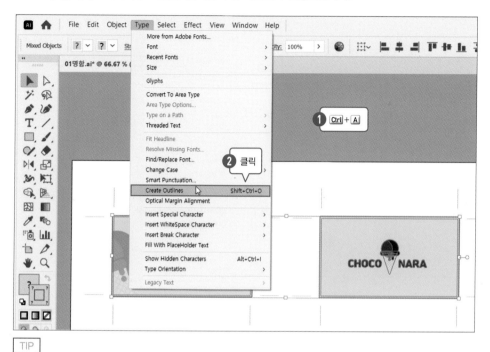

TIP
일러스트레이터에서 텍스트를 인쇄 파일로 만드는 경우 도형화시키는 것이 일반적입니다.

03 작업한 파일을 인쇄 파일 형식으로 저장해 보겠습니다. 메뉴바에서 [File]–[Save As]를 선택합니다.

04 ❶ 파일 형식은 'Illustrator EPS (*.EPS)'를 선택하고 ❷ [저장] 버튼을 클릭합니다. ❸ EPS 옵션 대화상자에서 원하는 버전을 선택하고 ❹ 미리보기 포맷은 'Opaque(불투명)'를 선택합니다. ❺ 마지막으로 [OK] 버튼을 클릭해 저장합니다.

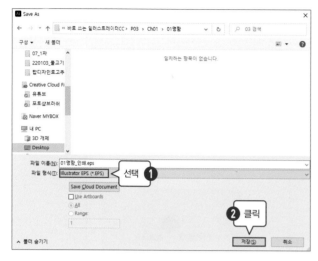

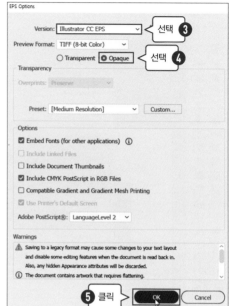

후가공을 넣을 포스터 만들기

02

인쇄물을 눈에 띄게 하는 방법으로 후가공을 첨가할 수 있습니다. 책 표지, 명함, 패키지 상자 등 다양한 인쇄물에 후가공이 입혀지는데, 특히 연말 포스터의 경우에는 비교적 화려한 장식이 들어가기 때문에 '박'을 입히는 경우가 많습니다.

⊠ 연말 포스터 작업하기

📁 준비파일 P03\Ch01\02연말포스터.ai

인쇄물에는 박이나 코팅 등 다양한 후가공을 적용할 수 있습니다. 박의 종류에는 금박, 은박, 적박 등이 있는데, 필름 형식의 얇은 박막으로 이루어지는 후가공 형태입니다. 박을 입힘으로써 인쇄물에 고급스러운 효과를 가미할 수 있습니다.

포스터 디자인하기

연말 느낌이 나도록 붉은색과 녹색이 조화된 장식으로 포스터를 꾸며 보겠습니다.

01 Ctrl + O를 눌러 02연말포스터.ai 파일을 엽니다. 2022 연말 포스터 디자인과 작업할 요소들이 아트보드 바깥에 정리되어 있습니다. 회색 가이드라인을 따라 패스 작업을 해 보겠습니다. 메뉴바의 [Window]- [Swatches]를 눌러 [Swatches] 패널을 열고 면색은 '없음', 선색은 '황토색'으로 설정합니다.

02 도구바에서 펜 도구를 클릭합니다. 메뉴바에서 [Window]–[Stroke]를 선택해 [Stroke] 패널을 열고 ❶ Weight를 '8pt'로 입력합니다. ❷ Cap과 Corner는 'Round' 옵션을 선택하고 ❸ 가이드라인을 따라 패스를 그립니다.

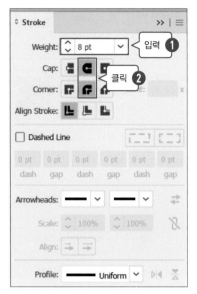

03 가이드라인을 따라 그리는 작업을 마치면 화면 바깥쪽에 있는 열매 개체를 드래그하여 가져와 패스 위에 올려줍니다.

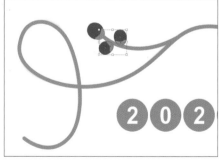

04 ❶ 열매의 크기를 조금씩 다르게 조절하여 리듬감 있게 만듭니다. ❷ 화면 바깥쪽에 있는 열매 개체 중 세로로 서 있는 개체를 드래그하여 가져와 ❸ 오른쪽으로 90° 회전시킵니다.

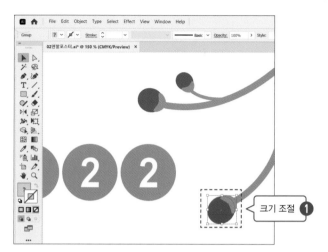

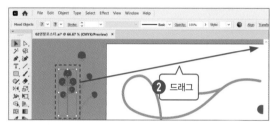

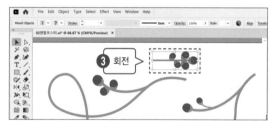

05 개체가 선택되어 있는 상태에서 F5 키를 눌러 [Brushes] 패널을 엽니다. ❶ ⊞를 클릭하고 ❷ 'Art Brush'를 선택합니다. ❸ [OK] 버튼을 클릭합니다.

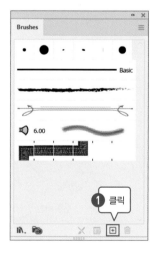

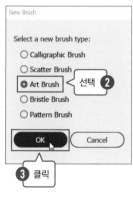

06 ❶ Brush Scale Options에서 'Stretch Between Guides' 옵션을 선택합니다. 늘어나는 부분을 설정해 보겠습니다. ❷ End 값을 '20mm'로 입력하고 ❸ Direction은 →을 선택합니다. ❹ [OK] 버튼을 클릭합니다.

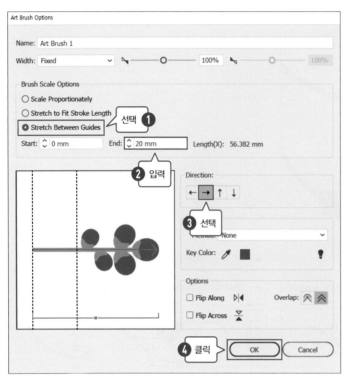

TIP

미리보기에서 두 점선 사이에 위치한 부분은 브러시가 그려지는 만큼 엿가락처럼 늘어나게 됩니다. 점선 바깥쪽의 부분은 브러시의 우측 끝부분으로, 늘어남 없이 등록된 비율로 나타납니다.

07 ❶ 도구바에서 브러시 도구를 클릭한 후 [Brushes] 패널에서 방금 등록한 브러시를 선택합니다. ❷ 아트보드에서 원하는 방향으로 드래그하면 ❸ 그려준 방향대로 브러시가 적용됩니다.

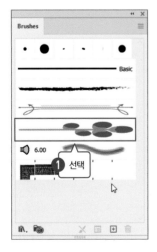

08 열매를 더 많이 만들어주고, 화면 바깥의 나뭇잎에도 이동, 복사, 회전 등을 적용하여 자유롭게 배치합니다.

09 ❶ 도구바에서 문자 도구를 클릭합니다. ❷ 화면 위쪽을 한 번 클릭하고 'I WISH YOU'라고 입력합니다. ❸ 선택 도구를 클릭하고 메뉴바에서 [Window]–[Type]–[Character]를 선택합니다. ❹ 서체는 'Universal Serif', ❺ 크기는 '50pt', ❻ 자간은 '700'으로 입력합니다.

 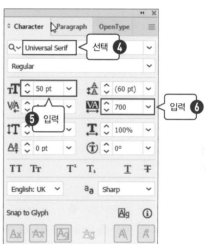

10 ❶ 문구를 Alt 키를 누른 채로 드래그하여 아래쪽으로 복사합니다. ❷ 문구를 'NEW YEAR'로 수정합니다.

11 가이드라인 레이어를 지우겠습니다. F7 키를 눌러 [Layers] 패널을 엽니다. ❶ 'Layer 2'를 선택하고 ❷ 휴지통 아이콘(🗑)을 클릭합니다. ❸ 경고창이 나타나면 [Yes] 버튼을 클릭합니다.

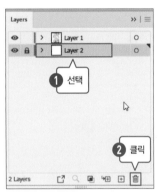 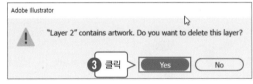

12 포스터의 배경을 만들어 보겠습니다. ❶ 도구바에서 사각형 도구를 클릭하고 빈 화면을 클릭합니다. A3용지에 사방으로 2mm 여백을 더한 크기를 만들겠습니다. ❷ Width에 '301mm', Height에 '424mm'를 입력하고 ❸ [OK] 버튼을 클릭합니다.

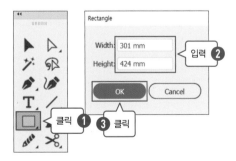

13 메뉴바에서 [Window]–[Transform]을 선택합니다. ❶ 참조점을 왼쪽 위의 점으로 선택하고 ❷ 선택한 참조점의 X와 Y 좌푯값을 각각 '−2mm'로 입력합니다. ❸ F6 키를 눌러 [Color] 패널을 열어준 후 색상을 100–80–40–60으로 입력하여 어두운 남색을 만듭니다.

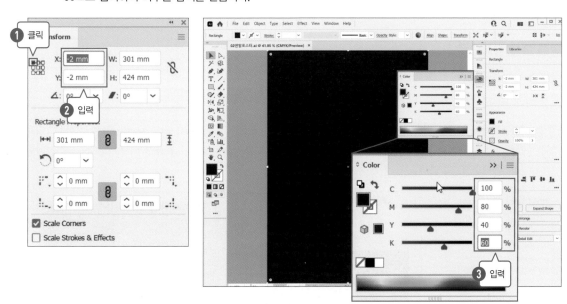

14 ❶ Ctrl + Shift + [을 눌러 사각형 개체를 맨 뒤로 배치합니다. ❷ 위아래에 있는 문구를 선택하고 면색을 '흰색'으로 변경합니다.

15 오브젝트가 완성되면 Ctrl + Shift + S 를 눌러 작업 파일을 다른 이름으로 저장합니다. 버전을 묻는 창이 나오면 최신 버전을 선택하고 [저장] 버튼을 클릭합니다.

⊠ 포스터 인쇄 파일로 저장하기

완성한 포스터 파일을 인쇄 파일 형식으로 저장하고 후가공 처리를 위한 사전 작업까지 진행해 보겠습니다.

인쇄 파일 형식으로 저장하기

작업한 파일을 인쇄 파일 형식으로 저장하기 위해서는 모든 요소가 도형화되어야 합니다. 문자 개체와 효과를 도형화하는 것이 핵심입니다.

01 잠긴 개체가 있다면 Ctrl + Alt + 2를 눌러 전부 풀어줍니다. 아무 변화가 없더라도 문제가 없는 것이니 그대로 진행하면 됩니다. ❶ Ctrl + A를 눌러 모든 개체를 선택하고 ❷ 메뉴바에서 [Type]–[Create Outlines]를 선택해 문자 개체를 도형화합니다.

02 모든 효과에 대해 면 처리하겠습니다. 메뉴바에서 [Object]–[Expand]를 선택하여 모든 효과를 면으로 도형화합니다.

03 이번엔 선을 면으로 처리하겠습니다. 메뉴바에서 [Object]–[Path]–[Outline Stroke]를 선택하여 모든 선을 면으로 바꿔줍니다.

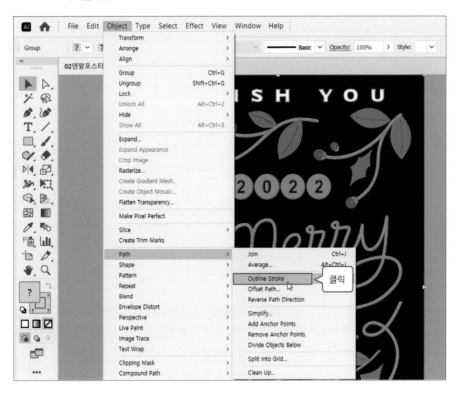

04 박을 찍을 부분이 인쇄되지 않도록 해당 부분만 투명하게 처리하겠습니다. ❶ 선택 도구로 'Merry Bright'라고 표현된 도형을 모두 선택합니다. ❷ 해당 개체의 면과 선의 색을 모두 '없음'으로 설정하여 해당 부분을 투명하게 처리합니다. 인쇄 파일 작업을 마무리합니다.

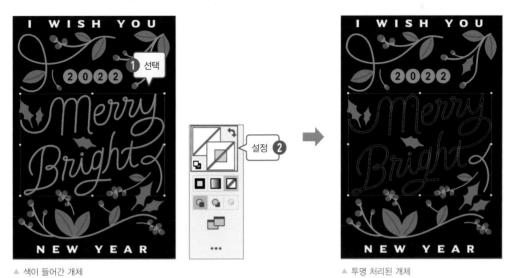

▲ 색이 들어간 개체   ▲ 투명 처리된 개체

05 인쇄 파일 형식으로 저장해 보겠습니다. [Ctrl]+[Shift]+[S]를 눌러 다른 이름으로 저장합니다. ❶ 이름에 인쇄 파일이라고 이름 붙이고 ❷ 형식은 'Illustrator EPS (*.EPS)'를 선택한 후 ❸ [저장] 버튼을 클릭합니다.

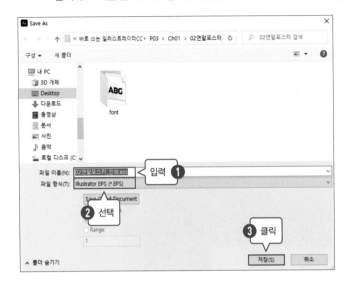

06 ❶ 옵션 대화상자에서의 버전은 인쇄소에서 요구받은 대로 설정하거나 'Illustrator CC EPS'를 선택합니다. ❷ 'Opaque(불투명)' 옵션을 선택하고 ❸ [OK] 버튼을 클릭해 저장합니다. ❹ 변경에 관한 창이 뜨면 [OK] 버튼을 클릭합니다.

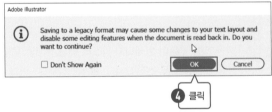

'박' 후가공을 적용할 인쇄 파일 만들기

인쇄물에 후가공을 해야 한다면 해당하는 부분을 위해 따로 작업해야 합니다. '박' 후가공을 적용할 부분을
인쇄 파일로 저장해 보겠습니다.

01 ❶ 선택 도구로 위쪽에 있는 개체들을 모두 드래그하여 선택합니다. ❷ 'Merry Bright'가 선택되지 않게 Shift 키
를 누른 채로 하단의 개체들과 다른 나뭇잎 개체들을 각각 드래그하여 추가 선택합니다. ❸ 도구바에서 선색과 면
색을 모두 '없음'으로 변경합니다(삭제를 해도 무방합니다).

02 ❶ 투명으로 처리했던 Merry Bright 개체를 선택하고 ❷ [Swatches] 패널에서 면색을 '검은색'으로 선택
합니다.

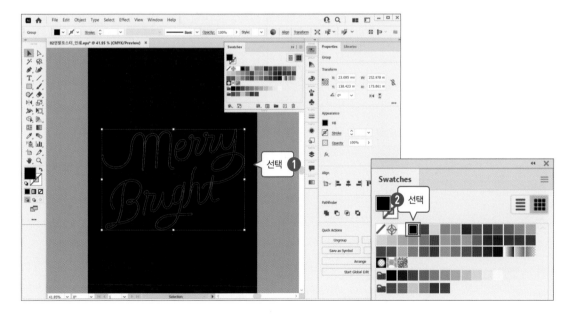

03 ❶ 가장 아래에 배경으로 깔려 있는 남색 사각형 개체를 선택하고 ❷ 선색과 면색을 모두 '없음'으로 설정합니다. 박이 찍힐 부분만 검은색이 되었다면 완성입니다(검은색의 CMYK 값은 반드시 0-0-0-100이어야 합니다).

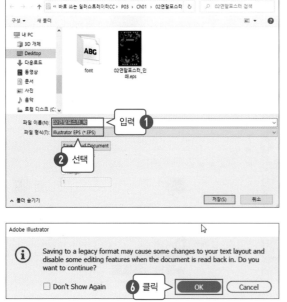

TIP

배경 개체는 다른 개체들과는 달리 삭제하면 크기가 어긋날 수 있기 때문에 삭제하지 않고 색을 투명하게 만들어 저장합니다.

04 메뉴바에서 [File]-[Save As]를 선택해 다른 이름으로 저장합니다. ❶ '02연말포스터_박'이라고 이름 붙이고 형식은 ❷ 'Illustrator EPS (*.'EPS)'로 저장합니다. ❸ EPS 옵션 대화상자에서 버전은 인쇄소에서 요구받은 버전이나 그것보다 하위 버전을 선택합니다. ❹ 'Opaque(불투명)' 옵션을 선택하고 ❺ [OK] 버튼을 클릭해 저장합니다. ❻ 이전 버전 저장에 대한 경고창이 뜨면 다시 한번 [OK] 버튼을 클릭해 마무리합니다.

3단 접지 리플렛 만들기

주로 가이드나 홍보 책자용으로 사용되는 3단 접지 리플렛을 만들어 보겠습니다. 관광명소를 소개하는 리플렛의 경우 사진을 삽입하면 글만 있는 것보다 훨씬 효과적으로 정보를 전달할 수 있습니다.

⊠ 사진을 포함하는 리플렛 디자인하기

📁 준비파일 P03\Ch01\03리플렛.ai

창덕궁과 관련된 사진을 추가하여 창덕궁 달빛 기행을 안내하는 3단 접지 리플렛을 완성해 보겠습니다.

리플렛에 사진 삽입하기

01 `Ctrl` + `O`를 눌러 03리플렛.ai 파일을 엽니다. 창덕궁 달빛 기행을 안내하는 3단 접지 리플렛입니다.

02 `F7` 키를 눌러 [Layers] 패널을 열고 '디자인작업' 레이어를 선택합니다.

03 ❶ 메뉴바에서 [File]–[Place]를 클릭합니다. ❷ 목록에서 03창덕궁.psd를 선택하고 ❸ [Place] 버튼을 클릭합니다.

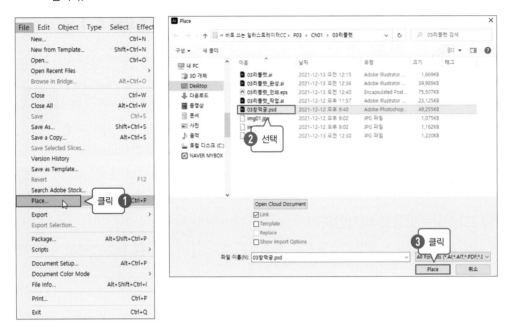

04 사진을 불러오면 링크로 연결되면서 이미지 위에 X자 표시가 나타납니다. ❶ 컨트롤 패널에서 [Embed] 버튼을 클릭하여 링크를 해제합니다. [Photoshop Import Options] 대화상자가 나타나면 ❷ 'Flatten Layers to a Single Image' 옵션을 선택하여 이미지를 단일로 병합합니다. ❸ [OK] 버튼을 클릭합니다.

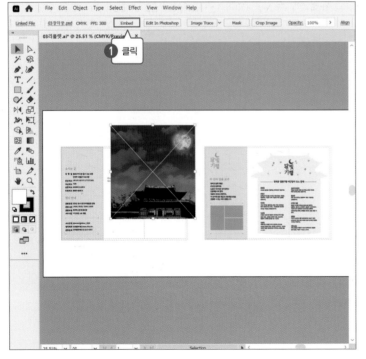

05 ❶ 사진 개체를 이동시켜 칼선에 정확히 맞춰 배치하고 ❷ Ctrl + Shift + [를 눌러 맨 뒤로 보냅니다.

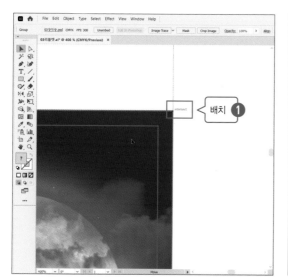
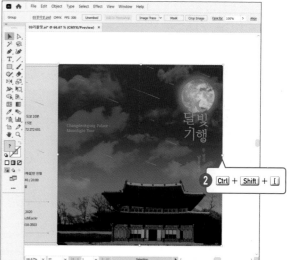

06 도구바에서 사각형 도구(▢)를 클릭한 후 빈 화면을 클릭합니다. ❶ Width에 '200mm', Height에 '216mm'를 입력하고 ❷ [OK] 버튼을 클릭하여 사각형 개체를 형성합니다.

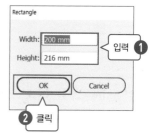

07 사각형 개체가 선택된 상태에서 ❶ 도구바에서 스포이트 도구를 클릭하고 ❷ '달빛 기행' 문구 부분을 클릭하여 사각형 개체에 남색을 추출합니다.

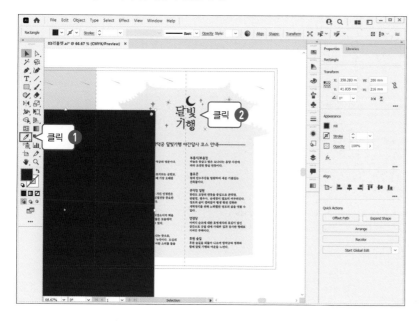

08 ❶ Ctrl + Shift + Ⓘ를 눌러 사각형을 맨 뒤로 보냅니다. ❷ 사각형을 이동시켜 칼선의 모서리에 딱 맞도록
위치시킵니다.

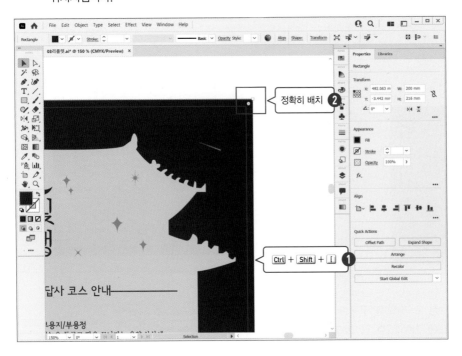

사진을 정해진 틀 안에 배치하기

정해진 레이아웃에 맞게 사진을 배치하기 위해서는 레이아웃이 되는 도형에 맞게 사진을 클리핑 마스크 처리
하면 됩니다. 리플렛에 있는 사각형에 맞춰 사진을 배치해 보겠습니다.

01 이번에는 작은 사진들을 정해진 틀 안에 배치하는 작업을 해 보겠습니다. 메뉴바에서 [File]–[Place]를 선택합
니다. ❶ 목록에서 img01.jpg 파일을 선택하고 ❷ [Place] 버튼을 클릭합니다.

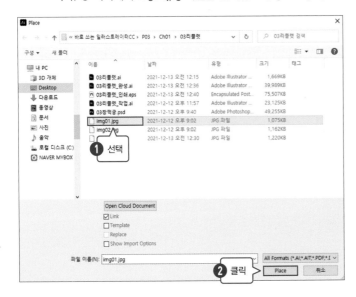

02 ❶ 이미지를 불러온 후 컨트롤 패널에서 [Embed] 버튼을 클릭합니다. ❷ 사각형 개체가 사진보다 위로 올라오 도록 사각형을 선택하고 `Ctrl` + `Shift` + `]`를 누릅니다.

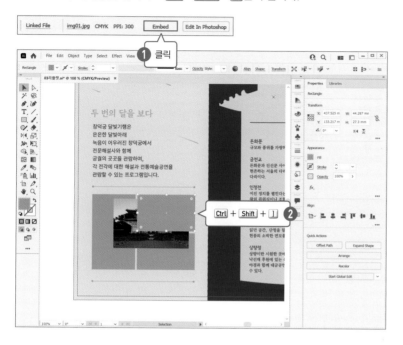

03 ❶ 사진을 사각형 개체의 뒤쪽으로 배치합니다. 이때 사진의 크기는 사각형 개체보다 커야 합니다. ❷ 사진과 사 각형 개체를 함께 선택하고 `Ctrl` + `7`을 눌러 클리핑 마스크 처리합니다. 사진이 상위 사각형 개체의 크기만큼 마스크된 것을 확인할 수 있습니다.

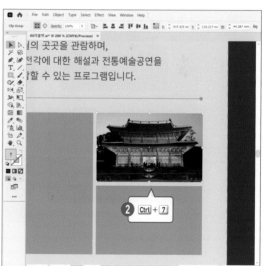

04 ❶ 마찬가지로 메뉴바에서 [File]–[Place]를 선택해 사진을 불러옵니다. ❷ 목록에서 img02.jpg 파일을 선택하고 ❸ [Place] 버튼을 클릭합니다.

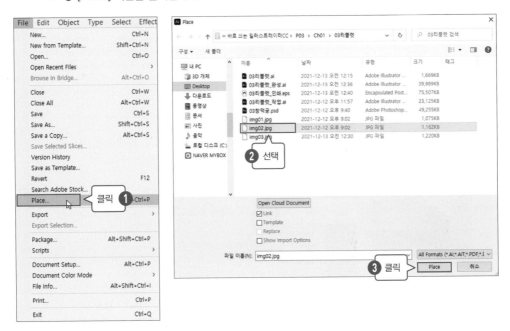

05 이미지를 불러온 후 컨트롤 패널에서 [Embed] 버튼을 클릭합니다.

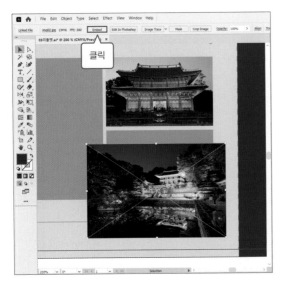 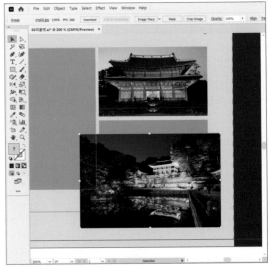

06 ❶ 사각형 개체를 선택하고 Ctrl +] 를 눌러 사각형을 사진의 위로 배치하고 ❷ 사진이 모자라지 않도록 이동시킵니다. ❸ 사진과 사각형을 함께 선택하고 Ctrl + 7 을 누르면 사진이 사각형 개체의 크기에 맞게 마스크됩니다.

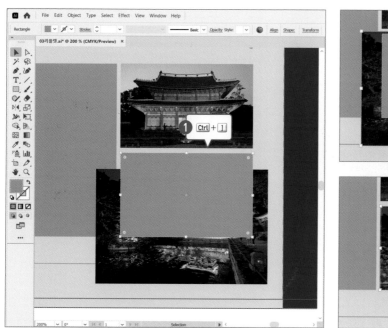

07 같은 방법으로 img03.jpg 파일을 불러온 다음 나머지 사각형 개체에 맞게 배치하고 클리핑 마스크 처리합니다.

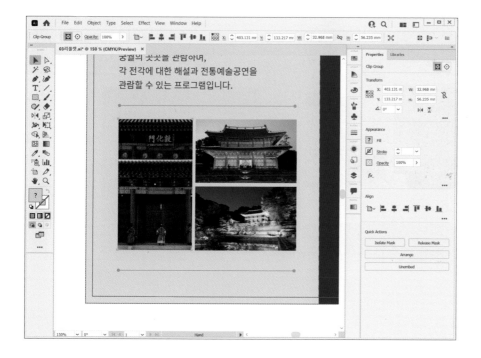

08 사진의 위치를 움직여 보겠습니다. ❶ 도구바에서 직접 선택 도구를 클릭합니다. ❷ 빈 화면을 한 번 클릭한 다음 ❸ 마스크 속의 사진을 클릭하면 마스크 속에 들어있는 사진이 선택됩니다. ❹ 사진을 드래그하거나 ← 키를 눌러 사진을 약간 왼쪽으로 옮겨서 사람 세 명이 가운데에 배치되도록 합니다.

09 ❶ 선택 도구를 클릭한 후 ❷ Alt 키를 누른 상태에서 표지 사진을 오른쪽의 리플렛 뒷면 방향으로 드래그하여 복제합니다. ❸ Ctrl + [를 눌러 한 단계 뒤로 보낸 후 칼선 위치에 잘 맞도록 배치합니다. ❹ 컨트롤 패널에서 사진의 Opacity를 '30%'로 낮춥니다.

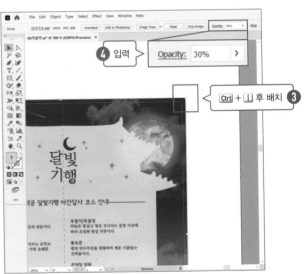

10 F7 키를 눌러 [Layers] 패널을 열어줍니다. ❶ '가이드안내' 레이어를 선택하고 ❷ 휴지통 아이콘을 클릭해
삭제합니다. ❸ 경고창이 뜨면 [Yes] 버튼을 클릭합니다.

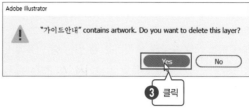

11 작업 파일을 저장해 보겠습니다. 메뉴바에서 [File]-[Save As]를 선택합니다. ❶ 파일 이름에 '03리플렛_작업'
이라고 입력하고 ❷ [저장] 버튼을 클릭합니다. ❸ 저장 옵션 대화상자가 나오면 최신 버전 그대로 저장합니다.

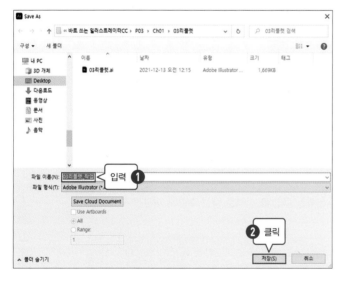

⊠ 리플렛 인쇄 파일로 저장하기

완성한 리플렛 파일을 인쇄 파일 형식으로 저장해 보겠습니다.

01 ❶ 도구바에서 직접 선택 도구를 클릭하고 ❷ 칼선 중 안쪽에 있는 재단선 사각형 개체를 선택합니다. ❸ 제대로 선택했는지 확인하기 위해 컨트롤 패널에서 'W: 297mm, H: 210mm'라는 크기 정보를 확인합니다.

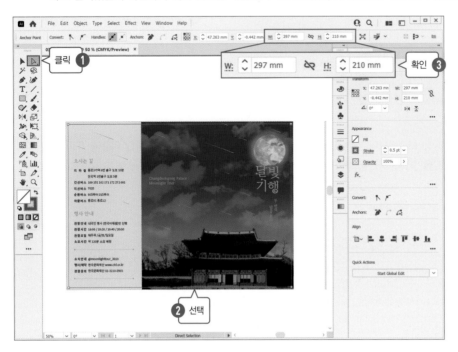

02 ❶ 메뉴바에서 [Effect]–[Crop Marks]를 선택합니다. ❷ 선택한 칼선 주변에 재단선이 표시됩니다.

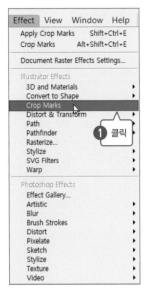

03 오른쪽에 디자인된 리플렛 뒷면도 같은 방법으로 작업하여 재단선을 표시합니다.

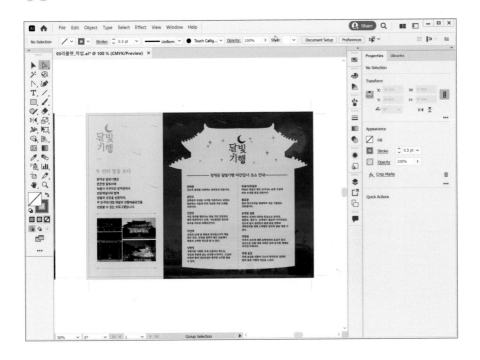

04 칼선을 투명하게 만들겠습니다. ❶ 도구바에서 선택 도구를 클릭하고 ❷ 앞뒷면의 칼선을 모두 선택합니다. ❸ 면색과 선색을 모두 '없음'으로 설정합니다(삭제하지 않고 색상을 투명하게 적용합니다).

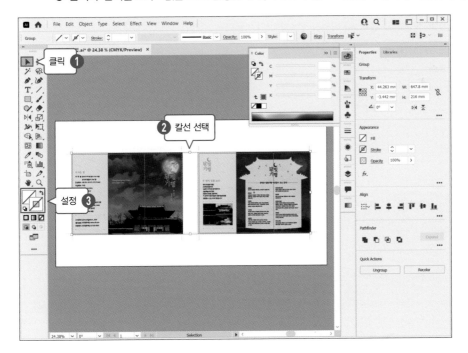

05 ❶ Ctrl + A 를 눌러 모든 개체를 선택하고 메뉴바에서 [Type]–[Create Outlines]를 선택합니다. ❷ 모든 문자 개체가 도형화된 것을 확인할 수 있습니다.

06 메뉴바에서 [File]–[Save As]를 클릭합니다. ❶ 파일 이름에 '03리플렛_인쇄'라고 입력한 후 파일 형식은 'Illustrator EPS (*.EPS)'를 선택합니다. ❷ [저장] 버튼을 클릭하면 옵션 대화상자가 뜨는데 ❸ 버전은 인쇄소에서 요구받은 버전을 선택하고, 해당 사항이 없다면 최신 버전을 선택합니다. ❹ 미리보기 포맷을 'Opaque(불투명)'로 설정하고 ❺ [OK] 버튼을 클릭합니다.

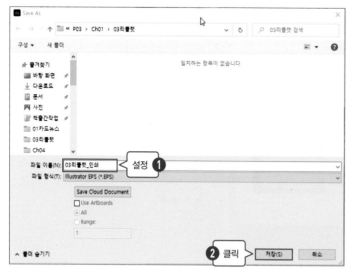
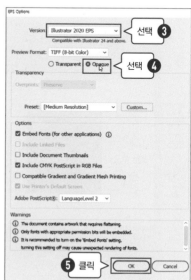

칼선이 있는 스티커 만들기

하나씩 떼어서 쓸 수 있는 스티커도 일러스트레이터에서 작업한 후 인쇄를 진행합니다. 실무에서 잘라지는 칼선이 있는 경우 어떤 방식으로 파일을 만드는지 알아봅니다.

⊠ 스티커에 칼선 넣기

📁 준비파일 P03\Ch01\04스티커.ai

스티커를 만들 때 칼선을 넣는 방법으로는 이미지의 테두리가 잘리게 넣는 방법과 흰 테두리를 남기고 넣는 방법이 있습니다. 꽃과 HEY 글자는 칼선에 테두리가 잘리는 스티커로, 곰돌이와 구름은 하얀 테두리가 남겨지는 스티커로 만들어 보겠습니다.

테두리가 잘리는 칼선 만들기

01 Ctrl + O를 눌러 04스티커.ai 파일을 엽니다. ❶ 선택 도구로 분홍색 꽃잎 개체를 선택합니다(노란색 원 개체는 선택하지 않습니다). ❷ 사방으로 더 커지도록 만들기 위해 메뉴바에서 [Object]–[Path]–[Offset Path]를 선택합니다. ❸ Offset에 '2mm'를 입력하고 ❹ 모양이 뾰족해지지 않도록 Joins를 'Round'로 설정합니다. Miter limit는 보통 '4'로 작업합니다. ❺ [OK] 버튼을 클릭합니다.

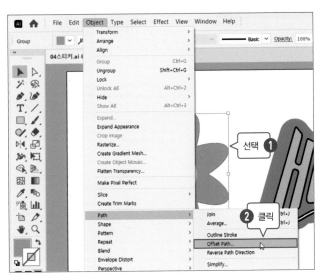

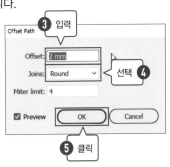

> **TIP**
> 스티커의 여백은 보통 2mm로 설정합니다. 그 여백만큼 Offset 값을 설정해야 하므로 '2mm'를 입력합니다.

02 사방으로 커진 꽃잎 개체가 만들어집니다. ❶ 만약 그룹으로 묶여 있다면 마우스 오른쪽 버튼을 클릭하고 ❷ 'Ungroup'을 선택하여 그룹을 해제합니다.

03 ❶ 선택 도구로 분홍색 꽃잎 개체의 원본을 선택하고 ❷ 면색은 '없음'으로, 선색은 0-100-0-0으로 설정합니다.

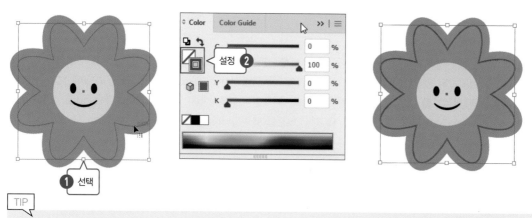

TIP

일반적으로 칼선의 색상은 0-100-0-0으로, 두께는 0.25pt로 설정합니다. 여의치 않을 경우 다른 색으로 작업해도 되지만 특이사항으로 파일에 적어주는 것이 좋습니다.

04 ❶ 이번에는 선택 도구로 HEY 글자 뒤 연보라색 개체를 선택합니다. ❷ 메뉴바에서 [Object]–[Path]–[Offset Path]를 선택합니다. ❸ Offset에 '2mm'를 입력하고 ❹ Joins는 'Round'를 선택합니다. ❺ [OK] 버튼을 클릭합니다. 사방으로 테두리만 커진 개체가 만들어집니다.

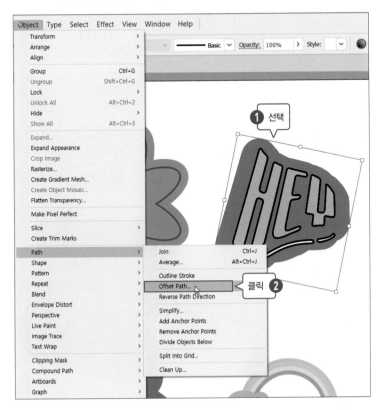
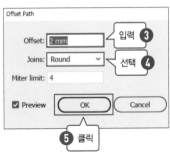

05 ❶ 안쪽의 원본 개체를 선택하고 ❷ 면색은 '없음'으로, 선색은 0–100–0–0으로 설정합니다.

테두리가 하얗게 남는 칼선 만들기

01 ❶ 선택 도구로 곰돌이의 가장 넓은 면적을 선택합니다. ❷ 메뉴바에서 [Path]–[Offset Path]를 선택합니다. ❸ Offset에 '2mm'를 입력하고 ❹ Joins는 'Round'를 선택합니다. ❺ [OK] 버튼을 클릭하면 사방으로 테두리만 커진 곰돌이 개체가 만들어집니다.

02 ❶ 도구바에서 면색과 선색 바꾸기 아이콘을 클릭해 면색과 선색을 뒤바꿔줍니다. ❷ 면색은 '없음' 그대로 두고 선색을 0–100–0–0으로 설정합니다. 마젠타 색상의 칼선이 만들어집니다.

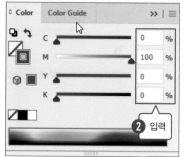

03 ❶ 선택 도구로 무지개 개체와 구름 개체를 동시에 선택한 후 Ctrl + C, Ctrl + Shift + V를 차례로 눌러 제자리에서 가장 상위로 붙여넣기합니다. ❷ [Pathfinder] 패널에서 Unite 아이콘을 선택해 개체를 하나로 합칩니다.

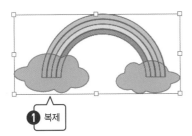

❶ 복제

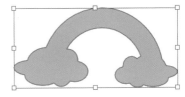

04 ❶ 메뉴바에서 [Object]-[Path]-[Offset Path]를 선택합니다. ❷ Offset 값으로 '2mm'를 입력하고 ❸ Joins는 'Round'를 선택합니다. ❹ [OK] 버튼을 클릭합니다.

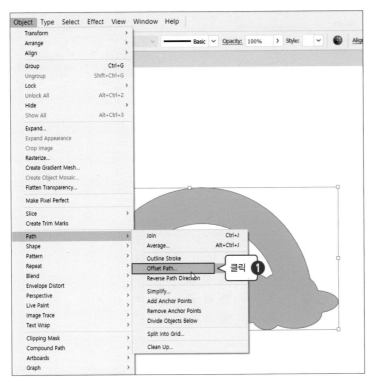

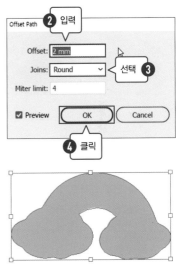

05 도구바에서 면색과 선색 바꾸기 아이콘(↻)을 클릭해 면색을 '없음'으로, 선색을 '연두색'으로 만듭니다. 외곽선이 연두색인 더 큰 개체가 만들어집니다.

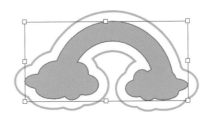

06 ❶ 안쪽의 합쳐진 구름 모양 개체를 선택하고 Delete 키를 눌러 삭제합니다. ❷ 가려졌던 원본 개체가 보입니다.

07 ❶ 외곽의 큰 개체를 선택하고 ❷ 선의 색상을 0-100-0-0으로 설정합니다.

08 ❶ 선택 도구로 칼선을 모두 선택합니다. ❷ 메뉴바의 [Window]-[Stroke]를 클릭하여 [Stroke] 패널을 열고 Weight 값을 '0.25pt'로 입력합니다. 칼선 작업을 완료합니다.

09 메뉴바에서 [File]–[Save As]를 클릭하여 다른 이름으로 저장합니다. ❶ 파일 이름은 '04스티커_인쇄'로 입력하고 파일 형식은 'Illustrator EPS (*.EPS)'를 선택합니다. ❷ [저장] 버튼을 클릭합니다. ❸ EPS 옵션 대화상자에서 버전은 인쇄소에서 요구받은 버전으로 선택하고 ❹ 미리보기 포맷은 'Opaque(불투명)'를 선택합니다. ❺ [OK] 버튼을 클릭해 저장합니다.

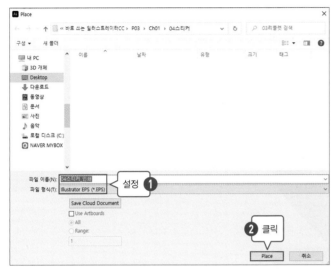

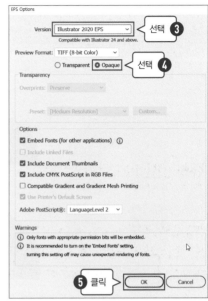

TIP

칼선을 만들 때 주의할 점

각각의 개체가 가지고 있는 칼선의 간격이 너무 가깝게 붙어 있으면 칼을 만들 수 없습니다. 최소한 '4mm'의 간격을 띄우고 작업해야 합니다.

최소 4mm 간격 필요

02

웹용 파일 작업하기

일러스트레이터는 인쇄용 파일을 작업하는 데에도 사용되지만 웹에서 사용하는 이미지를 만드는 데에도 빈번하게 사용됩니다. 이번 장에서는 일러스트레이터로 카드뉴스 이미지와 UI/UX 모바일 아이콘을 만들어보겠습니다. 카드뉴스 문구에 사진을 넣게 되면 주제를 살려주는 타이틀 이미지로 사용하기에 적합해집니다. 또한, UI/UX를 제작하는 과정에서 디자이너들은 아이콘을 직접 만들기도 하는데, 이때 일러스트레이터의 벡터 속성을 활용하면 확대를 해도 깨지지 않아 매우 효과적입니다.

카드뉴스   아이콘

카드뉴스 타이틀 만들기

포토샵뿐만 아니라 일러스트레이터에서도 사진을 불러와 이미지로 저장할 수 있습니다. 사진 파일을 불러와 카드뉴스 타이틀 이미지를 만들어 보겠습니다.

⊠ 사진을 넣은 카드뉴스 만들기

📁 준비파일 P03\Ch02\01카드뉴스.ai

카드뉴스를 만들 때 색채가 강한 사진을 배경으로 깔게 되면 문구와 사진이 모두 강조되면서 오히려 전달력을 해칠 수 있습니다. 따라서 배경이 되는 사진에 마스크를 씌워 흐려지게 하거나, 배경과 문구를 분리해서 인식할 수 있도록 문구 부분에 색감 대비를 주는 작업을 해 주는 것이 좋습니다.

마스크로 이미지 흐리게 만들어 문구 강조하기

01 Ctrl + O 를 눌러 01카드뉴스.ai 파일을 엽니다.

02 ❶ 메뉴바에서 [File]–[Place]를 클릭한 후 목록에서 coins.jpg 파일을 선택하고 [Place] 버튼을 클릭합니다. ❷ 화면의 빈 곳을 아무 곳이나 클릭하면 사진이 불러와집니다. ❸ 컨트롤 패널에서 [Embed] 버튼을 클릭해 사진을 문서에 포함시킵니다. 사진 안쪽의 X 표시가 사라집니다.

03 도구바에서 사각형 도구(▢)를 클릭한 후 화면의 빈 곳을 클릭하고 ❶ Width 와 Height에 각각 '900px'을 입력합니다. ❷ [OK] 버튼을 클릭합니다.

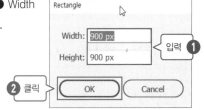

04 ❶ 사각형을 사진 위로 배치합니다(사각형의 면과 선의 색은 아무 색이나 무방합니다). 만약 사진이 너무 크다면 Shift 키를 누른 상태로 드래그하여 크기를 조금 줄입니다. ❷ 사진과 사각형을 함께 선택한 후 단축키 Ctrl + 7을 눌러 클리핑 마스크 처리합니다.

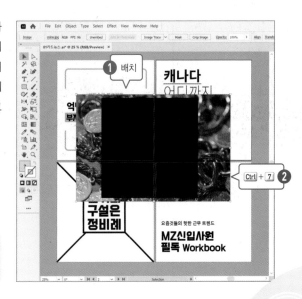

TIP
사진이나 개체의 크기를 조절할 때 Shift 키를 누른 상태로 드래그해야 정비율이 유지됩니다.

05 ❶ Ctrl + Shift + [를 눌러 동전 사진을 가장 하위로 배열하고 첫 번째 아트보드 크기에 맞도록 위치시킵니다.
❷ 컨트롤 패널에서 Opacity 값을 '45%'로 낮춰 사진을 투명하게 만듭니다.

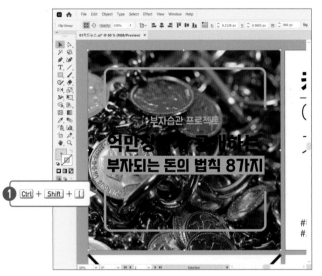 

마스크 속 이미지 반전시키기

01 ❶ 메뉴바에서 [File]–[Place]를 클릭한 다음 저장 대화상자의 파일 목록에서 aurora.jpg 파일을 선택하고 [Place]
버튼을 클릭합니다. ❷ 화면의 빈 곳을 클릭하면 사진이 불러와집니다. ❸ [Embed] 버튼을 클릭해 사진을 문서에 포
함시킵니다.

02 ❶ 사진이 선택된 상태에서 도구바에서 반전 도구(🔄)를 더블클릭합니다. ❷ 반전 옵션 대화상자가 나타나면 'Vertical' 옵션을 선택하고 ❸ [OK] 버튼을 클릭합니다. 사진이 좌우반전됩니다.

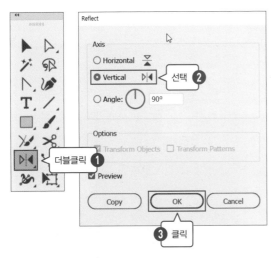

03 ❶ 사진을 두 번째 아트보드 위에 배치한 후 ❷ 사각형 도구를 이용하여 가로세로가 900px인 사각형을 그려 사진 위로 올려줍니다. ❸ 사진과 사각형을 함께 선택하고 Ctrl + 7 을 눌러 클리핑 마스크 처리합니다. 아트보드에 맞도록 위치시킵니다.

04 ❶ Ctrl + Shift + [를 눌러 사진을 맨 뒤로 배열하고 ❷ 글씨의 면색을 모두 흰색으로 바꿔줍니다. ❸ '캐나다' 아래의 선도 흰색으로 설정합니다.

삼각형 마스크로 대비감 있는 이미지 만들기

01 메뉴바에서 [File]–[Place]를 클릭한 후 목록에서 party–01.jpg 파일을 선택하고 [Place] 버튼을 클릭해 사진을 불러옵니다. ❶ 화면의 빈 곳을 클릭하여 사진을 불러오고 ❷ [Embed] 버튼을 클릭해 사진을 문서에 포함시킵니다.

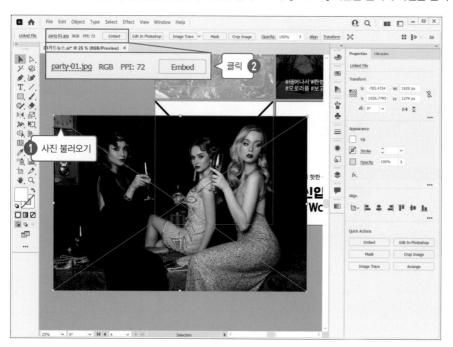

02 ❶ Ctrl + Shift + [를 눌러 사진을 맨 뒤로 배열한 후 적절한 곳에 위치시킵니다. ❷ 가로세로가 900px인 사각형을 만들어 문서 위치에 맞게 배치합니다.

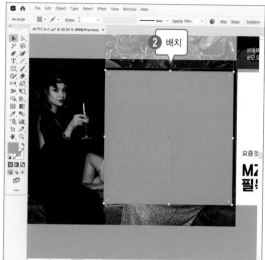

03 ❶ 사각형 개체가 선택된 상태에서 도구바에서 펜 도구를 길게 클릭하고 ❷ 고정점 삭제 도구를 클릭합니다. ❸ 사각형 오른쪽 하단의 점을 클릭하여 점을 빼냅니다. 꼭짓점이 빠지면서 삼각형 모양이 됩니다. ❹ 선택 도구로 삼각형 개체와 사진을 동시에 선택하고 Ctrl + 7 을 눌러 클리핑 마스크 처리합니다.

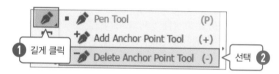

04 ❶ 이번에는 [File]–[Place] 명령으로 keyboard.jpg 파일을 불러온 후 빈 화면을 클릭하여 사진을 넣어줍니다.
❷ [Embed] 버튼을 눌러 사진을 문서에 포함시킵니다. ❸ 사진을 배치하고 ❹ 가로세로 900px 크기의 사각형 개체를 만들어 카드뉴스 위치에 맞게 배치합니다.

 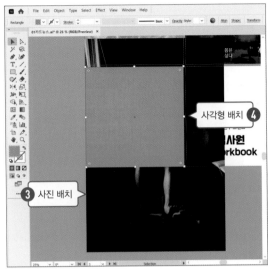

TIP

사진 위치를 맞추기 어렵다면 Ctrl + Shift + [명령으로 사진을 뒤로 보낸 후 아트보드 외곽선을 확인하며 적절한 위치에 배치합니다.

05 사각형 개체가 선택된 상태에서 도구바에서 펜 도구(✎)를 길게 클릭하고 고정점 삭제 도구(✎)를 선택합니다.
❶ 사각형 왼쪽 상단의 점을 클릭하여 삼각형 모양으로 만들어줍니다. ❷ 삼각형 개체와 사진을 함께 선택한 후
Ctrl + 7을 눌러 클리핑 마스크 처리합니다.

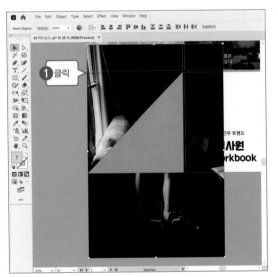 

06 선택 도구로 편집한 사진 두 개를 선택하고 Ctrl + Shift + [를 눌러 가장 뒤로 배열합니다. 작업을 마무리합니다.

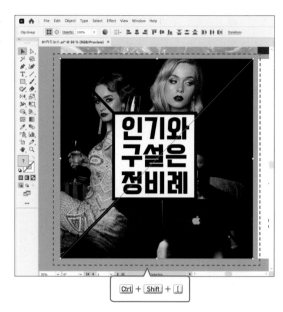

Ctrl + Shift + [

이미지 대비 텍스트 상자로 강조하기

배경을 이루는 이미지가 흑백이라면 문구 뒤에 바탕색을 깔아 효과적으로 문구를 강조할 수 있습니다. 검은 색 문구 뒤쪽으로 주황색 사각형 개체를 배치해 보겠습니다.

01 ❶ 메뉴바에서 [File]–[Place]를 클릭하여 office.jpg 파일을 불러오고 빈 화면을 클릭합니다. ❷ 사진이 불러와지면 [Embed] 버튼을 눌러 사진이 문서에 포함되도록 만듭니다. ❸ 문구가 보이도록 하기 위해 Ctrl + Shift + [를 눌러 위에 올라와 있던 사진을 맨 뒤로 보내줍니다. ❹ 문구 개체를 드래그하여 위쪽으로 옮겨줍니다.

02 ❶ 가로세로 900px 크기의 사각형을 만들어 아트보드 위에 적절히 배치합니다. ❷ 사진과 사각형 개체를 동시에 선택한 후 Ctrl + 7 을 눌러 클리핑 마스크 처리합니다.

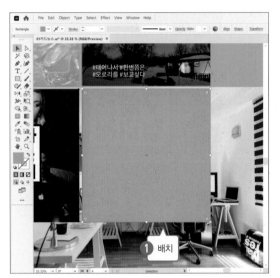 

03 ❶ Ctrl + Shift + [를 눌러 마스크 처리된 사진을 제일 뒤로 보내줍니다. ❷ 문구의 사이즈를 적절하게 조절하여 배치합니다. ❸ 문구가 돋보이게 하기 위해 문구를 감싸는 크기의 사각형을 만들어 텍스트 뒤로 배치합니다. 작업을 마무리합니다.

TIP

추후 수정사항이 생길 수 있으니 완성한 파일은 별도의 ai 파일로 저장해두는 것을 권장합니다.

⊠ 아트보드를 JPG 파일로 저장하기

01 ❶ 첫 번째 아트보드의 임의의 지점을 클릭한 후 ❷ 메뉴바에서 [File]–[Export]–[Save for Web]을 선택합니다.

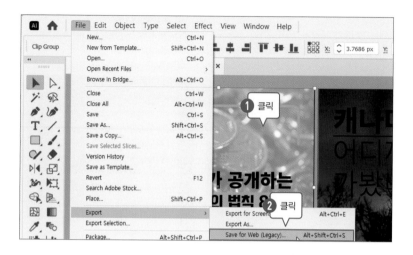

02 ❶ 파일 형식은 'JPEG'를 선택하고, ❷ Quality를 'High'로 선택합니다. ❸ [Save] 버튼을 클릭합니다. 저장 대화 상자가 나타나면 이름을 입력한 후 저장합니다.

> **TIP**
> 파일의 퀄리티를 High보다 더 높게 선택해도 되지만, 웹용으로는 High도 충분합니다.

03 일부 웹 브라우저에서 라틴어가 아닌 파일명을 쓰면 오류가 있을 수 있다는 경고창이 뜹니다. [OK] 버튼을 클릭합니다(파일명을 영문으로 저장해도 상관없습니다). 나머지 아트보드도 같은 방법으로 저장합니다.

SNS 채널별 카드뉴스 규격

예제에서 사용한 가로-세로 900px 크기는 페이스북 등에서 많이 쓰이는 정사각형을 기준으로 합니다. SNS에 따라 규격은 모두 다르게 사용되며, 새 문서를 만들 때 아트보드의 크기를 해당 규격에 맞도록 설정한 후 작업하면 편리합니다. 가장 대중적으로 사용되는 SNS의 규격을 알아보겠습니다. 단, 각 SNS 채널의 운영방침에 따라 변할 수 있으니 참고용으로 사용하기 바랍니다.

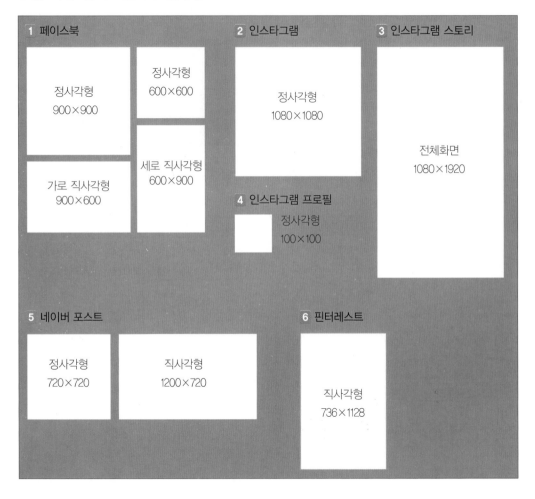

모바일 아이콘 만들기

아이콘은 형태와 색상 등 그래픽 요소를 시각화한 이미지로, 모바일 앱의 속성과 역할을 대변합니다. 아이콘을 꼭 일러스트레이터에서 만들어야 하는 것은 아니지만, 벡터 프로그램의 대표적인 프로그램인 일러스트레이터는 아이콘을 만들기 가장 적합한 프로그램 중 하나입니다.

☒ 아이콘 가이드 만들기

📁 준비파일 P03\Ch02\020아이콘.ai

실무에서는 오픈소스로 제공되는 무료 아이콘도 많이 활용하지만, 일러스트레이터에서 직접 그려야 하는 경우도 종종 있습니다. 선으로 구성된 아이콘을 그려보면서 기본적으로 주의할 점들을 살펴 보겠습니다.

01 Ctrl + O를 눌러 020아이콘.ai 파일을 엽니다. 각각의 아트보드 크기가 40px인 문서가 열립니다.

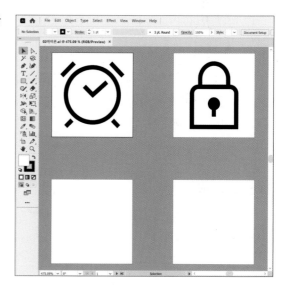

TIP

벡터는 해상도의 영향을 받지 않기 때문에 사이즈는 더 크거나 작아도 상관이 없지만, 일반적으로 아이콘은 8의 배수 사이즈로 작업합니다.

02 Ctrl + K 를 눌러 환경설정 대화상자를 불러온 다음 ❶ Keyboard Increment 값을 '1'로 입력합니다. ❷ 선의
두께가 일정해야 하므로 'Scale Strokes & Effects' 옵션을 체크 해제합니다.

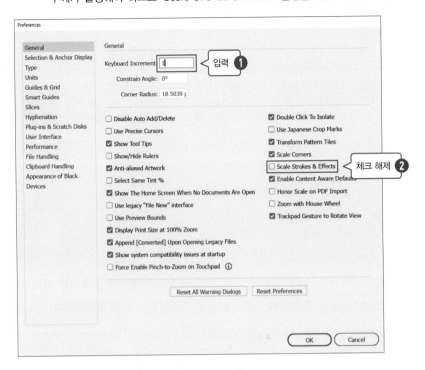

03 ❶ 목록에서 [Guides & Grid]를 선택하고 ❷ Gridline every 값에 '1px'을, Subdivisions 값에 '1'을 입력합니다.
❸ [OK] 버튼을 클릭합니다.

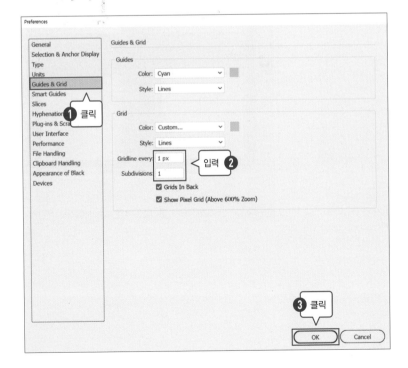

04 작업화면으로 돌아오면 Ctrl + " 를 눌러 화면에
격자가 나타나도록 합니다.

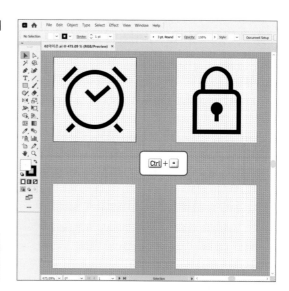

TIP

단축키를 눌렀을 때 격자가 나타나지 않는다면 한/영 키를 눌러
한/영 전환을 먼저 해야 합니다.

05 ❶ 메뉴바의 [View]에서 [Snap to Grid]와 [Snap to Pixel]을 클릭하여 체크합니다. ❷ F7 키를 눌러 [Layers]
패널을 열고 'Layer 3'의 눈동자 아이콘을 클릭하여 켭니다. 아트보드 테두리에 마진(여백)이 나타납니다.

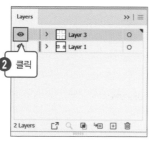

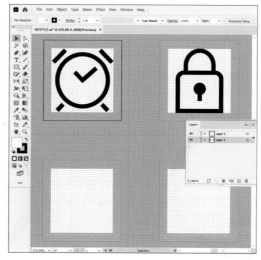

TIP

마진을 얼마나 남길 것인가는 선택사항이지만 되도록이면 짝수가 좋습니다. 이 작업에서는
사방 4px씩 마진을 남겼습니다.

⊠ 간단한 모바일 아이콘 만들기

작성한 가이드에 맞춰 모바일에서 알람 기능과 잠금 기능을 담당하는 시계 아이콘과 자물쇠 아이콘을 만들어 보겠습니다. 아이콘을 구성하는 패스가 격자에 맞물리면서도 가이드를 침범하지 않도록 주의합니다.

시계 아이콘 만들기

시계 아이콘을 그릴 때 반전 도구를 활용하면 알람시계의 종과 받침을 손쉽게 대칭으로 그릴 수 있습니다.

01 도구바에서 원 도구(◯)를 클릭한 후 빈 화면을 클릭합니다. ❶ Width와 Height에 각각 '28px'을 입력한 후 ❷ [OK] 버튼을 클릭합니다.

02 ❶ Ctrl + F10을 눌러 [Stroke] 패널을 열고 Weight에 '2pt'를 입력합니다(픽셀과 같은 크기로 입력됩니다). ❷ Align Stroke에서 'Inside' 옵션을 선택합니다.

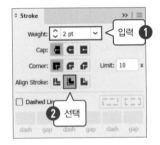

03 ❶ 아트보드의 가운데에 원을 배치하고 ❷ 면색은 '없음'으로 설정합니다. ❸ 도구바에서 펜 도구를 클릭하고 ❹ 짧은 선을 그려 시계의 시침을 표현합니다. 이때 점이 격자에 맞물려야 합니다.

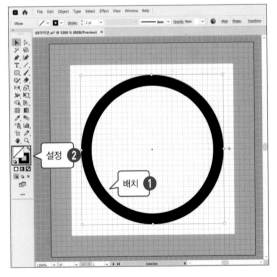
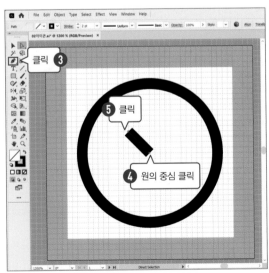

04 ❶ 펜 도구로 분침도 표현해줍니다. 역시 점이 격자에 맞물리도록 작업해야 합니다. ❷ 왼쪽 위에도 시계의 종을 펜 도구로 그려 표현합니다. 마진 영역을 넘어서지 않도록 그립니다.

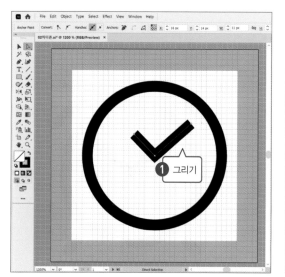
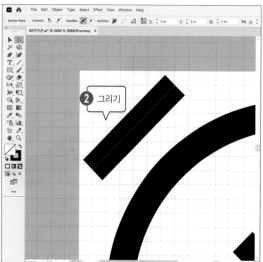

05 ❶ 개체가 선택된 상태에서 도구바에서 반전 도구를 클릭합니다. ❷ Alt 키를 누른 상태로 큰 원의 가운데 윗부분을 클릭합니다. ❸ 반전 옵션 대화상자가 나타나면 'Vertical' 옵션을 선택하고 ❹ [Copy] 버튼을 클릭합니다.

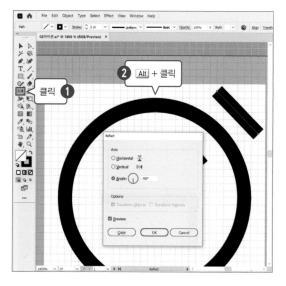
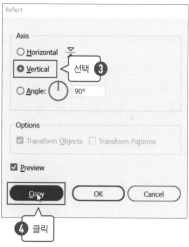

06 ❶ 도구바에서 펜 도구(🖋)를 클릭하고 ❷ 아래쪽에 알람시계의 받침 부분을 그려줍니다. 이 역시 마진 영역을 침범하지 않도록 유의하며, 점이 격자에 맞물리도록 작업합니다. ❸ 도구바의 반전 도구를 활용해 반대쪽에도 받침을 만들어줍니다. 시계 아이콘 작업을 마무리합니다.

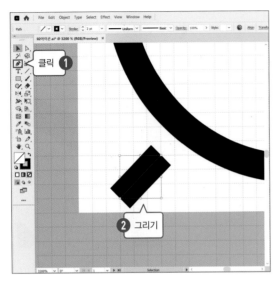
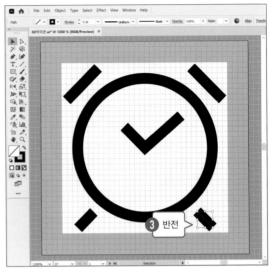

자물쇠 아이콘 만들기

잠금 기능에 사용되는 자물쇠 아이콘을 만들어 보겠습니다. 자물쇠 고리 부분의 반원 형태는 원을 먼저 그린 후 중간의 점을 빼내는 방법으로 만들 수 있습니다.

01 도구바에서 사각형 도구(▢)를 클릭하고 빈 화면을 클릭합니다. ❶ Width는 '24px', Height는 '20px'로 입력한 후 ❷ [OK] 버튼을 클릭합니다. ❸ 개체를 아래쪽 마진에 맞춰 가운데로 배치합니다.

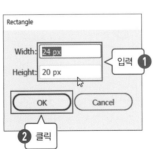
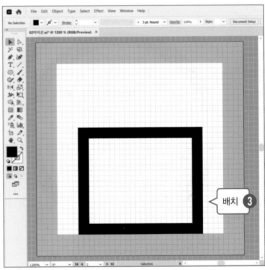

02 ❶ 도구바에서 직접 선택 도구(▷)를 클릭합니다. ❷ 사각형의 왼쪽 위의 점 한 개를 클릭하고 ❸ 그 부근에 나타나는 원(모서리 라운드)을 더블클릭합니다. ❹ 코너 옵션 대화상자가 뜨면 Radius 값에 '4px'을 입력하고(감각에 의존하여 작업하면 나중에 모양이 일그러질 수 있으므로 정확히 짝수로 입력해야 합니다) ❺ [OK] 버튼을 클릭합니다. 반대쪽도 똑같이 작업합니다.

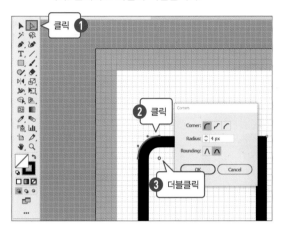

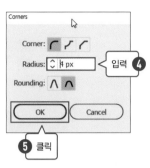

03 이번에는 선 없이 면색으로만 작업합니다. ❶ 도구바에서 원 도구(◯)를 클릭하고 ❷ 면색과 선색 바꾸기 아이콘을 클릭해 선색은 '없음'으로, 면색은 '검은색'으로 설정합니다. ❸ 빈 화면을 클릭한 다음 Width 값과 Height 값에 각각 '6px'을 입력하고 ❹ [OK] 버튼을 클릭합니다. ❺ 사각형 가운데 안쪽에서 위로 세 칸을 남긴 곳에 배치합니다.

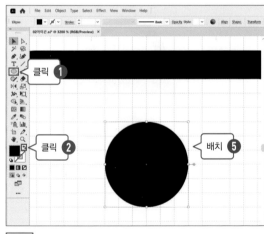

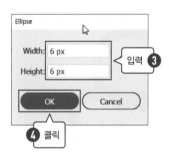

TIP

개체를 짝수 픽셀로 만드는 이유
만약 원을 5px로 작업한다면 원의 중심이 격자에 맞물리지 못하고 0.5px에 위치하게 됩니다. 이런 경우 모양이 일그러져 보일 수 있기에 격자에 중심이 맞물릴 수 있도록 개체를 만들 때 짝수로 만들어줍니다.

홀수 픽셀로 만든 경우 ▶

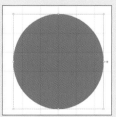

04 ❶ 사각형 도구(▢)를 사용하여 ❷ Width '2px', Height '6px'의 사각형을 그려 보기와 같이 배치합니다. ❸ 이어서 도구바에서 원 도구(◯)를 선택하고 ❹ Width와 Height가 '14px'인 원을 그려준 다음 위쪽 마진에 맞춰 가운데로 배치합니다. ❺ 면색과 선색 바꾸기 아이콘을 클릭합니다. ❻ Ctrl + F10을 눌러 [Stroke] 패널을 열고 Weight 값으로 '2pt'를 입력한 후 ❼ Align Stroke에서 'Inside' 옵션을 선택합니다.

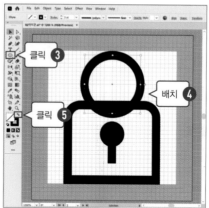

05 ❶ 도구바에서 직접 선택 도구(▷)를 클릭합니다. ❷ 원의 아래쪽 점을 클릭하고 Delete 키를 눌러 삭제합니다.

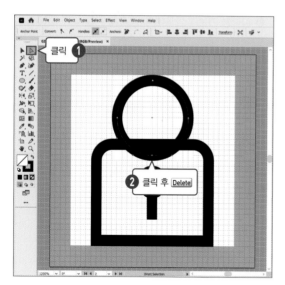

06 ❶ 도구바에서 펜 도구(✎)를 클릭하고 ❷ 끊어진 부분을 연결합니다. ❸ 반대쪽도 똑같이 작업합니다. 잠금 아이콘 작업을 마무리합니다.

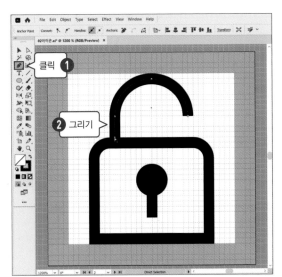

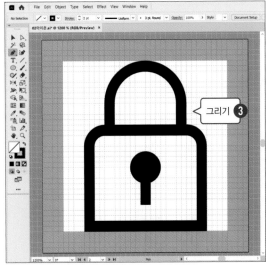

TIP

작업한 아이콘이 비트맵(픽셀) 파일로 필요하다면 p.493의 저장 과정과 동일한 순서로 진행하면 됩니다. 남겨지는 마진의 픽셀 크기는 작업마다 다를 수 있으며, 뒷배경이 투명한 파일이 필요하다면 파일 형식을 JPG가 아닌 PNG-24로 바꾸어 저장합니다.

일러스트레이터 필수 단축키

✚ 개체 작업 관련 단축키

`Ctrl` + 빈 화면 클릭	선택 해제하기		`Ctrl` + `G`	그룹 짓기
`Shift` + 드래그	수직/수평/45°로 이동하기		`Ctrl` + `Shift` + `G`	그룹 해제하기
`Alt` + 드래그	복사하며 이동하기		`Ctrl` + `2`	선택한 개체 잠그기
`Alt` + `Shift` + 드래그	복사하며 수직/수평/45°로 이동하기		`Ctrl` + `Alt` + `2`	해당 레이어의 모든 개체 잠금 풀기
`Ctrl` + `X`	잘라내기		`Ctrl` + `7`	클리핑 마스크
`Ctrl` + `C`	복사하기		`Ctrl` + `Alt` + `7`	클리핑 마스크 해제
`Ctrl` + `V`	화면 정 가운데에 최상위로 붙여넣기		`Ctrl` + `8`	컴파운드 개체 만들기
`Ctrl` + `F`	제자리에서 한 칸 앞으로 붙여넣기		`Ctrl` + `Alt` + `8`	컴파운드 개체 해제하기
`Ctrl` + `B`	제자리에서 한 칸 뒤로 붙여넣기		`Ctrl` + `]`	한 칸 앞으로 배열하기
`Ctrl` + `Shift` + `V`	제자리에서 최상위로 붙여넣기		`Ctrl` + `[`	한 칸 뒤로 배열하기
`Ctrl` + `D`	이전 작업 반복하기		`Ctrl` + `Shift` + `]`	가장 앞으로 배열하기
`Ctrl` + `Z`	작업 한 단계씩 되돌리기		`Ctrl` + `Shift` + `[`	가장 뒤로 배열하기
`Ctrl` + `Shift` + `Z`	되돌린 명령 취소하기			

✚ 화면 보기 관련 단축키

`Ctrl` + `Y`	아트보드 보기/끄기		`Ctrl` + `+`	화면 확대하기
`Ctrl` + `"`	격자 보기/끄기		`Ctrl` + `−`	화면 축소하기
`Ctrl` + `R`	줄자 보기/끄기		`Ctrl` + `0`	화면 비율에 문서 맞추기
`Ctrl` + `;`	가이드 보기/끄기		`Ctrl` + `1`	100% 크기로 보기
`Ctrl` + `Shift` + `B`	바운딩 박스 보기/끄기		`Ctrl` + `Alt` + `0`	여러 개의 아트보드 한 화면에 보기
`Ctrl` + `H`	패스 보기/끄기		`Ctrl` + `5`	개체 가이드화하기
`Ctrl` + `Shift` + `D`	화면 투명모드 보기/끄기		`Ctrl` + `Alt` + `5`	개체 가이드화 풀기
`Ctrl` + `U`	스마트 가이드 보기/끄기			

✚ 파일 작업 관련 단축키

Ctrl + N	새 문서 만들기	Ctrl + W	문서 닫기
Ctrl + O	파일 불러오기	Ctrl + Shift + P	다른 파일 문서로 가져오기
Ctrl + S	파일 저장하기	Ctrl + Alt + Shift + E	웹용으로 저장하기
Ctrl + Shift + S	다른 이름으로 저장하기	Ctrl + Q	프로그램 종료하기

✚ 자주 쓰는 패널 단축키

F5	Brushes(브러시)	Ctrl + F9	Gradient(그레이디언트)
F6	Color(컬러)	Ctrl + F10	Stroke(획)
F7	Layers(레이어)	Ctrl + Shift + F10	Transparency(투명도)
Shift + F7	Align(정렬)	Ctrl + T	Type(글꼴)
Shift + F8	Transform(변형)	Ctrl + Alt + T	Paragraph(문단)

좋은 책을 만드는 길
독자님과 함께하겠습니다.

도서에 궁금한 점, 아쉬운 점, 만족스러운 점이
있으시다면 어떤 의견이라도 말씀해 주세요.
시대인은 독자님의 의견을 모아 더 좋은 책으로 보답하겠습니다.

www.edusd.co.kr

바로 쓰는 일러스트레이터 CC

초 판 발 행	2022년 03월 17일
발 행 인	박영일
책 임 편 집	이해욱
저 자	김미정
편 집 진 행	이수경
표 지 디 자 인	박수영
편 집 디 자 인	임옥경
발 행 처	시대고시기획
공 급 처	(주)시대고시기획
출 판 등 록	제 10-1521호
주 소	서울시 마포구 큰우물로 75 [도화동 538 성지 B/D] 9F
전 화	1600-3600
팩 스	02-701-8823
홈 페 이 지	www.edusd.co.kr
I S B N	979-11-383-1856-3(13000)
정 가	23,000원